Österreichs Erste und Zweite Republik

Kontinuität und Wandel ihrer Strukturen und Probleme

Herausgegeben von
Erich Zöllner

Redigiert von
Hermann Möcker

Register erstellt von
Bernhard Zimmermann

ÖBV
Österreichischer Bundesverlag · Wien

Schriften des Institutes für Österreichkunde: 47

Gedruckt mit Unterstützung durch das Bundesministerium für Wissenschaft und Forschung in Wien

Satz und Druck: J. Wimmer Linz, 4020 Linz
ISBN 3-215-06101-5

Inhalt

Vorwort

Diese Publikation ist der österreichischen Zeitgeschichte, insbesondere der Thematik von Kontinuität und Wandel der Strukturen und Probleme in den Bereichen von Politik, Wirtschaft und kulturellem Schaffen während der Jahre der Ersten und der Zweiten Republik gewidmet. Die Verwendung des Wortes „Zeitgeschichte" zur Bezeichnung der jüngsten Geschichte ist oft kritisiert worden, weil sich ja alle Geschichte in der Zeit vollzieht; diese Terminologie hat sich aber durchgesetzt. Man könnte wohl auch sagen, es handle sich im Grunde um eine sehr alte Sache, denn ein Thukydides, ein Caesar, ein Gregor von Tours (und viele andere Autoren längst vergangener Jahrhunderte) beschäftigten sich weitgehend oder zur Gänze mit der Geschichte der letzten Jahre und Jahrzehnte ihrer Zeit. Um eine wissenschaftliche Systematik der Zeitgeschichte als eigener historischer Disziplin ist man aber wohl erst in unserem Jahrhundert bemüht.

Zweifellos handelt es sich bei der österreichischen Zeitgeschichte um ein recht heikles Arbeitsgebiet. Hier sind die Geister nicht bloß durch primär wissenschaftliche Auffassungsunterschiede getrennt. Es mag in Österreich nur sehr wenige Familien geben, die nicht durch die politischen Ereignisse und Konsequenzen der Jahre 1934, 1938 und 1945 in Mitleidenschaft gezogen wurden oder aber im Krieg durch Tod, schwere Verwundung, lange Kriegsgefangenschaft von Angehörigen, durch Bombenschäden und andere Eigentumsverluste betroffen wurden; nicht wenige verloren ihre Heimat.

So ist nicht nur der zeitliche Abstand von den Geschehnissen geringer, es ist wohl auch schwierig, sich von Emotionen möglichst fernzuhalten; Sympathien und Antipathien sind in der Regel viel schärfer ausgeprägt als bei der Behandlung weiter zurückliegender Epochen, wenn man gewiß auch, wie sich ja gezeigt hat, über den heiligen Severin ausgiebig streiten kann. Ein gewaltiges Quellenmaterial war schon wegen der Archivsperre nur zum Teil zugänglich, jedenfalls erst allmählich erfaßbar. Dazu kam in Österreich die besondere Problematik nach Kriegsende, man wollte in einer Zeit der interalliierten Besatzung, die das Zusammenwirken aller demokratischen österreichischen Kräfte erforderte, nicht kaum vernarbte Wunden wieder aufreißen, sich überdies nach Jahren besonders nachdrücklicher politischer Bearbeitung von Lehrern und Schülern im totalitären Staat schon in der historischen Themenwahl Zurückhaltung auferlegen; vorerst fehlte es ja auch an einschlägigen Werken.

Der Historiker muß freilich immer, ob er sich nun älteren oder neueren Epochen widmet, mit oberflächlicher Kritik rechnen. Im ersten Fall kann man in ihm einen Gegenwartsflüchtling sehen, der sich in den berühmten elfenbeinernen Turm zurückzieht, selbst in der Vergangenheit zu leben glaubt; im zweiten mag man ihn des allzu eifrigen Strebens nach Aktualität und politischer Popularität bezichtigen. Das sollte ihn aber nicht stören: Sein Einsatz ist da wie dort legitim und notwendig.

Die verschiedenen Mangelerscheinungen in der Zeitgeschichte sind freilich nach ersten Initiativen von Hugo Hantsch und Heinrich Benedikt dank dem Wirken von Historikerpersönlichkeiten wie etwa Ludwig Jedlicka, Walter Goldinger, Adam Wandruszka, Rudolf Neck, Gerhard Botz, Norbert Schausberger — und natürlich Erika Weinzierl und der anderen Autoren dieses Bandes — schon seit Jahren überwunden: Wenn heute über zu geringe Berücksichtigung der Zeitgeschichte in Forschung und Lehre geklagt wird, so beruht das zumeist auf Fehlinformationen, auf Verallgemeinerung von Einzelfällen oder auf einer Projizierung früherer Gegebenheiten auf die Gegenwart. Das Institut für Österreichkunde hat die Zeitgeschichte, wie aus Tagungsprogrammen und Publikationen hervorgeht, soweit als möglich stets berücksichtigt. Diesmal ist ihr wieder ein gesamter Band gewidmet, dessen Beiträge ein möglichst plastisches Bild ermöglichen sollen. Ohne Verniedlichung und künstliche Harmonisierung unerfreulicher Fakten und Probleme geht das Bemühen um eine wissenschaftlich einwandfreie, pädagogisch zielführende, für die politische Bildung sinnvolle Geschichtsdarstellung.

Erich Zöllner

Erika Weinzierl

Aufgaben und Methoden der österreichischen Zeitgeschichte

Für den Zeitgeschichtler ist es sehr positiv, daß im Programm dieser Tagung, die als Ganzes der Zeitgeschichte in Österreich gewidmet ist, der Terminus Zeitgeschichte selbst bereits als Selbstverständlichkeit aufscheint. Die Diskussion, was Zeitgeschichte eigentlich ist, und über die damit verbundene Periodisierungsproblematik ist ja keineswegs abgeschlossen und wird bis zur Gegenwart auch in österreichischen Zeitschriften abgehandelt. Es wurde in den Begrüßungsreferaten mehrfach darauf hingewiesen, daß es Zeitgeschichte von der Antike bis in die Gegenwart gegeben hat. Ich möchte mich jedoch nicht ganz der Aussage anschließen, die mehrere Historiker, darunter *Fritz Ernst, Eberhard Jäckel* oder auch der Klagenfurter Historiker *Michael Derndarsky* gemacht haben, nämlich, daß Geschichte ursprünglich stets Zeitgeschichte bedeutete. Das ist insofern richtig, als jede Geschichte das von den vorherigen Generationen Erarbeitete und Festgehaltene mitaufnimmt, aber natürlich erfolgt mit der jeweils fortschreitenden Zeit eine Transformation. Die genannten Historiker sind der Meinung, daß eine Abwendung von diesem ursprünglichen Zeitbegriff erst durch die deutsche historische Klassik erfolgt ist. Der Impetus der modernen Sozialwissenschaften habe dann die positivistische Auffassung von Geschichtswissenschaft als objektiver Wissenschaft hinfällig gemacht, worüber sicher auch zu diskutieren wäre.

Es gibt immer wieder auch Diskussionen darüber, ob der deutsche Ausdruck „Zeitgeschichte" passend ist, weil hier „Zeit" und „Geschichte" zusammengespannt sind, die natürlich zusammengehören, aber es erhebt sich dann eben doch die Frage, „welcher Zeit Geschichte?", und darüber gibt es sehr unterschiedliche Meinungen. Was die „Contemporary History" — für England und Frankreich ist es jeweils der gleiche Begriff — betrifft, so versteht man in England unter ihr die Geschichte seit 1832, also die Zeit von der großen englischen Parlamentsreform im 19. Jahrhundert an. Die weiteste Auslegung haben die Franzosen getroffen mit ihrer „Histoire Contemporaine", die mit der Französischen Revolution beginnt. *Ernst Hanisch,* der seit der Gründung unserer Zeitschrift „Zeitgeschichte" ihrer Redaktion angehört, hat allerdings in einem Aufsatz über die regionale Zeitgeschichte, die er jetzt besonders betreibt und forciert, gemeint, daß, als wir uns in unserem Programm im ersten Heft 1973 zur „Histoire Contemporaine" bezüglich des in der „Zeitgeschichte" zu behandelnden Zeitraumes bekannten, dies getan hätten, um auch Beiträge, die noch vor dem Ersten Weltkrieg liegen, aufnehmen zu können. Ich habe bei der Vorbereitung für dieses Referat jetzt wieder seine Bemerkung bedacht und muß doch sagen, daß dem nicht so war und ist, denn wir haben, was die Aufsätze betrifft, genügend viele

---

Erika Weinzierl, Dr. phil., o. Prof. für Neuere Geschichte mit bes. Berücksichtigung der Neuesten Geschichte, Vorstand des Institutes für Zeitgeschichte der Universität Wien.

Manuskripte in Vorrat, die n u r die Zeit nach 1918 behandeln. Ich selbst stehe allerdings nicht an, zu sagen, daß ich bis zum heutigen Tag den weiteren Begriff der Zeitgeschichte vorziehe. Es gibt aber auch noch andere Ansätze, z. B. Zeitgeschichte beginnt mit der Industriellen Revolution oder mit dem Zeitalter des Imperialismus. *Hans Rothfels* hat im ersten Heft der Vierteljahreshefte für Zeitgeschichte, also der Zeitschrift des 1960 in München gegründeten Instituts für Zeitgeschichte, die Zäsur gesetzt: Zeitgeschichte beginnt mit dem Epochenjahr 1917; einerseits wegen der Russischen Revolution, andererseits wegen des Kriegseintritts der Vereinigten Staaten. Allerdings lautet auch eine weitere Aussage von *Rothfels:* Zeitgeschichte ist die wissenschaftliche Behandlung der Epoche der Mitlebenden. *Konrad Bartl* hat das noch eingeengt bzw. deutlicher gemacht: Zeitgeschichte ist die Geschichte der jüngsten Vergangenheit, soweit sie unmittelbar die heute Lebenden betrifft. Mit dieser Frage hängt auch die Diskussion zusammen, ob Zeitgeschichte innerhalb der Geschichtswissenschaft ein eigenes Fach ist. Es gibt von *Norbert Schausberger* einen Aufsatz, in dem er das ausdrücklich und intensiv bejaht und sagt, der Charakter des eigenen Faches sei durch die inhärente Interdisziplinarität und Multidimensionalität gegeben. Natürlich berühre sie auch die Sinnfrage, zudem werde sie auch als Rechtfertigungsversuch für die jeweilige Gegenwart benützt. Das gehört zu den Problemen, denen sich allerdings nicht nur die Zeitgeschichte zu stellen hat. Man erinnere sich nur z. B. an den Mißbrauch der Geschichte des deutschen Mittelalters durch den Nationalsozialismus. Auf jeden Fall ist Zeitgeschichte Mitteilung und Wirkung innerhalb eines sie beeinflussenden Mitteilungs- und Wirkungszusammenhanges.

Daß die Wertung der Zeitgeschichte durch bedeutende Historiker der älteren Generation nicht positiv oder lange nicht positiv war, sei nicht verschwiegen. Der von mir persönlich sehr verehrte, im August 1981 verstorbene Professor *Robert A. Kann*, der Verfasser des berühmten Standardwerkes über die österreichische Nationalitätenfrage, hat im ersten Jahrgang der „Zeitgeschichte" der Zeitgeschichtsschreibung eigentlich faktisch nur die Aufgabe der Archivierung der Gegenwart für spätere Generationen von Historikern zugestanden und die Zeitgeschichtler in eine bedenkliche Nähe zu den Journalisten gebracht. Ohne die Journalisten in irgendeiner Weise abwerten zu wollen — selbstverständlich sind ihre Meldungen und auch ihre Kommentare ein wesentlicher Teil der Quellen, die die Zeitgeschichte verwertet —, haben jüngere Historiker *Kann* sehr lebhaft widersprochen: *Rudolf F. Ardelt* und *Robert Hoffmann.* Ganz überzeugen, glaube ich, haben wir in den seither vergangenen Jahren *Kann* nicht können, obwohl er schließlich selbst auch — nach unserem Verständnis — im Bereich der Zeitgeschichte gearbeitet hat, wie z. B. mit seiner Publikation über die *Sixtus*-Affäre. Ich persönlich meine, auch wenn es klar ist, daß vor allem die Epoche der Mitlebenden im Vordergrund steht, daß wir doch mit Phänomenen und mit Ideologien leben, deren Wurzeln weit hinter unsere Zeit reichen. Abschließend sei zur Frage nach dem Beginn der Zeitgeschichte noch hinzuzufügen, daß, von meiner ganz persönlichen partiellen Präferenz für 1789 abgesehen, heute zumindest in den deutschsprachigen Ländern Zeitgeschichte die Geschichte des 20. Jahrhunderts ist.

Was aber nun das Offensein der Zeitgeschichte über 1945 hinaus betrifft, so wird es kaum bestritten. Der Salzburger Historiker *Fritz Fellner* hat in der Einleitung zu einem erst kürzlich erschienenen Werk ein Wort des deutschen Historikers *Hajo*

Holborn in Erinnerung gerufen, das auch schon fast ein Vierteljahrhundert alt ist, nämlich von der Notwendigkeit, ein Wissen zu gewinnen über das Vorgestern, die Zeit, die aus dem lebendigen Gedächtnis schon entschwunden ist, aber noch nicht in die Schulbücher aufgenommen wurde. *Fellner* meinte damit im positiven Sinn die Arbeit eines jungen Salzburger Historikers, *Robert Kriechbaumer,* über Österreichs Innenpolitik 1970—1975. Es wird also das Arbeitsfeld der wissenschaftlichen Zeitgeschichte immer weiter nach oben geöffnet, und auch der Aspekt der Zukunft — allerdings nicht im Sinn einer Prognostik — spielt selbstverständlich in der Zeitgeschichte eine Rolle. In Frankreich gibt es mittlerweile dafür schon eine eigene Bezeichnung. Das Wort kennen auch wir, nur wird es bei uns noch nicht so eindeutig im Bereich der Forschung verwendet. Es gibt in Frankreich bereits ein „Institut d'Histoire de temps présent", also ein Institut für die Gegenwartsgeschichte, mit einer eigenen Veröffentlichungsreihe. Der erste Supplementband 1981 behandelte die Energiepolitik der Regierung *Debré.* Dabei geht es nicht nur mehr um Dokumentation, sondern auch schon um die Untersuchung von uns ganz nahe liegenden Ereignissen und Entwicklungen.

Der schon erwähnte Professor *Kann* hat dagegen das Mitschreiben und Aufbewahren der jeweiligen Gegenwart Historikern zugeschrieben, die mehr zeitliche Distanz zu den Ereignissen und den Fakten haben, und diese Distanz hat er ganz wesentlich für den historischen wissenschaftlichen Wert gehalten.

Es gibt aber noch andere Probleme, mit denen sich der Zeitgeschichtler auseinandersetzen muß, z. B. die Quellenfrage, das Faktum, daß der Zeitgeschichtler — je unmittelbarer er mit seinen Forschungen in die Gegenwart kommt — umso weniger Zugang zu den staatlichen und sonstigen Archiven hat. Es gibt allerdings eine Vielzahl von anderen Materialien, die sonst für keine Geschichtsepoche zur Verfügung stehen, sodaß die Zeitgeschichte heute ganz gewiß nicht mit dem Problem des Mangels an Quellen zu kämpfen hat, sondern im Gegenteil mit dem einer unvorstellbaren Fülle. Ich verweise hier nur auf den Bereich der audiovisuellen Medien. Im Institut für Zeitgeschichte in Wien zum Beispiel befinden sich derzeit 70.000 Bilder und 190.000 Negative. Diese Sammlung wird sich immer weiter auch durch die ständige Verfilmung der Gerichtsakten vergrößern, obwohl diese Aufgabe zum Teil mittlerweile die Landesarchive übernommen haben. Ich verweise weiters auf die Österreichische Phonothek, auf das Filmarchiv und anderes mehr. Hier besteht wirklich von der Quelle her ein deutlicher Unterschied gegenüber der traditionellen Geschichtsschreibung. Nicht bezüglich des Bildes, das man natürlich früh in der Geschichtsschreibung verwendet hat, aber die Eigenart der anderen Quellen ist doch eine Voraussetzung dafür, daß für sie eine bestimmte Methodik entwickelt wurde und angewendet wird. Hinzu kommt noch die Besonderheit der Forschungslage und der Forschungsinteressen im 20. Jahrhundert. Es gibt das existenzielle Moment der Zeitgeschichte als Geschichte der Zeitgenossen, d. h. die Betroffenheit, wie die Zeitgeschichte im größeren Maß den einzelnen anzusprechen vermag als länger zurückliegende Epochen der Geschichte, und schließlich noch das Problem der inneren Einheit unserer Epoche trotz aller ihrer Brüche und das Erfordernis der multidimensionalen Perspektive, das nach *Schausberger* auch bei der Methodik zu berücksichtigen ist.

Was die Geschichte des wissenschaftlichen Faches Zeitgeschichte in Österreich betrifft, so hat sie sich mit der üblichen West-Ost-Verzögerung entwickelt. Diese ist allerdings gegenüber der benachbarten Bundesrepublik nicht so groß, wie man meinen möchte. Nicht als Fach Zeitgeschichte, aber doch als Angebot in Form einzelner Vorlesungen sind zeitgeschichtliche Problemstellungen schon in der Zwischenkriegszeit nicht nur von den Historikern, sondern auch von Staatswissenschaftlern, Soziologen und Juristen behandelt worden. Die Schwerpunkte waren allerdings von der Legitimierungsfrage und/oder der Lossprechungsfrage bestimmt. Die moralische Implikation beider, die zwar eine Versuchung jeder Geschichtsschreibung ist, ist für die Zeitgeschichte besonders groß und erfordert daher auch eine besondere Kritik. Die Schwerpunkte zeitgeschichtlicher Vorlesungen in der Zwischenkriegszeit, obwohl sie nicht mit diesem Adjektiv bezeichnet wurden, waren die Kriegsschuldfrage des Ersten Weltkrieges 1914—1918 und die Pariser Vororteverträge von 1919. Dabei ist maßgeblich und eigentlich ungebrochen in der ganzen Zwischenkriegszeit eine massive negative Besetzung in den Forschungsarbeiten und Vorlesungen über diese Problematik zu sehen, was sich erst nach 1945 geändert hat. Was dann die Zeit nach 1945 betrifft, so haben sicherlich die Scheu vor der jüngsten Vergangenheit oder das Sich-nicht-erinnern-Wollen auch bei den Historikern zum Teil dazu beigetragen, daß zunächst eine Pause eingetreten ist. In Form eines Vorlesungsangebotes gab es Zeitgeschichte allerdings relativ früh, aber die Institutionalisierung fällt in die Zeit nach dem österreichischen Staatsvertrag. Diese Jahre und das Jahrzehnt der sechziger Jahre waren die Periode der Institutionalisierung, während die siebziger Jahre ein Zeitalter der Reflexion in der Zeitgeschichte waren, der Methodenproblematikdiskussion, die immer noch anhält, und auch eines sehr vergrößerten Publikationsangebotes. Die ersten Vorlesungen dieser Art fanden Ende der vierziger Jahre und am Beginn der fünfziger Jahre statt. Einerseits durch *Friedrich Engel-Janosi* bei seinem ersten Aufenthalt in Wien nach 1945 und andererseits durch *Hugo Hantsch,* der schon 1951/52 und dann laufend immer wieder Vorlesungen über die Zeit zwischen den zwei Kriegen oder zwei Weltkriegen, wie er es genannt hat, gehalten hat.

Der schon genannte Klagenfurter Historiker *Michael Derndarsky* hat übrigens das zeitgeschichtliche Lehrangebot der Universität Wien genau aufgeschlüsselt von Semester zu Semester und auch mit Tabellen versehen. Auf die Geschichte des Instituts für Österreichkunde brauche ich nicht mehr einzugehen. Es ist mit Recht darauf hingewiesen worden, daß dieses Institut, das seine ersten Veranstaltungen 1955 gehalten hat, früh eine Plattform für Zeitgeschichte war, wenn auch nicht eine Forschungsstelle, aber die Vermittlungsfunktion kann nicht hoch genug eingeschätzt werden. Der Name von *Prof. Ludwig Jedlicka* ist schon genannt worden. Er ist sicherlich als Vater oder Gründer der universitär institutionalisierten Zeitgeschichte anzusehen. Er wurde 1958 an der Universität Wien mit seinem Buch „Ein Heer im Schatten der Parteien" habilitiert, hat dann 1958/59 seine Vorlesungstätigkeit begonnen, zunächst vor allem über die militärische und politische Geschichte der Zeit zwischen den beiden Weltkriegen, und damit großen Anklang bei den Studenten gefunden. Ich meine aber, auch darauf hinweisen zu sollen, daß es schon vorher sehr wichtige Publikationen gegeben hat, die den Anforderungen der Zeitgeschichte, zu einem großen Teil auch der wissenschaftlichen, bis zum heutigen Tage voll entsprechen.

Ich meine vor allem das 1954 von *Heinrich Benedikt* herausgegebene Buch „Geschichte der Republik Österreich“. Dazu haben Generaldirektor *Goldinger, Prof. Wandruszka*, der damals seine „Lagertheorie“ für die Parteiengeschichte entwickelt hat, und *Prof. Verosta* grundlegende Beiträge geschrieben. *Prof. Goldinger* hat dann seinen Beitrag ausgeweitet zur selbständigen „Geschichte der Republik Österreich“ — 1962 erschienen —, ein Standardwerk, das bis zum heutigen Tag nicht überholt ist. Ich möchte auch verweisen auf *Rudolf Neck*, der noch vor Abschluß des Staatsvertrages eine erste umfassende Sammelrezension über zeitgeschichtliche Literatur in den „Mitteilungen des österreichischen Staatsarchivs“ veröffentlicht hat und damit einem breiten Kreis von Historikern gezeigt hat, was damals schon vorlag und daß sich eine Zunahme der Zeitgeschichte zweifellos abgezeichnet hat.

Was nun *Ludwig Jedlicka* betrifft, so hat er selbst die bekannte Reichenauer Tagung 1960 als die eigentliche Geburtsstunde der wissenschaftlichen Zeitgeschichte in Österreich bezeichnet. Diese Tagung hat das damalige Bundesministerium für Unterricht mit Minister *Heinrich Drimmel* an der Spitze gemeinsam mit Experten der Schulbehörden veranstaltet. *Drimmels* Vorwort, das im Protokoll der Tagung noch 1960 im Bundesverlag erschienen ist, steckte sehr deutlich ab, was die erste Phase der österreichischen Zeitgeschichte in ihrer wissenschaftlichen Aufarbeitung dann auch tatsächlich weitgehend geleistet hat. *Heinrich Drimmel* hat betont, daß die Expertentagung in Reichenau versuchte, Probleme der österreichischen Zeitgeschichte zu klären: Probleme der politischen Geschichte vom Zerfall der Monarchie im Jahre 1918 bis zur Wiedererrichtung der Republik 1945. *Heinrich Drimmel* hat damit auch seinen Zeitgeschichtebegriff ganz klar dargelegt. Er hat auch darauf hingewiesen, daß das Unterrichtsministerium bereits 1949 einen Erlaß über staatsbürgerliche Erziehung herausgegeben und daß es im Jahr nach dem Staatsvertrag eine Expertentagung „Neutralität und staatsbürgerliche Erziehung“ veranstaltet habe, wofür auch eine eigene Unterlage erarbeitet worden sei. Gerade in dieser Einleitung von *Drimmel* ist das starke — nicht parteipolitische, sondern staatspolitische — Interesse an der Zeitgeschichte in ihrer institutionalisierten Form von Anfang an deponiert. Er wies dann darauf hin, daß die Arbeitsgemeinschaften der Unterrichtspraktiker immer mehr und intensiver danach gedrängt hätten, die Problematik der Zeitgeschichte und der Gegenwartskunde zu behandeln, und das ist — wie gesagt — für *Drimmel* die Zeit von 1918 bis 1945. Er hat dann noch die österreichischen Zäsuren dieser Epoche angeführt: 1918, 1933/34, 1938 und 1945. Damit hat *Drimmel* eigentlich den ersten Teil jener Arbeit genannt, die die *Körner-Kunschak*-Kommission, von der noch die Rede sein wird, im ersten Jahrzehnt ihres Bestehens geleistet hat. *Drimmel* hat dann noch — und das ist sehr interessant, weil hier bis zum heutigen Tag bestehende Lücken genannt wurden — erklärt, man habe bei der Vorbereitung der Tagung lange überlegt, ob man etwa die Wirtschaftsgeschichte oder die Kulturgeschichte dieses Zeitraumes auch zur Diskussion hätte stellen sollen. Damit wären z. B. der Ausbau des Genossenschaftswesens der Bauern, der stark von den Gewerkschaften vorangetriebene Ausbau der Sozialgesetzgebung oder etwa die Rede über Österreich von *Anton Wildgans* 1929 und andere meist übersehene positive Leistungen der Zwischenkriegszeit in den Vordergrund gerückt. Beide, die Wirtschaftsgeschichte und die Kulturgeschichte, seien unzweifelhaft für die Gesamtdarstellung des Zeitraumes notwendig, aber man habe sich eben ganz bewußt aus Zeitgründen bei dieser Tagung auf die politische Geschichte beschränkt.

Der Reichenauer Tagung folgte 1962 die Gründung einer Österreichischen Gesellschaft für Zeitgeschichte als Träger des gleichzeitig gegründeten Österreichischen Instituts für Zeitgeschichte. Dessen erste große Aufgabe war das Projekt „Österreichischer Widerstand 1918 bis 1945". Dafür wurde eine große Sammlung von Anklageschriften, Urteilen, Interviews auf Tonbändern, die schon ganz im Sinne der modernen oral history gemacht wurden, im Archiv des Instituts für Zeitgeschichte angelegt. Die Aufarbeitung der Widerstandsproblematik hat mittlerweile weitgehend eine andere Institution übernommen: das Dokumentationsarchiv des Österreichischen Widerstandes. 1966 wurde dann das Universitätsinstitut für Zeitgeschichte gegründet mit *Ludwig Jedlicka* als Vorstand. Sein Lehr- und Forschungsschwerpunkt war lange Zeit — was man auch der Liste der von ihm vergebenen Dissertationen (es sind weit über hundert, und eine Reihe von ihnen ist veröffentlicht) entnehmen kann — die Zeit der Ersten Republik.

In den Bundesländern gab es damals ebenfalls schon zeitgeschichtliche Forschung, wenn auch mit anderen Schwerpunkten. So ist z. B. innerhalb des Internationalen Forschungszentrums in Salzburg, einer von der Kirche getragenen Institution, schon 1961 ein Institut für kirchliche Zeitgeschichte gegründet worden, das unter der Leitung von *Univ.-Doz. DDr. Norbert Miko* stand. An der jungen Universität Salzburg — im Sinne einer Universität, die über die Theologische Fakultät hinausgeht, seit 1962 wieder errichtet — wurde durch *Fritz Fellner* von Anfang an Zeitgeschichte betrieben. Dort waren der Forschungsschwerpunkt die Pariser Vorortverträge, und es ist tatsächlich durch *Fritz Fellner* und seine Schüler — der Zahl nach nicht sehr groß, aber in den Forschungsergebnissen sehr gewichtig — der Beginn gesetzt worden für eine andere, objektivere und adäquatere Beurteilung dieser Verträge, als es bis dahin in Österreich und darüber hinaus im deutschsprachigen Raum der Fall war. In der Lehre begann *Fellner* sehr früh mit der Behandlung der Weltgeschichte nach 1945.

Was den Widerstand gegen den Nationalsozialismus betrifft, der der erste offizielle Forschungsauftrag an das Österreichische Institut für Zeitgeschichte war, so wurde schon eine andere Institution genannt, die sich so ähnlich wie vieles im Wissenschaftsbereich zunächst als Verein konstituiert hat und übrigens als Verein bis zum heutigen Tag besteht: Am 13. März 1963 erfolgte die Gründung des Dokumentationsarchivs des österreichischen Widerstandes. *Herbert Steiner* war von Anfang an sein Leiter und Motor. *Ludwig Jedlicka* war ebenfalls an der Gründung beteiligt. Das Institut hat mittlerweile Kommissionen in allen österreichischen Bundesländern für die Aufarbeitung des Widerstandes eingesetzt, die auch tätig sind. Erschienen sind bisher die Bände über Wien, das Burgenland, Oberösterreich und Tirol, und für die nächste Zeit können weitere Länder-Widerstandsgeschichten erwartet werden. Das Dokumentationsarchiv hat außerdem die Zeit nach 1945 mit der Publikation „Rechtsextremismus in Österreich" behandelt. Das Buch hat einiges Aufsehen erregt, aber auch großen Erfolg gehabt. Es liegt derzeit in der fünften Auflage vor. Die Umwandlung des Dokumentationsarchivs in eine Nationalstiftung ist erst vor kurzem beschlossen worden.

Seit 1967 gibt es in Salzburg eine Lehrkanzel — wie es damals noch geheißen hat — für österreichische Geschichte mit besonderer Berücksichtigung der Zeitgeschichte, die mit der Verfasserin besetzt wurde. In diesem Bereich wurde früh Zeitgeschichte nach 1945 auch in Dissertationen bearbeitet. Die erste publizierte Dissertation von *Dietmar Walch* hat z. B. die Haltung der österreichischen Regierung zur Frage der Wiedergutmachung an den österreichischen Juden behandelt. Walch zeigt ganz deutlich, daß die Regierungen der Großen Koalition in wirklich koalitionärer Eintracht bemüht waren, möglichst wenig Wiedergutmachung an die Juden zu leisten. 1968 entstand dann in Linz unter der Leitung von *Prof. Karl Stadler* ein neuer und sehr wichtiger Schwerpunkt der Zeitgeschichte: Einerseits im universitären Rahmen an der jungen Universität Linz, andererseits durch die Gründung des Ludwig-Boltzmann-Instituts für Geschichte der Arbeiterbewegung, das mittlerweile eine Fülle von Untersuchungen und Publikationen zustande gebracht hat.

Dieser kurze Überblick zeigt m. E., daß die wissenschaftliche Institutionalisierung der Zeitgeschichte in dem Jahrzehnt von 1960 bis 1970 erfolgte. Die erste Tagung der wissenschaftlichen Kommission des Theodor-Körner-Stiftungsfonds und des Leopold-Kunschak-Preises fand 1972 statt und hat dann im weiteren genau jene Epochenjahre, die *Drimmel* 1960 genannt hat, in Einzelsymposien und Publikationen behandelt, vom Jahr 1927 bis zum Februar 1934, Juli 1934 und März 1938, nachdem das erste Symposion ein Überblick über die Zeit von 1918 an war. Erst danach erfolgte die Hinwendung zu Problemfeldern, sei es nun die Kulturgeschichte oder auch die Verfassungsgeschichte, wie sie in den letzten Veranstaltungen behandelt wurden, oder das Föderalismusproblem.

Ende der siebziger Jahre kam es dann noch in dem Bereich nicht der unmittelbaren eigenen Forschung, aber doch in der Setzung von neuen Forschungszielen, zur Gründung der „Österreichischen Forschungsgemeinschaft", die nicht von vornherein auf Zeitgeschichte angelegt ist, deren erste Veranstaltung in Graz mit der Föderalismusproblematik aber sehr wohl Zeitgeschichte behandelt hat. Weiters zu nennen sind noch das 1980 gegründete „Karl-von-Vogelsang-Institut zur Erforschung der Geschichte der christlichen Demokratie in Österreich" und 1981 die Errichtung des Projektteams Zeitgeschichte durch das Bundesministerium für Wissenschaft und Forschung. Die erste Aufgabe dieses Projektteams war die Erstellung eines Forschungskataloges Zeitgeschichte.

Vielen Publikationen der fünziger und vor allem der sechziger Jahre und auch der Körner-Kunschak-Kommission wird heute der Vorwurf gemacht, daß sie im wesentlichen Koalitionsgeschichtsschreibung betrieben haben, d. h. sie haben die Zeitgeschichte Österreichs unter der Devise „geteilte Schuld" dargestellt. Nun ist dies sicherlich für viele Arbeiten zutreffend. Ich möchte meine eigene Arbeit davon nicht ausschließen, doch glaube ich und möchte das sehr deutlich sagen, obwohl es nicht der Meinung gerade jüngerer Historiker entspricht, daß diese Phase in unserer österreichischen zeitgeschichtlichen Forschung und Historiographie ebenso notwendig war für die Entwicklung des Problembewußtseins und auch des Austragenkönnens von wissenschaftlichen Konflikten, wie es die Regierungsform der Großen Koalition für die Gesamtgeschichte unseres Staates war. Was lange ausgespart blieb und in Ansätzen, abgesehen vom Widerstand, erst bearbeitet wird, einerseits infolge der schwierigen Aktenlage, andererseits auch tatsächlich infolge einer Tabuisierung

— von Memoiren abgesehen —, ist die nationalsozialistische Zeit. Das lag nicht nur am Datenschutzgesetz, das es ja noch nicht so lange gibt, sondern eben auch am menschlichen Problem, daß man auch dort, wo man sehr wohl Material hatte, doch zurückhaltend war, Vorsicht walten ließ. Hier beginnt man wirklich erst seit kurzem, einzelne Fragen systematisch aufzuarbeiten. Das zeigt aber wiederum sehr deutlich die Betroffenheit, die Zeitgeschichte eben zwangsläufig immer auslöst und die zu dem gesamten Problemkreis gehört, den ich anfangs anzudeuten versucht habe. Selbstverständlich hat Zeitgeschichte eine politische Funktion, sie ist aber daher für die, die sie betreiben, notwendigerweise auch ein Ansporn und eine Verpflichtung zu besonderer Sorgfalt. Nach *Norbert Schausberger* hat sie darüber hinaus auch eine Veränderungsfunktion, eine ideologiekritische Funktion und eine Identifikationsfunktion, d. h. insgesamt eine kritische und eine emanzipatorische Funktion. Daher ist doch bei aller Würdigung der beträchtlichen Leistung, die die zeitgeschichtliche Forschung in den vergangenen Jahrzehnten in Österreich hervorgebracht hat, eine kritische Überprüfung gerade der „weißen Flecken“ eine besondere Aufgabe.

Ich nehme nun eine Zusammenfassung der Aussagen von *Derndarsky, Rumpler* und *Schausberger* vor, derzufolge vor allem die Analyse der Dekolonialisierung und der Situation der Entwicklungsländer zu kurz gekommen ist: Zeitgeschichte muß das nationale Ghetto verlassen und einen internationalen Horizont entwickeln, der dem Stand unserer konfliktreichen Weltgesellschaft entspricht. Das ist völlig richtig, nur ist es nicht möglich, ehe man sich nicht mit der Zeitgeschichte des eigenen Landes entsprechend beschäftigt hat.

Die kritische Revision der jüngsten europäischen Geschichte, insbesondere die Aufklärung über das Phänomen Faschismus, über das eine vielfältige deutsche Literatur vorhanden ist, spielt sich in Österreich eher auf der Ebene von Ansätzen ab. In der nationalen Zeitgeschichte sind die Bedeutung der Zeit seit 1945 ebenso wie die Entlarvung politischer Mythen und Legenden aus der jüngsten Vergangenheit, die z. B. vom Dokumentationsarchiv des österreichischen Widerstandes, aber doch auch an zeitgeschichtlichen Instituten erfolgt, noch nicht lange vorrangige Forschungsfragen. Vergangenheit darf nicht mehr — heißt es bei *Schausberger* — als Selbstzweck erscheinen, sondern die historische Dimension muß zum Verständnis der Gegenwart herangezogen werden, als Beitrag zur rationalen und humanen Gestaltung der Zukunft. Zeitgeschichte kann gesellschaftliche Relevanz gewinnen, wenn es ihr gelingt, die historischen Voraussetzungen unserer Gegenwart zu erklären, die Bedeutung von historischen Prozessen, die aus der Vergangenheit durch die Gegenwart in die Zukunft hineinwirken.

Damit sind wir wieder bei der Frage der Leerstellen, zu der noch einiges hinzuzufügen ist. Es gibt doch auch in der so vorrangig behandelten Geschichte der Ersten Republik wirklich „weiße Flecken“, bzw. man hat größte Mühe, jemand für deren Bearbeitung zu finden. Der Verlag Styria z. B. bereitete mehrere Jahre eine große zweibändige Geschichte der Ersten Republik vor, die 1983 erschienen ist. Die Herausgeber fanden damals keinen Zeithistoriker, der sich bereit erklärt hätte, das für die Erste Republik so entscheidende Kapitel der Wehrverbände zu bearbeiten. Jeder Befragte antwortete mit dem berechtigten Hinweis, daß dafür noch nicht genügend Vorarbeiten geleistet worden seien. Es gibt Selbstdarstellungen, es gibt über die Heimwehr die Arbeiten von *Pauley* und *Edmondson,* beide keine Österreicher, aber an

Primärarbeit ist wirklich noch sehr viel zu leisten. Wir haben festgestellt, daß es — was die Wissenschaftsgeschichte betrifft — über die Zwischenkriegszeit kein fundiertes Kompendium gibt. Der Bearbeiter, der dieses Kapitel übernommen hat, hat es sich mühsam zusammengetragen, und daher hat es eben auch alle Nachteile, die ein erster Versuch in einem Bereich immer geradezu zwangsläufig hat. Wir haben gesehen, daß wichtige Fragen der Wirtschaftsgeschichte und der Sozialgeschichte, gerade auch, was schon *Drimmel* genannt hat, die Frage der bäuerlichen Genossenschaften, nicht bearbeitet sind, daß hier viel aufzuholen ist gegenüber den Publikationen, die mittlerweile über die Geschichte der Arbeiterbewegung erschienen sind. Für die Kulturgeschichte der Ersten Republik gibt es eigentlich erst durch das Buch von *Kadrnoska* und durch Ausstellungskataloge einen besseren Überblick, als das bisher möglich war. Auch die regionale Zeitgeschichte, die ja nun *Ernst Hanisch* ganz intensiv betreiben will, ist bisher wenig beachtet worden, obwohl für das Land Oberösterreich die Publikationen von *Harry Slapnicka* Pionierarbeit geleistet haben. Hier ist also nachzuziehen, und bei der Geschichte der Ersten Republik, für die wiederum *Kurt Skalnik* und ich als Herausgeber zeichnen, enthält der zweite Band, und das ist der große Unterschied gegenüber der Geschichte der Zweiten Republik, die Geschichte aller Bundesländer. Doch bei der Planung dafür zeigte sich eben auch, wie viel hier noch aufzuarbeiten ist.

In einer Vorstudie, die dem Projektteam Zeitgeschichte des Bundesministeriums für einen Forschungslückenkatalog Zeitgeschichte vorgelegt wurde, ist noch ein weiteres Defizit festgestellt worden: der mangelnde wechselseitige Bezug zwischen Zeitgeschichte einerseits und den anderen Sozialwissenschaften andererseits. Das ist durch mehrere Interviews bestätigt worden und ist natürlich bei der Notwendigkeit, gewisse moderne Methoden der Sozialwissenschaften auch in der zeitgeschichtlichen Forschung zu verwenden, ein wirklicher Mangel, den zu beseitigen sich vor allem jüngere Historiker zur Aufgabe stellen müssen.

Wir sind damit bereits, oder nochmals, bei der Methodenfrage, in die, so weit es die kurze zur Verfügung stehende Zeit erlaubt, ein Einblick gegeben werden soll. Von den audiovisuellen Quellen wurde schon gesprochen. Daher sei es hier genug getan mit dem Hinweis, daß sie besonders kritischer Verwendungstechniken bedürfen, denn die Manipulation bzw. Fälschung bei Bildern und Tonbändern ist leicht möglich. Es gibt ganze Arbeiten, die auf solchen falschen oder verfälschten Dokumenten beruhen und dann entsprechende Diskussionen ausgelöst haben.

Ich kann nun nur noch auf zwei, für die Zeitgeschichte besonders spezifische Methoden eingehen. Die eine ist die quantifizierende Methode, die natürlich nicht nur in der Zeitgeschichte anwendbar ist, aber doch in der Zeitgeschichte eine besondere Rolle spielt, weil es in ihr größere Reihen von geschlossenen Quellen gibt und vor allem auch das Material von Meingungsforschungsinstituten zur Verfügung steht. In Österreich hat sich *Gerhard Botz* mit diesem Problem grundlegend auseinandergesetzt und verwendet auch, zuerst in Linz und nun in Salzburg, quantifizierende Methoden in der Zeitgeschichte. *Botz,* der natürlich auch Meinungen anderer Wissenschaftler übernimmt, sieht in der quantifizierenden Geschichte die konsequenteste Richtung einer sich als historische Sozialwissenschaft verstehenden Geschichte. In diesem Sinne ist sie natürlich ein relativ junger Zweig der Geschichtswissenschaft. In den letzten Jahrzehnten hat die Quantifizierung allgemein zugenommen. In Frankreich und in den Vereinigten Staaten war sie früher vorhanden, verzögert in der Bundesrepublik und auch bei uns. In der Wirtschaftsgeschichte ist sie in vielen Ländern schon selbstverständlich, aber daß sie nun darüber hinaus auch in andere historische Bereiche hineindringt, hängt nach *Botz* mit zwei Entwicklungen zusammen: mit der stärkeren Hinwendung zur Strukturgeschichte und der stärkeren Theoretisierung, die seit den sechziger Jahren nach der Institutionalisierung der Zeitgeschichte die Diskussion bestimmt hat. Hinwendung zur Strukturgeschichte und stärkeren Theoretisierung riefen zwangsläufig ein wachsendes Präzisionsbedürfnis bei den Historikern hervor. *Botz* kennt sehr wohl auch alle Einwände gegen die Quantifizierung, aber auch die Vorteile bzw. die Bereiche, für die die quantifizierende Geschichte besonders geeignet ist, das sind Demokratie- und historische Familienforschung und, was für uns interessant ist, für Sozialstruktur- und Mobilitätsuntersuchungen der Gesamtgesellschaft auch in Regionen und Städten und für Konfliktsituationen, wie *Botz* mit seinem Buch „Gewalt in der Politik" gezeigt hat. Weiters ist Quantifizierung für Sozialgeschichte, Bildungs-, Wissenschafts- und Technikgeschichte, für Elitenforschung, Abstimmungsanalysen, Untersuchungen von Wählerverhalten und historisch-öffentlicher Meinung, darüber hinaus dann für die Urbanistik und die Faschismusforschung bedeutsam, alles wichtige Problemstellungen der Zeitgeschichte. Die Voraussetzungen für die Anwendung sind die Grundlagen der Statistik und einfache Computerarbeit. Seit 1975 gibt es in Köln eine Arbeitsgemeinschaft für Quantifizierung und Methoden in der historisch-sozialwissenschaftlichen Forschung. Dort wird auch die Zeitschrift „Quantum" herausgegeben, und regelmäßig werden Tagungen veranstaltet. In Österreich veranstaltet *Prof. Botz* Einführungskurse.

Die für die Zeitgeschichte so relevante „Oral History" ist an sich alt, nur ihr Name ist neu. Ein Einführungswerk ist der von *Lutz Niethammer* herausgegebene Sammelband „Lebensgeschichte und kollektives Gedächtnis — Die Praxis der Oral History", Frankfurt 1980, der die Schwierigkeiten, aber auch die vielfältigen Anwendungsmöglichkeiten zeigt. In Österreich hat *Reinhard Sieder* im Februar 1982 in der „Zeitgeschichte" sehr instruktive „Bemerkungen zur Verwendung des Narrativ-Interviews für eine Geschichte des Alltags" veröffentlicht. Befragungen von Zeitgenossen waren übrigens von vornherein auch eine Zielsetzung der Körner-Kunschak-Kommission. Es gibt heute auch kaum eine zeitgeschichtliche Dissertation oder Arbeit, für die man sich nicht an prominente Zeitgenossen gewendet hat. Dafür bedarf es aber nicht nur eines bloßen Frage- und Antwortspieles, das aufgezeichnet wird; es bedarf einer eigenen Kenntnis der Interviewtechnik, und das, worum es *Reinhard Sieder* mit seinen Narrativ-Interviews geht, ist die Anwendung dieser Methode in der Sozialgeschichte, wobei der regional- und lokalgeschichtliche Zugang in den letzten Jahren an Bedeutung gewonnen hat. Maßgebend war auch die Hinwendung zur Geschichte des Alltags, eine neue und wichtige Entwicklungsphase nicht nur in der zeitgeschichtlichen Forschung, die von Frankreich bzw. der Zeitschrift „Annales" ausging. Lebensweise und Lebenswelt bestimmter sozialer Gruppen vor allem aus der Arbeiterschaft, über die es 1981 eine interessante große Ausstellung in Wien gegeben hat, stehen im Mittelpunkt dieser Forschungen. Was die „Oral History" betrifft, wird nun international ein differenzierterer methodischer Zugriff verlangt, besonders dann, wenn wir den Alltag, die sozialen Beziehungen, die Verhaltens- und

Wahrnehmungsformen von Arbeitern, Bauern, kleinen Angestellten usw. erfahren wollen, von Schichten also, die nur in seltenen Ausnahmefällen schriftliche Zeugnisse ihres Lebens, ihrer Beziehungen und Entscheidungen hinterlassen. Natürlich hängt das zusammen mit der Verwissenschaftlichung der Geschichte als Sozialwissenschaft durch Übernahme von Methoden der empirischen Sozialwissenschaften, die allerdings nicht allen historischen Anforderungen genügen können. Infolgedessen gewinnt eben die „Oral History" im speziellen in der Form des Narrativ-Interviews wieder eine neue wichtige Bedeutung. Nach *Sieder* ist sie die antipositivistische Variante der Sozialgeschichtsforschung — obwohl in der historischen Sozialwissenschaft die „Oral History" in der Form des Interviews seit jeher zum Repertoire gehört hat. Allerdings wurde sie lange nur für Eliten verwendet oder für Experten. Die sozialhistorischen Narrativ-Interviews sind dem Typus des Basisinterviews zuzuordnen, und es ist im Gegensatz zum geschlossenen Interview, das eigentlich eine katalogartige Zusammenstellung der aufgearbeiteten Fragen enthält, die nur kurz beantwortet werden können und sollen, ein offenes, qualitatives, narratives oder Tiefeninterview, d. h. es gibt Raum zum Erzählen und die Möglichkeit, z. B. beim Erfragen des Schicksals von Arbeiterinnen auch individuelle biographische Abweichungen zu erfragen. Dabei zeigt sich das bekannte Problem des Phänomens der Ungleichzeitigkeit, auf das seinerzeit schon *Ernst Bloch* aufmerksam gemacht hat.

Sieder ist übrigens der Meinung, daß solche Einzel-Narrativ-Interviews nicht von eingeschulten Gruppen gemacht werden sollen, sondern besser vom Forscher selbst, weil dabei das Eingehen auf individuelle Probleme von besonderer Notwendigkeit ist, was natürlich auch beträchtliche Zeit erfordert. In den Narrativ-Interviews ist auch eine spezifische sozio-linguistische Struktur vorhanden, die beachtet werden muß.

Damit schließt sich der Kreis dieser Ausführungen: Zeitgeschichte, je weiter sie sich entwickelt, ist immer dringender auf die Zusammenarbeit mit den anderen Sozialwissenschaften angewiesen, und deshalb müßte die wechselseitige Methodeninformation ein vorrangiges Ziel sein. Über die Methodenfragen hinaus muß nach *Schausberger* die wissenschaftliche Praxis der Zeitgeschichte so angelegt sein, daß sie sich auch in politische Aufklärung umsetzen läßt, was einer besonderen Kritikfähigkeit und Sorgfalt bedarf. Zeithistoriker müssen sich der gesellschaftlichen und politischen Verantwortung ihrer Arbeit und der Vermittlungsproblematik ihrer Ergebnisse bewußt sein. Ein Engagement der Zeitgeschichtler in Medien- und Gesellschaftspolitik, in Schule und Erwachsenenbildung ist höchst wünschenswert und wird auch von der Öffentlichkeit gefordert. Daher darf es nicht länger als ehrenrührig gelten, wenn ein Historiker neben seiner wissenschaftlichen Tätigkeit in einer weiteren Öffentlichkeit aktiv wird. Es gehört zu seiner Aufklärungsfunktion. Der Zeithistoriker wird sich im Bewußtsein des vergänglichen Charakters aller politischen Strukturen auch leichter die Freiheit zur offenen Kritik, auch gegenüber der eigenen politischen Gruppe, bewahren können. Gerade die Lehrer der Geschichte, vor allem aber der Zeitgeschichte, sind mit diesen Forderungen konfrontiert. Sie erfüllen sie zu einem großen Teil und oftmals. Sie tragen damit nicht nur zur politischen Bildung bei, von der die Zeitgeschichte ein integraler Bestandteil ist, sondern auch zu einer Verbesserung und Vertiefung der politischen Kultur Österreichs und damit auch zur Erhaltung und Stärkung der Demokratie unseres Landes.

Literatur:

Heinrich Best / Reinhard Mann (Hg.): Quantitative Methoden in der historisch-sozialwissenschaftlichen Forschung, Stuttgart 1977.

Gerhard Botz: Quantifizierende Methoden in der Politik- und Sozialgeschichte, in: Zeitgeschichte 5, 1977/78, S. 72 ff. u. 114 ff.

Michael Derndarsky: Die Berücksichtigung der Zeitgeschichte im Lehrbetrieb der Wiener Universität. Ein Versuch, in: Austriaca, numéro special, Rouen, Juli 1978, S. 235 ff.

ders.: Welcher Zeit Geschichte? in: Geschichte in Wissenschaft und Unterricht 4, 1979, Stuttgart 1979.

Fritz Fellner: Vorwort, in: *Robert Kriechbaumer:* Österreichs Innenpolitik 1970—1975, Österreichisches Jahrbuch für Politik, Sonderband 1, Wien 1981, S. XVII ff.

Ernst Hanisch: Regionale Zeitgeschichte. Einige theoretische und methodologische Überlegungen, in: Zeitgeschichte 7, 1979/80, S. 39 ff.

Eberhard Jäckel: Begriff und Funktion der Zeitgeschichte, in: *Eberhard Jäckel / Ernst Weymar* (Hg.): Die Funktion der Geschichte in unserer Zeit, Stuttgart 1975, S. 162 ff.

Jean-Marcel Jeanney: La politique énergétique du gouvernement Debré, in: Bulletin de l'Institut d'histoire du temps present, Supplement 1, 1981.

Ludwig Jedlicka: Die Entwicklung der zeitgeschichtlichen Forschung von der Reichenauer Tagung 1960 bis heute, in: Österreich 1927 bis 1938. Protokolle des Symposions in Wien, 23. bis 28. Oktober 1972, Veröffentlichungen der Wissenschaftlichen Kommission des Theodor-Körner-Stiftungsfonds und des Leopold-Kunschak-Preises zur Erforschung der österreichischen Geschichte der Jahre 1927 bis 1938, Band 1, Wien 1973, S. 11 ff.

ders.: Institut für Zeitgeschichte der Universität Wien, in: Vierteljahreshefte für Zeitgeschichte 20, 1972, S. 205 ff.

Robert A. Kann, Robert Hoffmann, Rudolf Ardelt (Diskussion): Zur Problematik der Zeitgeschichte, in: Zeitgeschichte 1, 1973/74, S. 77 ff.

Robert A. Kann: Ergebnisse und Zielsetzungen der zeitgeschichtlichen Forschung in Österreich, in: Politik und Gesellschaft im alten und neuen Österreich, Festschrift für *Rudolf Neck* zum 60. Geburtstag, hgg. von *Isabella Ackerl, Walter Hummelberger* und *Hans Mommsen,* Band II, Wien 1981, S. 341 ff.

Peter Malina: Das Institut für Zeitgeschichte in Wien, in: Jahresbibliographie. Bibliothek für Zeitgeschichte, Weltkriegsbücherei 51, Stuttgart (1979).

Peter Malina, Gustav Spann: Bibliographie zur österreichischen Zeitgeschichte 1918—1978. Eine Auswahl, Wien 1978, Supplement 1980.

Siegfried Mattl, Karl Stuhlpfarrer, Emmerich Talos, Erika Weinzierl: Unveröffentlichte Vorstudie zum Forschungsprojekt des Bundesministeriums für Wissenschaft und Forschung „Forschungslückenkatalog Zeitgeschichte", Endbericht (April 1981).

Rudolf Neck: Zeitgeschichtliche Literatur über Österreich, in: Mitteilungen des Österreichischen Staatsarchivs 6 und 8, Wien 1953 und 1956.

Lutz Niethammer unter Mitarbeit von *Werner Trapp:* Lebenserfahrung und kollektives Gedächtnis. Die Praxis der „Oral History", Frankfurt/Main 1980.

Österreichische Zeitgeschichte im Geschichtsunterricht. Bericht über die Expertentagung vom 14. XII. bis 16. XII. 1960 in Reichenau, Wien 1961.

Hans Rothfels: Zeitgeschichte als Aufgabe, in: Vierteljahreshefte für Zeitgeschichte 1, 1953, S. 1 ff.

Helmut Rumpler: Die Überwindung des europäozentrischen Geschichtsbildes: Ein Erfordernis der Wissenschaft und des Unterrichts, in: Zeitgeschichte 4, 1976/77, S. 14 ff.

Norbert Schausberger: Zeitgeschichte, die Geschichte unserer Zeit. Fachwissenschaftliche und didaktische Implikationen, in: Zeitgeschichte 7, 1979/80, S. 79 ff.

Klaus Scholder: Über den Umgang mit unserer jüngsten Geschichte, Zeitfragen 12, München 1979.

Reinhard Sieder: Bemerkungen zur Verwendung des Narrativinterviews für eine Geschichte des Alltags, in: Zeitgeschichte 9, 1981/82, S. 164 ff.

Zeitgeschichte, Wien/Salzburg 1, 1973/74 ff.

Stefan Karner

Grenzziehungsfragen der Republik Österreich nach den beiden Weltkriegen in ihrer ökonomisch-politischen Relevanz

Von den 2637 Kilometern Grenzlänge Österreichs waren 1919 1655 Kilometer, also mehr als die Hälfte, neu gezogen worden. Unverändert gegenüber 1914 blieben nur die Grenzen gegen Deutschland, gegen die Schweiz, gegen Liechtenstein und ein kurzes Stück der Grenze bei Radkersburg, das schon in der Monarchie die Grenze zwischen Österreich und Ungarn gebildet hatte.[1])

Trotzdem waren unter den Anfangsproblemen der Ersten Republik die Grenzziehungsfragen keineswegs an erster Stelle gestanden. Die „Anschluß"-Frage an Deutschland, die Wirtschaftsprobleme — Arbeitslosigkeit, Inflation — beherrschten eindeutig die tagespolitische Szene. (Ähnlich war es nach 1945, als die Besatzungs- und Staatsvertragsfragen im Vordergrund standen.) Grenzfragen waren zumeist erst in das breitere Bewußtsein gedrungen, als es um „Abwehrkampf" und Volksabstimmung ging. Vielleicht hatten sie gerade deshalb — mehr als andere „heiße" Probleme — nachhaltigste Auswirkungen, die zu einem großen Teil noch heute täglich spürbar sind. Diese Auswirkungen lagen in erster Linie im ökonomischen Bereich. Deshalb möchte ich mich hauptsächlich darauf beziehen und als zweites Anliegen die Grenzlandproblematik anreißen, so wie sie sich heute — als Folge der Grenzziehungen — präsentiert.

Die politischen Hauptereignisse um die Grenzziehungsfragen sind bekannt: Volksabstimmungen in Kärnten und im Burgenland: Im Falle Kärntens — Erhalt des Großteils des Landes, im Raume Ödenburg/Sopron — allerdings unter anderen Randbedingungen — Verlust des natürlichen urbanen Zentrums.

Die eminent politisch relevanten Fragen über den Verbleib der deutschsprachigen Volksgruppen in den abgetrennten Gebieten Südtirols, der Untersteiermark und Südböhmens und ihr weiteres Schicksal als Folge der neuen Grenzziehung sind ebenso nicht Thema des Vortrages wie etwa die Staatsvertragsverhandlungen oder die „hohe" Politik rund um die Grenzfragen.

Um welche Grenzfragen handelte es sich primär im Jahre 1918? Wie die *Graphik 1* zeigt, betrafen sie die Bundesländer Burgenland, Kärnten, Niederösterreich, Steiermark und Tirol: Das Burgenland kommt von der ungarischen Reichshälfte 1921 an Österreich; Ödenburg/Sopron bleibt bei Ungarn. Kärnten verliert an Jugoslawien das Seeland und das Mießtal sowie an Italien das Kanal- und Gailitztal mit Tar-

1) Zum folgenden vgl. StGBl. 90, Nr. 303, v. 21. 7. 1920, S. 1028 ff.

Stefan Karner, Dr. phil., Univ.-Doz. für Neueste Wirtschafts- und Sozialgeschichte und für Österreichische Zeitgeschichte; Institut für Geschichte und Institut für Wirtschafts- und Sozialgeschichte der Universität Graz.

vis. Niederösterreich verliert an die Tschechoslowakei den Bahnknoten Gmünd und die Stadt Feldsberg/Valtice, die Steiermark verliert an Jugoslawien die gesamte Untersteiermark mit Marburg/Maribor und dem Drautal, Tirol muß an Italien Südtirol bis zum Brenner und das obere Drautal bis Sillian abtreten.

Die Gliederung des Referates in zwei Teile ergibt sich fast automatisch aus dem Titel des Vortrages. Im ersten Teil werden Grenzfragen der Ersten Republik, im zweiten Teil vor allem Probleme der sogenannten „toten Grenze" und Kärntens behandelt. Die Problematik des Burgenlandes wird nur im Zusammenhang mit übergeordneten Fragen, etwa der „toten Grenze", kurz gestreift.

Graphik 1: Grenzziehung nach dem Ersten Weltkrieg

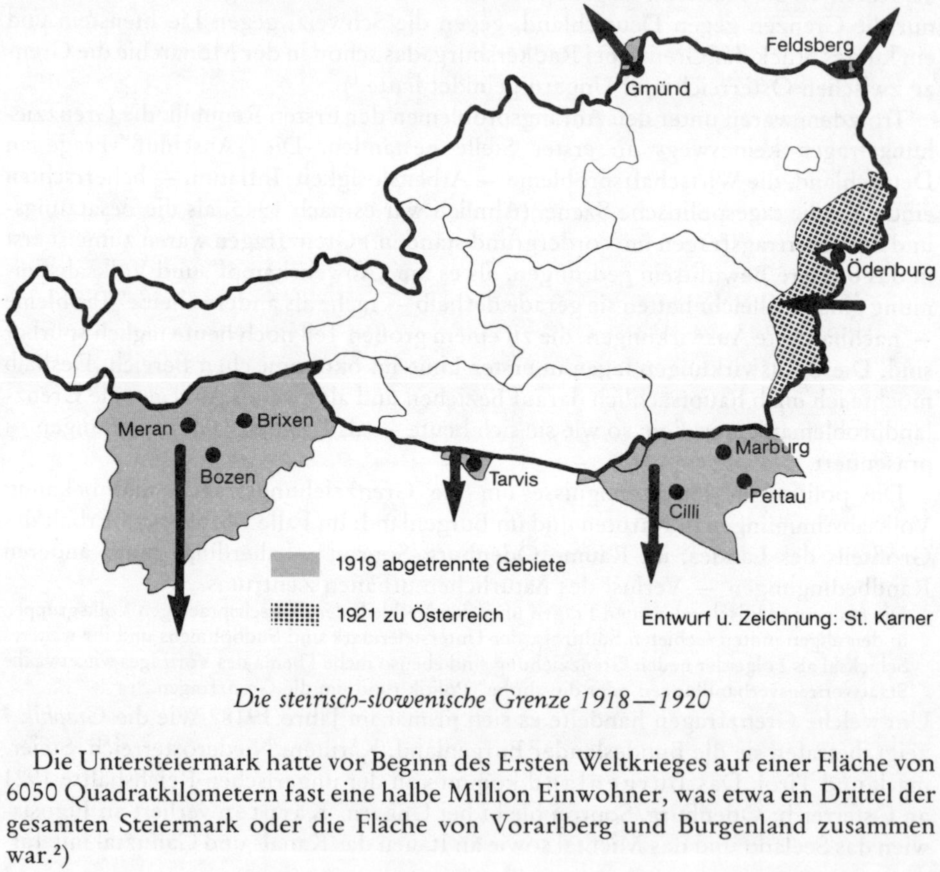

Die steirisch-slowenische Grenze 1918—1920

Die Untersteiermark hatte vor Beginn des Ersten Weltkrieges auf einer Fläche von 6050 Quadratkilometern fast eine halbe Million Einwohner, was etwa ein Drittel der gesamten Steiermark oder die Fläche von Vorarlberg und Burgenland zusammen war.[2])

2) Burgenland und Vorarlberg haben zusammen eine Fläche von 6566 km². Österreichischer Amtskalender 1972, Wien 1972, S. 553 u. 742. Zum folgenden vgl. *Stefan Karner:* Die Abtrennung der Untersteiermark von Österreich 1918/19. Ökonomische Aspekte und Relevanz für Kärnten und die Steiermark, in: Kärntens Volksabstimmung 1920. Wissenschaftliche Kontroversen und historisch-politische Diskussionen anläßlich des internationalen Symposions Klagenfurt 1980, hgg. von *Helmut Rumpler,* Klagenfurt 1981, S. 254—296.

Die politisch-kulturellen Zentren waren die Städte Marburg/Maribor, Cilli/Celje und Pettau/Ptuj; die wirtschaftlichen Kapazitäten lagen

- in der Landwirtschaft bzw. im Weinbau,
- in den Kohlengruben der Trifailer Bergwerksgesellschaft im Bezirk Cilli/Celje und
- in den z. T. schon ausgebauten Drauwasserkräften.

Von den Betrieben mit überregionaler Bedeutung sind zu nennen: Die Südbahnwerkstätten in Marburg/Maribor mit rund 700 Beschäftigten, die Österreichischen Stickstoffwerke in Maria Rast/Ruše, die Glasfabrik Abel in Hrastnigg/Hrastnik sowie die Zinkhütte der Bleiberger Bergwerksunion in Cilli/Celje, die Kärntner und Tiroler Erze verarbeitete.

Insgesamt war das untersteirische Gebiet aber dominant agrarisch geblieben:

- Der landwirtschaftliche Bevölkerungsanteil lag in den einzelnen Bezirken zwischen 69 und 85 Prozent.
- 90 Prozent der Bauern waren Kleinlandwirte. Weite Gebiete waren Wein- und Obstkulturen.[3]) Der am stärksten industrialisierte Bezirk des steirischen Unterlandes wies etwa zur Jahrhundertwende nur knapp über 4 Prozent Industriearbeiter auf.[4])

Bereits diese Überblicksdaten zeigen die Hauptfunktion des steirischen Unterlandes: Lieferant landwirtschaftlicher Produkte für die Industrieregionen Obersteiermark und Graz.

Ebenso bedeutend war die Position im Bergbau, im besonderen der Braunkohlenerzeugung. Innerhalb des gesamten Kronlandes förderte die Untersteiermark im Jahre 1917 knapp 40 Prozent [5]) und rund 1 Million Tonnen. Dies entsprach fast der Hälfte der Braunkohlenproduktion der Republik Österreich in den Jahren 1918 und 1919. [6]) Die Trifailer Kohlenbergwerksgesellschaft (Werk Trifail/Trbovlje) war als Betrieb nicht nur der größte Kohlenlieferant der Steiermark, in der gesamten österreichischen Reichshälfte förderten 1917 nur drei böhmische Gesellschaften mehr Braunkohle als das untersteirische Werk.[7])

Ein ganz besonders zukunftsträchtiges Gebiet der Rohstoffpalette war zu Beginn unseres Jahrhunderts die Elektrizität. Auch hier verfügte die Untersteiermark mit der Drau über bedeutende Ressourcen. Die Steiermärkische Elektrizitätsgesellschaft (STEG) hatte daher während des Ersten Weltkrieges in der Nähe von Marburg/Maribor das bis dahin größte Flußkraftwerk Innerösterreichs mit 35.000 kW gebaut und im Mai 1918 auch eröffnet. Faal/Fala, wie das Großkraftwerk hieß, hatte mehr als

3) Vgl. *Karner*, Abtrennung der Untersteiermark (Anm. 2), S. 255 f.
4) *Paul W. Roth:* Die Verteilung der Industriearbeiterschaft der Steiermark um 1890, in: Blätter für Heimatkunde, Jg. 50, 1976, S. 105.
5) Die Gesamtbraunkohlenförderung im Jahre 1917: in Steiermark 2,598.358 t, in der Untersteiermark (= Revierbergamtsbezirk Cilli) 1,009.724 t. Statistik des Bergbaues in Österreich für das Jahr 1917. Wien 1921, S. 57 ff.
6) *Karl Bachinger — Herbert Matis:* Strukturwandel und Entwicklungstendenzen der Montanwirtschaft 1918—1938, in: Österreichisches Montanwesen. Wien 1974, S. 117.
7) Es waren dies die drei böhmischen Kohlenwerksgesellschaften Brüxer, Nordböhmische und Gewerkschaft Brucher. *Karner*, Abtrennung der Untersteiermark (Anm. 2), S. 257.

die doppelte Leistung aller 10 übrigen steirischen Stromlieferanten zusammengerechnet![8])

Der in diesem Draukraftwerk erzeugte Strom wurde z. T. in den eigens dafür errichteten Österreichischen Stickstoffwerken im benachbarten Maria Rast/Ruše verbraucht und sollte andererseits über Stromleitungen nach Graz, in die Obersteiermark und bis nach Wien geführt werden.[9])

Die folgenden *Graphiken 2 und 3* zeigen die Anteile der Untersteiermark an einigen Rohstoffen und ihre Bedeutung für die Lebensmittelversorgung der Mittel- und Obersteiermark.

Graphik 2: Der untersteirische Anteil an der gesamtsteirischen Rohstofferzeugung 1917/18

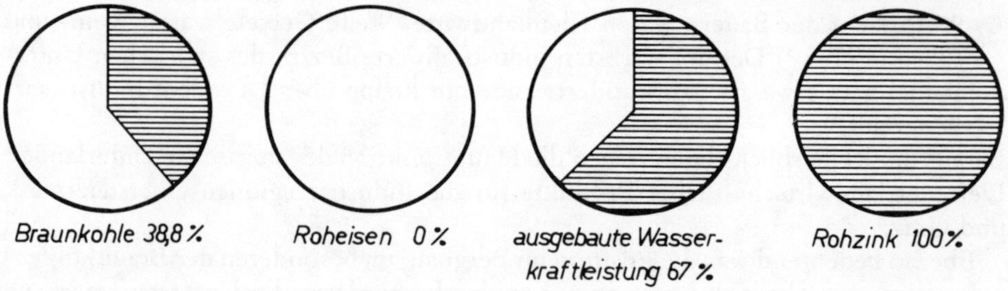

Ein Blick auf die *Graphik 4* genügt, um die günstige Verkehrslage der Untersteiermark im Schnittpunkt der Nord-Süd-Verbindung von Wien nach Triest/Trieste und der West-Ost-Verbindung von der Brennerbahn zur Südbahnstrecke erkennen zu können. Die 1867 errichtete Bahnlinie von Klagenfurt nach Marburg/Maribor war zudem die kürzeste Verbindung Graz—Klagenfurt. Ihre Bedeutung wurde noch vor der Jahrhundertwende mit der Einbindung der Bahn aus den Kohlenrevieren von Trifail/Trbovlje und Wöllan/Velenje gesteigert. Die Investitionen zum Ausbau des untersteirischen Eisenbahnnetzes erreichten aber auch viele Lokalverbindungen, sodaß die Eisenbahndichte im Unterland gesamtsteirische Werte erreichte. Beispielsweise entfiel von den zwischen 1890 und 1903 in der gesamten Steiermark erbauten 280 Kilometern Bahnstrecke fast die Hälfte auf untersteirische Linien.[10])

8) Dazu kamen in der Steiermark noch 17.396 PS von 26 Eigenanlagen. Für die Untersteiermark können zu den nicht unbedeutenden Kapazitäten der Eigenanlagen keine quantitativen Angaben gemacht werden. Die Wasserwirtschaft 3/1927, S. 68 und *Stefan Karner:* Das Jahr 1918 als Wendepunkt für die Energiewirtschaft der Steiermark und Sloweniens, in: Blätter für Heimatkunde 4/1978, S. 114.

9) Vgl. auch *Stefan Karner:* Das Draukraftwerk Faal/Fala und die Anfänge der modernen Industrialisierung Sloweniens, in: Internationales Kulturhistorisches Symposion Mogersdorf in Osijek 1978, Bd. 10, Zagreb 1984, S. 239—248.

10) Vgl. *Paul W. Roth:* Wirtschaftsförderung und Nationalitätenproblematik am Beispiel des Kronlandes Steiermark, ca. 1890—1907, in: Internationales Symposion, wie Anm. 9, S. 133—150.

Graphik 3: Die Bahnausfuhr an Vieh und Wein aus den von Österreich geforderten untersteirischen Bezirken nach Mittel- und Obersteiermark im Jahre 1913

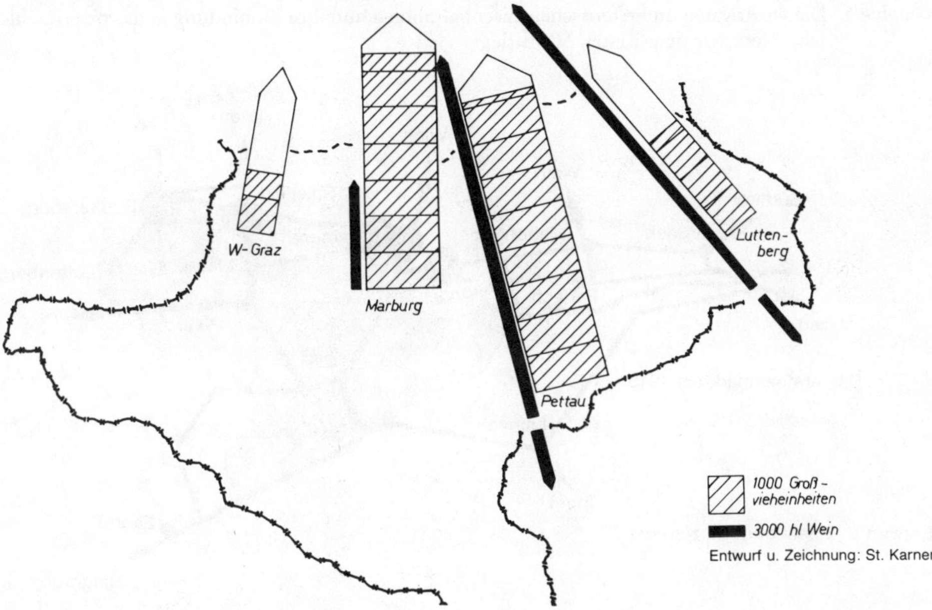

Graphik 4: Die Untersteiermark im Schnittpunkt der Eisenbahnlinien

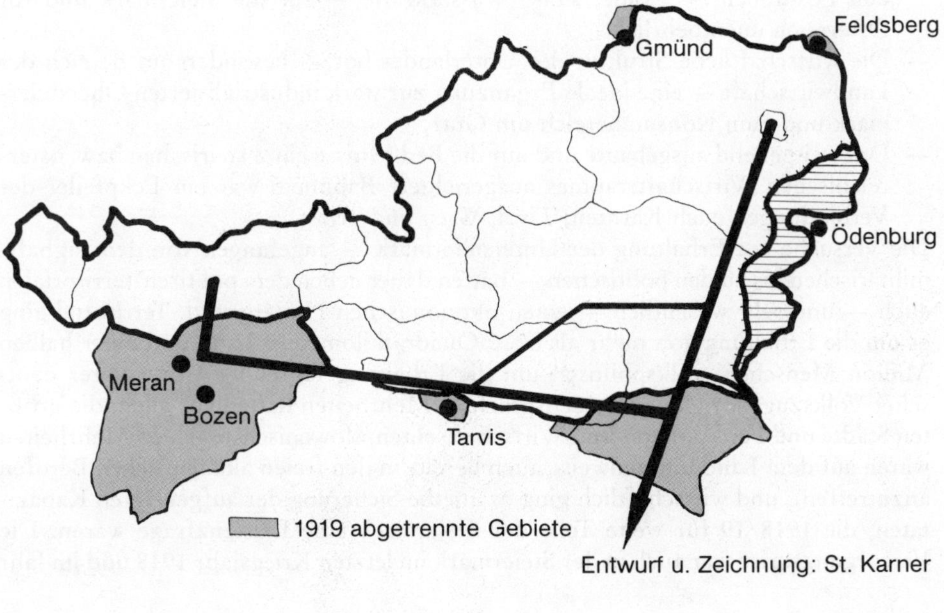

Die folgende *Graphik* 5 zeigt die wichtigsten Eisenbahnlinien der Untersteiermark vor dem Ersten Weltkrieg mit ihren Nahtstellen zum gesamtösterreichischen Bahnnetz.

Graphik 5: Die wichtigsten untersteirischen Eisenbahnlinien und ihre Einbindung in das österreichische Netz vor dem Ersten Weltkrieg

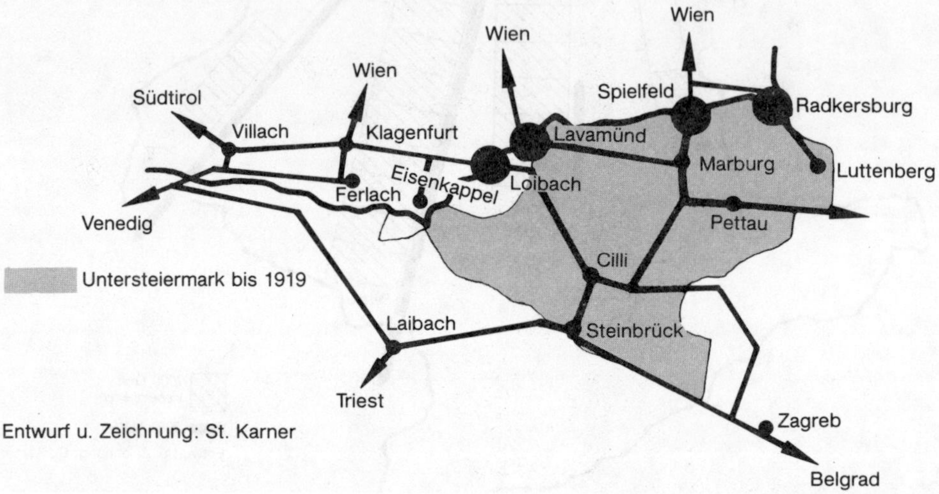

Fassen wir nun die Situation der untersteirischen Wirtschaft vor 1918 zusammen:

— Das ökonomische Potential der Untersteiermark war in manchen entscheidenden Positionen — Kohle, Zink, Wasserkräfte — für die Steiermark und für Österreich unentbehrlich.
— Die wirtschaftliche Struktur des Unterlandes bot — besonders im Bereich der Landwirtschaft — eine ideale Ergänzung zur stark industrialisierten Obersteiermark und zum Konsumbereich um Graz.
— Das weitgehend ausgebaute und auf die Bedürfnisse eines steirischen bzw. österreichischen Wirtschaftsraumes ausgerichtete Bahnnetz war ein Eckpfeiler der Verbindungen nach Kärnten, Tirol, Wien und Triest.

Die Versuche zur Erhaltung der Untersteiermark — angefangen von den zaghaft-militärischen bis zu den politischen — hatten daher neben dem politisch-territorialen auch — und sehr wesentlich — einen ökonomischen Hintergrund. Territorial ging es um die Erhaltung von mehr als 6000 Quadratkilometern Land und einer halben Million Menschen, volkspolitisch um die Erhaltung tausender Untersteirer deutscher Volkszugehörigkeit (deutschsprachige Mehrheiten hatten vor allem die größten Städte und Funktionärs- und Wirtschaftseliten, slowenischsprachige Mehrheiten waren auf dem Land und teilweise auch bereits in den freien akademischen Berufen anzutreffen), und wirtschaftlich ging es um die Sicherung der aufgezeigten Kapazitäten, die 1918/19 für weite Teile der Steiermark eine Existenzfrage waren. Die Versorgungskrise war auch in der Steiermark im letzten Kriegsjahr 1918 und im Jahr darauf d a s zentrale Problem geworden. Die Ernteerträge waren gegenüber 1913 um die Hälfte gesunken.[11]) Im Juli 1918 konnten kaum noch 41 Prozent des ohnehin schon rationierten Minimalbedarfes an Brot gedeckt werden. Dabei hatte die Steiermark 1918 ein Drittel (!) ihres aufzubringenden Viehs der Reichshauptstadt Wien und dem Militär abzuliefern, falls die erwarteten Viehmengen überhaupt noch aufgebracht werden konnten. Denn die Viehfutternot war Ende Jänner 1918 bereits so groß geworden, daß man die Pferde mit Tannenreisig fütterte, die Spediteure und Fuhrleute keine Fuhren mehr hatten und die Tiere teilweise verhungerten.[12]) Kaum besser war die Ernährungslage für die untersteirische Bevölkerung: Obwohl an sich landwirtschaftliches Überschußland, hatten vor allem die verstärkten Ablieferungsquoten für das Militär, die steirischen Städte und Wien wie auch das zurückflutende Militär größte Versorgungsprobleme gebracht. Überdies war die Untersteiermark nach Kriegsende auch ein Transitland für den wichtigen Lebensmittelnachschub aus Kroatien geworden.

Zum wirtschaftlichen Pulverfaß war mit dem Kriegsende der politische Funke gekommen, der die Spannung in eine Explosion verwandelte: In einem Handstreich hatte sich am Allerheiligentag 1918 der slowenische Kommandant des k. k. Landsturmbezirkskommandos 26, Major *Rudolf Majster*, des Stationskommandos in Marburg/Maribor bemächtigt und sofort slowenische Verbände um sich geschart. Ein vom Grazer Militärkommando zur Befehlsübernahme nach Marburg/Maribor entsandter Oberst kehrte unverrichteter Dinge nach Graz zurück. Ende November 1918 entwaffnete *Majster* — trotz der noch amtierenden deutschen Stadtverwaltung — die deutsche Schutzwehr der Stadt und besetzte bis zur Jahreswende 1918/19 alle wichtigsten Zentren des Unterlandes, um das Gebiet für den schon am 29. Oktober 1918 gegründeten südslawischen Staat zu sichern.[13])

Am Neujahrstag 1919 übernahmen die Slowenen die Marburger Gemeindeverwaltung und bald weitere Schlüsselpositionen in den Bezirken, Ämtern und Banken. Die Vollzugsanweisung des Deutschösterreichischen Staatsrates vom 3. Jänner 1919, in der die nördlichen untersteirischen Bezirke als Bestandteil des österreichischen Staatsgebietes erklärt wurden, hatte kaum realpolitische Bedeutung und konnte sie auch gar nicht mehr haben. Schon einen Monat später, Anfang Februar 1919, wurden die Pläne für ein umfassenderes militärisches Eingreifen in der Untersteiermark

11) Vgl. *Stefan Karner:* Steirische Landwirtschaft vor und nach 1918, in: Neues Land, 19. u. 26. 11. 1978, S. 5 ff.

12) Pokrajinski arhiv Maribor (= PAM), Gemeinderatssitzungsprotokolle der Stadt Marburg vom Jahre 1918.

13) Zur umfangreichen Literatur über die politisch-militärische Entwicklung in der Untersteiermark 1918/19 vgl. u. a. *Lojze Ude:* Boj za severno slovensko mejo [Kampf um die slowenische Nordgrenze] 1918—1919. Maribor 1977. *S. Knaus:* Das Ringen um die untere Steiermark, in: Freiheitskämpfe in Deutsch-Österreich. Berlin 1942, S. 70—122. *Robert Hinteregger:* Abwehrmaßnahmen an der untersteirischen Grenze 1918/19. Ein Beitrag zur Gesamtproblematik der Grenzziehung zwischen der Republik Deutsch-Österreich und dem SHS-Königreich, in: ZHVSt, Jg. 66, 1975, S. 213—248. *Fran Kovačič:* Maribor in bodoča državna meja [Marburg und die zukünftige Staatsgrenze]. Maribor 1918. *Manfred Straka:* Untersteiermark, unvergessene Heimat, Graz 1965, vor allem S. 85 ff.

ad acta gelegt. Die Angst vor einem Ausbleiben der Lebensmittellieferungen aus und durch das Unterland hatte ein militärisches Eingreifen verhindert.

Unterstützt wurde diese Haltung der steirischen Landesregierung auch von Wien, weil man befürchtete, die Kämpfe könnten die Erfolge bei den Verhandlungen über den bilateralen Warenaustausch vereiteln. Tatsächlich hatte etwa die Nationalregierung in Laibach/Ljubljana den für beide Seiten notwendigen Wirtschaftsverhandlungen im November 1918 in Graz erst zugestimmt, nachdem sich die österreichischen Truppen vom rechten, also südlichen Drauufer zurückgezogen hatten und Aussicht bestand, daß auch die nördlich der Drau gelegenen Gebiete geräumt würden.[14]) Im Friedensvertrag von Saint Germain wurde die Untersteiermark ohne Volksabstimmung dem südslawischen Staat zugesprochen.[15]) Für kurze Zeit wurde auch eine Volksabstimmung für die nördlichen Bezirke des Unterlandes über den weiteren Verbleib bei Österreich oder über die Abtretung an Slowenien vor allem vom italienischen Außenminister *Tittoni* gefordert.[16])

Welche Auswirkungen hatte nun die neue Grenze? Wie relevant war diese Grenzziehung für die Wirtschaft der angrenzenden Länder Steiermark, Kärnten, ja Österreichs. Folgende Bereiche sollen exemplarisch herangezogen werden:

- die neugeschaffene Verkehrssituation, die aus durchgehenden Verbindungen Sackstraßen machte,
- die Kompensationsverträge,
- die Stromversorgung und
- der Rückgang in der Nahrungsmittelproduktion der steirischen Landwirtschaft.

14) Haus-, Hof- und Staatsarchiv, Wien (HHStA), Neues Politisches Archiv (NPA), 799, fol. 77—78 (Verhandlungsniederschrift) und: Grazer Tagblatt v. 9. 11. 1918. Zu den Wirtschafts- und Handelsverträgen zwischen Österreich und Jugoslawien vgl. *Jože Šorn:* Die Handelsbeziehungen zwischen Slovenien und der Republik Österreich von November 1918 bis November 1919, in: Kärnten. Volksabstimmung 1920. Voraussetzungen, Verlauf, Folgen. Wien — München — Kleinenzersdorf 1981, S. 117—133 und 249 ff. *Stefan Karner:* Zwei elektrizitätswirtschaftliche Sonderabkommen von 1925/26. Ein Beitrag zu den österreichisch-jugoslawischen Beziehungen in der Zwischenkriegszeit, in: ZHVSt 1981, S. 175—190. *Gerhard Slavik:* Der Außenhandel und die Handelspolitik Österreichs (1918 bis 1929). Phil. Diss. Leipzig 1928, vor allem S. 39 f., sowie die Statistischen Übersichten über den auswärtigen Handel Österreichs 1919 ff.

15) *Straka,* Untersteiermark (Anm. 13), S. 96 ff. Vgl. vor allem: *Wolfgang Altgelt:* Jugoslawien und Österreich als Faktoren der italienischen Außenpolitik 1918—1920, in: Kärntens Volksabstimmung 1920, hgg. v. *Helmut Rumpler* (Anm. 2), bes. S. 142 ff. *I. J. Lederer:* Yugoslavia at the Paris Peace Conference. A Study in Frontiermaking. New Haven — London 1963, *R. Albrecht-Carrié:* Italy at the Paris Peace Conference. New York 1938, und Zapisnici za sednica delegacije kraljevine SHS na mirovnoj konferenciji u Parizu [Sitzungsprotokolle der Delegation des SHS-Königreiches auf der Friedenskonferenz in Paris] 1919—1920, hgg. v. *B. Krizman* u. *B. Hrabak.* Beograd 1960, bes. S. 346 ff.

16) Die Italiener hatten 1919/20 in Marburg/Maribor und in Graz ständige Delegationen als Außenstellen der Militärmission in Wien eingerichtet, die vor allem das siegreiche Italien und seinen politischen und wirtschaftlichen Einfluß repräsentieren sollten. Vgl. dazu vor allem *Johann Rainer:* Die italienische Militärmission in Wien 1918—1920, in: Festschrift *Hermann Wiesflecker* zum 60. Geburtstag, hgg. v. *Alexander Novotny* und *Othmar Pickl.* Graz 1973, vor allem S. 275 f.

Große, andauernde ökonomische Folgen hatte die neue Grenze auf die Verkehrslage der nunmehrigen Grenz- und Nachbarländer Kärnten, Steiermark und Slowenien, denn sie zerschnitt das innerösterreichische Verkehrsnetz an drei entscheidenden Punkten: Die Grenze bei Unterdrauburg/Dravograd machte die West-Ost-Linie (Südtirol — Klagenfurt — Marburg/Maribor) ein zweitesmal zu einer Sackstraße, sodaß diese einst so wichtige Trasse wertlos wurde. Die Transitbelastung dieser Strecke hatte noch im 19. Jahrhundert sowohl die Linie über den Brenner als auch die stärkst belastete Kärntner Binnenlinie Klagenfurt—Villach übertroffen.[17])

Ein Drittel der Kärntner Ausfuhr ging diesen Weg. Im Jahre 1913 kamen von Graz und aus dem Lavanttal allein 4490 Zugsgarnituren nach Klagenfurt.[18]) Ein Vergleich der Zugspaare auf der Strecke Klagenfurt—Marburg/Maribor in den Jahren 1914 und 1922 macht den Rückgang des Verkehrs auf dieser Tangente deutlich. Damit verbunden war natürlich der wirtschaftliche Niedergang des südöstlichen Kärntner Grenzraumes und des slowenischen Draugebietes.

Aber auch die täglichen Zugsfrequenzen auf den anderen Teilstücken der West-Ost-Spange gingen stark zurück: Von 17 auf 9 auf der Linie Franzensfeste/Fortezza—Spittal an der Drau.[19]) Der Verkehr durch das obere Drautal und durch Osttirol hatte nur noch lokale Maßstäbe. Die *Graphik* 6 zeigt die Umorientierung des Güterverkehrs in und durch Kärnten schon 10 Jahre nach der untersteirischen Grenzziehung. Die Hauptrichtung ist jetzt Nord—Süd, die West-Ost-Richtung ist bedeutungslos geworden!

Graphik 6: Die Streckenbelastung der Kärntner Eisenbahnlinien 1930. Nach *M. Straka:* Die Verkehrsverbundenheit der Kärntner Wirtschaft mit der Umwelt (phil. Diss., Graz 1933), Karte 4. Angaben in Nutzlast-Tonnenkilometer (in Mill.) auf 1 Betriebsleistungskilometer.

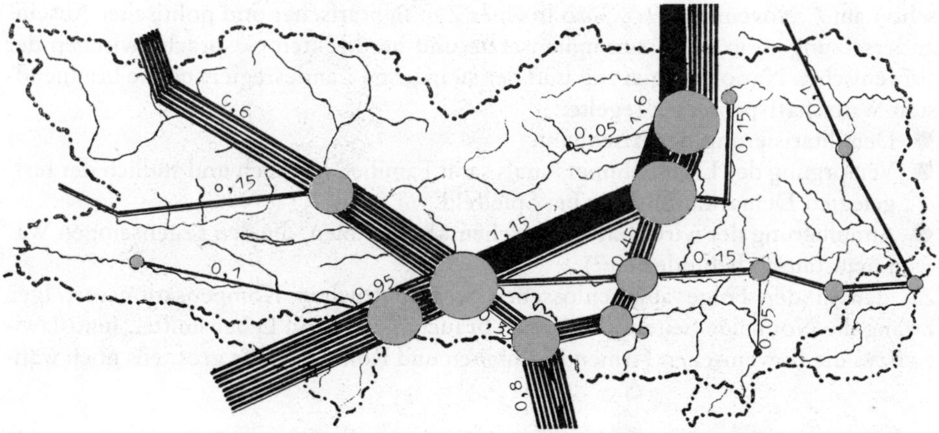

17) *J. Scheliessnigg:* Beiträge zur Beurteilung des bisherigen Transito durch Kärnten, der Handelsbewegung dieser Provinz etc., in: Carinthia, Jg. 35, 1845, S. 41—44 u. 57—60.

18) Ebd. u. *Manfred Straka:* Die Verkehrsverbundenheit der Kärntner Wirtschaft mit der Umwelt. Phil. Diss. Graz 1933, S. 42.

19) Ebd.

Ein gewisser Ausgleich für das südöstliche und östliche Kärnten konnte erst in den dreißiger Jahren mit dem Ausbau der Packstraße und in den sechziger Jahren mit der neuen Bahntrasse von Bleiburg nach St. Paul im Lavanttal geschaffen werden. Die Wichtigkeit einer direkten Schienenverbindung Graz—Klagenfurt wird derzeit u. a. mit Planungen für einen Koralpen-Tunnel deutlich unterstrichen.

Nicht unerwähnt soll dabei auch bleiben, daß die faktische Unterbindung der Eisenbahnstrecke bei Unterdrauburg/Dravograd sich auch für das nach 1919 slowenische Drautal bis Marburg/Maribor negativ auswirkte. Wie schon *Mavricij Zgonik* nachgewiesen hatte, hatte sich die Struktur des vorwiegend kleingewerblich-agrarischen Gebietes in der Zwischenkriegszeit kaum weiterentwickelt. Außer den Stickstoffwerken in Maria Rast/Ruše verfügte das Tal über keinen größeren Betrieb. Die Anfänge des Textil- und Konfektionsgewerbes blieben bescheiden. Der einzige Textilbetrieb mußte seine Produktion zeitweise überhaupt einstellen.[20]) Schwierig wurde die Lage auch für die nunmehr geographisch exponierte und durch die Grenzziehung zweigeteilte Stadt Radkersburg/Radgona, welche über die Eisenbahnlinie Luttenberg/Ljutomer—Spielfeld mit Graz bzw. Marburg/Maribor verbunden war. Österreichischerseits wollte man nach 1919 die Strecke Spielfeld—Radkersburg/Radgona erst für den Verkehr freigeben, wenn das rein deutsch besiedelte Abstaller Feld doch noch zur Steiermark käme. Diese aussichtslose Junktimierung wurde erst 1922 fallengelassen und die Bahnlinie wieder aufgemacht. Von 1918 bis 1922 war also Radkersburg/Radgona per Bahn von Österreich aus nicht zu erreichen. Dies wog umso schwerer, als alle Verkehrswege des Abstaller Feldes natürlich den Zentren des Gebietes, Radkersburg/Radgona und Mureck, zustrebten, was z. T. wiederum nur über die damals eingestellte Bahnlinie möglich gewesen wäre.[21])

Die vorrangige Bedeutung der Lebensmittelversorgung in den Monaten nach Kriegsende ist bereits betont worden. Nichts macht das deutlicher, als daß man sich schon am 7. November 1918, also in einer Zeit militärischer und politischer Auseinandersetzungen, in Graz zusammensetzte und im direkten Gespräch zwischen der slowenischen Nationalregierung und der steirischen Landesregierung die brennendsten Wirtschaftsprobleme regelte:

- Demilitarisierung der Eisenbahn
- Versorgung des Eisenbahnpersonals samt Familien nördlich und südlich der festgelegten Demarkationslinie bei Spielfeld
- Annullierung der wirtschaftspolitischen Maßnahmen, die den gegenseitigen Warenaustausch behinderten[22])

Zu den in der Folge abgeschlossenen wirtschaftlichen Kompensationsverträgen zwang die Not beide Seiten: Österreich brauchte dringend Lebensmittel, Jugoslawien bzw. die slowenischen Firmen Maschinen und Rohstoffe, die großteils noch wäh-

20) *Mavricij Zgonik:* Dravska dolina. Novejši razvoj kulturne pokrajine [Das Drautal. Neueste Entwicklung einer Kulturlandschaft]. Maribor 1977, S. 214 f.
21) Denkschrift über das untere Murtal 1919, HHStA, NPA 802, und Planskizzen über den Verlauf der neuen Staatsgrenze im Archiv der Handelskammer Graz.
22) Vgl. *Šorn* (Anm. 14), S. 120 f.

rend des Krieges bestellt worden waren. Also tauschte man; und das in keinem geringen Umfang.

In den fünf Herbst/Winter-Monaten von September 1919 bis Februar 1920 wurden von Jugoslawien Lebens- und Futtermittel im Wert von 241,811.202 Kronen an Österreich geliefert.[23]) Der Großteil der Lebensmittellieferungen ging nach Wien und der Steiermark. Die Bedeutung dieser Mengenangaben geht schon allein daraus hervor, daß Österreich etwa im 2. Halbjahr 1919 — am Höhepunkt der Hungerkrise — vom SHS-Staat rund ein Viertel seiner gesamten Bohnenimporte, 56 Prozent der Haferimporte, 60 Prozent der Maiseinfuhren und 71 Prozent der Schlacht- und Zugviehimporte bezogen hatte.[24])

Tabelle 1 gibt die Lebensmittellieferungen des SHS-Staates an Österreich vom 1. September 1919 bis zum 26. Februar 1920 wieder.[25])

Tab. 1	Menge in kg Stück Waggons	vertraglich vereinbartes Kontingent	Sachwert in Kronen
Bohnen und Erbsen	4,355.585	300	56,356.639
Mehl	7,237.928	2.258	49,820.789
Mais	7,629.618	2.400	45,051.365
Weizen und Gerste	2,193.694	2.800	17,130.183
Schweine	2.679 Stück	6.000 Stück	15,303.458
Rinder	982 Stück	1.000 Stück	15,145.130
Kartoffeln	4,959.972	8.000	14,879.918
Fett und Speck	244.017	20	13,406.365
Geflügel	16 Waggons	25	6,574.176
Hafer	2,587.023	—	2,587.023
Fleisch	41.342	25	2,273.061
Eier	6 Waggons	35	2,166.000
	29,249.179 kg 3.661 Stück 22 Waggons	15.863 Waggons 7.000 Stück	241,811.202

Direkt in Zusammenhang mit der schlechten Ernährungslage in Österreich stand der Produktionsrückgang in der Landwirtschaft. In der Steiermark war dies neben dem Mangel an Menschen und Vieh wiederum auf den Kunstdüngerengpaß zurückzuführen. Bis vor dem Ersten Weltkrieg war der Kunstdünger vor allem aus Chile importiert worden. Weil aber die Einfuhr des Chile-Salpeters immer schwieriger geworden war, suchte man auch in Österreich nach Alternativen. Die parallel zum großen Draukraftwerk Faal/Fala gegründeten Österreichischen Stickstoffwerke in Maria Rast/Ruše sollten für den steirischen Raum Abhilfe schaffen und den notwendigen Stickstoff aus der Luft gewinnen.

23) HHStA, Handel und Industrie Südslawien, Karton 441.
24) Statistische Übersichten über den auswärtigen Handel Österreichs im 2. Hj. 1919. Wien 1920.
25) Wie Anm. 23.

Maria Rast/Ruše hatte Erzeugungsmöglichkeiten von monatlich 3000 t Stickstoff und 2000—2500 t Kalziumkarbid. Mengen, die in Österreich zur Ertragssteigerung in der Landwirtschaft dringend gebraucht wurden, auf Grund der Wirtschaftsverträge allerdings nur in einem kleinen Ausmaß eingeführt werden durften. In Jugoslawien wiederum waren die Absatzmöglichkeiten für diese Produkte wegen der Konkurrenz aus Bosnien und der Herzegowina derart schlecht, daß Maria Rast/Ruše nur etwa ein Zehntel seiner Erzeugung auch tatsächlich verkaufen konnte und die Stickstofferzeugung für einige Jahre überhaupt eingestellt werden mußte[26]), während die steirische Landwirtschaft weiter unter akutem Mangel an Kunstdünger litt. Die *Graphik 7* zeigt den Rückgang der Ernteerträge in der steirischen Landwirtschaft zwischen 1909 und 1920.[27])

Graphik 7: Ernteerträge in der Steiermark 1909—18 und 1920

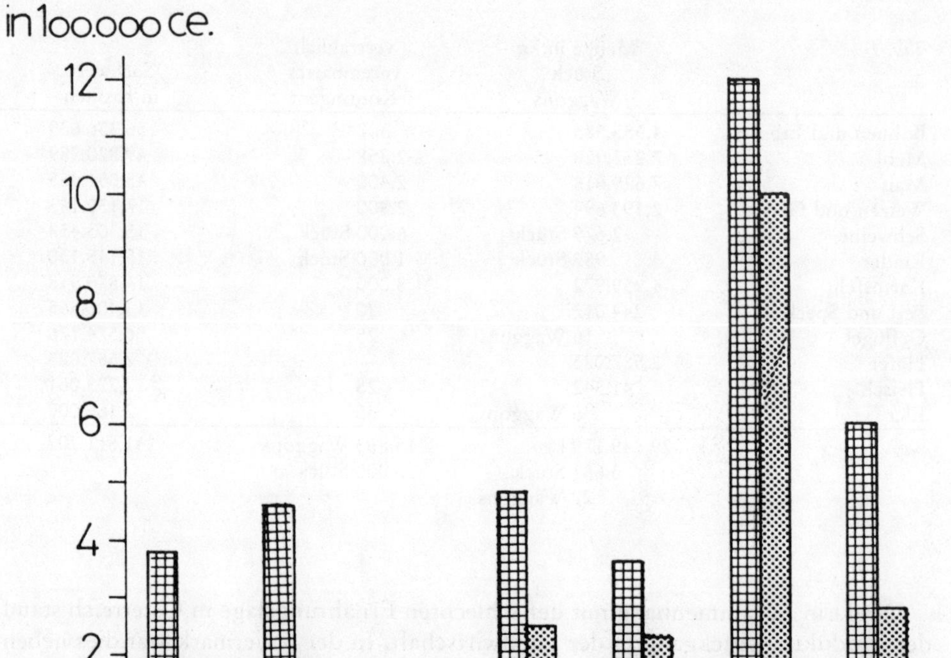

26) PAM, Tov. dušika Ruše [Stickstoffwerk M. Rast], Schuber 36 u. 48.
27) *Karner*, Landwirtschaft (Anm. 11), S. 5 ff.

Die Tiroler Grenze gegen Italien 1918—1920

Im Geheimvertrag von London vom 26. April 1915 versprachen England, Frankreich und Rußland, den Italienern bei einem eventuellen Kriegseintritt gegen die Mittelmächte ihre Gebietsforderungen bis zur Brennergrenze zu erfüllen. Gegen die Eingliederung des überwiegend deutschsprachigen Südtirol sprach der 9. der 14 Punkte des amerikanischen Präsidenten *Wilson*, wonach die Grenzen nach „klar erkennbaren Linien der Nationalität" gezogen werden sollten.[28]) Da lag man allerdings mit dem Anspruch auf Südtirol völlig quer. Im einzelnen soll hier nicht auf die Verhandlungen rund um die Grenzziehung am Brenner eingegangen werden. Festzustehen scheint, daß hier die Grenze im wesentlichen aus militärstrategischen und nationalistischen Gründen gezogen worden war und daß sich auch die Amerikaner der italienischen Argumentation anschlossen. Außerdem konnten die Italiener durch weitere Gebietszuwächse an ihrer Nordgrenze zu Österreich von weiteren Expansionswünschen in der jugoslawischen Adria abgehalten werden.[29])

Die Friedenskonferenz sprach 1919 ein Gebiet von 8510 Quadratkilometern mit 224.000 Südtirolern Italien zu.[30]) Minderheitenschutzverpflichtungen wurden von Italien nicht übernommen.[31]) Das Land wurde nach der Annexion in der Provinz „Venezia Tridentina" zusammengefaßt und im Jahre 1927 verwaltungsmäßig in die Provinzen Bozen/Bolzano und Trient/Trento geteilt.

Die Wirtschaft Südtirols stellte der Ausgang des Ersten Weltkrieges vor eine total geänderte Situation. Das Ausland war zum Inland, das Inland zum Ausland geworden. Die traditionellen Handelsbeziehungen wurden abgeschnitten und dem Warenverkehr neue Schranken errichtet. Südtirol war es nämlich gerade in den letzten Friedensjahren erst gelungen, im Raum der Monarchie gute Absatzgebiete zu finden. Jetzt wurde es einem Land einverleibt, das selbst einen Überschuß an Agrarprodukten aufwies und klimatisch noch begünstigter war[32]); also eine ganz ähnliche Situation wie für die Untersteiermark.

28) *Karl R. Stadler:* Fünfzig Jahre Vertrag von Saint Germain (Zum 10. September 1969), in: ÖGL 8/1969, S. 391.

29) Zum Südtirol-Problem vgl. u. a. allg. *Herbert Miehsler:* Südtirol als Völkerrechtsproblem. Graz-Wien-Köln 1962, *Adam Wandruszka* — *Ludwig Jedlicka* (Hg.): Innsbruck — Venedig. Veröffentlichungen der Kommission für Geschichte Österreichs, Bd. 6, Wien 1975.

30) *Rudolf Neck:* Der Vertrag von Saint Germain, in: Innsbruck — Venedig, wie Anm. 29, S. 155.

31) Zur Minderheitenpolitik in Südtirol vgl. neuerdings *Hanns Haas:* Südtirol 1918—1939, in: Zeitgeschichte 9—10/1981, S. 397 ff.

32) Zum folgenden vgl. vor allem *Josef Fontana:* Wirtschaft in Südtirol vom Vormärz bis zur Gegenwart, in: Beiträge zur Wirtschaftsgeschichte Südtirols. Festschrift zum 125jährigen Bestehen der Südtiroler Landessparkasse. Bozen 1979, S. 330—338, sowie *Adolf Leidlmair:* Südtirol — Eine bevölkerungsgeographische Bilanz, in: Festschrift *H. Kinzl.* Alpenländische Studien, 1968, S. 91—122; *ders.:* Bevölkerung und Wirtschaft 1919—1945, in: Südtirol. Eine Frage des europäischen Gewissens, hgg. v. *Franz Huter.* München 1965. *Karl Trafojer:* Die innenpolitische Lage in Südtirol 1918—1925. Phil. Diss. Wien 1971. *Christoph Pan:* Die Südtiroler Wirtschafts- und Sozialstruktur von 1910 bis 1961. Bozen 1963. *Herbert Fiebiger:* Bevölkerung und Wirtschaft in Südtirol. Eine Darstellung ihrer Situation und Probleme. Bergisch-Gladbach 1959; sowie als unentbehrliches Nachschlagewerk *Franz Huter* (Hg.): Südtirol. Eine Frage des europäischen Gewissens. München 1965.

Schwerer noch als die veränderte Marktlage wirkten die Probleme der ersten Nachkriegsjahre in der Finanz- und Währungspolitik. Sofort nach der Besetzung erließ das Heeresoberkommando eine Verordnung, die die Einfuhr der Krone in die Waffenstillstandszone verbot und den Wert der Krone auf 40 Centesimi festsetzte, die Krone aber neben der Lira als legale Währung zirkulieren ließ. Mit einer zweiten Verordnung vom 5. April 1919 zog aber das Heeresoberkommando die österreichisch-ungarische Währung aus dem Verkehr. Binnen 10 Tagen mußte die Krone in Lire umgetauscht werden. Danach hatte die Krone keine Gültigkeit mehr. Der Umrechnungskurs wurde auf 60 Prozent festgesetzt. Den Schuldnern boten diese Regelungen Gelegenheit, die aufgenommenen Gelder zu sehr günstigen Bedingungen zurückzuzahlen. Denn die Krone, die vor dem Krieg etwa 1:1 zur Lira gestanden war, hatte die Hälfte ihres Wertes verloren. Das Nachsehen hatten die Kreditgeber, im wesentlichen die Banken. Noch größere Verluste entstanden den Kreditanstalten aber aus der Niederschlagung der Kriegsanleihen und der ungenügenden Einlösung der Wertpapiere. Vor dem drohenden Bankenzusammenbruch rettete nur noch der Staat, was er sich auch entsprechend honorieren ließ. Er bestimmte, daß alle Kreditinstitute mit dem Sitz der Zentrale im Ausland von den Hilfsmaßnahmen ausgeschlossen wurden, sodaß diese sehr rasch ihre Tätigkeit in Südtirol aufgeben mußten. An ihre Stelle rückten wieder vom Staat geförderte Filialen italienischer Großbanken.

Große Anstrengungen kostete es auch, das durch die neue Grenze am Brenner zerrissene Geflecht der ländlichen Selbsthilfeorganisationen in eine neue Ordnung zu bringen. Weil der „Anwaltschaftsverband der deutsch-tirolischen Spar- und Darlehenskassenvereine“ in Innsbruck die ländlichen Kreditgenossenschaften in Südtirol nicht mehr betreuen konnte, wurde im Herbst 1919 in Bozen der „Revisionsverband der Raiffeisenkassenvereine und landwirtschaftlichen Genossenschaften“ gegründet.

Besonders schwierig war es, für die landwirtschaftlichen Produkte neue Abnehmer zu finden, wobei bei der Bewältigung dieser Aufgabe dem Handel das größte Verdienst zukam. Für Obst konnten neue Absatzgebiete in Skandinavien, England, in den Niederlanden, Polen und in der Tschechoslowakei gefunden werden. 1914 erzeugte Südtirol 10.000 t Obst, 1924 bereits 30.000 t. Viel schwieriger war es, den Wein an den Mann zu bringen. Vor dem Kriege hatte man zwei Drittel des Südtiroler Weins in die österreichische Reichshälfte der Monarchie verkauft, den Rest in die Schweiz und nach Deutschland. Der Export nach Österreich war jetzt durch strenge Zoll- und Devisenbestimmungen belastet. Den Schweizer Markt hatte während des Krieges der spanische Wein erobert, und Deutschland schränkte die Importe stark ein. Erst nach 1924 konnte sich der Südtiroler Wein allmählich wieder behaupten.

Auf den ersten Blick etwas überraschend wirkt, daß auch die Viehzucht Südtirols Absatzengpässe bekam, war doch Italien seit alters Viehimportland — vor allem für Tiere aus Österreich — gewesen. Man wäre geneigt anzunehmen, daß nun der italienische Markt umso lieber Vieh aus Südtirol bezogen hätte, zumal die Zoll- und Grenzkontrollen jetzt ja wegfielen. Zwei Gründe standen dem jedoch entgegen:

1. In Italien herrschte fast nur Nachfrage nach Braunvieh, die Südtiroler blieben auf ihrem Grauvieh und den Pinzgauern sitzen.

2. Das zerrissene Genossenschaftswesen war außerstande, eine wirkungsvolle Züchtung zu beginnen und neue Märkte zu erschließen.

Spürbare Auswirkungen der neuen Grenze trafen auch den Südtiroler Fremdenverkehr. Mit der Zurückdrängung des Adels fiel gerade für Südtirol eine Besucherschicht aus, die den Südtiroler Fremdenverkehr von Anfang an dominiert hatte. So konnte der Nobelkurort Meran/Merano den gepflegten Kurbetrieb nicht mehr fortsetzen. Der Alpinismus litt darunter, daß nach dem Krieg etwa 70 Berghütten des Deutschen und Österreichischen Alpenvereins dem Club Alpino Italiano übereignet wurden und die Besucherzahl von Schutzhütten bis 1935 um zwei Drittel zurückging.

Die Auswirkungen der Brennergrenze mitten durch das Land, für Tirol, lagen vor allem im Verlust einer der schönsten Landschaften Österreichs und in der totalen Teilung des Landes in drei Teile. Osttirol blieb zwar bei Österreich, hatte aber keine Landverbindung zu Nordtirol mehr. Dazu kamen die Behinderungen auf der Brennerstrecke und die faktische Zerschlagung der West-Ost-Bahnlinie von Südtirol bis nach Marburg/Maribor.[33])

Auch für Tirol galt dasselbe wie für die Steiermark: Die ganze Kraft wurde für den Neuaufbau des bei Österreich verbliebenen Landes verwendet. Vor allem galt es, Osttirol, das bis 1918 zum südlichen Landesteil gehört hatte, verwaltungsmäßig und auch wirtschaftlich zu integrieren. In einigen Punkten, etwa dem Telefonnetz, ist das bis heute nicht gelungen. Der Bau der Großglockner-Hochalpenstraße 1935 erfüllte auch die Aufgabe einer Straßenverbindung vom Osten Nordtirols nach Osttirol.

Außerdem waren zuerst in Nordtirol die verbliebenen Wirtschaftskapazitäten zu sichten, um die Wirtschaftspolitik danach ausrichten zu können. In einem „Grünbuch" hatte die Tiroler Handelskammer die wirtschaftlichen Verhältnisse des Landes und ihre Zukunftsperspektiven dargestellt.[34]) Am vordringlichsten war neben der Versorgung mit Lebensmitteln die Energieaufbringung des Landes. Die Kohlennot war in Tirol so einschneidend, daß Eisenbahnzüge eingestellt, Industrien und Gewerbebetriebe stillgelegt werden mußten. Zum Hunger war für die Bevölkerung auch noch die winterliche Kälte gekommen.

Als Ausweg versuchte man die Umstellung der dampfbetriebenen Eisenbahnlinien auf Strom, was rasch gelang. Schon in den späten 20er Jahren verfügte die Bundesbahndirektion Innsbruck als erste und einzige in Österreich über ein vollkommen elektrifiziertes Bahnnetz.

Die Elektrifizierung des Landes bildete überhaupt die Basis für die weitere wirtschaftliche Aufschwungphase in Tirol. 1924 wurde die „Tiroler Wasserkraftwerke

33) Vgl. *Georg Zwanowetz:* Verkehrsgeschichte des Südtiroler Unterlandes. Grundzüge und Haupttatsachen, in: Das Südtiroler Unterland. Jahrbuch des Südtiroler Kulturinstituts 9, Bozen 1980, S. 35—62, und *ders.:* Über Kärntner Eisenbahnbestrebungen im Vormärz und die Entstehung der Bahnlinie Villach—Franzensfeste, in: Neues aus Alt-Villach. Villach 1965, S. 85.

34) Vgl. zum folgenden *Friedrich Mader:* Handelskammer und gewerbliche Wirtschaft Tirols 1900—1938, in: Tiroler Wirtschaft in Vergangenheit und Gegenwart, Bd. 2, Schlern-Schriften, Bd. 78, Innsbruck 1951, S. 182 f.

AG" (TIWAG) gegründet und der Bau des Achenseekraftwerkes als Ausgleichsregulator in Angriff genommen.

Mit der Elektrifizierung der Schiene konnte auch der Zugverkehr trotz der verlorenen Strecken wieder auf Vorkriegsdichte gebracht werden. Eisenbahnfahrten im Lande Tirol waren nun ruß- und rauchfrei geworden, sodaß auch damit eine wesentliche Grundlage für das neue Standbein der Tiroler Wirtschaft geschaffen werden konnte: den Fremdenverkehr.

Tirol sollte von einem Durchzugs- zu einem Erholungsland werden. Nordtirol war vor dem Ersten Weltkrieg im Fremdenverkehr aus dem Schatten von Südtirol nie herausgekommen. Die Einkünfte Südtirols aus diesem Wirtschaftszweig waren zweimal so hoch gewesen. Gezielt ging man nun in Nordtirol daran, vor allem den „Tiroler Winter" für den Fremden zu erschließen. Zielgruppe war jetzt allerdings nicht mehr der Adel. Der Nordtiroler Fremdenverkehr stellte sich von Beginn an auf den Massentourismus ein. Schon 1923 wurde das erste Hahnenkammrennen in Kitzbühel gefahren.[35]) Seefeld wuchs über Nacht zu einem bekannten Kurort heran. Im Jahre 1936/37 erreichte Tirol — nach der dreijährigen Zwangsunterbrechung durch Hitlers 1000-Mark-Sperre — wieder 2,3 Millionen Nächtigungen und Fremdenverkehrseinnahmen von 320 Millionen Schilling. Damit hatte man auch Südtirol übertroffen.[36]) Ein Beispiel für den Aufschwung im Tiroler Fremdenverkehr ist etwa der Ort Mieders im Stubaital. Die Besucherzahlen waren — trotz Bau der Stubaitalbahn im Jahre 1904 — relativ bescheiden geblieben. Erst durch massive Infrastrukturverbesserungen im Ort selbst, die nach 1920 zu greifen begonnen hatten und die vom Land Tirol gestützt worden waren, schnellten die Zahlen in die Höhe, wie auch die *Graphik 8* zeigt.[37])

Graphik 8: Nächtigungsziffern von Mieders im Stubaital 1892—1944

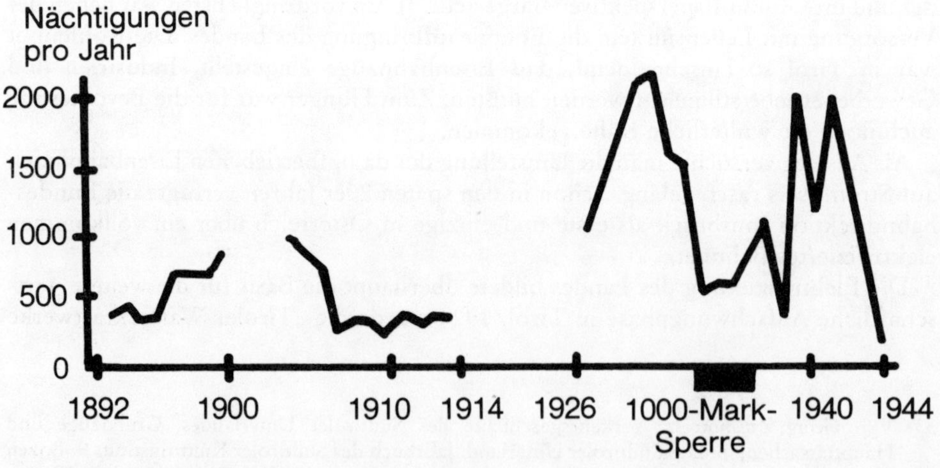

35) Vgl. *Adolf Leidlmair:* Tirol — Umwelt und Mensch im sozioökonomischen Wandel der Gegenwart, in: ÖGL 5/1981, S. 308.
36) *Mader* (Anm. 34), S. 185.
37) *Anna Jung:* Fremdenverkehr und Siedlungsbild, in: Tiroler Wirtschaft, wie Anm. 34, S. 191 ff.

So gesehen zwang also die Abtretung Südtirols das Bundesland Tirol, in kürzester Zeit seine Wirtschaft auf eine neue, wesentliche Basis, den Fremdenverkehr, zu stellen, die Wasserkräfte groß auszubauen, die Eisenbahnen rasch zu elektrifizieren und ganz entscheidende infrastrukturelle Verbesserungen in Nordtirol vorzunehmen. Sicherlich wäre vieles davon auch ohne den Zwang des großen Gebietsverlustes durchgeführt worden. Es darf jedoch vermutet werden, daß ein wesentlicher Teil der Investitionen Südtirol zugute gekommen wäre.

Die folgende Zusammenstellung zeigt noch einmal die jeweiligen Aktivposten Süd- und Nordtirols[38]):

Nordtirol	Südtirol
Holzreichtum Industrie	Wein, Obst Fremdenverkehr Handel

An Gemeinsamkeiten und ergänzenden Einrichtungen waren u. a. vorhanden: Verkehr, Vieh- und Weidewirtschaft, landwirtschaftliche und gewerbliche Organisationen.

Die niederösterreichisch-tschechische Grenze 1918—1923

Die Gebietsverluste Niederösterreichs im Frieden von Saint Germain nehmen sich im Vergleich zu den bisher besprochenen in der Steiermark und in Tirol bescheiden aus. Wie die *Graphik 9* zeigt, betrafen sie zwei, einige Quadratkilometer große Gebietsstreifen bei Gmünd und bei Feldsberg/Valtice, die beide aus ähnlichen Gründen der Tschechoslowakei zugesprochen wurden: Im Hauptbahnhof von Gmünd lag die Eisenbahngabelung nach Wittingau/Třeboň und nach Budweis/České Budějovice auf niederösterreichischem Boden, außerdem gab es in den dortigen Eisenbahnwerkstätten bereits eine beträchtliche Anzahl tschechischer Arbeiter; deswegen mußte das gesamte Bahnhofsviertel von Gmünd („Gmünd III") als „České Velenice" (d. i. „Böhmisch Wielands") an die ČSR abgetreten werden, zusammen mit den nördlich anschließenden Dörfern, von denen auch Rottenschachen/Rapšach einen größeren tschechischen Bevölkerungsanteil hatte. — Das Feldsberger Gebiet wurde der Tschechoslowakei zugesprochen, damit die Eisenbahnlinie Lundenburg/Břeclav—Nikolsburg/Mikulov (—Znaim/Znojmo) ganz auf tschechoslowakischem Boden laufen könnte; dazu kam, daß die im wirtschaftlichen Einzugsbereich des mährischen Lundenburg/Břeclav liegenden ehemals kroatischen (!) niederösterreichischen Dörfer Unter-Themenau/Poštorna, Ober-Themenau/Charvátska Nova Ves und Bischofswart/Hlohovec durch Zuzug aus Mähren und Oberungarn (= Slowakei) sowie durch Assimilation bereits zu 92 bis 99 % tschechisiert waren.

Die überzogenen tschechischen Forderungen nach einer Landverbindung zu den Südslawen, wodurch auch Ungarn und Österreich voneinander durch einen Korridor getrennt worden wären, und nach einer Abtretung eines Teiles des Weinviertels

38) Vgl. *Adolf Günther:* Die gewerbliche Wirtschaft in Tirol. Tatsachen und Probleme. Tiroler Wirtschaft in Vergangenheit und Gegenwart, Bd. 3, Schlern-Schriften, Bd. 79, S. 234 f.

Graphik 9: Die Grenzziehung in Niederösterreich 1919 und ihre Auswirkungen auf das Eisenbahnnetz

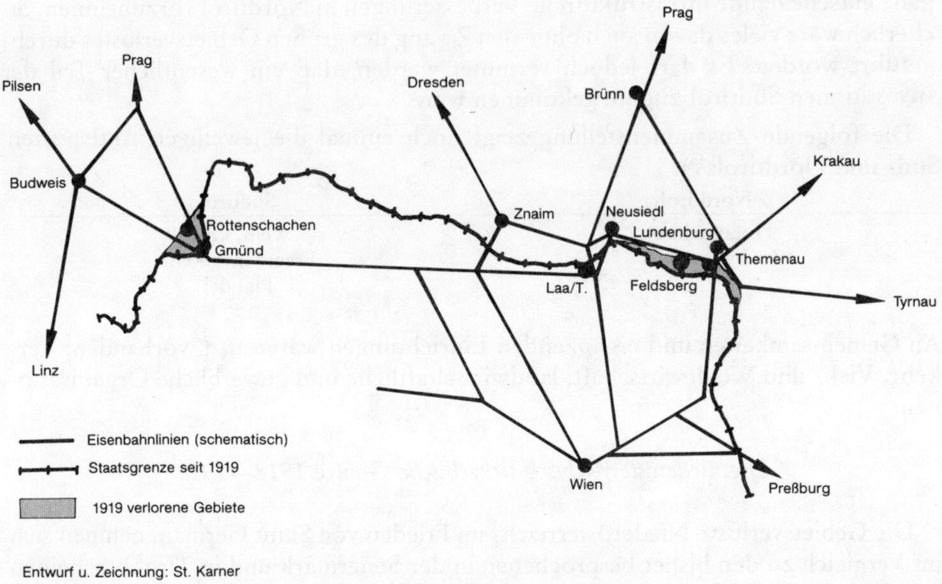

blieben von der Friedenskonferenz ungehört.[39]) Keine Lösung im Sinne des von *Wilson* proklamierten Selbstbestimmungsrechtes der Völker fand aber das Problem Tausender deutschsprachiger Bewohner Südböhmens und Südmährens, die durch die neue Grenze der Tschechoslowakei überantwortet wurden.

Wirtschaftlich konnten die Nachteile der neuen Grenzziehung relativ bald durch Kompensations- und Handelsverträge mit der Tschechoslowakei ausgeglichen werden. Der erste Handelsvertrag wurde bereits 1923 abgeschlossen.[40])

Die niederösterreichisch-tschechische Grenze nach 1945

Einschneidender für die niederösterreichischen Grenzgemeinden wirkte die Situation nach 1945, seit Niederösterreich auf einer Länge von rund 300 Kilometern die Grenze gegen Osteuropa bildet. Dies ist immerhin ein Zehntel der gesamten Ost-West-Grenze in Europa! Die Aussiedelung der deutschen Bevölkerung Südböhmens und Südmährens in den Jahren 1945 und 1946, danach die politischen Ereignisse in der Tschechoslowakei 1948, verbunden mit einer sukzessiven Abriegelung der Grenze, zerschlugen ein kleinräumiges, halbwegs intaktes Wirtschaftsgebiet und nahmen ihm sein Hinterland. Der Effekt der sogenannten „toten" Grenze wird hier am au-

39) *Erich Zöllner:* Geschichte Österreichs. Von den Anfängen bis zur Gegenwart. 4. Aufl., Wien 1970, S. 493 f.
40) *Slavik* (Anm. 14), S. 55.

genscheinlichsten. Abgesehen von einer starken Abwanderung [41]) und einem deutlichen relativen Rückgang der Geburtenzahlen — was zu einer Überalterung der ansässigen Bevölkerung führte — ging mit der Abwanderung auch die Finanzkraft der Grenzlandgemeinden zurück. Mehr als die Hälfte der 121 Grenzlandgemeinden liegt heute mit der Finanzkraft-Kopfquote um ein Drittel unter dem Landesdurchschnitt! Es fehlt an kommunalen Einrichtungen wie Bädern, Campingplätzen, Wasserversorgungsanlagen und Kanälen, vor allem aber an der Risikobereitschaft der Unternehmer, in diesem Gebiet für eine Niederlassung oder ein Geschäft zu investieren.

Die Tiroler Grenze gegen Italien nach 1939

Die Machtergreifung des italienischen Faschismus im Jahre 1922 brachte in Südtirol die Auflösung der deutschen Gemeindeverwaltungen in der Provinz Bozen/Bolzano. Die Bürgermeister wurden ausgewechselt und durch Altitaliener ersetzt. Eine totale Italianisierung setzte ein. Nach dem Hitler-Mussolini-Abkommen vom 23. Juni 1939 und dem deutsch-italienischen Abkommen zur Ab- und Rückwanderung der deutschsprechenden Bevölkerung Südtirols war es klar: Deutschland wird das deutschsprachige Südtirol nicht angliedern, wie etwa 1941 die untersteirischen Gebiete oder Oberkrain. Den Südtirolern wurde vielmehr die Möglichkeit freigestellt, für eine deutsche Staatsangehörigkeit durch Abwanderung oder für eine italienische Staatsbürgerschaft im Falle des Bleibens zu optieren.[42])

In der Praxis gab es allerdings nur die Wahl, die Heimat zu verlassen und irgendwo unter gleichsprachigen Menschen zu leben oder ebenfalls die Heimat zu verlassen und in Italien unter fremdsprachigen Menschen angesiedelt zu werden. Denn die Umsiedlung jener Südtiroler, die nicht für Deutschland optieren würden, war von den italienischen Behörden schon so exakt geplant worden, daß sogar die italienischen Staatsbahnen im Sommer 1939 darauf vorbereitet worden waren. Bis Jahresende 1939 optierten 86 Prozent — das waren 213.000 Südtiroler — für eine Umsiedlung ins „Dritte Reich". Bis Juli 1943 wurden davon 70.000 vornehmlich nach Österreich umgesiedelt. Danach wurde die weitere Südtiroler-Umsiedlung auf die Zeit nach dem „Endsieg" verschoben. Auf diese Weise blieb beispielsweise auch den Grödnern das Schicksal einer geschlossenen Ansiedlung im steirischen Hochschwabgebiet erspart.[43])

41) Von 1961 bis 1971 nahm die Bevölkerung der niederösterreichischen Grenzlandgemeinden um 13.595 Einw. (= 4,7 %) ab. Dazu und zum folgenden: Amt der nö. Landesregierung: Untersuchungsergebnisse über die Gemeinden des Grenzlandes. Planungs- und Entscheidungsgrundlagen, Nr. 13, Wien 1974, sowie nahezu ident *Ernst Löffler:* Zur regionalen Entwicklung des niederösterreichischen Grenzlandes, in: Gemeinde im Grenzland, hgg. v. *A. Klose* u. *E. Langer.* Kommunalpolitik und Kommunalwissenschaft, Heft 7. Wien 1980, S. 119—144.

42) *Heinrich Siegler:* Österreich Chronik 1945—1972, S. 50 f.

43) *Stefan Karner:* Der Plan einer geschlossenen Umsiedlung der Grödner in die Steiermark von 1941, in: Blätter für Heimatkunde 4/1978, S. 113 ff.

Sofort nach dem Ende des Zweiten Weltkrieges versuchte Österreich das Selbstbestimmungsrecht für Südtirol im Sinne der Atlantik-Charta zu erwirken. Zur Jahresmitte 1946 verlangte Österreich — erfolglos — in der Pariser Außenministerkonferenz einen Grenzstreifen gegen Italien zuerkannt zu bekommen. Es handelte sich vor allem um das Pustertal mit der Stadt Bruneck/Brunico und den Brixner Kessel mit rund 70.000 Menschen. — Erfolglos. — Die weitere politische Entwicklung in Südtirol ist ja weitestgehend bekannt und braucht hier nicht weiter ausgeführt zu werden: Gruber-De-Gasperi-Abkommen vom 5. September 1946, 1948 das Autonomiestatut für Südtirol, verabschiedet von der italienischen Nationalversammlung, die UNO-Resolution von 1960, die Südtirol-Verhandlungen bis 1969 mit der Vorlage eines „Südtirol-Paketes" und eines Operationskalenders.[44])

Die Kärntner Grenze gegen Slowenien nach 1945

Bereits der erste Streitpunkt bei den beginnenden Staatsvertragsverhandlungen im Jänner 1947 in London[45]) betraf wiederum eine — fast könnte man sagen — schon traditionelle Grenzziehungsfrage: Es ging neuerlich um die Grenze zwischen Österreich und Jugoslawien. Die jugoslawische Delegation hatte nämlich gleich zu Beginn der Verhandlungen ein Memorandum vorgelegt, das neben Reparationszahlungen von Österreich Gebietsabtretungen in Kärnten und der Steiermark forderte.[46]) Flächenmäßig ging es in Kärnten um ein Gebiet von 2470 Quadratkilometern mit 180.000 Menschen, in der Steiermark um 130 Quadratkilometer mit etwa 10.000 Menschen. Heute kann angenommen werden, daß es sich bei diesen Gebietsansprüchen um Maximalforderungen handelte und die Jugoslawen selbst auch Widerstände der Westmächte einkalkuliert hatten. Prompt meinte etwa *Lord Pakenham* im britischen Oberhaus, die jugoslawischen Forderungen wären das Papier nicht wert, auf dem sie geschrieben stünden.[47]) Für diese These spricht auch, daß bei der Außenministerkonferenz in Moskau, zwei Monate später, Jugoslawien die Forderungen deutlich zurückschraubte. Inoffiziell wurde bekanntgegeben, daß man sich auch mit dem Gebiet um Lavamünd und Schwabegg mit den beiden Draukraftwerken zufriedengeben würde.[48])

Trotzdem waren diese überdimensionierten Gebietsansprüche, vor allem weil man jugoslawischerseits offiziell weiter daran festhielt, dazu angetan, in Kärnten eine

44) *Siegler* (Anm. 42), S. 54 ff., und *Wolfgang Pfaundler:* Südtirol. Versprechen und Wirklichkeit. Wien 1958, S. 456 ff.

45) *Gerald Stourzh:* Geschichte des Staatsvertrages 1945—1955. Österreichs Weg zur Neutralität. Graz — Wien — Köln 1980, S. 19 ff., und *Manfried Rauchensteiner:* Der Sonderfall. Die Besatzungszeit in Österreich 1945 bis 1955. Graz — Wien — Köln 1979, S. 198 ff.

46) Außerdem wurde jugoslawischerseits in dem „Memorandum der Regierung der Föderativen Volksrepublik Jugoslawien über Slowenisch-Kärnten, die grenznahen slowenischen Teile der Steiermark und die burgenländischen Kroaten" ein Sonderstatut bzw. ein Bevölkerungsaustausch für die burgenländischen Kroaten gefordert. *Stourzh* (Anm. 45), S. 23.

47) *Rauchensteiner* (Anm. 45), S. 198.

48) Ebd., S. 200, und *Stourzh* (Anm. 45), S. 33.

zweite „Abwehrkampf"-Stimmung zu erzeugen. Für die Beziehungen abträglich war auch, daß die Jugoslawen indirekt den Rücktritt des Kärntner Landeshauptmannes *Hans Piesch* erzwungen hatten, weil sie seine Entfernung aus der österreichischen Delegation verlangten und wegen seiner — damals allerdings noch unbewiesenen — NS-Vergangenheit[49]) auch erreichen konnten.[50])

Die in der Öffentlichkeit immer wieder vorgetragenen Gebietsforderungen Jugoslawiens gingen im Ausmaß weit über die bloß quantitative Feststellung von etwa zweieinhalbtausend Quadratkilometern und knapp 200.000 Einwohnern unter Einschluß der Landeshauptstadt Klagenfurt und des südlichen Stadtteiles von Villach hinaus[51]), sie umfaßten Gebiete, die außerhalb der zwei Abstimmungszonen von 1920 lagen und stellten — was bislang in der Literatur zuwenig beachtet worden ist — vor allem große wirtschaftliche Ansprüche dar.

Zusätzlich wurden große Teile Unterkärntens vom 8. bis zum 23. Mai 1945 von jugoslawischen Truppen besetzt sowie Zivilpersonen ins Mießtal verschleppt und liquidiert. Mit Unterstützung der jugoslawischen Einheiten wurde in Klagenfurt sogar eine slowenische Gegenregierung installiert und formell der Anschluß an Jugoslawien proklamiert. Unter alliiertem, vor allem britischem Druck mußten die jugoslawischen Partisanenverbände am 23. Mai 1945 wieder abziehen. Obwohl die Jugoslawen an die Erfüllung ihrer Gebietsforderungen vermutlich selbst nicht ernsthaft glauben konnten, sind sie doch ein wesentliches Glied in der Ursachenkette des Kärntner Minderheitenkonfliktes bis heute geblieben.

Während man sich auch in Kärnten in offiziellen Stellungnahmen optimistisch bezüglich des Resultats der Friedensverhandlungen zur Grenzfrage äußerte, versuchten nationale Kreise im Untergrund aus den überzogenen jugoslawischen Forderungen und der nicht unwesentlichen slowenischen Anschlußagitation im Jahre 1946 politisches Kapital zu schlagen.

Die Kärntner Handelskammer erstellte schon einen Monat nach der Präsentation der jugoslawischen Ansprüche, im Februar 1947, eine Liste aller in diesem Gebiet gelegenen Industriebetriebe sowie Säge- und Kraftwerke zusammen. An Hand dieser Auflistung ist die große ökonomische Relevanz des Gebietes für Kärnten und Österreich klar ersichtlich.[52])

49) Zur NSDAP-Parteimitgliedschaft von *Hans Piesch* vgl. *Reinhold Wagnleitner:* Diplomatie zwischen Parteiproporz und Weltpolitik. Briefe, Dokumente und Memoranden aus dem Nachlaß Walter Wodaks 1945—1950. Quellen zur Geschichte des 20. Jh.s, hgg. v. *F. Fellner,* Bd. 3, Salzburg 1980, Nr. 323. *Piesch* war während der NS-Zeit Mitglied des Kärntner Umsiedlungsamtes (Aussiedlung der Slowenen) und des Rassenamtes (Enteignung und Konfiszierung des jüdischen Besitzes) gewesen.

50) *Stourzh* (Anm. 45), S. 179, Anm. 26, und *Rauchensteiner* (Anm. 45), S. 198. Vgl. auch *Claudia Fräss-Ehrfeld:* Kärnten 1945 — Von Neubeginn und Bewältigung, in: ÖGL 2/1976, S. 100 ff.

51) Vgl. *Stourzh* (Anm. 45), S. 177, Anm. 9, und zum folgenden *Claudia Fräss-Ehrfeld:* Die „Kärntner Frage" im Jahre 1945, in: Neue Fakten zu Staatsvertrag und Neutralität, hgg. von *Mock — Steiner — Khol.* Wien (o. J.), verm. 1981, S. 191 ff.

52) Archiv der Handelskammer Kärnten, Industriebetriebe, Säge- und Kraftwerke in dem von Jugoslawien geforderten Teil Kärntens. Auch hier danke ich meiner Tante, Frau *Anna Wabitsch* (Leiterin der Handelskammer-Bibliothek in Klagenfurt), für ihre Hilfsbereitschaft sehr herzlich. Zum folgenden vgl. *Stefan Karner:* Kärntens Wirtschaft 1938—1945. Unter besonderer Berücksichtigung der Rüstungsindustrie. Wissenschaftliche Veröffentlichungen der Landeshauptstadt Klagenfurt, Bd. 2, Klagenfurt 1976, S. 113 ff.

Allein der Anteil der Kraftwerke (mit einer Leistung von 100.296 kW) — auf die sich die Jugoslawen inoffiziell sehr rasch zurückgezogen hatten — betrug rund drei Viertel der gesamten Kärntner Kraftwerksleistung und ein Fünftel der gesamten Stromerzeugung im österreichischen Verbundnetz (ohne Tirol und Vorarlberg). Ein Anschluß dieser Gebiete an Jugoslawien hätte den Zusammenbruch der E-Wirtschaft in Kärnten und schwerste Folgen für die österreichische Stromversorgung nach sich gezogen, weil die Großkraftwerke Schwabegg und Lavamünd nahezu ausschließlich für den österreichischen Verbund produzierten.

Ebenso bedeutend für den Aufbau der österreichischen Wirtschaft nach dem Kriege waren einige der betroffenen Industriefirmen:

- Leitgeb in Kühnsdorf lieferte 100 % der österreichischen Hartfaser- und 50 % der Dämmplattenerzeugung.
- Die Bleiberger Bergwerksunion produzierte das gesamte österreichische Blei, Zink und Molybdän (für die Stahlhärtung).
- Die Chlorfabrik in Brückl erzeugte das gesamte österreichische Schwefelnatrium, Trichloräthylen, Tetrachloräthan und Chlormagnesium.
- Hans Neuner in Klagenfurt lieferte 60 % des österreichischen Oberleders.
- Die Batterienfabrik Leopold Jungfer in Feistritz im Rosental („Bären-Batterien") hatte unter den österreichischen Batterielieferanten einen Anteil von 80 % erreicht.

Die *Graphik 10* zeigt die Betriebe mit mehr als 50prozentigem Produktionsanteil an der gesamtösterreichischen Erzeugung.

Graphik 10: Die jugoslawischen Gebietsforderungen in Kärnten nach dem Zweiten Weltkrieg und ihre wirtschaftliche Bedeutung

Der Beschluß des Rates der vier Außenminister vom 20. Juni 1949 in Paris, Österreich in den Grenzen vom 1. Jänner 1938 wiederzuerrichten, annullierte die Ansprüche Jugoslawiens, nachdem ihnen zuvor auch von der Sowjetunion — nach dem Bruch zwischen *Tito* und *Stalin* — die Unterstützung versagt worden war.[53])

Heute versteht man unter Südkärnten nicht etwa jene Gebiete, die gemischtsprachig bewohnt sind oder 1920 Volksabstimmungszonen waren, sondern jene Landes-

53) Kommunique des Außenministerrates über Österreich, 20. 6. 1949, zit. in: *Stourzh* (Anm. 45), S. 219, und *Rauchensteiner* (Anm. 45), S. 268.

teile, die auf Grund der Grenzziehung von Saint Germain an Italien und Jugoslawien grenzen und eine Umstrukturierung erfahren hatten und wohl auch erfahren mußten. Die *Graphik 11* zeigt das ungefähre Ausmaß des Südkärntner Grenzgebietes.

Graphik 11: Das Kärntner Grenzgebiet seit 1945 (Südkärnten)

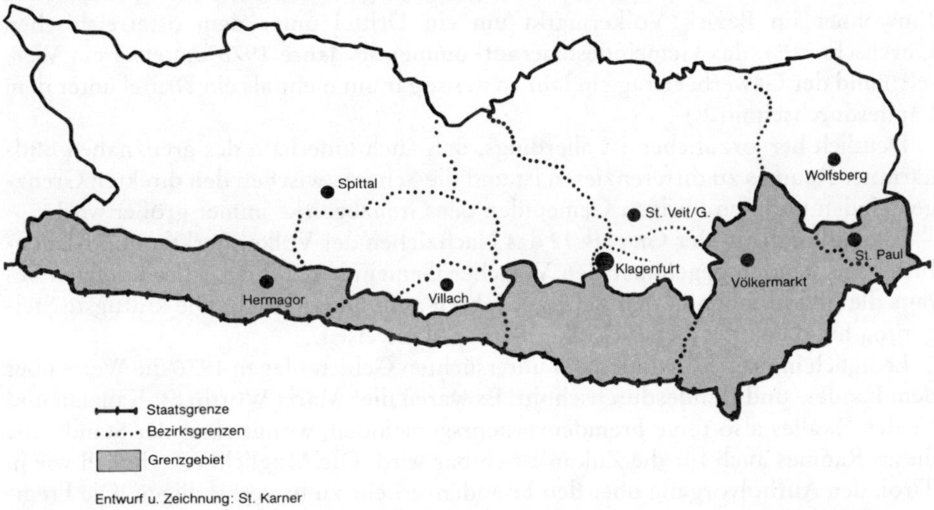

Zu den traditionellen Unterkärntner Gebieten kommt nämlich noch der Bezirk Hermagor hinzu, weil er — bedingt durch abgeschiedene Lage und noch ungenügende Verkehrserschließung — wirtschaftliche Entwicklungsmerkmale aufweist, die jenen in den Bereichen der „toten Grenze", also des „Eisernen Vorhanges", sehr nahekommen.[54])

Das Südkärntner Gebiet war innerhalb von knapp 70 Jahren, also eines Lebensalters, zweimal in seiner Zugehörigkeit zu Österreich umstritten. Wichtige Gebietsteile des alten Kronlandes Kärnten gingen 1918 ohnedies für das Land verloren. Das Schlagwort der Abstimmungszeit vom „freien und ungeteilten" Kärnten stimmt demnach nicht. Zu den Verlusten zählten die Bergbauzentren des Mießtales und das Stahlwerk in Streiteben/Ravne. Ihre Abtrennung brach dem ganzen südöstlichen Kärnten das Rückgrat, weil viele Unterkärntner arbeitsmäßig nach Süden tendierten. Das Lavanttal wurde, was die Eisenbahnverbindung betrifft, vom übrigen Kärnten getrennt.

1945 war die Situation durch die kurzfristig vakante Grenze ähnlich. Die gezielte Grenzziehungspropaganda auf beiden Seiten tat ein übriges, um in breiten Wirtschaftskreisen latente Unsicherheit aufrechtzuerhalten. So zeigten nach dem Zweiten Weltkrieg weder private Unternehmer noch die öffentliche Hand Bereitschaft, in diesen Gebieten zu investieren, sodaß der Südkärntner Raum vom wirtschaftlichen

54) Stellungnahme der Handelskammer Kärnten an das Amt der Kärntner Landesregierung v. 15. 6. 1973, zit. in: *Fritz Jausz:* Zur wirtschaftlichen Problematik der Kärntner Grenzlandgemeinden, in: Gemeinde im Grenzland, wie Anm. 41, S. 106.

Aufschwung ausgeschlossen blieb. Die Kapitalarmut in den südlichen Landesteilen war viel stärker als im übrigen Kärnten. Sieht man vom Eisen- und Büchsenmacherzentrum Ferlach ab, fehlte es überhaupt an größeren Industriebetrieben.

Einige Kennziffern mögen die ökonomischen Wirkungen auf die Struktur in den sechziger und siebziger Jahren näherbringen: So lagen 1961 das Volkseinkommen je Einwohner im Bezirk Völkermarkt um ein Drittel unter dem österreichischen Durchschnitt[55]), das Gemeindesteueraufkommen im Jahre 1976 um etwa ein Viertel[56]) und der Gewerbeertrag ein Jahr später sogar um mehr als ein Drittel unter dem Landesdurchschnitt.[57])

Deutlich hervorzuheben ist allerdings, daß auch innerhalb des grenznahen Südkärntner Raumes zu differenzieren ist und die Schere zwischen den direkten Grenzgemeinden und den übrigen Gemeinden der Grenzbezirke immer größer wird.

Klar läßt sich aus der *Graphik 12* das Nachziehen der Völkermarkter und Klagenfurter Gemeinden gegenüber den Villacher Gemeinden ablesen. Hier kommen bereits die Investitionen in den siebziger Jahren zum Durchbruch. Die kräftigste Steigerung hat dabei der Bezirk Völkermarkt aufzuweisen.

Lediglich in drei Gemeinden des untersuchten Gebietes lagen 1976 die Werte über dem Landes- und Bundesdurchschnitt. Es waren dies Maria Wörth, St. Kanzian und Velden[58]), alles also reine Fremdenverkehrsgemeinden, womit eines der Standbeine dieses Raumes auch für die Zukunft sichtbar wird: Die Möglichkeit, ähnlich wie in Tirol, den Aufholvorgang über den Fremdenverkehr zu bewerkstelligen. Die Fremdenverkehrs-Nächtigungsziffern von St. Kanzian am Klopeiner See können sich mittlerweile mit den größten Fremdenverkehrsorten — etwa am Arlberg — messen.

Allgemeine Grenzlandmerkmale

Die Problematik der österreichischen Grenzgebiete, die an der sogenannten „toten" Grenze (vom Mühlviertel über Niederösterreich, das Burgenland bis nach der Steiermark und Kärnten) liegen, ist vor allem durch folgende Merkmale charakterisiert[59]):

1. Lage an einer Grenze, über die relativ geringe wirtschaftliche Beziehungen bestehen,
2. extreme Randlage zu den Mitgliedsländern der EG,
3. Randlage auch zu den sozioökonomischen Hauptregionen Österreichs,
4. ungünstige Erwerbs- und Einkommensverhältnisse,

55) Ebd., S. 108, vgl. auch *Hans Seidel — Felix Butschek — Anton Kausel:* Die regionale Dynamik der österreichischen Wirtschaft, in: Studien und Analysen 1/1966.

56) Das Gemeindesteueraufkommen/Kopf betrug im Bez. Völkermarkt im Jahre 1976 3154 Schilling.

57) *Seidel — Butschek — Kausel* (wie Anm. 55). Der Gewerbeertrag betrug 35,7 %.

58) *Jausz* (Anm. 54), S. 113.

59) *Joachim Lamel:* Gemeindestruktur in den Grenzgebieten, in: Gemeinde im Grenzland, wie Anm. 41, S. 15 ff.

Graphik 12: Die Steuerleistung der Kärntner Gemeinden in den Grenzbezirken 1961—1976 (zum Umfang des Gebietes siehe Graphik 11)

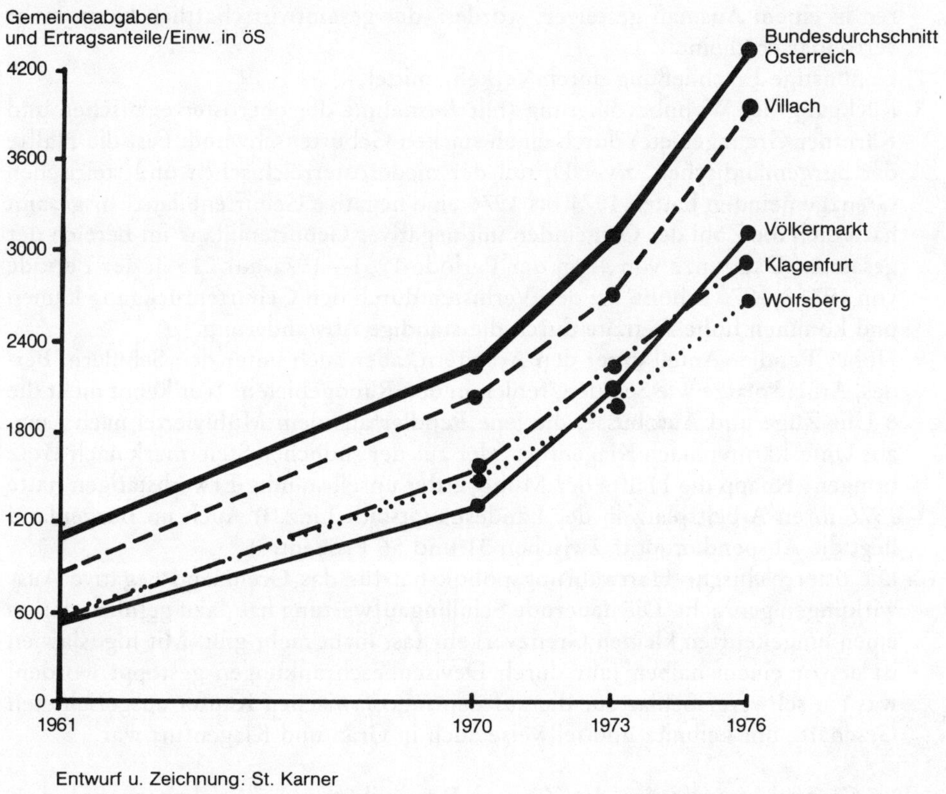

5. mangelhafte Versorgung mit Bildungs-, Gesundheits- und sonstigen Einrichtungen. Die ungeheuren Versorgungsengpässe mit Gesundheitseinrichtungen hängen zum einen mit der wirtschaftlichen Schwäche zusammen und haben zum anderen ihren Grund in der zunehmenden Spezialisierung. Der Trend zum Facharzt und zum Krankenhaus führt zu einer Urbanisierung der Medizin. Grenzgebiete haben die geringste Ärztedichte. An Krankenhäusern mangelt es gänzlich.[60])
6. Standort- und Lagenachteile für Investitionen im Sachgüter- und Dienstleistungsbereich. Unabhängig von der jeweiligen Branche muß der Unternehmer im Grenzland mehr leisten, mehr aufwenden, um den Auftrag zu erhalten. Auf-

60) Vgl. *Helmut Wintersberger:* Probleme der Versorgung mit Gesundheitseinrichtungen in Grenzgebieten, in: Raumplanungsgespräch Südkärnten, red. v. *W. Brunbauer,* hgg. v. Slowen. Wiss. Institut, Wien 1977, S. 163 ff.

träge müssen aber hereingebracht werden, weil der Grenzraum wirtschaftlich zu schwach und daher der Markt zu klein ist. Einen Betrieb im Grenzland zu haben bedeutet auch, daß der Absatzmarkt geographisch nur ein Halbkreis ist. Der Wettbewerb unter den Gemeinden um Betriebe ist gerade in den letzten drei Jahren in einem Ausmaß gesteigert worden, der gesamtwirtschaftlich kaum mehr vertretbar erscheint.

7. Ungünstige Erschließung durch Verkehrsmittel,
8. Rückgang der Wohnbevölkerung (mit Ausnahme der oberösterreichischen und Kärntner Grenzgebiete) durch einen starken Geburtenschwund. Fast die Hälfte der burgenländischen, zwei Drittel der niederösterreichischen und steirischen Grenzgemeinden hatten 1971 bis 1976 eine negative Geburtenbilanz. Insgesamt hatte sich die Zahl der Gemeinden mit negativer Geburtenbilanz im Bereich der gesamten Ostgrenze von 48 in der Periode 1961—1971 auf 215 in der Periode von 1971—1976 erhöht. Zu den Verlusten durch den Geburtenrückgang kamen und kommen hohe Defizite durch die ständige Abwanderung.
9. Hoher Pendler-Anteil unter den Arbeitern, aber auch unter den Schülern. Beides, Arbeitsplätze wie Schulen, fehlen in den Randgebieten! Wer kennt nicht die 6-Uhr-Züge und Autobusse, die jene Pendler aus dem Mühlviertel nach Linz, aus Unterkärnten nach Klagenfurt oder aus der südlichen Steiermark nach Graz bringen? Knapp die Hälfte der Mühlviertler unselbständig Erwerbstätigen hatte 1976 ihren Arbeitsplatz in der Landeshauptstadt Linz.[61]) Auch im Burgenland liegt die Auspendlerquote zwischen 31 und 56 Prozent.[62])
10. Die österreichische Hartwährungspolitik hat für das Grenzland negative Auswirkungen gebracht. Die dauernde Schillingaufwertung hat dazu geführt, daß es einen umgekehrten kleinen Grenzverkehr fast nicht mehr gibt. Mit Jugoslawien ist er vor einem halben Jahr durch Devisenbeschränkungen gestoppt worden, was ein schwerer Schlag für die auf den jugoslawischen Käufer ausgerichteten Geschäfte um Leibnitz und teilweise auch in Graz und Klagenfurt war.

Die Grenzziehungsfragen der Zweiten Republik waren — sieht man von dem Problembündel Staatsvertrag ab — nicht mehr wie noch 1918 akut, brennend. Die Grenzen waren gewissermaßen schon vorgegeben. Trotzdem war die Problematik der Grenzziehung von 1918/19 für die Randgebiete im Grunde genommen dieselbe geblieben. Doch das gemeinsame Ringen um den Staatsvertrag setzte mit dem gemeinsamen Bekenntnis zu Österreich auch ein uneingeschränktes „Ja" zu seinen Grenzen voraus. Und es war und ist Aufgabe der Zweiten Republik, ihre Randgebiete weiter in den Staat und in seine Wirtschaft zu integrieren.

61) Im Mühlviertel lebten 1976 69.418 unselbständig Erwerbstätige. Von ihnen arbeiteten 50.297 außerhalb ihrer Wohngemeinde, davon 30.340 in Linz. Vgl. *Josef Falkinger:* Eine gemeindeorientierte Analyse des Grenzgebietes Mühlviertel, in: Gemeinde im Grenzland, wie Anm. 41, S. 154. Zum Problemfeld Mühlviertel im Jahre 1945 vgl. *Harry Slapnicka:* Geteiltes Oberösterreich — die „Zivilverwaltung Mühlviertel", in: Neue Fakten, wie Anm. 51, S. 183—190.

62) *Lamel* (Anm. 59), S. 20.

(Dieses Referat auf der 29. Historikertagung des Instituts für Österreichkunde wurde 1982 abgeschlossen. Die seither erschienene Literatur ist nicht eingearbeitet.)

Karl R. Stadler

Die österreichische Linke

Vom Austromarxismus zum Austrosozialismus

Wenn Österreichs Sozialisten in einigen Jahren den 100. Geburtstag ihrer Partei begehen, die zur Jahreswende 1888/89 in Hainfeld im Triestingtal unter Führung von *Dr. Victor Adler* aus einem „Einigungsparteitag" hervorging, werden sie zweifellos mit Genugtuung auf ihre Leistungen und Errungenschaften im Aufstieg einer Klasse aus Elend und Unwissenheit zur tragenden politischen Kraft im Staate hinweisen. Sie werden mit Stolz der Führungspersönlichkeiten gedenken, die mit der Strömung des Austromarxismus der Arbeiterbewegung weit über Österreich hinaus politische Ausrichtung und zugleich das Beispiel praktischer Reformarbeit im „Roten Wien" gaben. Und sie werden Zuversicht schöpfen aus dem Umstand, daß ihre Partei zwei Weltkriege und zwei autoritäre oder faschistische Systeme überlebte und aus jeder Prüfung gestärkt, mit ungebrochener Tradition, wenn auch mit neuen Zielsetzungen, hervorging.

Angesichts dieser positiven Bilanz treten die Mißerfolge in den Hintergrund. Die Sozialdemokratie hatte sich mit ihren Vorschlägen zur Reichsreform, der Erhaltung der „Ökumene" der österreichischen Völker *(Karl Renner)*, nicht rechtzeitig durchsetzen und den Ausbruch des Ersten Weltkrieges und den Zerfall des großen Wirtschaftskörpers nicht verhindern können. Es gelang ihr nicht, die Erste Republik zum Vaterland aller Österreicher zu machen und die bürgerlichen Kräfte für eine gemeinsame Staatspolitik zu gewinnen. Und sie unterlag schließlich, durch eine Reihe von Unterlassungssünden, dem Faschismus häuslicher und fremder Provenienz. Daß sie nur zum geringeren Teil die Verantwortung für diese Entwicklung trug und die Fehlentscheidungen und Tatsünden auf der Seite ihrer Gegner lagen, wird heute weitgehend anerkannt, gehört aber mit zur Geschichte dieser Partei.

Die grundsätzliche Frage für eine wissenschaftliche Analyse aber ist die Frage nach Kontinuität und Wandel, denen diese Tagung gewidmet ist und die sich in der Betrachtung des österreichischen Sozialismus leicht sichtbar machen lassen. Denn es ist evident, daß sich die Veränderungen im staatlichen Bereich, in den politischen und wirtschaftlichen Strukturen, also in den objektiven Bedingungen, ebenso deutlich in der Struktur einer Partei und ihren Zielsetzungen widerspiegeln, wie es der Einfluß und die Rolle ihrer Führungskader, also der subjektiven Faktoren, tun. Vereinfachend ließe sich vielleicht sagen, daß die Arbeiterschaft infolge ihrer politischen Rechtlosigkeit und sozialen Unterdrückung ursprünglich mit einem revolutionären Anspruch gegen den Staat und die Gesellschaft angetreten ist, allmählich aber mit den Methoden des Reformismus durch ihre wachsenden politischen und gewerk-

---

Karl R. Stadler, Dr. phil., M. A., o. Prof. für Neuere Geschichte und Zeitgeschichte, Vorstand des Institutes für Neuere Geschichte und Zeitgeschichte an der Universität Linz, Leiter des Ludwig-Boltzmann-Institutes für Geschichte der Arbeiterbewegung.

schaftlichen Organisationen ihre Lage derart zu verbessern wußte, daß sie aus Hintersassen der Nation zu einer Klasse wurde, die mehr zu verlieren hatte als ihre Ketten und schließlich in logischer Weiterentwicklung seit dem Zweiten Weltkrieg zu einer staatsbejahenden und staatstragenden Kraft geworden ist.

Auf diesem Weg hat sich das Gesellschaftsbild der österreichischen Arbeiterbewegung, haben sich ihre Vorstellungen und Ziele weitgehend verändert, wie es *Fritz Klenner* treffend formuliert hat:

> Der Sozialismus hatte in der Vergangenheit, solange er noch Prophetie war, ein geschlossenes Weltbild: Die Expropriateure werden expropriiert, und der Ausbeutung der Menschen wird dadurch ein Ende gesetzt. Die Beseitigung der wirtschaftlichen Abhängigkeit beendet die Entfremdung der Arbeit. Der klassenlose Staat kennt keine Klassengegensätze, in der Gemeinschaft findet der Mensch Sinn und Erfüllung seines Lebens.
>
> Träume brauchen keine reale Grundlage.
>
> Inzwischen hat die sozialistische Bewegung Einfluß und Positionen erworben und ist mit der Realität konfrontiert worden. Geben wir es offen zu: Es gibt heute kein geschlossenes und einheitliches Gesellschaftsbild des Sozialismus. Eine pluralistische Welt bedingt auch ein pluralistisches Gesellschaftsbild großer politischer Bewegungen . . .[1])

Diese „Konfrontation mit der Realität" erfolgte in den westlichen Industrieländern im Zuge der Integration der Arbeiterschaft in den Staat: die einst Unterdrückten und Entrechteten sind in den Staat hineingewachsen, haben durch ihren Einfluß und ihre Macht die Verantwortung für ihn mitübernommen; sie sind politisch — und zum Teil auch sozial und kulturell — emanzipiert; sie haben sich einen Anteil — über dessen Ausmaß man diskutieren kann — an den Früchten ihrer Arbeit, am Wohlstand und am Fortschritt erkämpft. Sie stehen heute, inmitten der zweiten industriellen Revolution, auch einem anders gewordenen Gegner gegenüber.

Marx oder Lassalle?

Die ideologischen Wurzeln des österreichischen Sozialismus werden von der Geschichtsschreibung meist aus dem marxistischen Weltbild stammend gesehen, eine Einschätzung, die den Anteil *Lassalles* vernachlässigt, wie *Brigitte Perfahl* in einer kürzlich veröffentlichten Studie schlüssig nachweist.[2]) Schon wegen der engen Beziehungen zur deutschen Arbeiterbewegung standen auch in Österreich die theoretischen Auffassungen von *Lassalle* und *Marx* bis zum Erscheinen der *Adlerschen* „Gleichheit" (1886) gleichberechtigt nebeneinander und wurden als gleichermaßen wahr anerkannt. „Niemand kam es in den Sinn, . . . Lassalle gegen Marx auszuspielen. Die inneren Widersprüche wurden nicht herausgeschält, weil man Argumente für den sich so schnell entwickelnden Klassenkampf brauchte und nichts an theoretischer Diskussion gelegen war."[3])

1) *Fritz Klenner:* Einen freiheitlichen Sozialismus oder keinen, in: Das Gesellschaftsbild des Sozialismus, Wien 1966, S. 87.

2) *Brigitte Perfahl:* Marx oder Lassalle? Zur ideologischen Position der österreichischen Arbeiterbewegung 1869—1889. Mit Beiträgen von *Helmut Konrad* und *Hermann Kepplinger,* Wien 1982.

3) *Shlomo Na'aman:* Lassalle, Hannover 1970, S. 699.

Wiewohl es in der ersten Spaltung der Bewegung Anfang der siebziger Jahre (*Oberwinder — Scheu*) um grundsätzliche strategische Fragen ging, die in der Rückschau den Positionen Lassalles und *Marx'* zugerechnet werden können, wurden diese von den Akteuren der Auseinanderstzung nicht als eine Frage der Wahrheit oder Falschheit von *Marx* oder *Lasalles* verstanden. Auch als sich die Richtung Scheu schließlich durchgesetzt hatte, wurden die Aussagen *Lasalles* nicht verworfen; bestimmte zentrale Auffassungen *Lassalles* blieben unverändert wirksam. Die bedeutendsten sind folgende:

— der feste Glaube an die Macht des allgemeinen Wahlrechts, die kapitalistische Gesellschaft auf evolutionärem Weg in eine sozialistische zu verwandeln;

— damit eng verbunden die *Lassallesche* Vorstellung vom Staat, die besagt, daß der Staat eine klassenneutrale Ordnungsinstanz ist, die über den Klassen schwebt und von der Arbeiterklasse, wenn sie erst die Mehrheit in allgemeinen Wahlen errungen hat, bruchlos übernommen werden kann;

— der Revolutionsbegriff *Lassalles*, der die „wahre" Revolution im geistigen Bereich („Revolution der Prinzipien") ansiedelt und sich von der Revolution, „wo der Säbel haut und die Flinte schießt", distanziert.

Der Gegensatz zur marxistischen Staatsauffassung, zur Rolle des Proletariats, das über den Klassenkampf die sozialistische Revolution anstrebt, liegt auf der Hand. Dennoch wirkten lassalleanische Gedanken auch unter den Marxisten fort. So erscheint gegen Ende der siebziger Jahre ein qualitativ neues Phänomen, das durch die Verschmelzung *Lassalle*scher Aussagen mit darwinistischen Erkenntnissen entsteht: die Auffassung vom automatischen, naturgesetzlichen Zusammenbruch der kapitalistischen Gesellschaft und die gleichzeitige Empfehlung an die Arbeiterklasse, diesen Zusammenbruch passiv zu erwarten. Die ersten publizistischen Arbeiten *Karl Kautskys* sind ganz von dieser Auffassung durchdrungen; eine Haltung, die *Otto Bauer* im Hinblick auf Kautsky Attentismus nennen sollte.

Obwohl mit der Gründung der „Gleichheit" ein Forum geschaffen war, in dem erstmals theoretische Fragen ausführlich diskutiert und *Lassalle*sche Positionen mit Aussagen von *Marx* konfrontiert wurden, so verbleibt doch die Tatsache, daß lassalleanischen Positionen (wie der Staatsgläubigkeit, der Betonung der evolutionären Wege usw.) nie explizit abgeschworen wurde, ja daß sie bis in den Austromarxismus hinein — so insbesondere bei *Karl Renner* — wirksam blieben. Andererseits aber erlebte die österreichische Bewegung den durch *Eduard Bernstein* in Deutschland entfachten Revisionismusstreit eher von außen; dafür war sie bereits zu „marxistisch" geworden.

Die vergleichsweise Rückständigkeit der Donaumonarchie, und vor allem das nationale Problem im Vielvölkerstaat, ließen hier eine eigenständige Richtung der marxistischen Arbeiterbewegung entstehen, den sogenannten Austromarxismus, der sich um die seit 1907 erscheinende theoretische Zeitschrift „Der Kampf" gruppierte. Von dieser Richtung sagt *Helmut Konrad* mit Recht, daß sie oftmals als nur leicht modifizierte Form des Revisionismus mißverstanden wurde. Ihr Hauptvertreter war *Otto Bauer*, ein Repräsentant des marxistischen Zentrums, das eine Mittelposition zwischen dem Revisionismus und dessen linken Kritikern (*Lenin, Luxemburg*) einzunehmen versuchte. Dem Austromarxismus werden aber auch *Karl Renner* am rechten Flügel und *Max Adler* am linken Flügel zugezählt. „Eine einheitliche Position des Austromarxismus ist also nicht bestimmbar, es sei denn, man akzeptiert die nicht sehr aussagekräftige Definition, daß es sich dabei um Theoretiker handelte, die mit dem marxistischen Instrumentarium (im weitesten Sinn) spezifisch österreichische Probleme behandelten.“[4])

Trotz ihrer „linken“ Position im internationalen Spektrum erlebte die österreichische Partei — wie alle anderen Parteien auch — die Entwicklung einer linksoppositionellen Strömung während des Ersten Weltkrieges, aber anders als z. B. in Deutschland kam es zu keiner nennenswerten Abspaltung. Indem die österreichische Sozialdemokratie dem Druck von links Rechnung trug, ihre Burgfriedenspolitik schrittweise revidierte und sich gleichzeitig zur Hauptsprecherin der Friedenssehnsucht der Völker und zur Anwältin der sozialen Forderungen der Soldaten und der Zivilbevölkerung machte, erschien sie als glaubhafte Alternative zu den bürgerlichen Parteien. Ihre Methode der Durchdringung der anfänglich revolutionären Bewegung der Arbeiter- und Soldatenräte, deren Geschichte *Hans Hautmann* eben dargestellt hat[5]), zusammen mit den großen sozialpolitischen Reformen, die mit dem Namen *Ferdinand Hanuschs* verknüpft sind, verurteilte die Kommunistische Partei sehr bald zu einem Schattendasein, dem sie während der Ersten Republik nicht wieder entrinnen sollte.

1918 und die Folgen

Die österreichische Sozialdemokratie, die in der Zeit der Monarchie kaum je über die Rolle einer sozialpolitischen pressure group hinauswachsen konnte, bekam ihre große Chance in jenen Oktober-November-Tagen des Jahres 1918, als mit dem Zusammenbruch des Habsburgerreiches die Frage der staatlichen Neuordnung für die Deutschösterreicher auf der Tagesordnung stand. Sie war als einzige Partei frei von Schuld am Ausbruch des Weltkrieges, wenn sie auch keine konsequent kriegsgegnerische Politik verfolgen konnte und wollte; sie hatte seit dem Brünner Parteitag 1899 eine demokratische Lösung der Nationalitätenfrage befürwortet, die in der einen oder anderen Form den Zerfall des Reiches vielleicht verhindert hätte; und sie genoß das Vertrauen der arbeitenden Massen, deren elende Lage und aufgestauter Groll ohne eine zielbewußte Führung nur allzu leicht zu Bürgerkrieg und Chaos geführt hätte.

Aber dem neuen Kleinstaat stand auch sie anfänglich mit Vorbehalten gegenüber. Ungleich den Ressentiments der Konservativen, die sich nur schwer mit dem Abgang der Dynastie und mit der republikanischen Staatsform abfanden, und der Deutschnationalen, die das Anschlußverbot der Alliierten ihres politischen Fundaments beraubte, beruhten die sozialdemokratischen Bedenken auf ernsten Zweifeln an der Lebensfähigkeit Österreichs. Deshalb forderten auch sie den sofortigen Anschluß an

4) *Helmut Konrad:* Besonderheiten der Entwicklung der österreichischen Arbeiterbewegung, Referat gehalten bei der Jahresversammlung der IALHI, Juli 1977 (Manuskript).

5) *Hans Hautmann:* Geschichte der Rätebewegung in Österreich 1918—1920, Habilitationsschrift, Linz 1981.

das republikanische Deutschland, der für *Otto Bauer* insbesondere die Verwirklichung des historischen Prinzips der bürgerlichen Revolution, die „Vollendung von 1848", und zugleich auch die Einheit mit der ungleich stärkeren deutschen Arbeiterklasse auf dem Weg zum Sozialismus war.

Man mag den Charakter der Ereignisse von 1918 unterschiedlich beurteilen. Für die nichtdeutschen und nichtmagyarischen Völker war es eine nationale Revolution; ob es für die Deutschösterreicher eine politische Revolution war, wird von manchen Historikern bestritten, die von einer bloßen „Wachablöse" sprechen; daß es aber keinesfalls zu der von der revolutionären Linken ersehnten sozialen Revolution kam, steht außer Streit. Das historische Versäumnis der Sozialdemokratie, wie es die Linken sehen, zusammen mit der ungarischen und der bayerischen Räteregierung und im Bündnis mit der Russischen Revolution den „Sozialismus" in Mitteleuropa zu etablieren, kann auch als ihr Verdienst gesehen werden, Österreich von alliierter Besetzung, Bürgerkrieg und einem konterrevolutionären Regime wie in *Horthy*-Ungarn bewahrt zu haben. Dieses historische Verdienst wurde ihr übel gelohnt: Mit dem Abflauen der revolutionären Welle setzte die Restauration der bürgerlichen Ordnung ein, und mit der Zurückdrängung des politischen Einflusses der Arbeiterbewegung verband sich der Versuch, ihre sozialen Errungenschaften als „revolutionären Schutt" zu beseitigen.

Völkerrechtlich bestand die Erste Republik bis zum März 1938 und dem deutschen Einmarsch. Ihre politische Geschichte zerfällt in mehrere Phasen: Auf die Zeit der Koalitionsregierung 1918—1920 folgten zwölf Jahre meist kurzlebiger bürgerlicher Koalitionen unter Ausschluß der Sozialdemokraten, bis es 1933 zur Ausschaltung des Parlaments durch *Engelbert Dollfuß* und 1934 zur Errichtung des ständestaatlichen Regimes kam, das zumindest als autoritär, von seinen Gegnern (aber auch von Bundespräsident *Wilhelm Miklas*)[6]) als „Austrofaschismus" bezeichnet wurde. Dieses wurde dann von der totalen faschistischen Diktatur des Nationalsozialismus abgelöst.

Für die österreichische Arbeiterbewegung war das erste Jahrzehnt der Ersten Republik eine Zeit ungeahnter Entfaltung und Größe, bis mit dem Aufstieg des Heimwehr-Faschismus und dem Einbrechen der Weltwirtschaftskrise ihr ebenso markanter Niedergang einsetzte. Sie hatte mit der republikanischen Verfassung die ihr zukommende politische Rolle im Parlament, in den Ländern und Gemeinderäten errungen, mit der Sozialgesetzgebung unter *Ferdinand Hanusch* die ersten Schritte zum Sozialstaat unternommen und mit *Otto Glöckels* Schulreform neue Wege gewiesen. Vor allem aber hatte sie, nachdem Wien von Niederösterreich getrennt und zum selbständigen Bundesland geworden war, in dieser Stadt ein Musterbeispiel des kommunalen Sozialismus geschaffen, das als das „Rote Wien" internationale Achtung erzielte.

6) *Walter Goldinger:* „Wilhelm Miklas", in: Die österreichischen Bundespräsidenten, Leben und Werk (Hg. *F. Weissensteiner),* Wien 1982, S. 115.

Die gesellschaftlichen Folgen des hohen Organisationsgrades der österreichischen Arbeiterbewegung in Wien und den Industriegebieten hat *Wolfgang Neugebauer* lebendig beschrieben[7]):

> Diese organisatorische Stärke und die heftige Gegnerschaft zum Bürgertum führten dazu, daß das Leben der Arbeiterbewegung weitgehend getrennt von der bürgerlichen Welt verlief. Für alle Lebensbereiche gab es eigene sozialdemokratische Organisationen und Institutionen, sodaß eine Art Gegengesellschaft oder Subkultur entstand. Der Sozialismus war nicht nur politische Einstellung, er wurde zur Welt- und Lebensanschauung hunderttausender Menschen. Auch Ansätze zu sozialistischer Kultur, etwa auf dem Gebiet der Arbeiterdichtung, des Arbeiterliedes und -theaters, entwickelten sich, und die sozialistische Erziehungsarbeit — unter der maßgeblichen Führung von Otto Felix Kanitz — erreichte in der Ersten Republik ihren Höhepunkt. Viele tausende Jugendliche — Otto Bauers „Generation der Vollendung" — wurden im Geist des Austromarxismus zu Kämpfern für den Sozialismus erzogen.[8])

Die ideologische Krönung des Aufstiegs dieser Partei aber ist das sogenannte „Linzer Programm", beschlossen auf dem Parteitag in Linz im Jahre 1926. Ausgehend von einer marxistischen Gesellschaftsanalyse postuliert dieses Programm die Notwendigkeit des Überganges von der kapitalistischen zu einer sozialistischen Gesellschaftsordnung. Bei dem „Gleichgewicht der Klassenkräfte" in Österreich wird der „Klassenkampf unter den Bedingungen einer demokratischen Staatsform geführt". Die Mehrheit entscheidet, und den Sozialdemokraten fehlen nur noch 250.000 bis 300.000 Stimmen, damit sie ihre Vorstellungen in die Praxis umsetzen können. Und dann spricht *Bauer* jene eindeutigen, aber verhängnisvollen Sätze, die es dem Gegner ermöglichen, die Sozialdemokratie als eine Partei der Revolution und der Diktatur zu verteufeln:

> Nehmen Sie an, das Proletariat erobert die Macht mit den Mitteln der Demokratie.
>
> Was wird es nun tun? Werden wir die Demokratie aufheben? Keine Rede! Wir werden die Demokratie nicht erobern, um sie aufzuheben, sondern um sie nach den Bedürfnissen der Arbeiterklasse auszunützen, um den Staatsapparat nach den Bedürfnissen der Arbeiterklasse umzugestalten, um schrittweise den Produktionsapparat den Kapitalisten und den Großgrundbesitzern zu entreißen. Solange das geht, werden wir das tun müssen, ohne im Wesen die Demokratie anzutasten. Und Demokratie ist nicht allein Mehrheitsherrschaft, sondern die Freiheit des geistigen Kampfes um die Mehrheit des Volkes. Wir werden es tun müssen unter voller Aufrechterhaltung aller jener bürgerlichen Freiheiten, der Freiheit des Wortes und der Schrift, der Versammlung, der Presse, die die Basis der Demokratie sind . . .

Das Bürgertum kann versuchen, sich mit Wirtschaftssabotage zu wehren, Verschwörungen mit dem Ausland einzugehen, einen Bürgerkrieg zu entfachen:

> Wenn die Bourgeoisie einen dieser Versuche macht, wird sich das Proletariat wehren und sich so wie jede Klasse wehren, die eine Herrschaft erobert hat und in dieser Herrschaft bedroht ist. Natürlich wird man in einem solchen Kampfe die Freiheiten auch suspendieren müssen . . . Natürlich schlägt in einer solchen Situation die proletarische Demokratie um in die Diktatur. Das ist es,

7) *Wolfgang Neugebauer:* Von der Klassengesellschaft zur sozialen Demokratie, Wien 1978, S. 26.

8) Vergl. dazu: *Wolfgang Neugebauer:* Bauvolk der kommenden Welt. Geschichte der sozialistischen Jugendbewegung in Österreich, Wien 1975; *H. Kotlan-Werner:* Kunst und Volk. D. J. Bach 1874—1947, Wien 1977, *dies.:* O. F. Kanitz und der Schönbrunner Kreis, Wien 1981; *Reinhard Kannonier:* Zwischen Beethoven und Eisler. Zur Arbeitermusikbewegung in Österreich, Wien 1981; *Josef Weidenholzer:* Auf dem Weg zum „Neuen Menschen". Bildungs- und Kulturarbeit der österreichischen Sozialdemokratie in der Ersten Republik, Wien 1981; *Ernst Glaser:* Im Umfeld des Austromarxismus. Ein Beitrag zur Geistesgeschichte des österreichischen Sozialismus, Wien 1981.

was wir in Wirklichkeit in diesem Programm sagen. Wir wollen damit sagen: die Gewalt nur als Defensivmittel! Wenn das Proletariat die Herrschaft, die es erobert hat, in den Formen der Demokratie ausüben kann, ist es für das Proletariat der weitaus beste Fall, die stärkste Garantie für den Aufbau eines proletarischen Sozialismus. Vor der Diktatur wird man nicht zurückschrecken können, wenn man muß; aber nur die bittere Notwendigkeit kann die Anwendung dieses Mittels rechtfertigen! Ob Sie das Diktatur nennen, ob Sie es anders umschreiben wollen, ist ganz gleichgültig. Wichtig ist nur der Gedanke: Demokratisch, solange wir können, Diktatur nur, wenn man uns zwingt und soweit man uns zwingt.[9])

Schon im folgenden Jahr, an jenem unglückseligen 15. Juli 1927, kommt es zum ersten großen Zusammenstoß mit der Staatsmacht. Eine spontane Demonstration der Wiener Arbeiterschaft, die die Partei unterlassen hatte durch ihre Ordnergruppen im Zaum zu halten, gegen den Freispruch einiger Rechtsradikaler, die zwei Menschenleben auf dem Gewissen hatten, führt zum Brand des Justizpalastes und 89 Toten und hunderten Verletzten. *Gerhard Botz* hat in einer Studie nachgewiesen, daß es überwiegend Gewalttaten der Rechten waren, die das politische Klima der Ersten Republik vergifteten[10]), aber mit diesem Ereignis gelang es, die Sozialdemokratie vor den Bürgern und Bauern als Bürgerkriegspartei hinzustellen, gegen die sich alle staatstreuen Kräfte vereinigen müßten. Bundeskanzler *Dr. Ignaz Seipel* förderte nunmehr offen die faschistischen Heimwehren, die den Kampf um die Macht aufnehmen und das Hauptinstrument zur Niederschlagung der Arbeiterbewegung und zur Beseitigung der parlamentarischen Demokratie werden.

Freilich erhebt sich hier die Frage, ob die Sozialdemokratie durch ihre radikale Sprache und oft rigide Taktik, ihre konsequente Oppositionspolitik und Ablehnung jedes Koalitionsangebotes diese Entwicklung nicht erst ermöglicht hat. Ihre „linke" Position hat zwar eine starke kommunistische Partei verhindert, und mit *Hans Mommsen* können wir heute bezweifeln, ob es einer gemäßigteren politischen Linie — wie sie etwa *Renner* vertrat — gelungen wäre, „Parteieinheit und -integration im gleichen Umfang sicherzustellen"; aber die „begrenzten Bündnismöglichkeiten" mit dem demokratischen Flügel der Christlichsozialen, vor allem mit den Bauern, wurden auch „nicht ernsthaft genug erwogen"[11]), solange noch Zeit dazu war. Nach der staatsstreichartigen Ausschaltung des Parlaments am 4. März 1933 war es bereits zu spät, da Bundeskanzler *Dollfuß* nur zu bereitwillig dem Druck seitens des faschistischen Italien und seiner österreichischen Söldlinge nachgab.

Eine der zahllosen Provokationen der Regierung gegen die Sozialdemokraten — eine Waffensuche im Linzer Parteihaus — führte schließlich am 12. Februar 1934 gegen den Willen der Parteispitze zum bewaffneten Widerstand, der schon nach wenigen Tagen mit der Niederlage des Republikanischen Schutzbundes, der Hinrichtung von neun Anführern und dem Verbot der Partei und aller ihrer Organisationen und der Verfolgung tausender Anhänger endete.

9) Protokoll des sozialdemokratischen Parteitages 1926, Wien 1926, S. 271 f.

10) *Gerhard Botz:* Gewalt in der Politik. Attentate, Zusammenstöße, Putschversuche, Unruhen in Österreich 1918—1934, München 1976.

11) *Hans Mommsen:* „Die Arbeiterbewegung in Deutschland und Österreich. Eine vergleichende Betrachtung", in: Deutschland und Österreich (Hg. *R. A. Kann* und *F. E. Prinz*), Wien 1980, S. 444 f.

Damit schien das Werk von Generationen sozialistischer Arbeiter zunichte gemacht, der demokratische Sozialismus war dem äußeren Druck zweier faschistischer Nachbarstaaten und dem inneren Druck von Wirtschaftskrise, radikalisierten Bürgern und Bauern und diktatorischen Gelüsten der Regierung erlegen. Fürs erste schienen die Warnungen der Kommunisten vor reformistischen Illusionen bestätigt, und viele sozialdemokratische Aktivisten schlossen sich der KPÖ an, die zum ersten Mal seit 1919 wieder ein Faktor in der Arbeiterbewegung wurde und im Widerstand gegen Austrofaschismus und Nazifaschismus eine führende Rolle spielen sollte.

Für die überwiegende Mehrzahl der Sozialdemokraten war dies aber kein gangbarer Weg. Wie aus den reichlich vorhandenen Polizei- und Gerichtsakten beider Diktaturen, besonders aber aus den Lageberichten von *Himmlers* „Sicherheitsdienst" und aus Gestapoakten hervorgeht, hatte die politische Bildungsarbeit des Austromarxismus seine Parteigänger weitgehend gegen faschistische Ideen immun gemacht, was sich in jeder Krise des jeweiligen Systems in verstärkter Opposition bis zu Widerstandshandlungen fühlbar machte.[12]) Nostalgische Erinnerungen an die alte Partei und das „Rote Wien", passive Resistenz gegenüber dem Regime und Solidarität mit Gleichgesinnten reichen aber nicht aus, um die Kontinuität einer Bewegung zu wahren; dazu bedarf es auch einer organisatorischen Zusammenfassung der bewußten und entschlossensten Parteigänger, und dieses Verdienst um den österreichischen Sozialismus fällt der Untergrundpartei der „Revolutionären Sozialisten" (RS) zu. Die zaudernde Politik der sozialdemokratischen Parteiführung hatte insbesondere nach dem 15. Juli 1927 zur Bildung verschiedener Linksgruppen geführt, die aber erst in den letzten Monaten vor dem 12. Februar 1934 zu einer richtigen Linksopposition innerhalb der Partei wurden. Auch diese konnte den Ablauf der Ereignisse nicht mehr beeinflussen, aber aus ihr rekrutierten sich nach der Niederlage die ersten Kader der RS, die in engster — wenn auch nicht immer spannungsfreier — Verbindung zur emigrierten Parteiführung in Brünn unter *Otto Bauer* standen.

Über das Selbstverständnis der RS sagte die erste Nummer ihrer im Untergrund verbreiteten Zeitschrift „Die Revolution. Kampfblatt der Revolutionären Sozialisten", Mitte Juni 1934, aus, daß schon im Februar spontan an Stelle des alten Namens „Sozialdemokratische Partei" die neue Bezeichnung „Revolutionäre Sozialisten" aufgetaucht sei:

> Das war kein Bruch mit der alten revolutionären Partei der Arbeiterklasse in Oesterreich, kein Verleugnen ihrer großen Vergangenheit und erst recht kein Abrücken von der tapferen Tat des Februar.
>
> Mit dieser Bezeichnung sollte ausgedrückt werden, daß sich die Partei freigemacht hat von allen reformistischen und demokratischen Illusionen, sollte ein eindeutiges Bekenntnis zur Erneuerung der Arbeiterbewegung zum kompromißlosen revolutionären Kampf für den Sozialismus abgelegt werden.

Die wechselvolle Geschichte dieser Organisation, ihre erst „kurze", dann „lange Perspektive" für die österreichische Politik, ihr Verhältnis zu den Bruderparteien in der Internationale und zu den Kommunisten hat *Peter Pelinka* kürzlich in großer

12) Vergl. *Karl [R.] Stadler:* Österreich 1938—1945 im Spiegel der NS-Akten, Wien 1966; und neuerdings die Serien „Widerstand und Verfolgung 1934 bis 1945" des Dokumentationsarchivs des österreichischen Widerstandes, Wien 1975 ff.

Klarheit dargestellt.[13]) Die wachsende Bedrohung Österreichs durch das Dritte Reich und die Gefahr einer nationalsozialistischen Machtergreifung verschob die Akzente der politischen Orientierung, insbesondere nach dem verhängnisvollen „Juliabkommen 1936" zwischen Österreich und Deutschland, und bei aller Gegnerschaft zum ständestaatlichen Regime erklärten sich die RS im März 1938 zur Unterstützung von *Dr. Schuschniggs* Volksabstimmung bereit:

> [Die österreichische Arbeiterschaft] kann [am 13. März] dem autoritären Regime nicht heimzahlen, was dieses an der Arbeiterklasse Österreichs im Februar 1934 und seither verbrochen hat; sie würde sich damit in ein noch größeres Verderben stürzen.
>
> Der 13. März ist nicht der Tag der Abrechnung der Arbeiter mit den Austrofaschisten, der 13. März ist für sie nur ein Tag der Bekundung ihrer fanatischen Feindschaft gegen den Hitlerfaschismus.
>
> Darum muß die Arbeiterschaft am Sonntag, dem 13. März, mit „JA" stimmen.

Der kampflose Rücktritt *Schuschniggs* und der deutsche Einmarsch, bevor noch das österreichische Volk seinen Willen zur Unabhängigkeit demonstrieren konnte, schuf eine neue Situation, der sich die illegalen Organisationen der Arbeiterschaft anpassen mußten. Im Gegensatz zu den Kommunisten, die vorerst ihre Organisationsstrukturen und zentralen Leitungen beibehielten, was immer wieder zu enormen Aderlässen führte, lösten die RS ihre zentrale Organisation auf und nahm Kurs auf kleine autonome Gruppen, die statt der im Ständestaat noch möglichen propagandistischen Aktionen das Schwergewicht auf die Erhaltung der Kader, die Verbreitung von Informationen und sozialistische Solidarität legten. In gelegentlicher Zusammenarbeit mit kommunistischen, aber auch mit kirchlichen und bürgerlichen Gruppen überdauerten die Revolutionären Sozialisten trotz vieler Opfer auch die nationalsozialistische Diktatur. Sie stellten das Bindeglied zwischen der alten Sozialdemokratie und der im April 1945 neuerstehenden Sozialistischen Partei dar.

Die Zweite Republik

Für das österreichische Volk war das Ende des Dritten Reiches im April/Mai 1945 die zweite Bewährungsprobe innerhalb einer Generation: So wie 1918 mußte es aus dem Zusammenbruch eines Großreiches, bedrängt von außen und unter chaotischen Bedingungen im Inneren, seine staatliche Unabhängigkeit errichten. Im Gegensatz zu 1918 aber hatte es geschichtliche Erfahrungen, auf die es zurückgreifen konnte. Im Positiven war dies die bundesstaatliche Verfassung von 1920, das System der parlamentarischen Demokratie; im Negativen die unheilvolle politische Entwicklung der Ersten Republik; und die Art, in der Österreich im Jahre 1945 an seinen Wiederaufbau schritt, beweist, daß Völker manchmal doch aus ihrer Geschichte lernen.

Die hervorstechendsten Merkmale der Zweiten Republik waren ein hohes Maß an nationaler Solidarität, das der gemeinsam erlittenen Unterdrückung im Nationalsozialismus entsprang und durch die vierfache Besatzung und das jahrelange Ringen um den Staatsvertrag verstärkt wurde; das Ende jedes Anschlußgedankens bei einer wachsenden nationalen Identitätsfindung; und das Streben nach

13) *Peter Pelinka:* Erbe und Neubeginn, Die Revolutionären Sozialisten in Österreich 1934—1938, Wien 1981.

politischem Konsens, das sich sowohl in zwei Jahrzehnten von Regierungskoalitionen wie auch in der Errichtung eines sozial- (oder besser: wirtschafts-)partnerschaftlichen Systems ausdrückt und das auch die Alleinregierung von ÖVP und SPÖ überdauerte. Die Kehrseite ist freilich auch nicht zu übersehen: eine bedenkliche Entideologisierung der Politik, die zunehmend von Pragmatikern beherrscht wird, eine Schwächung des Parlamentarismus, da lebenswichtige Entscheidungen in anderen Gremien getroffen werden, ein Prestigeverlust der Parteien, die immer mehr als Interessenverbände und nicht als Instrumente zur Verwirklichung gesellschaftspolitischer Ziele gesehen werden.

Diese Entwicklung ist auch an der Sozialistischen Partei nicht vorübergegangen. Während das Führungsgremium der Sozialdemokratie 1918 einen geradezu nahtlosen Übergang von der Monarchie in die Republik schaffte, mit der alleinigen Ausnahme von *Victor Adler*, der am 11. November gestorben war, fand sich 1945 die Partei fast aller ihrer führenden Köpfe aus der Ersten Republik durch Tod oder Exil beraubt.

Abgesehen von *Karl Renner*, dessen historische Leistung bei der Neugründung der Republik und Erhaltung ihrer Einheit erst jetzt so richtig gewürdigt werden kann, der aber bald als Bundespräsident der Tagespolitik entrückt wurde, waren es Männer wie *Adolf Schärf*, *Oskar Helmer*, *Theodor Körner* und *Paul Speiser*, alle höheren Alters und früher der Parteirechten zugehörig, die ihre Bewährungsprobe zusammen mit den jüngeren Linken aus den RS vor sich hatten. Als Vizekanzler in den Kabinetten *Figl* und *Raab* und als Vorsitzender der SPÖ war es hauptsächlich *Adolf Schärf*, der die neue Partei schuf und in den Staat integrierte.[14])

Die neue Führung hatte aus dem Faschismus die Lehre gezogen, daß eine Konfrontationspolitik gegenüber dem bürgerlichen Lager und damit eine neuerliche Radikalisierung der Innenpolitik unbedingt zu vermeiden und ein Festhalten an den Positionen in Regierung und Verwaltung auch um den Preis ideologischen Nachgebens notwendig sei. Daher die langjährige Zusammenarbeit mit der ÖVP in der Koalition, daher die Partnerschaft der mehrheitlich sozialistischen Gewerkschaften mit den Unternehmern, daher auch eine neue und ungleich positivere Einstellung zur katholischen Kirche.

Karl Renner war um eine theoretische Untermauerung der neuen Rolle der Sozialistischen Partei nicht verlegen; in einem Brief an *Adolf Schärf* schrieb er am 13. August 1947:

> Die Arbeiterklasse, die in Staat und Wirtschaft mitbestimmt, kann nicht mehr auf jeden Fall streiken, sie bestreikt dann nur sich selbst; sie kann nicht branchenweise auf Sondervorteile ausgehen, die sonst der gewisse Nachteil aller Arbeiterkategorien würden. Zumal wenn Unternehmerschaft und Staat benkrott sind, ist Fordern und Erpressen vergebens. Die ganze Taktik muß sich auf kollektives Ordnen und schöpferische Neugestaltung einrichten; und dabei geht immer das Allgemeine dem Sonderinteresse voraus!
>
> Die Klassenkampfparole erfährt dadurch eine Modifikation: Es handelt sich (zumeist) nicht darum, welche von beiden den größeren Happen aus der Suppe fischt, sondern darum, welche Klasse die materielle Basis und geistige Kraft besitzt, Staat und Wirtschaft nach ihren Grundsät-

14) *Karl R. Stadler:* Adolf Schärf. Mensch, Politiker, Staatsmann, Wien 1982.

zen bestens zu ordnen. Und die so begnadete Klasse muß bereit sein, für diese Ziele Opfer zu bringen, durch die sie allerdings hinterher Geltung und Ansehen festigt.[15])

Diese lange Perspekive mag einleuchten, ist aber für den täglichen Verteilungskampf um das gesellschaftliche Produkt kaum sehr nützlich; *Bruno Kreisky* zieht es vor, von der „Sublimierung des Klassenkampfes" zu sprechen, der am grünen Tisch statt im Betrieb und auf der Straße ausgefochten werden soll, lehnt es aber ab, aus der SPÖ eine opportunistische Allerweltpartei, eine „Volkspartei im linken Vorzeichen" werden zu lassen. Im Gegensatz etwa zur deutschen Sozialdemokratie behält die SPÖ in ihren neuen Programmen eine grundsätzlich sozialistische Zielsetzung — vor allem die Vergesellschaftung der Produktionsmittel — bei. Damit sind wir bei der Programmatik politischer Parteien gelandet.

Nahziele und Fernziele

Die Geschichte jeder etablierten politischen Partei, die lange genug bestanden hat, um ihre Entwicklung verfolgbar zu machen, kann entweder von den Programmen abgelesen werden, die sie sich im Laufe der Zeit gegeben hat, oder aber aus der objektiven Rolle, die sie im Ablauf politischer und sozialer Prozesse gespielt hat. In der Praxis wird es sich empfehlen, beides zugleich zu tun, da ja sowohl Grundsatz- wie Aktionsprogramme nicht unabhängig sind vom politischen Umfeld. Wie diese Interdependenz wirksam wird, haben *Albert Kadan* und *Anton Pelinka* für alle österreichischen Parteien kürzlich sehr aufschlußreich analysiert.[16]) Für die Sozialistische Partei liegt eine nützliche, von *Ernst Winkler* eingeleitete Sammlung ihrer Programme vom Einigungsparteitag 1888/89 bis 1958 vor.[17]) In diesen Programmen spiegelt sich die politische und soziale Geschichte unseres Landes und mit ihr das Profil der österreichischen Arbeiterbewegung, da sie deutlich machen, wie aus Fernzielen Nahziele werden und aus Nahzielen gesellschaftliche Realität wird.

Es ist verständlich, daß die gemäßigten, „rechten" Führer der Arbeiterbewegung mit Fernzielen nicht viel anzufangen wissen; als Pragmatiker (gegenüber den „linken" Ideologen) ziehen sie Nahziele vor, die von augenblicklichen Erfordernissen ausgehen und auch realisierbar sind. Somit tendieren sie weg von Grundsatzprogrammen in Richtung auf bloße Aktionsprogramme, was zu einem deutlichen Verlust an Ideologiegehalt führt. Ein Beispiel dafür bietet *Adolf Schärf*, der sich in einer Rede vor sozialistischen Jugendlichen im Juni 1955 (unter Berufung auf *Karl Marx!*) gegen jeden Versuch einer zu detaillierten Definition von Endzielen wandte. Diese seien Stoff für Erzähler und Schriftsteller, die ihre Phantasie frei walten lassen könnten in der Beschreibung, „wie sich der Sprung aus dem Reich der Notwendigkeit in das Reich der Freiheit vollziehen wird", aber die Erfahrung habe gezeigt,

15) Zitiert in *Jacques Hannak:* Karl Renner und seine Zeit. Versuch einer Biographie, Wien 1965, S. 689 f.

16) *Albert Kadan / Anton Pelinka:* Die Grundsatzprogramme der österreichischen Parteien. Dokumentation und Analyse, St. Pölten 1979.

17) *Ernst Winkler* (Hg.): Die österreichische Sozialdemokratie im Spiegel ihrer Programme, Wien 1971.

„daß sich überall dort, wo es zu einer Machtergreifung durch die Arbeiterklasse oder ihre Parteien gekommen ist, der Übergang doch anders abgespielt hat, als er vorhergesagt wurde".

Am Beispiel des Hainfelder Programms illustriert *Schärf*, wie in relativ kurzer Zeit die Wirklichkeit selbst über Fernziele hinausgeht. So hieß es noch in der Prinzipienerklärung von Hainfeld: „Soll noch innerhalb des Rahmens der heutigen Wirtschaftsordnung das Sinken der Lebenshaltung der Arbeiterklasse, ihre wachsende Verelendung einigermaßen gehemmt werden, so muß eine lückenlose und ehrliche Arbeiterschutzgesetzgebung . . . angestrebt werden"; eine Verbesserung der Lebenslage wagte man damals nicht einmal als Forderung aufzustellen!

Nach Maßgabe der errungenen Verbesserungen erfuhren die Fernziele der Bewegung manche Änderungen, so im Wiener Programm von 1901 und im Linzer Programm von 1926. Für die Zweite Republik stellte *Schärf* fest, daß von den Hainfelder Fernzielen „sozusagen alles bis auf das letzte, die Vergesellschaftung der Produktionsmittel", verwirklicht sei, und selbst hier habe die Entwicklung schon ein Stück Weges zurückgelegt durch „die Überführung beträchtlicher Massen von Produktionsmitteln in die Verfügung der öffentlichen Hand". Noch weniger signifikant sind die Nahziele in den verschiedenen Programmen, deren Realisierung von der jeweiligen politischen und wirtschaftlichen Lage abhängt.

Wie *Schärf* die Sozialistische Partei nach 1945 einschätzt, geht aus folgendem hervor:

> In der Zeit bis 1934 galt sie als gut marxistisch fundiert; seit 1945 ist sie die erste, die sich ein umfassendes Parteiprogramm aufgestellt hat, das in dem allgemeinen Teil die Tradition der alten Partei ungebrochen fortsetzt. Die geistige Zielsetzung der österreichischen Partei ist gewissermaßen typisch für alle jene sozialistischen Parteien, die von den Gedankengängen Karl Marx' entscheidend beeinflußt sind.[18])

Da aber heute „in den meisten Ländern Europas vor dem Eisernen Vorhang" die politische Demokratie verwirklicht ist, haben sich die Kampfbedingungen geändert: „Der Klassenkampf und der Kampf um die neue Gesellschaft wird damit im Gegensatz zu manchen Vorstellungen früherer Zeiten und zur Entwicklung in den bolschewikischen Staaten zu einem gewaltlosen . . ."

Tatsächlich hat sich die SPÖ seit 1945 drei Programme von unterschiedlichem Gewicht gegeben. Das „Aktionsprogramm" von 1947 ist ein typisches Dokument jener Zeit, das von einem auf aktuelle Probleme ausgerichteten „Arbeitsprogramm" dominiert wird; ansonsten enthält es ein Bekenntnis zur parlamentarischen Demokratie, zur Glaubens- und Gewissensfreiheit und (bezeichnenderweise bereits) zur Neutralität Österreichs. Trotz seines deutlich austromarxistischen Einschlages wird darin eine wichtige Revision des Linzer Programms vorgenommen: Der Begriff der „Diktatur des Proletariats" wird nicht einmal mehr als defensive Möglichkeit erwähnt, und die Abgrenzung zu den Kommunisten wird in der Aussage verdeutlicht:

> Die SPÖ ist eine grundsätzlich demokratische Partei. Sie lehnt entschieden jedes System eines Einparteienstaates ab und sieht in dem freien Kräftespiel politischer Parteien die notwendige Grundlage der Demokratie.

18) *Adolf Schärf*: „Nahziele und Fernziele der sozialistischen Bewegung", Manuskript, 11 S., 16. Juni 1955 (aus dem Nachlaß).

Bei aller Anerkennung des Wandels in den politischen Bedingungen konnte eine Traditionspartei wie die Sozialdemokratie nicht ohne die Kontinuität ihrer gesellschaftlichen Rolle auskommen, und das Verlangen nach ihrem neuzeitlichen Grundsatzprogramm führte 1956 zur Einsetzung einer vierköpfigen Kommission, der auch der spätere Parteivorsitzende und Bundeskanzler *Bruno Kreisky* angehörte. Sie entwarf ein Programm, das zwar der tatsächlichen Praxis der Partei in Koalitionsregierung und Sozialpartnerschaft weitgehend entsprach, aber in seiner Absicht, „traditionellen Ballast" über Bord zu werfen, sicher zu weit ging. Nach einer unerwartet lebhaften Diskussion in der gesamten Partei, die zu mehr als 1000 Abänderungsanträgen führte, wurde ein gemeinsamer Nenner gefunden, den *Felix Kreissler* folgendermaßen beschreibt:

> Die Einstimmigkeit, mit der das Programm schließlich im Mai 1958 beschlossen wurde, zeigt, daß es ein Kompromiß war, das in echt austromarxistischer Tradition jedem etwas bot: Den Marxisten marxistische Formulierungen wie etwa jene, die „von der Überwindung des Kapitalismus" und der „Schaffung einer sozialistischen Gesellschaftsordnung" sprach, die, gestützt auf die Erkenntnisse des wissenschaftlichen Sozialismus, erreicht werden sollen. Den Humanisten bot das Programm eine scharfe Abgrenzung gegenüber den Kommunisten mit der Formulierung: „Zwischen Sozialismus und Diktatur gibt es keine Gemeinschaft. Daher sind die Sozialisten unbeugsame und kompromißlose Gegner des Faschismus wie des Kommunismus . . ."[19])

Immerhin leistete das Programm der Partei für die nächsten zwanzig Jahre gute Dienste, was schon daraus hervorgeht, daß keine der folgenden Krisen — die Abspaltung *Franz Olahs* und die Gründung seiner „Demokratischen Fortschrittlichen Partei" sowie die (zum Teil dadurch verursachte) Wahlniederlage von 1966 — die Einheit und das ideologische Gefüge der Partei erschüttern konnte. Mit der Wahl *Bruno Kreiskys* zum Parteivorsitzenden im Jahre 1967 setzte sich der von seinem Vorgänger *Bruno Pittermann* begonnene vorsichtige Reformkurs mit größerem Elan fort, was zweifellos durch den Umstand erleichtert wurde, daß nach 21 Jahren der Koalitionspolitik die Partei 1966 in Opposition ging und das Feld einer ÖVP-Alleinregierung überließ.

Daß dieser Wechsel ohne die von manchen gefürchtete politische oder soziale Krise vor sich ging, zeugt von der Stabilität der Zweiten Republik und ihrer Einrichtungen. Es gelang *Kreisky*, der SPÖ das Image einer modernen Reformpartei zu geben, die in steigendem Maße für Liberale, Katholiken, Mittelständler und Akademiker wählbar wurde, wozu zweifellos das von 1400 Fachleuten ausgearbeitete technokratisch-reformistische Programm für eine sozialistische Regierung („Für ein modernes Österreich") beitrug. So kam es nach den sozialistischen Wahlsiegen vom März 1970 und Oktober 1971 zur ersten SPÖ-Minderheitsregierung bzw. -Alleinregierung in Österreich.

In Abwandlung eines Ausspruches von *Victor Adler*, daß Wähler zu gewinnen zwar gut, Sozialisten zu gewinnen aber besser sei, setzte *Kreisky* neben dem Reformkurs der Regierung auch seine Bemühungen um die Modernisierung des österreichischen Sozialismus fort. Eine breit angelegte Ideologisierungskampagne brachte neuen

19) *Felix Kreissler:* Die Entwicklung der SPÖ in ihren Programmen und in ihrer Politik. Vom Austromarxismus zum „Austrosozialismus" (1945—1973), in *Botz / Hautmann / Konrad* (Hg.): Geschichte und Gesellschaft, Wien 1974, S. 219.

Schwung in die Partei, wo nicht mehr allein Fragen der täglichen Praxis, sondern endlich auch wieder Grundsatzfragen diskutiert wurden. Der Parteitag 1976 leitete eine Parteireform ein, welche die innerparteiliche Demokratie verstärken und die SPÖ für alle fortschrittlichen Kräfte öffnen sollte („offene Partei"), und kündigte die Diskussion über ein neues Parteiprogramm an, das den geänderten Verhältnissen seit 1958 und neuen Problemen Rechnung tragen sollte.

So kam es, nach einer ähnlich breiten Diskussion wie 1958, zum derzeit gültigen Programm der SPÖ von 1978, das neben traditionellen sozialistischen Zielsetzungen als zentralen Begriff die „soziale Demokratie", die Demokratisierung aller gesellschaftlichen Bereiche, enthält.[20]) Ein neues Programm war notwendig geworden, weil viele der alten Forderungen, insbesondere durch die Regierung *Kreisky*, erfüllt worden waren. Andererseits aber erkannte man, daß es eine Reihe neuer Probleme gab, zu denen der demokratische Sozialismus Stellung beziehen mußte: der enorme wissenschaftliche und technologische Fortschritt, Energiekrise und Fragen der Umweltverschmutzung und Ökologie, neu erkannte Grenzen des Wachstums und neue Machtstrukturen und Manipulationsmöglichkeiten durch die Medien. Gleichviel wie man zu einzelnen Thesen und Lösungsvorschlägen stehen mag, ist dieses Programm ein wertvoller Beitrag zur Diskussion unter Demokraten über die Natur der Gesellschaft, in der wir leben wollen.

20) Das neue Programm der SPÖ. Mit den Reden von Parteivorsitzendem *Bruno Kreisky* und Zentralsekretär *Karl Blecha* beim Parteitag 1978, Wien 1978.

Alfred Ableitinger

Das konservative und christdemokratische Lager

Christlichsoziale und Österreichische Volkspartei

Unser Thema so aufzugreifen, wie es vorgegeben dasteht, und wenigstens einen Versuch zu machen, ihm zu entsprechen, wenn schon nicht ihm zu genügen: das stößt auf mindestens zwei Schwierigkeiten. Kontinuität und Wandel in der Geschichte eines politischen Milieus von der Ersten zur Zweiten Republik sichtbar zu machen, das verbietet erstens, die Geschichte des Milieus einfach zu erzählen im Vertrauen darauf, daß aus der „Story" Kontinuität wie Wandel sich von selbst entnehmen ließen. Gefordert ist vielmehr, daß expressis verbis Aussagen formuliert werden über Kontinuität hier, Wandel da. Beide aber werden überhaupt nur benennbar, wenn man sich darauf einläßt, das ursprünglich für dieses Milieu Konstitutive zu ermitteln und zu bezeichnen, somit eine Art Meßinstrument für Kontinuität wie Wandel zu liefern. Was derart ausgesagt werden mag, ist allemal in hohem Maße anfechtbar. Das gilt aber insbesondere für das hier in Rede stehende katholisch-konservativ-christlichsoziale Milieu in Österreich. Denn seine Erforschung hat keine ähnlich intensive Aufmerksamkeit gefunden wie etwa die des sozialdemokratischen, zumindest liegen nur ziemlich disparate Forschungsresultate vor.[1]) Daran mag sich in nicht zu ferner Zukunft einiges zum Besseren ändern. Gegenwärtig aber bildet diese Forschungslage die zweite der erwähnten Schwierigkeiten.

1) Grundlegend für die Geschichte aller politischen Lager Österreichs noch immer: *Adam Wandruszka:* Österreichs politische Struktur — Die Entwicklung der Parteien und politischen Bewegungen, in: *H. Benedikt* (Hg.): Geschichte der Republik Österreich, Wien 1954 (Nachdruck 1977), S. 301 ff. — Neuere Literatur zum konservativ-christlichsozialen Lager: *Alfred Diamant:* Die österreichischen Katholiken und die Erste Republik — Demokratie, Kapitalismus und soziale Ordnung 1918—1934, Wien 1960; — *Reinhold Knoll:* Zur Tradition der Christlichsozialen Partei — Ihre Früh- und Entwicklungsgeschichte bis zu den Reichsratswahlen 1907, Studien zur Geschichte der österreichisch-ungarischen Monarchie, 13, Wien 1973; — *Gavin Lewis:* Kirche und Partei im politischen Katholizismus — Klerus und Christlichsoziale in Niederösterreich 1885 bis 1907, Veröffentlichungen des Instituts für kirchliche Zeitgeschichte II/4, Wien 1977; — *Ernst Hanisch:* Die Ideologie des Politischen Katholizismus in Österreich 1918—1938, Veröffentlichungen des Instituts für kirchliche Zeitgeschichte II/5, Wien 1977; — *Walter B. Sauer:* Katholisches Vereinswesen in Wien — Zur Geschichte des christlichsozial-konservativen Lagers vor 1914, Geschichte und Sozialkunde, 5, Salzburg 1980; — *John W. Boyer:* Political radicalism in late imperial Vienna — Origins of the christians social movement 1848—1897, Chicago 1981; — *Anton Staudinger:* Christlichsoziale Partei, in: *Erika Weinzierl* — *Kurt Skalnik* (Hg.): Österreich 1918—1938. Geschichte der Ersten Republik, Bd. 1, Graz—Wien—Köln 1983, S. 249—276. — Regionalgeschichtliche Literatur: *Richard Schober:* Das Verhältnis der Katholisch-Konservativen zu den Christlich-Sozialen in Tirol bis zu den Reichsratswahlen von 1907, in: Tiroler Heimat 38, 1975, S. 139—173, und 39, 1976, S. 155—193; — *Ders.:* Die Tiroler Konservativen in der Ära

Alfred Ableitinger, Dr. phil., ao. Prof. für Allgemeine Neuere Geschichte an der Universität Graz.

I.

Einigermaßen verläßlich wird sich sagen lassen, daß aus dem Studium von Programmtexten das Konstitutive des katholisch-konservativen Lagers nicht gewonnen werden kann. Nicht Programme standen an seinem Beginn, nicht Programme waren es, die seine Anhängerschaft mobilisierten und schlecht und recht zusammenhielten, schon gar nicht war es *ein* Programm. Selbst die unter allen politischen Lagern am weitaus meisten programmbewußte Sozialdemokratie ist ja weder aus dem Hainfelder Text von 1889 noch aus dem Linzer von 1926 noch aus den Wiener Texten von 1958 oder 1978 hinreichend zu begreifen, wenn ihre konstitutiven Prägungen in Rede stehen. Gerade sozialdemokratische Forschung selbst hat ja in zunehmendem Maße nicht nur die Divergenzen zwischen Programmaussagen und der jeweiligen Realität der Sozialdemokratie ans Licht gehoben, sondern vielmehr die Programme, insbesondere die von Hainfeld und Linz, als Ausdruck tieferliegender Probleme und als Antworten auf sie, als Spiegelungen eigentlicher Prägungen und als Methoden analysiert, mit diesen umzugehen.[2]) Für das katholisch-konservativ-christlichsoziale Lager ist Analoges nun aber nicht etwa in stärkerem Maße zu vermuten. Man wird vielmehr sagen dürfen, daß es die Arbeit an seinen Programmen in seiner ganzen Geschichte nie so ernsthaft betrieben hat, daß sich in ihnen für unseren Zweck genug für das Lager Substantielles spiegeln könnte.

Auch der traditionelle Ansatz sozialgeschichtlicher Provenienz, der in politischen Parteien das Resultat der Politisierung von identifizierbaren Sozialgruppen zu erkennen meint, der die Entstehung von Parteien darauf zurückführt, daß gesellschaftliche Einheiten mit übereinstimmenden ökonomischen Interessen sich — gewöhnlich unter dem Druck konkreter, ihnen bedrohlich erscheinender Umstände — politisch organisierten, führt nicht recht weiter, wenn nach den Konstitutiva des konservativen Lagers in Österreich gefragt wird. Nicht nur sein Name steht dem entgegen. Dieser drückt zwar weder ein ökonomisches Motiv noch das sozialer Statuswahrung aus, doch könnte er sich dennoch als ideologische Drapierung eines wirtschaftlich-sozialen Interessenkerns erweisen. Viel gewichtiger erscheint, daß sich die Sozialgruppe nicht angeben läßt, deren politische Organisation etwa die Christlichsozialen der ausgehenden Habsburgermonarchie und der Ersten Republik gewesen wären. Obschon der Großteil ihrer Anhängerschaft auf dem Lande lebte und mit der agrarischen Wirtschaft verbunden war, waren sie keine Bauernpartei, während es gleichzeitig in vielen Ländern Europas, in Skandinavien und Osteuropa

Taaffe, in: MÖSTA 29, 1976, S. 258—314; — *Harry Slapnicka:* Christlichsoziale in Oberösterreich. Vom Katholikenverein 1848 bis zum Ende der Christlichsozialen 1934, Beiträge zur Zeitgeschichte Oberösterreichs, 10, Linz 1984; — *Alois Adler:* Die christlichsoziale Bewegung in der Steiermark von den ständischen Anfängen zur Volkspartei, phil. Diss., Graz 1956; — *Manfred Gaar:* Franz Hagenhofer. Das Wirken eines steirischen Bauernführers, phil. Diss., Graz 1974; — *Günther M. Unger:* Die Christlichsoziale Partei im Burgenland, Burgenländische Forschungen 49, Eisenstadt 1965.

2) Insbesondere *Norbert Leser:* Zwischen Reformismus und Bolschewismus. Der Austromarxismus als Theorie und Praxis, Wien 1968.

vor allem, in marginalem Umfang aber auch in Deutschland und Österreich, den Typus ausgesprochener Bauernparteien gab[3]), die politische Organisation von Bauern hierzulande somit durchaus auf ein anderes Grundmuster hätte zurückgreifen können als auf das christlichsoziale. Noch weniger war die Christlichsoziale Partei der politische Arm des österreichischen Bürgertums. Wohl zog sie in Wien und zahlreichen anderen Städten viel Klein- und Mittelbürgertum an, doch avancierte sie nie zur politischen Vertretung *des* Bürgertums, weder zu der *des* unternehmerischen noch *des* intellektuellen noch *des* beamteten, weder zu der *des* Großbürgertums noch zu der *des* Kleinbürgertums noch zu der *der* städtischen Mittelschichten. Alle diese Sozialgruppen charakterisierte in Österreich ja immer, gleichviel, ob sie in dem Millionengebilde Wien, in den Landeshauptstädten oder den mittleren und kleineren Provinzstädten lebten, daß sie politisch in zwei Lager gespalten blieben. Es *begann* diese Spaltung vielfach als politischer Reflex der sozialen Differenz zwischen einer liberalen bürgerlichen Oberschicht und dem gegen deren gesellschaftliche Dominanz aufbegehrenden mittel- und kleinbürgerlichen Element. Aber sie erfaßte im Zuge der Konstituierung der zwei nichtsozialistischen Lager Österreichs bzw. im Zuge ihrer Transformation aus dem älteren Deutschliberalismus und Deutschkonservativismus in den jüngeren Deutschnationalismus und in die Christlichsozialen *alle* die erwähnten bürgerlichen Sozialgruppen. Und diese Spaltung verflachte auch nie zu einer oberflächlich-beiläufigen, sie wurde nicht zu einer Art bloßem politischem „Luxus", den sich eine sonst im Wesen kompakt als Klasse operierende „Bourgeoisie" quasi geleistet hätte. Diese Spaltung hatte wirkliche, lagerbildende, d. h. auch emotionale und mentale Differenzen ausbildende, insbesondere auch massive Gegner-, ja Feindschaften stiftende Tiefendimension bis weit in die Zweite Republik hinein. Indiz dafür ist, daß sie nicht bloß von der Art war — und sie ist es schließlich auch in der Gegenwart nicht generell —, daß sie ein dominantes „bürgerliches" Hauptlager einerseits und einen marginalen Rest andererseits hervorgerufen hätte, vielmehr finden sich regional und zeitlich die unterschiedlichsten quantitativen Relationen zwischen beiden Lagern. Weitere Belege dafür bieten sich an: Zum einen hat selbst die spezifische, nahezu singuläre Situation der 1920er Jahre mit ihrem wie immer motivierten bzw. verursachten revolutionären Gestus des „Austromarxismus" und mit ihrer dadurch induzierten Revolutionsfurcht der „Bürgerlichen" nur zu deren Koalition („Bürgerblock") und einmal, bei den Nationalratswahlen 1927, zu deren unvollständiger und Episode gebliebenen „Einheitsliste" geführt, nicht aber das österreichische Parteienfeld umgepflügt. Insofern „Umpflügen" um 1930 eintrat, geschah es in Richtung auf Vervielfältigung der Parteienszene und gerade nicht im Sinne bourgeoise-proletarischer Bipolarität und wurde solche Vervielfältigung viel mehr durch die unterschiedlichen Stellungnahmen zum Anschlußthema, zum „Deutschlandkomplex" der Österreicher[4]), verursacht als durch die bürger-

3) *Heinz Gollwitzer* (Hg.): Europäische Bauernparteien im 20. Jahrhundert, Quellen und Forschungen zur Agrargeschichte 29, Stuttgart 1977.

4) *Alfred Ableitinger:* Der „Deutschlandkomplex" der Österreicher in der Ersten Republik, in: *Josef F. Desput* (Hg.): Österreich 1934—1984. Erfahrungen, Erkenntnisse, Besinnung, Graz—Wien—Köln 1984, S. 173—198.

lich-sozialistischen politischen Frontstellungen. Zum anderen ist auch durch die Gründung und den sie reflektierenden Namen der Österreichischen Volkspartei seit 1945 die „Inhalation" des zweiten nichtsozialistischen Lagers in Österreich nur halb erfolgt, weitestgehend im bäuerlichen, nicht aber im stadtbürgerlichen Sozialmilieu.

Das Operieren mit einem politisch verstandenen Vokabel „bürgerlich" mündet überhaupt leicht ins Miß- oder nur Teilverständnis — weshalb auch vielleicht unsere eigene Wortwahl, wenn wir von der „Spaltung" des Bürgertums sprechen, fragwürdig bleibt. Denn „Spaltung" setzt ja vorangegangene Einheit voraus. Es eignet sich aber gewiß nicht dazu, das konservative Lager in Österreich hinsichtlich seiner konstitutiven Elemente zu kennzeichnen.

II.

Was nicht eben selten zu beobachten ist, gilt auch für unseren Gegenstand: Mit großer Wahrscheinlichkeit läßt sich aussagen, wodurch er *nicht* bestimmt war. Viel schwerer fällt, positiv zu kennzeichnen, worin seine ursprüngliche Prägung bestand. Gerade bei der Konfrontation mit dieser unserer ersten wesentlichen Aufgabe machen sich die Forschungsdefizite zur Geschichte des konservativen und christlichsozialen Milieus in Österreich schmerzlich fühlbar.

Daß Katholizismus überhaupt, die Prägungen, die er im 19. Jahrhundert generell bzw. dominant erfuhr, und seine österreichischen Spezifika den Schlüssel abgeben, der uns den Weg zu einer Art prima causa unseres Gegenstandes aufschließt, wage ich mit derselben Eindeutigkeit nicht mehr zu sagen wie noch vor einigen Jahren. Orientierung an der älteren einschlägigen Literatur und ihr Fortschreiben bzw. Adaptieren an gegenwärtige Fragestellungen würde sich einiger Kritik aussetzen angesichts neuerer, vornehmlich regionalgeschichtlicher Forschungsergebnisse. *F. Funders* „Vom Gestern ins Heute", die „Beiträge zur neueren Geschichte des christlichen Österreich", unter ihnen namentlich die Studien über *Vogelsang, Schindler* und *Lueger* von *J. Ch. Allmayer-Beck, F. Funder* und *K. Skalnik*, wie auch *R. Knolls* „Zur Tradition der christlichsozialen Partei" behalten ihren hohen Wert. Sie bedürfen aber der Ergänzung durch die Rezeption von Studien von der Art *J. Hawliks, A. Adlers, R. Schobers, G. Lewis', W. Sauers, J. Boyers, H. Slapnickas* u. a.[5]) In ihrem Licht erscheint die Formierungsphase des konservativ-christlichsozialen Lagers nicht nur differenzierter, sie lassen vermuten, daß die weitaus breiteren Räume des Dunkeln, die ihr Licht noch nicht erhellen konnte, ein erheblich anderes Bild dieser Früh- und zugleich Prägungsgeschichte bis auf weiteres verbergen, als wir bisher annahmen.

5) *Johann Ch. Allmayer-Beck:* Vogelsang. Vom Feudalismus zur Volksbewegung, Beiträge zur neueren Geschichte des christlichen Österreich, Wien—München 1951; — *Friedrich Funder:* Vom Gestern ins Heute, Wien—München 1953; — *Ders.:* Aufbruch zur christlichen Sozialreform. Franz M. Schindler und seine Zeit, Beiträge zur neueren Geschichte des christlichen Österreich, Wien—München 1953; — *Kurt Skalnik:* Dr. Karl Lueger. Der Mann zwischen den Zeiten, Beiträge zur neueren Geschichte des christlichen Österreich, Wien—München 1954; — *Johannes Hawlik:* Die politischen Parteien Österreichs bei der Wahl zur konstituierenden Nationalversammlung 1919, phil. Diss., Wien 1971, S. 52—217. — Zu *Adler, Schober, Lewis, Sauer, Boyer, Slapnicka* vgl. oben Anm. 1.

Es scheint, daß in der Formierung des konservativen Lagers, wie es sich dann in den letzten Jahren vor 1914 präsentierte, mindestens (!) zwei Grundmuster unterschieden werden müssen. Diese sind nicht einfach identisch mit der Formierung im agrarischen Bereich, d. h. konkret mit dem politischen Organisationsaufbau für den Wahlkörper der Landgemeinden einerseits, dem städtischen Bereich (Kurie der Städte und Industrieorte) andererseits. Soviel Bedeutung dieser Unterscheidung auch zukommt, prägender für den Charakter des Lagers dürfte sein, ob es sich an ältere katholisch-konservative, zumeist zugleich feudal-klerikale Vorstufen von einiger Wählerattraktivität bereits anlehnen konnte, an ein halbwegs intaktes, politische Positionen gegen politische Rivalen schon besetzendes, vielleicht sogar regional dominierendes Milieu anlehnen konnte, an Vorstufen, die es dann, selbstverständlich unter Konflikten, zu modernisieren hatte, oder ob es gegen ein dominantes Konkurrenzmilieu, das deutschliberale ältere oder das schon deutschnational gewordene jüngere, überhaupt erst politisch formiert werden mußte. Dem ersten Grundmuster begegnet man — natürlich in unterschiedlicher Abstufung — namentlich in Tirol, Salzburg und Oberösterreich, partiell auch in der Steiermark, wo die älteren Katholisch-Konservativen entweder überhaupt das Sagen hatten oder mindestens in den Landgemeindekurien dominierten, sei es seit Beginn des konstitutionellen Lebens in Österreich, sei es etwa seit den 1880er Jahren. Das zweite findet sich fast allenthalben in den Städten und Industrieorten, voran selbstverständlich in Wien, aber auch, wieder in unterschiedlichem Maße, in den Landgemeindekurien Kärntens, Niederösterreichs und Teilen der Steiermark. Im ersten Fall bestimmte ein mehr oder weniger auch bereits organisatorisch durchgebildeter, fast alle sozialen Lebensäußerungen hochgradig gestaltender Katholizismus die Formierungsbedingungen unseres Lagers, Katholizismus ist hier sein primärer konstitutiver Zug. Im zweiten Fall ist Katholizismus nicht mehr selbstverständliches kulturelles Lebensmilieu der Bevölkerung, er befindet sich gegenüber einem im einzelnen wie immer gearteten National-Liberalismus seit Jahrzehnten in einer strukturellen Defensive. National-Liberalismus beherrscht hier — durch das Wahlrecht vermittelt— die politische Szene im Landtag wie auch in den Gemeindevertretungen der Städte, oft aber, wie angedeutet, außerdem die Landgemeindekurien. Er befindet sich insbesondere kulturell in einer hegemonialen Position, und die Menschen, die gegen die Jahrhundertwende hin oder bald danach von dem hier in Rede stehenden Lager angesprochen, mobilisiert und organisiert werden sollten, sind ihm gegenüber in der Rolle von Underdogs, an denen die zeitgenössische Moderne vorbei, über die hinweg sie sich durchzusetzen scheint. Wenn dann hier die konservative Lagerbildung in Gang kommt, trägt sie eklektische Züge, ist Katholisch-Sein nur *eines* ihrer Elemente, vermutlich vielfach nur ein oberflächliches, wogegen ideologisch ein Amalgam von Antihaltungen bestimmend ist: Antisemitismus vor allem, Antiliberalismus, Antisozialismus. Im Grunde wird somit da eine generelle Protestmentalität politisch organisiert. Die hier in politischer Mobilisierung begriffene Bevölkerung hat, ganz anders als die Mehrheit etwa in Tirol, manches von der jahrzehntelangen kulturellen Hegemonie des nunmehrigen politischen Gegners angenommen, sie ist z. B. im Nationalitätenkonflikt der ausgehenden Monarchie auch für deutschnationale Sentiments nicht unempfänglich. Ihr Selbstgefühl ist offenbar nicht stabil und in sich ruhend, sondern labil; es ist verletzt und verletzlich und tendiert zur Aggressivität.

Diese Bevölkerung ist für mancherlei Form von „schärferer Tonart" zu haben, mag diese von jüngeren Priestern in Niederösterreich und Wien ausgehen, denen die katholische Hierarchie lahm, ja reaktionsunfähig erscheint, mag sie sich in *Luegers* vielfältigen Parolen und Mitkämpfern aussprechen. „Opportunismus" ist nicht zufällig ein Wort, das mit *Lueger* assoziiert wurde und wird, und hinter solchem Opportunismus und seinem und seiner Paladine „political radicalism" tritt demgemäß die Prägung der frühen christlichsozialen Bewegung in Wien (aber ebenso in vielen anderen Städten) durch die *Vogelsang*-Schule deutlich zurück.

Sosehr es sich bei der Formierung unseres Lagers um Mobilisierung handelte, sosehr dabei eine „Bewegung" entstand: es ist wichtig, zu sehen, daß Demokratisierung der Politik ihm nicht als Zweck vor Augen stand, sondern partielle politische Demokratisierung sich ihm geradezu reflexhaft als ein Mittel anbot, ein soziales und politisches „Establishment" zu entmachten. Vor allem richtete sich dieses Mittel natürlich gegen das national-liberale Milieu, wo es dominierte, aber es wandte sich auch gegen das adelig-feudal-konservative, wo bzw. insofern es als Vorstufe der neuen Tendenz existiert hatte, seine Führungsrolle aber nicht effizient genug — z. B. in Tirol, z. T. in der Steiermark — oder gar nicht wahrgenommen hatte, z. B. in Wien und Niederösterreich. Konflikte mit dem gegnerischen national-liberalen, Konflikte aber auch innerhalb des eigenen Lagers waren somit vorprogrammiert, und sie gingen auch um die Artikulation und Durchsetzung spezifisch ökonomischer Interessen, die beide Gegner, wenngleich aus verschiedenen Gründen, zuwenig beachtet hatten — um die Interessen von Bauern, von Kleingewerbe und Kleinhandel, von niederer Beamten- und Angestelltenschaft, wohl auch von Arbeitern (aber kaum um solche von Industriearbeitern). Einschlägige Organisationen in Vereinsform wurden dafür teils neu begründet, teils aktiviert, in summa eine enorme Zahl von Organisationen, die freilich wenig durchstrukturierten und kaum zentral gelenkten Zusammenhang gewannen. Dem Partikularen ihrer Herkunft, ihrer Zusammensetzung und ihrer realen alltäglichen Existenz entsprach das Partikulare ihrer Ziele, die kaum in eine kohärente Konzeption gebracht wurden — so auch in keine, zu deren integralen Bestandteilen etwa politische Demokratie gehört hätte. Man erkennt dies z. B. an den ganz unterschiedlichen Vorstellungen, die aus der christlichsozialen Bewegung zu Wahlrechtsreformfragen in Staat, Land und Gemeinden geäußert wurden[6]), Vorstellungen, deren Unterschiedlichkeit ebenso aus taktischen Erwägungen des Handelns im politischen Umfeld resultierte wie aus der Vielfältigkeit des christlichsozialen Habitus selbst. Dieser war letzten Endes trotz aller Dynamisierung, die mit der Lagerbildung einherging, auch trotz der erwähnten Protestmentalität ein konservativer Habitus, auf Statuswahrung bzw. Statusrestauration angelegt inmitten rapiden und fundamentalen Wandels des gesellschaftlichen Lebens, und dies alles viel stärker reaktiv als, einen neuen politisch-sozialen Gesamtentwurf anpeilend, konzeptiv.

6) Vgl. *Richard Schober:* Der Kampf um die Landtagswahlreform in Tirol von 1900 bis 1914, in: Tiroler Heimat 37, 1974, S. 5—76. — Jetzt auch *Edith Marko-Stöckl:* Die Entwicklung des Gemeinde-, Bezirksvertretungs- und Landtagswahlrechtes in der Steiermark von 1861 bis 1914, phil. Diss., Graz 1985.

Das bedeutete auch, daß sich das Lager — paradoxerweise mit seinen Erfolgen umso mehr — der monarchischen, semikonstitutionellen Grundstruktur des Staates vor 1914/18 gut einpassen konnte, daß es in ihm zwar viel Veränderung im einzelnen, aber, besonders nach der Wahlreform von 1907, keine Veränderung im ganzen erstrebte. Es *wurde* 1907 durch die Vereinigung der städtischen, besonders der Wiener christlichsozialen Bewegungen mit den katholischen Bauernbewegungen der Alpen- und Donauländer nicht erst konservativ, sein habitueller Konservativismus wurde nun vielmehr voll auch in den Segmenten des Lagers sichtbar, die bis dahin so sehr die Züge einer Protestbewegung gezeigt hatten. Gerade der Erfolg des Protests machte mehr und mehr den Protestgestus überflüssig. Auf der Ebene ihrer Einstellung zum politischen System als ganzem ist dem Historiker dafür ein kennzeichnendes Indiz, daß die Christlichsozialen im November 1908 hauptsächlich auf Intervention des Thronfolgers Erzherzog *Franz Ferdinand* die seit Jahrzehnten erste Regierung stürzten, die Regierung *Max V. Beck*, die im Parlament nicht sosehr über eine Mehrheit gebot, als, gerade auch personell, aus Parlamentariern deutscher, tschechischer und polnischer Parteien mit tätiger Hilfe des Ministerpräsidenten gebildet worden war. Die Christlichsozialen zogen ihre zwei Minister, *Ebenhoch* und *Geßmann*, zurück und beendeten damit diesen bedeutenden Neuansatz in der cisleithanischen Innenpolitik.[7]) Sie handelten dergestalt aber nicht etwa aus einem ihnen eingeborenen oppositionellen Habitus, sondern im Gegenteil, weil ihnen das alternative, das parlamentarisch-demokratische Regierungsmodell, das sich überall in Europa nur in Auseinandersetzung mit den Dynastien und den von ihnen gesteuerten bürokratischen politischen Apparaten zu Geltung gebracht hatte bzw. bringen konnte, nicht als wünschenswertes Ziel vor Augen stand, weil ihnen vielmehr der hergebrachte monarchisch dominierte Konstitutionalismus politisch selbstverständlich war.

Mit Recht sprechen wir also hier im Blick auf seine Formierungsphase vom konservativen Lager. Die Stagnation der cisleithanischen Innenpolitik zwischen etwa 1890 und 1918 — Stagnation besonders auf staatlicher Ebene — erspart es ihm, sich, wenn auch unter Schmerzen, weitere Lektionen anzueignen. Je mehr sich außerdem im Lager, zumal in seinem mittleren und höheren Führungspersonal, zugleich mit seinem Aufstieg und seiner Stabilisierung die zeitgenössischen katholischen Maximen von der Ordnung von Staat und Gesellschaft geltend machten, desto stärker wirkten diese Fixierungen. Denn der Katholizismus des 19. Jahrhunderts war insgesamt in spezifischer Weise konservierend geprägt. Er stand in einem Dauerkonflikt mit der Modernisierung, die Europa erfaßt hatte, und nach *Gregor XVI.* und *Pius IX.* hatte auch *Leo XIII.* daran für seine Zeit wenig ändern können (und wollen). Indiz dafür waren ebenso die wiederholten Versuche, eine eigene „katholische" Kultur, „katholische" Literatur und bildende Kunst neben der profanen zu etablieren, eigene integrale katholische Sozial- und Staatslehren zu entwerfen *(Vogelsang)*, wie die wie-

7) Vgl. *Alfred Ableitinger:* Max Vladimir Freiherr von Beck, in: *Walter Pollak* (Hg.): Tausend Jahre Österreich. Eine biographische Chronik, Bd. 3, Wien—München 1974, S. 29—33.

derholten Bemühungen zur „Versöhnung" von Katholizismus und „Welt".[8]) Katholischer „Modernismus" und katholischer „Integralismus" vor 1914 stellen sich in diesem Lichte als die zwei Seiten *einer* Medaille dar.[9]) Im österreichischen Rahmen trat hinzu, daß der Katholizismus hierzulande trotz der Kulturkampferfahrungen der Jahrzehnte zwischen 1860 und 1880 seinen traditionellen Etatismus bewahren, daß er den habsburgischen Staat gerade wegen der bedeutenden Position der katholischen Dynastie in ihm im ganzen als „seinen" Staat auffassen konnte, daß er die ganz anderen Lektionen, die die italienischen, französischen und auch die deutschen Katholiken in ihren Staaten seit 1860/1870 zu lernen hatten — und übrigens zu einem guten Teil zu lernen verweigerten —, nicht durchmachen zu müssen meinte.

Die Christlichsozialen als die politische Gestalt des konservativen Lagers wurden mehr und mehr von diesem katholischen Habitus bestimmt — wenngleich sie, was ihre Anhängerschaft betrifft, mit ihm nicht glattweg identisch waren —, und sie hatten demgemäß die Identitätsproblematik dieses Katholizismus und den Identitätszusammenbruch des alten Österreich mehr als andere zu erleiden und erst aufzuarbeiten, als 1918 das alte Europa vollends unterging.

III.

Spätestens nach *Luegers* Tod 1910 geriet die christlichsoziale Partei in eine kritische Verfassung — wenn überhaupt sie zuvor ihr rapides Wachstum, die zahlreichen Fusionen, aus denen sie ab 1907 zur Großpartei avanciert war, jemals bewältigt hatte. Während des Ersten Weltkrieges verfiel sie vollends in einen konfusen Zustand. Daran hatte zweifellos erheblichen Anteil, daß für sie mit dem Nichtzusammentreten des Parlaments auch der Zwang entfiel, auf der staatlichen Ebene tätig zu sein und zu lernen, und daß damit ihr Reichsratsklub als das Medium, in dem sich die Partei als Ganzheit allein manifestierte, nicht zusammentreten mußte und als innerparteiliches Integrationsmittel entfiel. Erst ab 1917, die Zeichen der Zeit standen längst auf „Sturm", sind immer noch schüchterne Ansätze zu beobachten, die organisatorische Infrastruktur des Lagers wieder zu beleben, sich mit staats-, besonders mit verfassungspolitischen Fragen neuerdings zu befassen.[10]) Hinter ihrer Konfusion standen aber letztlich die Defizite an Befassung mit dem gesamten Spektrum an politischen Themen, die sich die Partei wegen ihrer Einfügung in das spätkonstitutionelle politische System hatte leisten können.

8) Vgl. *Oskar Köhler:* Die Ausbildung der Katholizismen in der modernen Gesellschaft, in: *Hubert Jedin* (Hg.): Handbuch der Kirchengeschichte, Bd. 6.1: Die Kirche zwischen Anpassung und Widerstand (1878 bis 1914), Freiburg 1973, S. 195—264; — *Ders.:* Selbst- und Weltverständnis nach der Revolution, in: Saeculum-Weltgeschichte, Bd. 7, Freiburg 1975, S. 359—483.

9) Vgl. *Erika Weinzierl* (Hg.): Der Modernismus. Beiträge zu seiner Erforschung, Graz—Wien—Köln 1974.

10) *Heinz Meier:* Die österreichischen Christlichsozialen während des Ersten Weltkieges, phil. Diss., Wien 1966. — *J. Hawlik* (Anm. 5), S. 110 ff. — *Ignaz Seipel:* Gedanken zur Reform der österreichischen Verfassung 1917, in: *ders.:* Der Kampf um die österreichische Verfassung, Wien—Leipzig 1930, S. 3—29. — *Ders.:* Das Frauenwahlrecht, in: ebenda, S. 30—37. — *Ders.:* Grundgedanken über die Reform der österreichischen Verfassung, in: ebenda, S. 38—41.

Dieses ihr Vakuum vermochte dann im Spätherbst 1918 *Ignaz Seipel* aufzufüllen, indem er in einer Reihe von Zeitungsartikeln der Partei eine Art Aktionsprogramm gab, damit zugleich ihre relative Einheit sichernd wie ihren Charakter teilweise neu prägend.[11]) Damit, mit seinem Anteil an der Formulierung des christlichsozialen Programms für die Wahl zur Konstitutierenden Nationalversammlung und natürlich mit dem Beweis seines enormen tagespolitisch-taktischen Geschicks, stieg *Seipel*, bis dahin eher ein politischer Außenseiter, binnen weniger Monate zum faktischen Parteiführer auf. *Seipel* übte massive Kritik am Militarismus und Bürokratismus des habsburgischen Staates während des Krieges, suchte aber von solcher Kritik die Monarchie als Institution und Kaiser *Karl* als Person unberührt zu lassen. „Kaisertum und Demokratie" trachtete er als „miteinander vereinbar" zu zeigen, dabei das Kaisertum als eine Sonderform vom neuzeitlichen, absolut regierenden Königtum unterscheidend und als lebenslängliche Volksanwaltschaft anbietend.[12]) So hoffte er die Einheit „zwischen dem Kaisertum, für das unsere Herzen schlagen, und der Demokratie, die uns der Verstand als wünschenswert und für die Zukunft allein möglich hinstellte", zu vermitteln[13]), und er umschrieb damit in einem einzigen Satz treffend den hergebrachten politischen Habitus der Partei und ihres Anhangs wie auch das neue Feld, auf dem sie sich zu bewähren haben würde. Er leistete auf diese Weise programmatisch einen Beitrag zur Einheit des Lagers, wie er es am 10. und 11. November 1918 tagespolitisch-praktisch verstand, durch Kontaktnahme mit dem Kaiser wie mit dem Kardinal *Piffl*[14]) einen Abgang des Monarchen zu bewerkstelligen, der die Proklamation der Republik am 12. November nicht zur Zerreißprobe für die Partei werden ließ. Freilich, eine latente Distanz zum parlamentarisch-demokratischen Staat, ein latenter Vorbehalt zu ihm zugunsten eines obrigkeitlichen Staatsbildes blieb dem Lager eigentümlich als Preis für seine über den Umsturz von 1918 hinübergerettete Lageridentität und -kontinuität, und solche Distanz und solcher Vorbehalt konnten unter besonderen Umständen akut werden. Das christlichsozialkonservative Lager hatte derart in der Ersten Republik ähnliche Belastungen aus seiner Tradition zu tragen wie das sozialdemokratische, wenn dieses seine Einheit zu bewahren trachtete zwischen der Herausforderung einerseits, die ihm die sich proletarisch-sozialistisch gerierende russische Revolution und die von ihr ausgehenden Parteispaltungen in der europäischen Linken bedeuteten, und den Anforderungen andererseits, die seine Orientierung in einer „bürgerlichen" Republik mit sich brachte.

Offensiv waren *Seipels* Programmartikel ferner auf Anerkennung der politischen Demokratie durch sein Lager (und auf Anerkennung pluralistischer Demokratie durch das sozialdemokratische) gerichtet, wodurch er seine Partei auf ein zukunfts-

11) *I. Seipel:* Das Recht des Volkes; Das Wesen des demokratischen Staates; Die demokratische Verfassung; Das Volk und die künftige Staatsform; alle ursprünglich erschienen in: Die Reichspost, 19., 20., 21. und 23. November 1918, abgedruckt in: *ders.:* Der Kampf (Anm. 10), S. 49—66.

12) *I. Seipel:* Kaisertum und Demokratie, in: *ders.:* Der Kampf (Anm. 10), S. 42—49, bes. 49.

13) Ebenda, S. 43 f.

14) *Maximilian Liebmann:* Kirche und Politik in der Ersten Republik von 1918—1938, in: Christliche Demokratie. Zeitschrift des Karl-v.-Vogelsang-Instituts 2, 1984, S. 20—22.

trächtiges Aktionsfeld verwies und ihren Charakter tendenziell zu verwandeln suchte. Sein Bild von politischer Demokratie im neuen Österreich war zugleich von ausgeprägt föderalistischer Natur — damit der hergebrachten inneren Struktur der Partei entsprechend — und auf Konkordanzdemokratie gestimmt, d. h. auf Beteiligung aller politischen Kräfte an der Regierungsgewalt[15]): Der neue Staat „soll allen Teilen des Volkes völlige Gewähr dafür bieten, daß sie von nun an nicht nur frei in diesem Staat leben und selbsttätig ihre physische und kulturelle Wohlfahrt erreichen, sondern auch an der Leitung des Staates den ihrem tatsächlichen Kräfteverhältnis entsprechenden Anteil ausüben können. Wir sind durch zu viele bittere Lehren, die uns die Vergangenheit erteilt hat, gewitzigt, als daß wir die Herrschaft eines Volksteiles über den anderen anstreben oder aber dulden könnten . . . Auch im neuen Staate wird es selbstverständlich politische Kämpfe und infolge dieser Kämpfe Besiegte und Sieger geben. Aber es darf keine Knechte und keine Knechtenden geben . . . Wer nicht einer solchen Gesinnung ist, nennt sich mit Unrecht demokratisch. Es wäre zu wünschen, daß alle großen Parteien sich offen zu diesem Grundsatz bekennten. Dadurch würde dem Wahlkampf viel von unnötiger Schärfe genommen . . . Jene aber, die, weil ihr Programm gerade nicht in der Mode zu sein scheint, im vorhinein auf einen vollen Sieg nicht rechnen, würden dennoch bei der Wahl ihren Mann stellen, weil ja auch die Minderheiten auf ihren Anteil am Aufbau und an der Leitung des Staates sicher rechnen könnten." Daß sich ab 1920 diese zweite seiner Perspektiven, die konkordanzdemokratische, nicht realisieren ließ, sollte später ebensowohl das Geschick der jungen Republik wie das Wesen der Christlichsozialen in ihr maßgeblich prägen.

Gerade im Zusammenhang mit diesem dann nicht verfolgten Konzept, das übrigens neben *Seipel* u. a. auch *Karl Renner* vor Augen stand[16]), muß aber darauf verwiesen werden, daß in *Seipels* Programmartikeln Grenzen der politischen Demokratie gezogen wurden. Sie sollten nicht zuletzt infolge jener Nichtanwendung von Konkordanzdemokratie auf der Ebene der Bundesregierungen für das konservative Lager und die Erste Republik bedeutsam werden. *Seipel* fordert für die Verfassung des neuen Staates nämlich „parallele Autonomien, die verhindern sollen, daß die so wichtigen kulturellen und wirtschaftlichen Fragen durch die politischen verdrängt oder selbst zu politischen gemacht werden". So wie im altösterreichischen Parlament *alle* Fragen nationalisiert worden wären, so drohten im neuen alle Vorlagen der jeweiligen Parteiperspektive und -taktik unterworfen zu werden, auch wenn sie „weder mit dem einen noch mit dem anderen Parteiprogramm in einem inneren Zusammenhange" stünden. „Und doch gibt es viele Fragen des öffentlichen Lebens, die, vor einem anderen Forum als dem politischen erörtert, mit einer ganz anderen Gruppierung der Stimmen entschieden würden. Zu deren Behandlung sollen nun von Anfang an andere Körperschaften auf gleich demokratischem Wege wie die politi-

15) *I. Seipel:* Das Wesen des demokratischen Staates, in: *ders.:* Der Kampf (Anm. 10), S. 54—58; das folgende Zitat S. 57 f.

16) Näheres über *Renners* geradezu dramatische öffentliche Parteinahme für dieses Konzept bei *A. Ableitinger:* Grundlegung der Verfassung, in: *E. Weinzierl / K. Skalnik* (Hg.): Österreich 1918—1938 (Anm. 1), Bd. 1, S. 176—178.

schen geschaffen werden. Bisher schon gab es neben dem Landtag einen Landesschulrat und einen Landeskulturrat." *Seipel* erwähnt noch andere Institutionen wie landwirtschaftliche und gewerbliche Genossenschaften, „denen zum Teil auch behördliche Befugnisse und Aufgaben delegiert waren", und kommt dann zum Schluß, „in diesen von Interessentenkreisen selbst beschickten und geleiteten Körperschaften könnten auch solche Fragen des kulturellen und wirtschaftlichen Lebens eine autoritative Lösung finden, die der eigentlichen Politik am besten ganz entzogen blieben".[17]) An dieser Vorstellung von parallelen Autonomien darf bei *Seipel* 1918 ihre Einbindung in ein Demokratie-Konzept gewiß nicht übersehen werden. In ihr klingt aber anderes mit: die traditionell-konservative Idee, wonach der Staat sachrational zu verwalten habe, wird auf autonome Körper übertragen, denen mehr Rationalität des Entscheidens zuerkannt wird als dem neuen, per Demokratie und Parteien durchpolitisierten Staate. Ein Bedürfnis nach „Entpolitisierung" deutet sich hier an, das bei Frustration durch die parlamentarische Parteiendemokratie, die ihr eigentümlichen politischen Konkurrenzkämpfe, ihre Reibungsverluste und gegebenenfalls durch ihre als unzureichend erlebte sachliche Effizienz einmal aktualisiert werden mag, sei es in Vorstellungen von einem ständisch zu strukturierenden oder zu ergänzenden Staat, sei es von einem „autoritativen". Natürlich manifestieren sich in diesen Andeutungen *Seipels* auch ein Nachhall von *Vogelsangs* Soziallehre, von Distanz gegenüber dem „atomistischen" Konzept der politischen Demokratie, ein Griff nach dem Subsidiaritätsprinzip — alles in der Frühgeschichte des Lagers relevante Elemente, die über 1918 hinweg in mancherlei Gestalten, deren bloß eine die *Seipel*sche war, die Kontinuität im Lager markieren.

IV.

Das Selbstverständnis der Christlichsozialen, *die* österreichische Staatspartei zu sein, wurde erst in den 1920er Jahren zu einem voll wirksamen Charakterzug des Lagers. Allerdings war ein ähnliches Bild von ihrer Rolle den Christlichsozialen schon vor 1914 nicht fremd gewesen, jedoch hatten sie diese ihre Rolle als eine eher passive, das monarchisch-konstitutionelle System abstützende aufgefaßt.

1918 hatten sie ihre Position gegenüber dem neu entstehenden Staatsgebilde anscheinend unterschiedlich definiert: In den vormaligen Kronländern, in denen sie jetzt sofort dominierten, kam es in ihrem Selbstbewußtsein wohl rasch zu einer intensiven Identifikation der Partei mit dem „Land", in Wien — das Wort im Doppelsinn verstanden, als Kommune wie als Synonym für die gesamtstaatliche Ebene — empfanden sie sich politisch an die Wand gedrückt, hatten sie offenbar die Befürchtung, in eine dauerhaft oppositionelle Rolle zu geraten. Gewiß nicht zuletzt deswegen machte es *Seipel* zu einer christlichsozialen Forderung an den neuen Staat, daß er pluralistisch, d. h. 1918/19 nicht schlechthin sozialistisch werden müsse und daß an seiner Regierungsgewalt alle politischen Kräfte teilhaben müßten. Er reklamierte die Christlichsozialen in die Staatsführung hinein — was zwar im November 1918 über-

17) *I. Seipel:* Die demokratische Verfassung, in: *ders.:* Der Kampf (Anm. 10), S. 58—63; das Zitat S. 62 f.

flüssig schien, nicht mehr aber ab März 1919[18]) — und gab dadurch einmal mehr der Partei Orientierung und Perspektive.

In dem Maße nun, in dem die Partei als weitaus stärkste nichtsozialistische Kraft im Lande zwischen 1918 und 1920 weiter wuchs und in dem sie auf diese Weise wie ferner durch die sozialdemokratische Weigerung von 1920, weiterhin Regierungspartei zusammen mit „bürgerlichen" Parteien zu sein[19]), zur Regierungspartei der Republik schlechthin wurde, in dem Maße reifte in der Folge ihr Selbstverständnis, *die* österreichische Staatspartei zu sein. Dazu trug selbstverständlich bei, daß sie das währungspolitische und staatsfinanzielle Sanierungswerk ab 1922 als ihre Leistung auffaßte, aber auch als die Last, die vorrangig sie gegen massive Anfechtung durch die Sozialdemokratie für die gesamte Bevölkerung zu tragen und vor ihr zu verantworten hatte. *Seipels* persönliche Neigungen verlagerten sich infolge der Erfahrungen, die er als Bundeskanzler dabei und ebenso mit den Ländern und Gemeinden machte, anscheinend zusehends von der Sympathie für autonome Körperschaften und von der Idee einer einigermaßen demokratisierten, weniger hierarchischen Verwaltungsstruktur zur starken Staatsregierung als Träger sachrationaler Entscheidungen. Die Christlichsoziale Partei aber trat, ähnlich wie sie es vor 1918 getan hatte, hinter „Staat" und „Land", hinter ihre „Staatsmänner" zurück, hinter *Seipel* wie hinter die Landeshauptleute, die sie stellte. Und sie wurde zunehmend empfindlich gegen Angriffe, die ihre Arbeit am Staatsaufbau als Restauration von Kapitalismus auf Kosten des kleinen Mannes ausgaben, Angriffe, die bei Nationalratswahlen nicht ohne Resonanz blieben (Ansteigen des sozialdemokratischen Stimmenanteils von 35,88 %/1920 über 39,6 %/1923 auf 42 %/1927).

V.

Soviel mehr Orientierung und Konsolidierung die Christlichsozialen im Hinblick auf ihre Aufgabe als Großpartei im parlamentarischen Staat, als Partei unter Parteien in eigentlich wenigen Jahren gewonnen hatten, so wurden sie doch als Lager am Ende der 1920er und in den frühen 1930er Jahren mit neuen Herausforderungen

18) Während am 30. Oktober 1918 im einstimmig gefaßten „Beschluß über die grundlegenden Einrichtungen der Staatsgewalt" ein Gegenübertreten von Regierung und Opposition in der Provisorischen Nationalversammlung nicht vorgesehen, die Regierung Deutschösterreichs vielmehr als Konzentrationsregierung aller parlamentarischen Kräfte konzipiert worden war, schuf das „Gesetz über die Staatsregierung" vom 14. März 1919 die rechtlichen Voraussetzungen für die Unterscheidung von Regierungsmehrheit einerseits, oppositionelle Minderheit andererseits. Es geschah dies in teilweisem Vollzug des „Aktionsprogramms Sozialdemokratischer Abgeordneter" von Ende Februar 1919. Vgl. *A. Ableitinger:* Grundlegung (Anm. 16), S. 162 f.

19) Zur Motivation dieser Weigerung, nämlich der Bedrängnis der sozialdemokratischen Führung durch die kommunistische Bewegung, insbesondere durch den bevorstehenden 2. Welt-, zugleich den eigentlichen Gründungskongreß der Kommunistischen Internationale, dem dann tatsächlich zahlreiche Parteispaltungen in der europäischen Linken folgten, ist neuerdings außerordentlich aufschlußreich *Hans Hautmann:* Die Antwort der österreichischen Arbeiter auf den Kapp-Putsch im März 1920, in: *Helmut Konrad / Wolfgang Neugebauer* (Hg.): Arbeiterbewegung — Faschismus — Nationalbewußtsein. Festschrift zum 20jährigen Bestehen des Dokumentationsarchivs des österreichischen Widerstandes und zum 60. Geburtstag von Herbert Steiner, Wien 1983, S. 17—23.

konfrontiert, die ihre Reifung zu einem dem konservativen Part eines parlamentarischen Systems adäquaten Verhalten so sehr irritierten, daß sie zuletzt als Partei Selbstauflösung begingen — auch, um als Lager im bisherigen Rollenverständnis weiterbestehen zu können. Und an dieser Antwort des konservativen Lagers auf jene Herausforderungen hatten naturgemäß Prägungen sowohl aus seiner Früh- wie aus seiner „reifen" Geschichte Anteil.

Die Herausforderung allgemeinster Natur, die ich meine, stellte gerade auch für das konservative Lager in Österreich damals das pure Faktum dar, daß in mehreren Ländern Europas schon seit 1919/20 auf den Petrograder Oktober 1917 und auf Gründung und Aufbau der Kommunistischen Internationale 1919/20 mit faschistischen Gegenbewegungen geantwortet worden war. Denn sobald es irgendwo in Europa die faschistische Antwort für sich von „Sozialismus" wie immer bedroht Fühlende erst einmal gab, nämlich als reale Möglichkeit gab, auf Bedrohung zu reagieren, war für die politische Rechte eine ähnliche Verheißung bzw. Versuchung formuliert, wie sie für die Linke Sowjetrußland und die Komintern darstellten. Das läßt sich von Palermo bis Flensburg, von Sevilla bis Bukarest, aber auch in alten Demokratien wie Frankreich, Belgien und der Schweiz in unterschiedlichsten Ausformungen beobachten. Wie hätte die österreichische Rechte davon unberührt bleiben können?

Die erste Gestalt, in der den Christlichsozialen diese Herausforderung hierzulande begegnete, war der katholisch-konservativ-agrarisch geprägte Flügel der Heimwehren, in *Richard Steidle* am deutlichsten verkörpert.[20]) In dieser Bewegung trat im konservativen Lager wieder einmal — aber jetzt in einer europaweit gegenüber dem ausgehenden 19. Jahrhundert gründlich veränderten politischen Szenerie — eine „schärfere Tonart" auf, unzufrieden mit der Führung des konservativen Lagers, wie es vierzig Jahre zuvor *Georg Lienbacher, Josef Schraffel, Ämilian Schöpfer* und *Josef Scheicher* gewesen waren. Dieser Heimwehrflügel griff gleichzeitig moderne, militante Organisations- und Agitationsformen aus dem Ausland und alte ideologisch-programmatische Elemente des österreichischen Konservativismus auf, wie sie in den traditionellen Gesellschaftssegmenten der österreichischen Provinz noch lebendig waren bzw. neuerdings wieder Echo fanden. Der Ruf nach dem „starken", dem „wahren", zugleich dem „christlichen" Staat wurde laut, und dieser erschien seinen Protagonisten in einer berufsständischen Durchorganisation der Gesellschaft wohl darum konkretisierbar, weil die gesellschaftliche Realität, in der sie selbst lebten, in der Tat noch durch wenig beruflich-soziale Mobilität charakterisiert war, sondern durch eine gewisse traditionale Statik, die allermeistens die minimale Voraussetzung solcher Durchorganisation der Gesellschaft in Ständen als rechtlichen Korporationen bildet.

Für die Christlichsozialen entstand mit dem Auftreten dieser Heimwehren ein neues politisches Element im eigenen Lager, mit dem sie, wie alle Parteien in analo-

20) Vgl. C. *Earl Edmondson:* The Heimwehr and Austrian Politics 1918—1936, Athens 1978. — *Francis L. Carsten:* Faschismus in Österreich. Von Schönerer zu Hitler, München 1977. — *Walter Wiltschegg:* Die Heimwehr. Eine unwiderstehliche Volksbewegung?, Studien und Quellen zur österreichischen Zeitgeschichte 7, Wien 1985.

ger Situation, ein ganz ambivalentes Verhältnis eingingen bzw. ausbildeten. Wann immer nämlich eine Partei es damit zu tun bekommt, daß in ihrer eigenen Anhängerschaft der Appell zu mehr Grundsatztreue — vorgetragen von einer autonomen, d. h. von der Führung der etablierten Partei nicht mehr ohne weiteres kontrollierbaren Gruppierung — einige Zustimmung findet und daß dieser Zustimmung ein Angebot für — im Hinblick auf die etablierte Partei — alternative politische Organisation bzw. Option gleichzeitig an die Seite tritt: dann reagiert die dergestalt herausgeforderte Partei einerseits mit scharfer Rivalität auf den neuen politischen Konkurrenten im eigenen Wähleranhang/Lager[21]), andererseits aber auch mit teils ernsthafter politisch-thematischer, teils taktisch-rhetorischer Anpassung an die neue Strömung. In einem nur schwer meßbaren Grade verwandelt sie in diesem Prozeß ihre eigene Identität; auch teilweise Rückverwandlung in ältere, vermeintlich grundsatztreuere Phasen der Parteibiographie kommt in Betracht. Das alles kann an der Geschichte der österreichischen Christlichsozialen von etwa 1926 bis 1934 beobachtet werden. Es bedeutete gleichzeitig diese neue Herausforderung von rechts, daß die Christlichsozialen geradezu reflexhaft ihre Beziehungen zum politischen Gegner zur Linken, zur Sozialdemokratie, verschärften. Das spontane Ereignis des 15. Juli 1927 wirkte unter diesen Bedingungen als Katalysator nach beiden Richtungen: nach rechts im Sinne von Anpassung der Christlichsozialen an die von der Heimwehrbewegung artikulierten Themen, nach links im Sinne von offensiver Verschärfung der Auseinandersetzung mit der Sozialdemokratie. Es wirkte im ganzen wohl als Rechtsruck der Christlichsozialen Partei.

In der Heimwehrbewegung existierte aber neben, z. T. vermischt mit dem katholisch-konservativen, ein deutschnationales, völkisch-antiparlamentarisches Motiv. Mindestens das deutschnationale war auch in Teilen der christlichsozialen Anhängerschaft und ihres Führungspersonals lebendig. Das hatten bereits die Vorgänge um die realisierten bzw. geplanten Anschluß-Volksabstimmungen im Jahre 1921 in Tirol, Salzburg und der Steiermark gezeigt. Sie hatten massiven Konflikt innerhalb der Christlichsozialen manifestiert, der aber m. E. nicht an der Grenzlinie zwischen alpenländischer Provinz und donauösterreichischem Zentrum verlief, sondern an einer weniger sichtbaren. Ich komme unten darauf zu sprechen. Wie aber immer: Die Aktualisierung des Anschluß-Themas durch den nationalsozialistischen Aufstieg im Deutschen Reich seit Sommer 1930 wurde zu einer zweiten neuen Herausforderung für die Christlichsoziale Partei, ja das konservative Lager in Österreich schlechthin.

21) Schon bei den Nationalratswahlen 1930 büßten die Christlichsozialen 7 Mandate ein, der „Heimatblock", die sich der Wahl stellenden Heimwehren, gewann 8 Mandate; sein Stimmenanteil betrug 6,2 %. Die Christlichsozialen kamen auf 35,7 %; ihr Abschneiden ist insofern kaum korrekt genug zu beurteilen, als sie 1927 zusammen mit den Großdeutschen als „Einheitsliste" kandidiert hatten und in dieser Formation 48,4 % erreicht hatten. Großdeutsche und Landbund stellten sich 1930 als „Nationaler Wirtschaftsblock und Landbund" gemeinsam der Wahl und erzielten derart 11,6 % — nicht wesentlich weniger als 1923, als die beiden Parteien, getrennt kandidierend, 12,8 % der gültigen Stimmen gewonnen hatten. Die 6,2 %, die 1930 auf den „Heimatblock" entfielen, kamen somit zum größten Teil von den Christlichsozialen; sie spiegelten eine Wählerbewegung innerhalb des konservativen Lagers, während die Sozialdemokratie mit 41,1 %, verglichen mit 42,3 % 1927, stagnierte. — Alle Angaben nach: *Österreichisches Jahrbuch* für Politik 1983, Wien 1984, S. 846—860.

Insofern der Nationalsozialismus ein deutscher Faschismus genannt werden darf, verband sie sich mit der ersten, amalgamierte sich die zweite sogar z. T. mit der ersten. Jedenfalls standen damit die Christlichsozialen von da an unter verstärktem Druck sowohl von rechts wie von unten. Er bedrohte ihre Position als Partei im eigenen Lager, im eigenen Milieu, und er bedrohte ihre Fähigkeit, zu regieren, ihre Aufgabe, Staatsführung zu leisten, also eine für den Parteienstaat reife Partei zu sein. Was das erste betraf, bewiesen die Kommunal- bzw. Landtagswahlen vom April 1932 und nochmals die Innsbrucker Teilwahl ein Jahr später die Intensität des Drukkes. Selbst gegenüber den wenig erfolgreichen Resultaten der Nationalratswahlen vom November 1930 behaupteten die Christlichsozialen bei den Landtagswahlen des 24. April 1932 ihre Position nur in Niederösterreich (ausgenommen im Waldviertel). Deutlich verloren sie überall im Salzburger Land — nicht in der Landeshauptstadt —; die Verluste schwankten zwischen ca. 7 % des bisherigen Wählerstandes der Christlichsozialen im Flachgau und rund 40 % im Bezirk St. Johann. In Wien büßte die Partei knapp 20 % ihrer Stimmen von 1930 ein (und die Hälfte ihrer Landtagsmandate, dies auch infolge Reduktion der Mandatszahl von 120 auf 100). Umgekehrt rekrutierte sich rund ein Viertel der NSDAP-Wähler aus vorherigen Anhängern der Christlichsozialen. Während der Abstand zwischen diesen und den Großdeutschen in Wien 1930 rund 150.000 Stimmen betragen hatte, reduzierte er sich gegenüber der NSDAP auf ca. 30.000; das entsprach weniger als 3 % der gültigen Stimmen. Nicht ganz so kraß fielen die Ergebnisse für die Christlichsozialen bei den Kommunalwahlen in Kärnten und der Steiermark aus; z. T. ist es nach heutigem Kenntnisstand aber nicht möglich, die zahlreichen lokalen bzw. die überregionalen „Wirtschaftslisten" den bekannten Parteien zuzurechnen. In Innsbruck überflügelte die NSDAP im April 1933 sowohl Christlichsoziale wie Sozialdemokraten, die Christlichsozialen sanken zwischen 1931 und 1933 in dieser Stadt von ohnehin nur 32 % auf 26 % Stimmenanteil ab.[22]) Im ganzen bedeuteten diese Resultate auch und nicht weniger, als daß ihre komplexe, ungemein unübersichtliche Gründungsphase die Partei quasi einholte, daß der Protesthabitus „von unten" sich neu belebte, der schon im ausgehenden 19. Jahrhundert deutschnationale Züge gehabt hatte, den die christlichsoziale Bewegung damals aber zu einem guten Teil auf ihre Mühlen hatte lenken können. Nun wandte er sich gegen sie, sie hatte ihn nur unter Vorbehalt an sich binden, ihn nicht auflösen können.

Schon diese Wahlergebnisse an sich bedrohten auch die Regierungsfähigkeit der Christlichsozialen im Staate. Sie ermunterten die vernichtend geschlagenen Großdeutschen nicht, die im Winter 1931/32 zusammengebrochene Koalition der 20er Jahre wieder aufzunehmen, sie machten die Großdeutschen vielmehr politisch wertlos. So verwiesen sie die Christlichsozialen auf das Bündnis mit dem Heimatblock, ein Bündnis mit nur einer Stimme Mehrheit im Parlament und zudem mit einem Partner, der bei den Wahlen kaum besser abgeschnitten hatte als die Großdeutschen.

22) Die Angaben wurden zeitgenössischen Zeitungen entnommen, ausgenommen die zu Wien. Für Wien: *Maren Seliger / Karl Ucakar:* Wahlrecht und Wählerverhalten in Wien 1848—1932. Privilegien, Partizipationsdruck und Sozialstruktur, Kommentare zum Historischen Atlas von Wien 3, Wien 1984, bes. S. 139—145, S. 157—161, S. 165 f.

Mit dieser Option setzten sich die Christlichsozialen dem Drängen des Heimatblocks aus, nach links eine unnachgiebige, ja offensive Politik zu führen, im Grunde eine das österreichische politische System von 1920/29 sprengende Politik. Hier stellt sich nun die berühmte Frage nach der Alternative zu dieser Option, nach dem Willen zu einer und den Chancen für eine große Koalition aus Christlichsozialen und Sozialdemokraten. Entsprechende Angebote, wie ernsthaft oder unernst sie immer gemeint gewesen sein mögen, hatte die Sozialdemokratie bekanntlich 1931 abgelehnt[23]) und auf ihrem Parteitag im Oktober 1931 als Begründung nachgereicht, sie gäbe sich nicht dazu her, „die Geschäfte des zusammenbrechenden Kapitalismus mitzuadministrieren". Seit damals hatte sie aber ihre Position wesentlich verändert, und sie war gegen Ende 1933 so weit, *Dollfuß* eine Generalvollmacht zu offerieren, die sogar gewisse seiner Vorhaben in bezug auf Verfassungsumbau im ständischen und autoritären Sinne mit einschloß. Ganz offenbar hatten die Vorgänge des Jahres 1933 in Deutschland die österreichische Sozialdemokratie darüber belehrt, daß sie in *Dollfuß'* Staat immer noch das kleinere Übel, verglichen mit dem *Hitlers*, wählen konnte. Hier interessiert nun der Motivationskomplex, aus dem heraus das konservative Lager dieses Angebot ablehnte, weil er den Charakter dieses Lagers in seiner damaligen Situation aufhellt. Vor dem Klubvorstand seiner Partei machte *Dollfuß* am 3. Oktober 1933 Ausführungen, die die ideologischen und realpolitischen Motive erkennen lassen, die sein Handeln determinierten und sein Lager, speziell seine Partei, bestimmten, dieses Handeln zu akzeptieren. Er sagte: Mit den „Sozi: Aussprache". Bei ihnen „zwei Wege: einerseits Helden, auch wenn wir sterben müssen. Anderseits Fühlung mit den Christlichsozialen ... sehr verlockend, wir geben dem Dollfuß fünf Jahre Generalvollmacht. Aber meine Meinung, wenn die Öffentlichkeit die Empfindung hätte, daß wir gepackelt hätten, so könnten wir den Nazis keinen besseren Dienst leisten ... Nur so können wir den Sozi den Boden abgraben ... Als ich gewußt habe, daß die Sozi alles getan haben, um die Anleihe unmöglich zu machen ... von dem Augenblick habe ich mit den Sozi kein Wort geredet und werde es nicht tun ... Wir müssen nur den Arbeitern zeigen, daß der Arbeiter nicht ausgeliefert ist den Unternehmern, in der Verfassung es auch verankern. Die Sozi werden innerlich zusammenbrechen ... Die Drohungen der Sozi machen mich nicht bange".[24])

Hier wird dreierlei gleichermaßen deutlich: Die Linke war für *Dollfuß* persönlich und für sein Lager wirklich eines der ausgeprägten Feindbilder, die zusammen wichtige Elemente der Lager-Identität darstellten. Dieses Feindbild von der Linken zog akut zusätzliche Nahrung daraus, daß die Sozialdemokratie im Ausland das wichtigste Instrument zu zerstören schien, mittels dessen *Dollfuß* seine Regierungspolitik im Sinne der unmittelbarsten Staatserhaltung gegen das andere seiner Feindbilder, das nationalsozialistische, führte, die Lausanner Anleihe von 1932 und ihre tranchenweise Bereitstellung 1933. *Dollfuß*, seine Partei und das konservative Lager, soweit es

23) Vgl. *N. Leser:* Österreichs Demokratie am 19. Juni 1931. Das Koalitionsangebot Ignaz Seipels an Otto Bauer, in: Christliche Demokratie 2, 1984, S. 52—62.

24) *Walter Goldinger* (Hg.): Protokolle des Klubvorstandes der Christlichsozialen Partei 1932—1934, Studien und Quellen zur österreichischen Zeitgeschichte 2, Wien 1980, S. 280.

sich überhaupt noch durch Bundesregierung und Partei vertreten sah, empfanden sich in ihrem Selbstgefühl und Charakter beleidigt, *die* staatstragende Kraft Österreichs zu sein — und das in diesem Augenblick massivster Staatsbedrohung. (Daß die Einwirkung der Sozialdemokratie auf Politik und Finanz in Paris vor allem ein taktisches Druckmittel war, um *Dollfuß* in Österreich zum Gespräch zu bringen, entging dem Kanzler und seinem Anhang.) — Schließlich verweisen *Dollfuß'* Erläuterungen drittens auf ein Kalkül, das bis jetzt noch wenig in unserem historischen Bewußtsein verankert ist und das doch, recht interpretiert, auch im Rückblick nicht glattweg als Irrtum der Zeitgenossen von 1933 oder gar als absurde verbale Ausflucht erscheint: Wenn er nämlich sagt, daß, mit der Sozialdemokratie zu „packeln", bedeute, den Nationalsozialisten in Österreich und in Berlin in die Hände zu arbeiten, dann spricht er im Hinblick auf die vorangegangenen Wahlen und auf die internationale Lage des Landes — Verwiesenheit auf *Mussolinis* Italien — erstens einen realen Sachverhalt an, dann wirft er aber zweitens und vor allem Licht auf die innere Verfaßtheit des konservativen Lagers im Österreich von damals und darüber hinaus vieler konservativer, namentlich auch katholischer Milieus im zeitgenössischen Europa, besonders in seinen noch jungen Staaten.

Diese Milieus existierten um 1930 teils tatsächlich, teils nach ihrer subjektiven Lagebeurteilung in so tief zerklüfteten, in so sehr in abgesonderte Segmente zerfallenen Gesellschaften, in Gesellschaften von so wenig Grundkonsens, daß für ihre Existenz nur mehr die Option für einen mehr oder weniger autoritär-konservativen Weg offenzustehen schien. Die Alternative zu diesem Weg war in diesen Gesellschaften nicht nur für das konservative Milieu, sondern nach Lage der Dinge realiter für diese Gesellschaften insgesamt, besonders dann, wenn ihnen nicht einmal ein breiter Konsens über die Wünschbarkeit ihrer nationalen Selbständigkeit eignete (Österreich, ČSR, Jugoslawien), nicht mehr der pluralistisch-demokratische Staat des jeweils legalen Verfassungsrechtes, sondern die Überwältigung durch eine im Vollsinne des Wortes faschistische Perspektive. Es macht deshalb Sinn, vom „Faschismus in seiner Epoche" zu sprechen[25]), weil Faschismus, einmal als reale Möglichkeit entdeckt, auf „Sozialismus" zu antworten, in den 1930er Jahren die größten Durchsetzungschancen dann vorfand — d. h. eine optimale Kombination von militärischen Mitteln, Bereitschaft, ja zuweilen Sucht sie einzusetzen und Zustimmung breiter Bevölkerungskreise —, wenn nicht eben ein autoritärer Staat mit quasi- oder semifaschistischer Dekoration die Bedürfnisse erfüllte, für die Faschismus jene Zustimmung erhielt. Erst der Radikalfaschismus an der Macht, erst Nationalsozialismus als Herrschaftssystem beendete durch seinen Kirchenkampf, durch seine Okkupationspolitik in halb Europa, durch Buchenwald und Auschwitz diese Epoche, indem er sich total decouvrierte und diskreditierte, indem er aufhörte, als Verheißung bzw. Versuchung zu wirken, und indem er zuletzt die Anti-Hitler-Koalition hervorbrachte, die ihn auch physisch überwand.

In Österreich ebneten der traditionelle Etatismus des konservativen Lagers und seine Neigung zur „Entpolitisierung", zur scheinbar unpolitischen, sachrational-au-

25) *Ernst Nolte:* Der Faschismus in seiner Epoche, 1. Auflage, München 1963.
26) *M. Liebmann* (Anm. 14), bes. S 32—36. — Ferner die Angaben bei Anm. 30.

toritativen Entscheidung 1933/34 den Weg von der politischen Repräsentation des Lagers durch die Christlichsoziale Partei zu der durch den autoritären Staat. *Dollfuß* und zu einem guten Teil die Leitung der katholischen Kirche, die Bischöfe, bewerkstelligten gemeinsam diese Transformation innerhalb des konservativen Lagers[26]), und eben ihre Kooperation erleichterte diesen Gestaltwandel. Weder der Kirchenführung opponierte die Christlichsoziale Partei ernstlich, noch dem „Staatsmann"[27]), der zwar nicht eigentlich aus ihrer Mitte, aber doch auch nicht als ihr Außenseiter aufgestiegen war. Sie überließ ihm das politische Krisenmanagement — denn darum handelte es sich viel mehr als um Machtgenuß —, sie überließ es ihm, die Verfassungsänderung im einzelnen zu gestalten und durchzusetzen. Sie verzichtete sogar darauf, darüber informiert zu werden[28]), und stellte sich durch ihre Abgeordneten dennoch noch einmal zur Verfügung, als es der Regierung beliebte, das Verfassungswerk am 30. April 1934 durch ein Rumpfparlament ratifizieren zu lassen. Sie beging politisch erst Selbstausschaltung und anschließend Selbstauflösung (Klub am 14. Mai, Bundesparteileitung am 27. September 1934). So weit ging diese Preisgabe der Partei gegenüber dem autoritären Staat, daß, soviel heute zu erkennen ist, sogar ihr bisheriges Führungspersonal auf mittlerer Ebene in den neuen staatlichen Institutionen nun nur ausnahmsweise wiederkehrte, vor allem in den Ländern: In Oberösterreich war die Kontinuität zwischen den christlichsozialen Mandataren des 1931 gewählten Landtages und den Mitgliedern des 1934 neu gebildeten „eher bescheiden"; von 28 Personen finden sich nur 5 wieder im Landtag, 3 weitere dieser 28 haben in der Landesregierung Platz genommen.[29]) In der Steiermark stellte die Christlichsoziale Partei 1932 im Landtag 16 Mandatare; nur 2 von ihnen kehrten im Landtag von 1935 wieder, obwohl dieser 36 Mitglieder zählte, dazu kam 1 christlichsozialer Mandatar aus der Landtagsperiode 1928—1932. — Verdrossenheit bei bisherigen Funktionären selbst, Mißtrauen gegen sie bei *Dollfuß, Schuschnigg* und natürlich bei der Heimwehrführung, die sich nun an ihrem Ziel wähnte, Skepsis nicht nur gegen Priester in der Politik, sondern auch gegen politisierte und darum autonom handelnde Laien bei der Kirchenführung[30]): das alles wirkte bei diesem Personalaustausch zusammen. Die Hoffnung, mit der Vaterländischen Front (VF) an Stelle der schon alt anmutenden Partei vielleicht wirklich eine neue „Bewegung" ins Leben rufen zu können, eine Hoffnung, die sich in der Folge auch in wiederholten Anläufen zur Aktivierung der VF und zu ihrer Emanzipation von ihrer Rolle, bloßer Arm der Regierung zu sein, äußerte, trat wohl hinzu.[31]) — Wie immer: Auch derart starb damals in Österreich eine Partei.

27) *A. Staudinger* (Anm. 1), S. 271 f. — Ausführlicher: *ders.:* Christlichsoziale Partei und Errichtung des „Autoritären Ständestaates" in Österreich, in: *Ludwig Jedlicka / Rudolf Neck* (Hg.): Vom Justizpalast zum Heldenplatz. Studien und Dokumentationen 1927 bis 1938, Wien 1975, S. 65—81.

28) *W. Goldinger* (Anm. 24), S. 287 (Klubvorstand vom 8. November 1933).

29) *Harry Slapnicka:* Oberösterreich — die politische Führungsschicht (1918—1938), Linz 1976, S. 19 f.

30) *Ders.:* Christlichsoziale in OÖ. (Anm. 1), S. 274—286, 294—302.

31) „Bewegung": *A. Staudinger* (Anm. 1), S. 271. — *Irmgard Bärnthaler:* Die Vaterländische Front. Geschichte und Organisation, Wien 1971.

VI.

Die meisten europäischen Konservativismen hatte über 1918 hinweg mehr Kontinuität mit der Vorkriegszeit verbunden, als Verwandlung durch Weltkrieg und „Weltrevolution" (*T. G. Masaryk*) sie gekennzeichnet hätte. Dieser Sachverhalt gilt insbesondere auch für die dominanten Strömungen im zeitgenössischen kontinentalen Katholizismus (wahrscheinlich auch für die im Protestantismus). Bei der Formulierung dieses Befundes sollte freilich nicht übersehen werden, daß der Berichtszeitraum von 1917/18 bis 1933/34, den der Historiker nicht zufällig, sondern als spezifische, vom Vorher und Nachher im Rückblick als abgegrenzt erkennbare Periode ins Auge faßt, sehr kurz bemessen war, daß er zugleich aber sehr viele krisenhafte Phänomene für die Zeitgenossen enthielt. Er stellte damit einerseits kaum Zeit für Wandel und Anpassung zur Verfügung, drängte andererseits aber gerade Konservative zu einer mehr oder minder reflexhaften Orientierung an ihren hergebrachten Wertvorstellungen, an ihrem traditionellen Verhalten. Festhalten am bisherigen Habitus versprach zumindest Vertrautheit. Wahrung des sozialen Status behielt als konservative Aufgabe hohe Zustimmung umso mehr, weil Statuswandel in diesem Zeitalter ökonomisch, sozial und politisch einem Nullsummenspiel gleichkam, in dem die Position des einen nur direkt zu Lasten des anderen verändert, nicht aber ein von Jahr zu Jahr wachsender „Kuchen" neu verteilt werden konnte, und weil es sich bei der Statuswahrung keineswegs nur um die Wahrung von Oberschichtenstatus handelte. „Rückkehr zur Normalität" der Vorkriegsära war zudem eine Parole, die auch in westeuropäischen Ländern von alter demokratischer Tradition einen guten Klang hatte. Daß demgegenüber mit den Faschismen, scheinbar zur Verteidigung konservativer Werte und konservativer Milieus, wirklich neue Kräfte von rechts auftraten, daß sie eine Bedrohung ganz neuer Qualität darstellten, war für diesen Konservativismus der europäischen Zwischenkriegszeit offenbar nur schwer zu verstehen bzw. im vollen Umfang ernst zu nehmen. Herausforderungen von rechts hatten die konservativen Lager nie gekannt, sie tendierten dazu, sie dann als gewissermaßen bloß lager-interne Variationen über das Thema „schärfere Tonart" zu mißdeuten, wenn sie ihnen nicht zugleich als nationale Gegner begegneten. Sie tendierten dazu, sie zu „zähmen", sie „einzurahmen", nicht dazu, aus ihnen die Provokation zur eigenen Verwandlung zu empfangen. Das geschah erst zwischen 1933 und 1945.

Ludwig Reichhold hat in den Einleitungskapiteln seiner „Geschichte der ÖVP" knapp darüber berichtet, wie im italienischen, französischen, belgischen, deutschen und auch österreichischen Widerstand christlicher Provenienz dieser Lernprozeß vor sich ging und in die Idee der Christlichen Demokratie mündete.[32]) Diese Idee hatte die Einsicht zur Voraussetzung, daß nach dem Ende von Krieg und Faschismus bei den Strukturen der Ära vor 1933 nicht wieder angeknüpft werden dürfe. Weder durften die vormals Konservativen ihren Habitus bewahren, noch durften die vormaligen Gräben zwischen konservativ und liberal bzw. sozialistisch wieder aufbrechen.

32) *Ludwig Reichhold:* Geschichte der ÖVP, Graz—Wien—Köln 1975, S. 17—24.

Der Grundgedanke, der beides zu überwinden bestimmt war, war der der „Person", ein Ordnungsentwurf jenseits von Individualismus und Kollektivismus, „jenseits von Angebot und Nachfrage" *(W. Röpke)*.[33]) Er sollte dem Basiskonsens zukünftiger parlamentarischer Demokratie zugrundeliegen, ihn recht eigentlich bilden, und diese Demokratie sollte mehr sein als bloß formaler Verfassungsrahmen für die sonst uneingeschränkte Auseinandersetzung der verschiedenen politischen Kräfte, nämlich ein Wert an sich. Christliche Demokratie als Konzeption und als Organisation hatte sozial und politisch als die Mitte der so angepeilten neuen Politik zu dienen, als Integrationsform vielfältiger sozialer, kultureller und politischer Milieus und als Kooperationskraft mit liberalen und sozialistischen Strömungen, wenn und sofern diese den Wert der „Person" prinzipiell auch als ihren eigenen anerkannten, aus ihm aber andere praktisch-politische Folgerungen zogen.

Es liegt auf der Hand, daß in solchen Gedankengängen der ältere Konservativismus seine Legitimität verlor, wenn sich in ihnen seine Feindbilder auflösten und wenn sich deren reales Substrat auch wirklich selbst transformierte. Denn der Verwandlung des alten kontinentaleuropäischen Konservativismus in Christliche Demokratie entsprach, ja diesen Wandel ermöglichte erst die gleichzeitige Transformation von Liberalismus und Sozialdemokratie. Jener befreite sich zu einem guten Teil von der Aufgabe, Statuswahrung für besitz- und bildungsbürgerliche Oberschichten zu leisten, z. T. durch Zuflucht zu national-aggressiven Mitteln, die die liberale Substanz selbst mehr und mehr aufgezehrt hatten, z. T. durch die antiklerikale, kulturkämpferische Attitüde, und konzentrierte sich wieder mehr am Ziel einer gesamtgesellschaftlichen Ordnung („Ordo"-Liberalismus der Freiburger Schule, „soziale Marktwirtschaft", *W. Röpke* usw.). Die Sozialdemokratien legten die Zukunftsvision eines integralen „Sozialismus" als ihre zentrale Zielvorstellung ab. Die Erfahrungen der Zwischenkriegszeit bestimmten sie dazu ebenso, wie die zumeist rasch nachlassende Attraktivität der Kommunistischen Parteien nach 1945 ihnen diesen Kurswechsel erleichterte. Dennoch stürzten sie sich damit bald in nicht unbedeutende programmatische Identitätsprobleme. Trotzdem, die drei verwandelten Grundströmungen der europäischen Innenpolitiken trafen sich nach 1945 in einem gemeinsamen Flußbett, das bald den Namen „freiheitlich-demokratische Grundordnung" erhielt.

Zu unserem Thema gehört aber insbesondere auch die Transformation des Katholizismus, ohne die die neuen christdemokratischen Parteien unmöglich geworden wären. Er nahm schon lange vor dem Zweiten Vatikanum Wesentliches von seinem traditionellen Anspruch zurück, recht konkrete Vorstellungen vom „christlichen", zugleich „wahren" Staat präsentieren zu können, wenn ihm Zeit und Umstände für solche Vorstellungen und ihre Präsentation reif dünkten. Auch in ihm drang nach 1945 die Anerkennung der angelsächsischen Lebensbedingungen von Katholiken durch, sie erschienen nun nicht mehr als ein nur zu erduldendes Übel. Sie eröffneten vielmehr Chancen für pastorale Offensiven, im Verhältnis zu denen die vormalige Verteidigung von schrumpfenden Milieukatholizismen, von „Zentrumstürmen" ten-

33) *Ders.:* ebenda, S. 24. — *Wilhelm Röpke:* Jenseits von Angebot und Nachfrage, Frankfurt/Main 1958.

denziell als Arbeit in einer Sackgasse erkannt wurde. In anderen Worten: Der Katholizismus machte sich bereit, die Säkularisierung der Welt als Gottes Willen hinzunehmen, ja anzuerkennen und auf dieser Basis neu zu wirken.

Unter diesen europäischen Rahmenbedingungen war dann, wie in Deutschland die Neuschöpfung der interkonfessionellen CDU und CSU, in Österreich die Österreichische Volkspartei nicht nur ihrem Namen und nicht nur ihrem Anspruch nach, sondern real ein Novum. Sie signalisierte und forderte von ihrer potentiellen Anhängerschaft viel mehr Wandel, als selbst *Seipel* 1918 in die Christlichsoziale Partei zu tragen versucht hatte. Sie war ein Neubeginn, wie die Formierung der Christlichsozialen vor 1914 einer gewesen war. Wie jene damals, so hatte auch sie nach 1945 recht unterschiedliche soziokulturelle, ökonomische und politische Erwartungen zu integrieren, und wie jene geriet auch sie dabei nicht selten in Schwierigkeiten. Im eigenen Lager darin faktisch unangefochten, fiel es ihr leicht, ein neues Verhältnis zu Sozialisten in Regierung und Gewerkschaften und eine nicht nur taktisch, d. h. aus der Konkurrenz mit der SPÖ motivierte, positive Beziehung zu den wenig organisierten liberalen Tendenzen durchzuhalten. Sie definierte sich endgültig als Partei unter Parteien, die zusammen den Staat trugen, und kam gar nicht erst in Versuchung — wie, sehr begreiflich, in den 20er Jahren —, sich aus habituellem Etatismus mehr oder weniger exklusiv als Staatspartei zu verstehen. Zwar war von dieser Haltung etwas zu verspüren, wenn die ÖVP sich mit den Namen *Figl, Hurdes, Raab* quasi als Staatsgründungspartei stilisierte, besonders wenn sie *Julius Raab* als „Staatsvertragskanzler" herausstrich, auch wenn sie sich zu *Raabs* und *Klaus'* Zeiten tendenziell zur Kanzlerpartei reduzierte oder sich in den Ländern als Landeshauptmann-Partei darstellte und noch darstellt. Aber exklusiver Anspruch wuchs daraus doch nie, die ÖVP paßte sich dem Parteienpluralismus vielmehr willig ein. Selbstverständlich erleichterten ihr das die zwanzig Jahre währende Große Koalition und die paritätischen Regierungsverhältnisse in den meisten Bundesländern Österreichs. Aber weder die Phase der Alleinregierung der ÖVP von 1966 bis 1970 änderte daran etwas, noch die Verwiesenheit auf die Oppositionsrolle seit 1970, die zu ertragen besonders der österreichischen Rechten mental schwer ankam. Gerade die Zeit seit 1970 vollendete den Einstellungswandel nicht nur der ÖVP, sondern auch des Milieus, aus dem sie hervorgeht, von traditionellem Etatismus zur Akzeptanz, Partei wie andere Parteien, eines von mehreren politischen Milieus zu sein. Mit einer dagegen in einem radikalen Protestgestus opponierenden Bewegung hatte es die Volkspartei während der Zweiten Republik nie zu tun. Einen auf diese Weise, aus diesen Motivationen protestierenden Konservativismus gab es in ihr nicht mehr.

Auch vom Katholizismus als einem potentiell konservativen Sozialmilieu wurde die ÖVP nie mehr so herausgefordert wie die Christlichsozialen. Insofern ein solches Milieu partiell bzw. regional noch existierte, ging es zurück, ohne von der Kirchenführung dagegen verteidigt zu werden. Diese wandte zwar wohl an die Aufrechterhaltung ihrer öffentlichrechtlichen Positionen, auf die Geltung des Konkordates von 1934 und seiner meisten Rechtsfolgen viel Energie, und sie fand dabei auch die Unterstützung der Volkspartei. Aber daraus resultierte kein Wiederaufleben älterer Kulturkämpfe, und der Katholizismus konnte sich deshalb relativ problemfrei an der Formel von der „freien Kirche im freien Staat" orientieren, die im Mariazeller Manifest 1952 zwar festgeschrieben wurde, aber schon zuvor praktiziert worden war. Der ÖVP entging durch diese kirchliche Devise zwar manche Unterstützung, sie litt zuweilen an der „Äquidistanz", die die Kirche gegenüber allen Parteien zu halten verkündete. Sie gewann damit aber auch programmatische und politisch-praktische Flexibilität gegenüber dem rasch wachsenden, zugleich nichtkatholischen wie nichtsozialistischen Segment der österreichischen Bevölkerung.

VII.

Solche Flexibilität hatte die ÖVP insbesondere zu beweisen, als sie, wenige Jahre nach ihrer Geburt, mit dem Faktum konfrontiert wurde, daß ihr ideologisch-programmatisches und soziales Integrationskonzept bzw. die Praxis seiner Realisierung durch die Partei unter den Bedingungen voll entwickelten demokratischen Wettbewerbs nicht die Zustimmung fand, die die Partei von ihnen erhoffte. Die Wahlen vom 25. November 1945 hatten insofern unter singulären Umständen stattgefunden, als die Volkspartei es in ihnen mit keinem „bürgerlichen" nichtsozialistischen Konkurrenten zu tun gehabt hatte; eine derartige — trügerische — Gunst der Stunde hatten die Christlichsozialen nie erlebt. 1949 aber hatte der Alliierte Rat mit dem VdU eine vierte Partei zugelassen. Außerdem waren in diesem Jahr um rund 950.000 Personen mehr wahlberechtigt als 1945 — unter ihnen Hunderttausende ehemalige Deutschnationale bzw. Nationalsozialisten, aber auch Heimkehrer. Erst jetzt mußte sich erweisen, inwieweit das stolze Wahlresultat der ÖVP von 1945 — 49,8 Prozent Stimmenanteil — auf soliden oder auf tönernen Füßen stand.

Spätestens ab Herbst 1947 hatte es nicht an Signalen für die zweite Vermutung gefehlt: *Viktor Reimann* zitiert eine Gallup-Umfrage aus dieser Zeit[34]), die nicht nur im allgemeinen ein hohes Maß an Unzufriedenheit mit der Tätigkeit der damaligen drei Parteien erkennen ließ, sondern diese Unzufriedenheit besonders bei Beamten und Angestellten, Angehörigen von Handel, Gewerbe und Freien Berufen ortete — Gruppen, auf deren hochgradige Zustimmung die Volkspartei unbedingt angewiesen war, wenn ihre Konzeption erfolgreich sein sollte. In den Umfrageergebnissen zeichnete sich ab, daß wenigstens der konkreten Realisierung dieser Konzeption in den ersten Nachkriegsjahren nach dem Urteil wichtiger Bevölkerungsteile anscheinend zweierlei Mängel anhafteten: Erstens stellte sich die Volkspartei trotz ihres Namens zu katholisch dar, sie bot vielen ein Bild, das dem der vormaligen Christlichsozialen ähnlich war, und sie verfolgte bzw. duldete zweitens eine Politik im Staate, die zu sehr einen mittleren Weg zwischen liberalkapitalistischer Ordnung und Sozialismus ging bzw. die sich in ihrer Summe bei den erwähnten sozialen Gruppen als zu sozialistisch ausnahm. Die ÖVP drohte somit schon 1947 in eine Konstellation zu geraten, in der sie, nach dem Urteil der von ihr Mißvergnügten, das ungeliebte katholische Image der Christlichsozialen nicht mit deren „Leistung" aufwog, betont nichtsozialistisch gewesen zu sein. Die Volkspartei drohte im Hinblick auf ihre Mehrheitsfähigkeit gewissermaßen zwei Imagedefizite zu kumulieren.

Die Wahlen vom 9. Oktober 1949 reduzierten tatsächlich den Stimmanteil der ÖVP um 5,8 Prozentpunkte auf 44 Prozent. Bei gegenüber 1945 noch um 2,7 Pro-

34) *Viktor Reimann:* Die Dritte Kraft in Österreich, Wien 1980, S. 29—31.

zentpunkte gestiegener Wahlbeteiligung hatte die Volkspartei von 975.000 mehr gültigen Stimmen als 1945 nur 244.000 an sich ziehen können — exakt 25 Prozent. (Daß auch die SPÖ knapp 6 Prozentpunkte Wähleranteil verloren hatte, war für die Volkspartei nur ein schwacher Trost.) Für die ÖVP war im Gegenteil besonders bedenklich, daß sie nur in Wien, Niederösterreich und dem Burgenland ihre Anteile von 1945 ungefähr hatte halten können, dagegen in den sechs anderen Bundesländern zwischen 8 und sogar 14 Prozentpunkte eingebüßt hatte, daß sie also weder die soziale noch auch die regionale Integration in dem Umfang zu leisten vermocht hatte, den ihre Konzeption erforderte. Die Bundespräsidentenwahlen von 1951 führten dann den der ÖVP bedrohlichen Trend noch deutlicher vor Augen: *Heinrich Gleißner*, ihr Kandidat, büßte zunächst im ersten Wahlgang, verglichen mit dem Parteiresultat von 1949, nochmals 120.000 Stimmen ein, wogegen *Theodor Körner* für die SPÖ 60.000 Stimmen gewann (bei gleichgebliebener KPÖ-Stimmenzahl); der eigentliche Sieger war der Kandidat der „Dritten Kraft", *Burghard Breitner*, der den Wahltriumph des VdU von 1949 — 489.000 Stimmen — noch um weitere 170.000 Stimmen übertraf. Was dieses Resultat für die Volkspartei eigentlich besagte, enthüllte aber erst der zweite Wahlgang: *Körner* legte 500.000 Stimmen zu, *Gleißner* nur 280.000. 100.000 Wähler des ersten Wahltages hatten sich am zweiten nicht mehr beteiligt. Sie und die ca. 280.000 Menschen, die *Körner* aus dem *Breitner*-Anteil an sich gezogen haben mußte — nach Abzug der jetzt für ihn votierenden 220.000 KPÖ-Wähler des ersten Wahlganges — hatten in dem Kandidaten der ÖVP nicht einmal eine Art „kleineres Übel" anerkannt, sie duldeten die Mängel, die sie an der ÖVP wahrnahmen, auch dann nicht mehr, wenn ihnen keine andere nichtsozialistische Option zu Gebote stand als die der Volkspartei.[35])

Nichts machte die kritische Position *der* ÖVP im demokratischen Wettbewerb deutlicher, die 1945 aus der Taufe gehoben worden war. Sie litt an einer Identitätskrise zwischen Konzept und Anspruch hier, realem Erscheinungsbild dort, und das Auftreten der „Dritten Kraft" hatte diesen Sachverhalt im Grunde nur manifest gemacht. Es sah so aus, als würde sie über die Anhängerschaft der Christlichsozialen nicht hinauswirken, und darüber hinaus diagnostizierte *Julius Raab* noch im Mai 1951 ein Defizit an „Bürgerlich-Sein".[36]) Daß *Raab* aber mit dem Vorsatz, daran eine Korrektur vorzunehmen, nicht etwa eine Wiederauflage der bürgerlich-sozialen Frontstellung der 20er Jahre im Auge hatte, erwies die programmatische und tagespolitisch-praktische Therapie, die er anwandte: der sog. „Raab-Kamitz-Kurs".[37])

Es scheint nicht zuviel gesagt, wenn man diesen neuen Kurs der frühen fünfziger Jahre nicht nur als eine strategische Wendung der Volkspartei im Verhältnis zu ihrer politischen Konkurrenz, sondern vielmehr noch als ihre definitive Charakterprägung kennzeichnet. Die Partei vollendete mit dem Entscheid zu diesem Kurs jenen Trend in der Geschichte ihres Lagers, der es schon früh auf ein positives Verhältnis

35) Die Angaben — wie in Anm. 21 — aus: *Österreichisches Jahrbuch* für Politik 1983, Wien 1984, S. 846 bzw. 848 f.

36) *L. Reichhold* (Anm. 32), S. 207.

37) Zum *Raab-Kamitz*-Kurs vgl. die Beiträge verschiedener Autoren in: Christliche Demokratie 1 (Heft 4), 1983.

zur liberalen Tradition verwiesen hatte. Erst dieser Kurs nun befreite Partei und Lager vollends von den Resten des alten Feindbildes von „liberal“ und „Liberalen“. Was in der christdemokratischen Konzeption der Parteigründung in bezug auf Personalismus und auf parteienstaatliche Struktur aller Politik angelegt und spätestens seit 1945 auch praktiziert worden war, wurde jetzt von Partei und Lager auch auf dem Felde der ökonomischen Grundordnung und ihrer Voraussetzung im Gesellschaftsbild des Ordoliberalismus nachvollzogen — dem Parteicharakter gemäß weniger in Theorie und Programm als in politischer Praxis. Die Volkspartei ließ, seit sie sich mit dem *Raab-Kamitz*-Kurs die soziale Marktwirtschaft ganz zu eigen machte, die Traditionen ihres Lagers real und definitiv hinter sich, die der liberalen Grundordnung nicht nur in Politik und Kultur, sondern insbesondere auch ihrer Dynamik und ihres Veränderungspotentials in der Ökonomie und der gesellschaftlichen Schichtung wegen ablehnend gegenübergestanden waren. Die Volkspartei ließ die Traditionen hinter sich, die im Zeichen *Karl von Vogelsangs* noch ein sozialreformatorisches gesamtgesellschaftliches Gegenbild zur liberalen Grundordnung entworfen, die im Ständestaat die sozialständische Durchorganisation der Gesellschaft überhaupt anvisiert hatten. Sie ließ aber zudem auch die Traditionen zurück, die, in einer Art Schwundstufe jener gesamtgesellschaftlich antiliberalen Konzeptionen, sich auf sozialkonservierende Absicherung des agrarischen und des Milieus des alten Mittelstandes konzentriert hatten. Mit der Wendung zum *Raab-Kamitz*-Kurs akzeptierte, antizipierte und förderte die ÖVP — wenn auch zum Teil immer noch contre cœur bei manchen ihrer Exponenten und Anhängergruppen — jene Dynamik gesellschaftlichen Wandels, die in Österreich die älteren sozialen Milieus zunehmend auflöste bzw. so sehr marginalisierte, daß mit ihnen seit den 50er Jahren tendenziell auch die sozialen Grundlagen jener Lager entschwanden, die zuvor über Jahrzehnte hinweg die innenpolitische Struktur Österreichs so ungemein bestimmt hatten.

Viktor Reimann

Das nationale und liberale Lager in Österreich

Die Schwierigkeit, über das national-liberale Lager in Österreich zu berichten, liegt in der Gruppenbildung, die in diesem Ausmaß mit keinem anderen politischen Lager vergleichbar ist. Die nationalen Gruppen schossen wie die Pilze aus dem Boden, was auch daran lag, daß sie keinen geistigen Ausgangspunkt hatten wie die Christlich-Sozialen und Sozialdemokraten.

Der Anschlußgedanke war die einzige gemeinsame Basis aller Nationalen, während sie sich in den anderen politischen Bereichen voneinander unterschieden. Es gab radikale und gemäßigte Gruppen. Die einen waren mehr sozial, die anderen mehr liberal gesinnt. Der größte Unterschied aber bestand darin, daß die gemäßigten Nationalen den österreichischen Völkerstaat akzeptierten, solange dieser existierte, während die Radikalen auf die Auflösung der Monarchie hinarbeiteten, damit deren deutscher Teil in das Bismarck-Reich einverleibt werden könnte.

Nun wurde der Nationalgedanke nicht in Deutschland oder Österreich geboren. Die Deutschen gehörten vielmehr zu den spät geborenen Nationen. Deutschland zerfiel in zahlreiche Kleinstaaten mit vielen Hauptstädten und Kulturzentren, doch es gab Jahrhunderte hindurch keine zentrale Hauptstadt, höchstens ein Machtzentrum, das lange Zeit hindurch Wien war, weil hier der mächtigste deutsche Fürst regierte, der zusätzlich noch die Ehre hatte, Römisch-Deutscher Kaiser zu sein, ein Titel ohne Mittel und Macht.

Österreich aber war ein Vielvölkerstaat. Von den Ungarn abgesehen, deren nationaler Stolz und nationales Selbstbewußtsein nie erloschen, befanden sich die in der Monarchie wohnenden Südslawen noch bis in die letzten Jahrzehnte des 19. Jahrhunderts hinein in einem nationalen Dämmerschlaf. Die Tschechen aber waren nach der Schlacht auf dem Weißen Berg in ihrer nationalen Entwicklung weit zurückgeworfen worden, während die Polen, zwar nationalbewußter als die anderen Slawen in der Monarchie, in dieser eine größere Freiheit genossen als in Rußland und Preußen, den beiden anderen Teilhabern der polnischen Beute. Es gab nur einmal einen kurzen nationalen Widerstand bei den Völkern der Monarchie, als *Joseph II.*, dieser ebenso leidenschaftliche wie ungeduldige Reformer, die deutsche Sprache als einzige Verwaltungs-, Schul- und Militärsprache in allen Ländern der Krone einführen wollte. Er hoffte, dadurch einen souveränen österreichischen Gesamtstaat zu schaffen und ein tiefes Zusammengehörigkeitsgefühl bei den Bewohnern der Monarchie zu erwecken. Dieser österreichische Staat — dessen deutschen Anteil *Joseph II.* um Bayern im Austausch gegen die österreichischen Niederlande vergrößern wollte — wäre vielleicht stark genug gewesen, Preußen im Kampf um die Vorherrschaft in Deutschland den Rang abzulaufen. *Joseph II.* scheiterte am Widerstand der nicht-

Viktor Reimann, Dr. phil., Professor, Redakteur, Wien.

deutschen Länder. Den Gewinn Bayerns verhinderte Preußens König *Friedrich II.*, und jene Seite des Josephinismus, die zentralistische Tendenzen aufwies, kam zusammen mit der maria-theresianisch-josephinischen Schul- und Universitätsreform auf längere Sicht den Hauptstädten Budapest, Prag und Krakau zugute, weil sich hier die geistigen Zentren des ungarischen, tschechischen und polnischen Nationalismus entwickelten.

Der geistige Vater des deutschen Nationalbewußtseins, aber auch des der anderen, sich noch im nationalen Dämmerschlaf befindenden Völker ist der in Mohrungen (Ostpreußen) geborene *Johann Gottfried Herder* (1744—1803). Er wurde auf Empfehlung *Goethes,* der von ihm in Straßburg auf die deutsche Baukunst und das Volkslied hingewiesen worden war, im Jahre 1776 Generalsuperintendent in Weimar. Hier schrieb er sein berühmtes Buch „Ideen zur Philosophie der Geschichte der Menschheit". Uns interessiert jener Teil, der sich auf das Werden, den Charakter und die Aufgabe der Nationen bezieht. Die Völker sind — nach *Herder* — Individualitäten und unterscheiden sich durch Sprache, Kultur und Bildung, welche die Grundlagen einer nationalen Einheit bilden. Sie sind aus göttlichen Kräften hervorgegangen. Jeder Nation ist eine Aufgabe gestellt. Hat eine Nation ihre Kulturmission erfüllt, dann treten die zerstörerischen Kräfte in Erscheinung, und das vom Schöpfer als erhaltenswert Erkannte wird von den jüngeren Nationen weitergeführt.

Herders organischer Volksbegriff hat die Deutschen aus ihrem Denken in Stämmen, Landschaften und Dynastien befreit. *Herder* war aber auch der geistige Aufrührer der slawischen Nationen. Er lobte deren „Tauben-Natur" und stellte sie den „eroberungs- und gewaltträchtigen Deutschen" gegenüber.

Herders Lehre vom Wechsel der Nationen als Kulturschöpfer und Kulturträger wurde zur Angriffswaffe der slawischen Nationen im Kampf gegen die kulturelle Vorrangstellung der Deutschen. Nach dem Ersten und Zweiten Weltkrieg endete dieser Kampf mit der Besitznahme jahrhundertealten deutschen Siedlungsgebietes.

Die andere Wurzel der nationalen, aber auch liberalen Ideen sind die Französische Revolution von 1789 und die Napoleonischen Kriege. Durch diese wurden die Ideen der Revolution bis zur Grenze des Zarenreiches verbreitet, die Freiheitskriege aber schürten den nationalen Gedanken, der schon vorher durch die gewaltigen Leistungen der Deutschen auf geistigem und künstlerischem Gebiet vorbereitet worden war. Sie erfüllten die deutsche Ober- und Mittelschicht mit Stolz und dem Gefühl einer Zusammengehörigkeit, das durch die zahlreichen deutschen Ländergrenzen nicht aufgehalten werden konnte.

Im Kampf gegen *Napoleon* wurde den Deutschen auch ihre Schicksalsgemeinschaft bewußt. Nach dem Sieg vermengten sich nationale und liberale Ideen. Je mehr Österreichs Staatskanzler *Metternich* diese aus staatspolitischen Überlegungen niederzuhalten versuchte, desto stärker wurde der Widerstand, wobei die Studenten den Ton angaben. Sie sind nicht erst in unserer Zeit die Bannerträger von Ideen, die allerdings nicht immer dem Fortschritt und der Humanitas dienen. Der studentische Kampf begann mit dem Wartburgfest im Oktober 1817 in Erinnerung an *Luthers* Thesenanschlag an der Schloßkirche von Wittenberg im Oktober 1517, aber auch an die Völkerschlacht bei Leipzig im Oktober 1813. Auf der Wartburg verbrannten die Studenten Schriften, die sie als reaktionär bewerteten, und lösten damit die Demagogenverfolgung aus, was den Haß gegen das System *Metternich* und die Abneigung gegen die deutschen Monarchien nur noch verstärkte, die als größte Hindernisse auf dem Weg zur nationalen Einheit galten.

Deshalb war es naheliegend, daß die Revolution von 1848/49 in Deutschland auch die Abschaffung der Monarchien auf ihr Banner geschrieben hatte; in chaotischer Form, wie sie der russische Anarchist *Michael Bakunin* vertrat, der am Dresdner Mai-Aufstand teilnahm und zu dessen Anhängern auch *Richard Wagner* zählte, oder als parlamentarischer Versuch der sogenannten ‚Linken' in der Frankfurter Nationalversammlung, in der sich Monarchisten und Republikaner heftigst bekämpften. Am 29. Juni 1848 wählte die Nationalversammlung *Erzherzog Johann* von der Steiermark zum Reichsverweser, und am 29. März 1849 beschloß sie eine neue Reichsverfassung. Daraufhin traten die Vertreter Österreichs und Preußens aus der Nationalversammlung aus. Das Rumpfparlament zog sich nach Stuttgart zurück und wurde am 4. Juni 1849 aufgehoben. Die Aufstände in Wien, Dresden und anderen deutschen Städten blieben erfolglos. Am 1. September 1850 nahm in Frankfurt der alte, 1815 gegründete Deutsche Bund seine Tätigkeit wieder auf. Durch den Gegensatz Österreich — Preußen kam es zu keiner erfolgreichen Arbeit. Die Zeiger der Geschichte konnten nicht mehr zurückgedreht werden.

Es standen nach 1848 vier Vorschläge zur Debatte, wie die deutsch-nationale Frage für Österreich zu lösen sei:

1) Die „großösterreichische" Richtung, wie sie *Fürst Felix Schwarzenberg* und das Mitglied der Frankfurter Nationalversammlung *Freiherr von Bruck* vertraten: Österreich als Herzstück eines wiedererstandenen Heiligen Reiches von der Nordsee bis zur Adria und von der Ostsee bis zum Schwarzen Meer mit Wien als Mittelpunkt. Ein mitteleuropäischer Zollverband sollte ein großes, durch eine starke Militärmacht geschütztes Wirtschaftsgebiet schaffen. Geistig wurzelt diese Richtung in den Traditionen der deutschen Klassik mit ihrem humanen und universalen Denken. Ihre Anhänger hatte diese Richtung im hohen Offizierskorps und Beamtentum. Diese Richtung war schon von vornherein eine Totgeburt. Das Heilige Römische Reich befand sich schon längst im geschichtlichen Museumsschrank, lange bevor *Kaiser Franz* 1806 die Kaiserkrone niedergelegt hatte.
2) Die „großdeutsche" Richtung: Sie betonte das deutsche Element mehr als das österreichische. Während bei der großösterreichischen Richtung die Führungsfrage unbestritten zugunsten Österreichs entschieden wurde, ließ die großdeutsche Richtung die Führungsfrage offen. Ihr ging es darum, daß in einem deutschen Einheitsstaat die Habsburger-Monarchie erhalten bleibt, weil Österreich eine besondere Aufgabe, eine Mission innerhalb eines deutschen Staates zu erfüllen hat. Nach dem Krieg von 1866 verlor diese Richtung stark an Boden.
3) Die dritte Gruppe trug gleichfalls den Namen „großdeutsch", unterschied sich aber von der vorher genannten Richtung dadurch, daß sie sich auf eine sozialliberale Tradition stützte, auf die freiheitlich-demokratische Forderungen der Wiener Studenten während der Revolution von 1848 und auf die nationalen Forderungen der Frankfurter „Linken", die sich einen republikanisch-deutschen Einheitsstaat als Ideal vorstellte. Die Farben dieser Gruppe waren schwarz-rot-gold. Ihre Anhänger kamen aus einem Teil der nationalen Intelligenz und aus den Schulvereinen. Auch der Gegensatz der Länder zu Wien mit seinen zentralisti-

schen Tendenzen spielte eine Rolle. Viele Ärzte, Apotheker, Lehrer und Mittelschulprofessoren in der Provinz gehörten dieser Gruppe an, die mißtrauisch gegen den starken jüdischen Einfluß auf das großstädtische Geistesleben war und Wien als „Völker- und Rassen-Babel" ansah. Eine nicht geringe Bedeutung hatte das Grenzlandproblem, die Sorge der Deutschen in Österreich vor der slawischen Gefahr. Im Gegensatz zur „großdeutschen Richtung", deren Anhänger das katholische Element in ihr Konzept einbezogen, lehnte die „großdeutsche Gruppe" mit national-liberaler Tradition vor allem den Klerikalismus ab und vertrat die protestantische Tradition. Auch die Ideen der Aufklärung, des Josephinismus und des Liberalismus wurden von ihr übernommen, obwohl sie nicht ganz mit dem Antisemitismus im Einklang standen, der gleichfalls im Ideenkanon dieser Gruppe enthalten war.

4) Die vierte Gruppe bildete den rechten Flügel des nationalen Lagers und hieß „kleindeutsche" Richtung. Politisch wurde sie von den „Alldeutschen" vertreten. Sie forderten die Einigung Deutschlands unter preußischer Führung sowie die Auflösung der Habsburger-Monarchie und die Einverleibung ihres deutschen Teils in das Reich *Bismarcks.* Sie vertraten einen radikalen und rassischen Antisemitismus und gründeten die „Los-von-Rom"-Bewegung, deren Namen vom Burschenschafter *Viktor Scheffel* geprägt worden war. Ihre Anhänger lehnten alles ab, was den Bestand der Habsburger-Monarchie festigen könnte. Die Alldeutschen brachten es nie zu einer Massenbewegung, sondern nur zu Massenkundgebungen. Ihre kämpferische Gruppe bestand hauptsächlich aus Studenten, die in nationalen Burschenschaften und Studentenkorps organisiert waren, von denen sich die Burschenschaften, die vornehmlich aus den sozialen Mittelschichten der Provinz kamen, am radikalsten gebärdeten.

Die geistigen Väter dieser nationalen Studenten der kleindeutschen Richtung waren vor allem Universitätsprofessoren. Sie bildeten zwar nur eine Minderheit, doch besaßen sie großen Einfluß, wie der Historiker *Ottokar Lorenz*, der Jurist *Heinrich Brunner,* der Nationalökonom *Adolf Wagner* und der Literaturwissenschafter *Wilhelm Scherer,* von dem der Ausspruch stammt, man könne in Wien nur dann leben, wenn es eine Provinzstadt des Königreiches Preußen werde. Starken Einfluß übte auch die deutsche historische Schule vor allem eines *Heinrich Treitschke* aus, des größten Historikers der „kleindeutschen" Richtung und Panegyrikers des Bismarckreiches, den seine Anhänger den „Propheten" des deutschen Machtstaates nannten. Er war der Meinung, daß die Interessen des Nationalitätenstaates der österreichischen Monarchie den Interessen eines deutschen Nationalstaates entgegengesetzt sind, weshalb die große Aufgabe der deutschen Einigung nur Preußen erfüllen könne. Das Haus Habsburg galt ihm als „Erbfeind Deutschlands". Den Deutschen Bund bezeichnete er als „lächerlichen Unsinn" und die im Bund vertretenen Länder nannte er „24 Räuberstaaten".

Eine Mischung von sozialen Theorien und national-konservativer, aber auch antiliberaler Denkungsart vertrat der Nationalökonom *Eugen Dühring,* der sich gegen die Auswüchse des Kapitalismus wandte, doch auch den Marxismus leidenschaftlich ablehnte. Noch wichtiger für die spätere Entwicklung wurde *Dührings* Antisemitismus, zu dem er in seinem Buch „Die Judenfrage als Racen-, Sitten- und Culturfrage" die, wie er meinte, geistige Grundlage legte. Der Antisemitismus und die Rassenlehre wurden einer der Pfeiler der kleindeutschen Richtung, erfaßten darüber hinaus aber auch andere Kreise des Universitätslebens; selbst der berühmte Chirurg *Theodor Billroth* lehrte in den siebziger Jahren Rassentheorie, obwohl er kein Antisemit war. Sogar *Theodor Mommsen*, der berühmte Autor der „Römischen Geschichte" und Nobelpreisträger für Literatur, Bismarck-Gegner und liberaler Abgeordneter, der *Treitschke* wegen dessen Antisemitismus ablehnte, nannte in seiner „Römischen Geschichte" die Juden ein Element der Dekomposition.

Zum Antisemitismus trugen ferner die Rassenlehre des französischen *Grafen Gobineau* (Essay sur l'inégalité des races humaines), aber auch *Richard Wagners* antijüdische Schriften bei. *Wagner*, der 1848 noch der anarchistischen Revolutionsgruppe angehört hatte, vertrat später die Theorie, daß die nordisch-arische Rasse durch die Deutschen noch am besten verkörpert werde, weil ihrem Wesen das Prinzip von Führertum und Gefolgschaft mehr entspräche als die Demokratie, zu deren herausragenden Eigenschaften er die Korruption zählte. *Wagners* Ideenwelt hat dann sein Schwiegersohn *Houston Stewart Chamberlain* in seinem Werk „Die Grundlagen des 19. Jahrhunderts" weiterentwickelt. Wenn sich der Einfluß der Schriften *Wagners* auch nicht vergleichen ließ mit dem Einfluß seiner musikalischen Werke, außerdem sein Antisemitismus in erster Linie gegen das jüdische Musikmanagertum gerichtet war, so verfehlten sie auf die Studentenschaft, die gierig nach allen Schriften gegen das Judentum griff, doch nicht ihre Wirkung. Jeder junge Mann, schrieb *Hermann Bahr* in den achtziger Jahren des vorigen Jahrhunderts, sei Wagnerianer gewesen.

Einen Kampf gegen die christliche Ethik, die sich von der jüdischen herleitet, führte auch *Friedrich Nietzsche*. Er lehnte die Nächsten- und die Friedensliebe als typisch christlich-jüdische Wertvorstellungen ab und vertrat die Ansicht, daß das Starke über das Schwache herrschen solle. Er verachtete auch das Gleichheitsprinzip des Sozialismus und prägte das Wort vom Übermenschen und von der blonden Bestie, womit er zweifellos gegen seine Absicht und geistige Grundhaltung radikalen antisemitischen Strömungen geistige Nahrung lieferte. Dazu kamen *Darwins* Abstammungstheorie und Lehre von der natürlichen Zuchtwahl sowie die Erschütterung der traditionellen christlichen Lehre durch die Schriften *Ernest Renans, Anselm Ludwig Feuerbachs* und *David Friedrich Strauß'*. Alles zusammen brachte nicht nur die bisherigen Weltanschauungen ins Wanken, sondern verkehrte oder verwirrte auch den Humanitätsbegriff, wie er noch von *Goethe* und seinen intellektuellen Zeitgenossen, vor allem *Lessing*, verstanden worden war.

Der wichtigste Mann der kleindeutschen Richtung in Österreich, der auch auf die Burschenschaften den größten Einfluß ausübte, obwohl er kein Akademiker war, ist *Georg Heinrich Ritter von Schönerer*. Sein Vater, *Mathias Schönerer*, stammte aus kleinbürgerlichen Verhältnissen und stieg durch anerkannte Leistungen als Ingenieur ins Großbürgertum auf. Am Ende besaß der zum Ritter Geadelte ein Vermögen, das neben Wertpapieren in der Höhe von zwei Millionen Gulden ein sechsstöckiges Wohnhaus im ersten Wiener Gemeindebezirk, drei Sommervillen in Reichenau am Semmering sowie Schloß und Gutshof in Rosenau mit einem Grundbesitz von 120 Hektar umfaßte. Der Sohn besaß demnach finanzielle Unabhängigkeit.

Georg ging in die Realschule, wurde jedoch ausgeschlossen, weil er den Katechismus nicht lernen wollte, aber auch, weil er ein aufsässiger und fauler Schüler war. Er besuchte dann eine Berufsschule und Handelslehranstalt in Dresden. Danach studierte er vier Jahre lang auf landwirtschaftlichen Schulen. Von 1865 an arbeitete er als Gutsverwalter-Praktikant auf den *Schwarzenberg*schen Gütern in Lobositz, einem Ort nahe Königgrätz, wo ein Jahr später die für Österreich so verhängnisvolle Schlacht geschlagen wurde. Damals schwächte Preußen zum dritten Mal das Deutschtum in Österreich. Das erste Mal geschah dies, als *Friedrich II.* Schlesien raubte, weil dadurch die Deutschen im böhmisch-mährisch-schlesischen Raum gegenüber den Tschechen in die Minderheit gerieten. Derselbe *Friedrich* verhinderte den Austausch der österreichischen Niederlande gegen Bayern, was eine außerordentliche Stärkung der deutschen Position Österreichs bedeutet hätte. 1866 aber verlor Österreich durch den Hinauswurf aus dem Deutschen Bund überhaupt seine deutsche Position. Für *Schönerer* bedeutete die Niederlage das Ende aller geistigen und gefühlsmäßigen Bindungen zur österreichischen Monarchie.

Auf Grund des Börsenkrachs von 1873 kam *Schönerer* über die Liste der Verfassungspartei, die sich aus Liberalen und Nationalen zusammensetzte und als Regierungspartei am Börsenkrach nicht unbeteiligt war, in den Reichsrat. Er schloß sich hier den 57 Jungradikalen des Fortschrittsklubs an, welche mit 88 Liberalen, die sich „Linke" nannten, 54 Abgeordneten des verfassungstreuen Grundbesitzes und 5 Wiener Demokraten die Regierungskoalition bildeten.

Für die Fortschrittlichen oder jungen Radikalen war *Bismarck* das Idol, was sie mit *Schönerer* verband, obwohl dieser der Partei, der er angehörte, wegen ihrer liberalen Wirtschaftspolitik kritisch gegenüberstand. Als Vertreter der Bauern kämpfte er für deren Interessen und fiel schon damals durch die ungezügelte Sprache, die ständige Nörgelei an der Regierung und die häufige Kritik an seinen Parteifreunden auf. Er war bereits damals ein Einzelgänger und eigensinnig bis zur Unerträglichkeit. Er stimmte gegen die Besetzung Bosniens und der Herzegowina und sorgte für einen Skandal, als er seine Rede am 18. Dezember 1878 mit den Worten schloß: „Immer und mehr und lauter hört man in den deutschen Kronländern den Ruf: ‚Wenn wir schon zum Deutschen Reich gehören würden!'" Die „Neue Freie Presse" nannte diese Äußerung eine „niederträchtige Verleumdung". *Schönerer* erhielt allerdings auch insbesondere aus Städten im Grenzbereich lebhafte Zustimmung, vor allem aber jubelten ihm die nationalen Studentenverbindungen zu, mit denen er über den Deutsch-nationalen Leseverein in Verbindung trat.

Nach seiner dritten Wahl im Jahre 1879 schloß er sich nicht mehr dem Radikalen Klub an, sondern war eine Art Wilder und hielt Tuchfühlung mit den jungen Radikalen *Engelbert Pernerstorfer, Otto Steinwender, Karl Lueger, Victor Adler* und *Heinrich Friedjung,* die alle für die nationale Einheit, für Demokratie und soziale Reformen kämpften. Sie lehnten den Kapitalismus ab und strebten die Umwandlung der österreichischen Reichshälfte in einen deutschen Staat an. 1881 gründete *Pernerstorfer* die Wochenzeitung „Deutsche Worte", in der *Schönerer* seine Ideen verbreiten konnte. Er kritisierte die rechtlichen und finanziellen Privilegien der Kirche, die Apanage des Kaiserhauses, den Imperialismus der Regierungspolitik, die Diskriminierung der Studenten, Bauern und Arbeiter sowie die Korruption. Im Jahre 1881 saßen *Schönerer* und *Lueger* drei Tage lang im Gefängnis, weil sie eine illegale sozialistische Agitation von Arbeitern unterstützt hatten. Die „Arbeiter-Zeitung" vom 18. März 1913 schrieb in einem Artikel, daß *Schönerer* wegen dieser seiner damaligen Tat einen Platz im Pantheon der frühen Arbeiterbewegung verdiene.

Im September 1882 verfaßte *Schönerer* gemeinsam mit *Victor Adler, Anton Langgaßner* und *Heinrich Friedjung* das „Linzer Programm", welches als Grundlage für alle späteren Programme nationaler Gruppen diente, von dem aber auch Teile in den Programmen der beiden Großparteien, der Christlich-Sozialen und der Sozialdemokraten, aufscheinen. Das Programm enthält die Forderung nach einem allgemeinen Wahlrecht, nach Presse-, Rede- und Versammlungsfreiheit sowie einer freisinnigen Erziehung in der Schule. Im wirtschaftlichen Teil wird die Verstaatlichung der Eisenbahnen, die Einführung einer progressiven Einkommenssteuer und einer Luxussteuer verlangt sowie die Anhebung der Steuer auf Börsengeschäfte. Im sozialpolitischen Teil finden wir die Forderung nach Beschränkung der Frauen- und Kinderarbeit, nach Reform der Gewerbeordnung und der Fabrikgesetze sowie der Arbeitervereine. Seit dem Linzer Programm enthalten auch alle späteren nationalen Programme soziale Forderungen. Das Linzer Programm selbst aber war zur Zeit seiner Abfassung das sozialste in Österreichs politischer Landschaft.

Im Juni 1883 wurde der „Deutsch-Nationale Verein" gegründet, dem neben *Schönerer* auch *Steinwender, Langgaßner* und *Pernerstorfer* angehörten. *Victor Adler*, der gleichfalls dem Verein beitreten wollte, teilte man mit, daß er unerwünscht sei, worauf er sich der Arbeiterbewegung widmete. 1885 verließ auch *Pernerstorfer* den „Deutsch-Nationalen Verein". Er hatte sich geweigert, *Schönerers* antisemitische Reichstagsrede vom April 1883 in den „Deutschen Worten" abzudrucken, und erklärt, daß der Antisemitismus als Teil des Parteiprogramms für ihn unakzeptabel sei. Nach *Adlers* und *Pernerstorfers* Weggang kam der antisemitische Paragraph in das Linzer Programm.

Schönerer war aber auch der Initiator für die chauvinistische Kampagne gegen die Erlässe des Ministerpräsidenten *Graf Badeni*, „betreffend den Gebrauch der Landessprache in der Verwaltung des Königreiches Böhmen". Die Kampagne dauerte von April bis November 1879. Ihr mußten sich schließlich auch die gemäßigten Nationalen und die anderen Parteien anschließen, um nicht als Volksverräter zu gelten. Es kam zu Massenkundgebungen, aber auch zu Schlägereien und Blutvergießen zwischen Deutschen und Tschechen. Am 28. November mußte der Kaiser den Ministerpräsidenten abberufen. Das Band zwischen Deutschen und Tschechen war für lange Zeit zerschnitten. *Schönerer* hatte mit seiner chauvinistischen Unduldsamkeit der Monarchie eine neue, unheilbare Wunde zugefügt.

Im Jahre 1901 hatten die Alldeutschen mit 21 Abgeordneten ihre stärkste Vertretung im Reichstag. Je radikaler sie sich aber gebärdeten, desto weniger fanden sie Beachtung. Hinzu kam der interne Streit zwischen *Schönerer* und seinem Kronprinzen *Karl Hermann Wolf*. Der Streit führte zum Bruch zwischen beiden und zur Teilung der alldeutschen Gruppe. Auch die Los-von-Rom-Bewegung der Alldeutschen erreichte trotz starker finanzieller Unterstützung aus Deutschland nicht ihr Ziel. Die katholische Kirche erlitt keinen größeren Schaden. *Schönerers* radikaler Antisemitismus hatte auch hier alles verdorben, weil dieser von den konservativen deutschen Lutheranern, von einigen Gruppen abgesehen, abgelehnt wurde. Nur *Hitler* brachte über seinem Bett im Wiener Männerheim den Wahlspruch *Schönerers* an: „Ohne Juda, ohne Rom, wird erbauet Germanias Dom."

Den Alldeutschen unter *Schönerer* stand der weitaus größere Teil der gemäßigten Nationalen gegenüber, die *Otto Steinwender*, von Beruf Mittelschullehrer, anführte, nachdem der Jurist *Emil Strohal* die politische Laufbahn gegen die Universitätslaufbahn getauscht hatte. *Steinwender* gründete 1885 den „Deutschen Club", den er dann in die „Deutsche Nationalpartei" überführte. Aus dieser ging 1896 die „Deutsche Volkspartei" hervor, die 50 Reichstagsabgeordnete zählte. Ihr Programm, das noch *Strohal* entworfen hatte, lehnte sich an das Linzer Programm an, enthielt aber auch einige liberale Elemente. Es wies einen antisemitischen Paragraphen auf — alle nationalen Bewegungen bis zum Ende des Zweiten Weltkrieges hatten einen antisemitischen Paragraphen —, er war jedoch im Programm der „Deutschen Volkspartei" milder gefaßt als im Linzer Programm. *Steinwender* sah in der Assimilation der Juden die beste Möglichkeit, die Judenfrage zu lösen. Er stimmte darin mit der früheren Ansicht *Theodor Herzls* überein, der alle Juden geschlossen in der Wiener Stephanskirche taufen lassen wollte. Erst nach seinem Erlebnis während des *Dreyfuß*-Prozesses in Paris (1894) änderte er seine Meinung von Grund auf und schrieb den „Judenstaat" (1896).

Der entscheidende Unterschied der „Deutschen Volkspartei" zu den Alldeutschen aber war neben der maßvollen Haltung in den wichtigsten Fragen der Politik vor allem die positive Einstellung zur Monarchie. Der „Deutschen Volkspartei" schlossen sich fast alle gemäßigten nationalen Gruppen einschließlich des Restes der Liberalen an und bildeten den „Deutschen Nationalverband", der 1911 die stärkste Gruppe im Reichstag stellte und alle Regierungen außer dem Kabinett *Badeni* bis zum Untergang der Monarchie unterstützte. Ohne Nationalverband wäre die Monarchie in ihrer letzten Dekade unregierbar geworden.

Zweifellos haben in der Habsburger-Monarchie die nationalen Gruppierungen eine größere Bedeutung gehabt als anderswo. Das lag zum einen in der Natur eines Vielvölkerstaates, der solange einen nationalen Ausgleich fand, als die kulturelle und machtpolitische Vorherrschaft der deutschen Bevölkerung und die Treue der Völker zur Dynastie außer Frage standen. Dies änderte sich nach 1866. Das Ausscheiden aus dem Deutschen Bund nahm der deutschen Bevölkerung in Österreich ihren machtpolitischen, kulturellen und biologischen Rückhalt. Der Ausgleich mit Ungarn ein Jahr nach der Niederlage von Königgrätz zwang die slawischen Völker geradezu, auch ihrerseits einen ähnlichen Status anzustreben, wie ihn sich die Ungarn erkämpft hatten. Aber gerade die Behandlung, welche die Ungarn den Völkern in der transleithanischen Reichshälfte angedeihen ließen, offenbarte schlimmen Chauvinismus. War bisher der Kaiser in Wien ein Hort des Ausgleichs, so entglitten diesem immer mehr die Zügel, weil die Hauptstütze der Monarchie, die deutsche Bevölkerung, ebenso wie die anderen Nationen in den Sog des Nationalismus geraten war. Schon tauchten Anzeichen auf, die den Weg andeuteten, der vom Nationalismus in die Barbarei führen sollte, wie *Grillparzer* vorausgesagt hatte. Die Alldeutschen unter *Schönerer* waren bereits an der Kreuzung angelangt. Und es war ein schlimmer Zufall der Geschichte, daß *Hitler* in Wien den politischen Radikalismus *Schönerers* kennengelernt und daraus unheilvolle Konsequenzen für sein eigenes späteres Wirken gezogen hatte.

Andererseits muß man auch die Angst begreifen, die viele Angehörige der deutschen Bevölkerung in Österreich, vor allem in den Grenzländern, erfaßte, als sie sich plötzlich von jenem Land getrennt sahen, in dem sie Jahrhunderte hindurch die erste Geige gespielt hatten. Mit der Trennung verloren sie gleichzeitig auch ihre bis dahin unumstrittene Machtbasis in der Monarchie. Wohl schien es, als ob durch die Teilung der Monarchie in eine deutsche und eine ungarische Hälfte eine gewisse Entlastung bei der deutschen Bevölkerung eingetreten sei, doch besaß diese nicht die nationale Unbekümmertheit und den nationalen Glaubenseifer der Ungarn; außerdem wohnten in ihrem Teil die intelligentesten Slawen, die Tschechen, für die das jahrhundertelange Zusammenleben mit den Deutschen doch mehr kulturelle und wirtschaftliche Vorteile als nationale Nachteile gebracht hatte. So weit hergeholt war deshalb der Gedanke nicht, die anderen Völker der Monarchie in ihre nationale Freiheit zu entlassen und die deutschen Teile in das neu erstandene Deutsche Reich einzugliedern. Das einzige Hindernis war das Haus Habsburg. Mit diesem aber verbanden sich so viele geschichtliche und seelische Beziehungen, daß es fast schon zum Mythos geworden war. Ein Habsburger unter einem Hohenzollern, das hätte den Stolz der österreichisch fühlenden Deutschen, deren Zahl die der antiösterreichisch eingestellten Deutschen doch weit überbot, zu sehr verletzt und wäre einem Königsmord nahegekommen. Für den geschichtsbewußten Österreicher war das Haus Hohenzollern im Vergleich zu Habsburg der Emporkömmling eines Kaiserhauses.

Mit dem Zusammenbruch der Monarchie gehörte die Frage der Dynastie gleichsam über Nacht nur mehr der Geschichte an. Die Völker der Monarchie hatten ihre nationale Selbständigkeit erlangt und rissen sich noch schnell einige Fetzen aus dem Leib des deutschösterreichischen Restreiches. Nun schien nichts natürlicher zu sein, als daß sich nicht nur auf Grund des Selbstbestimmungsrechts der Völker, das der amerikanischen Präsident *Wilson* verkündet hatte, sondern auch aus geopolitischen, kulturellen und historischen Gründen der Anschluß vollziehen werde. Die österreichische Bevölkerung war dafür, die Parteien, das Parlament und die Regierung waren dafür. Dagegen war in erster Linie Frankreich, und dagegen waren die Nachfolgestaaten. Den Franzosen waren die für sie viel zuvielen Deutschen ein Trauma. Die Nachfolgestaaten fürchteten um ihren Raub. Dabei war nach Ansicht aller Experten im In- und Ausland das Rest-Österreich nicht lebensfähig. Deshalb wollte auch die erdrückende Mehrheit der Bewohner den ihnen zugeteilten Staat nicht.

So kam es, daß die Anschlußfrage ein zweites Mal den bestehenden Staat unterminierte. Der Unterschied bestand darin, daß es in der Monarchie nur ein kleiner Teil war, der den Anschluß forderte, in der Ersten Republik, zumindest bis zu *Hitlers* Machtergreifung, der Großteil der Bevölkerung. Die Sieger aber gewährten den Anschluß erst, als er eine europäische Gefahr und aus humanen Gründen anrüchig geworden war oder, wie es *Otto Bauer* ausdrückte, als aus der deutschen Einheit in Freiheit die deutsche Einheit in faschistischer Sklaverei wurde.

Als die Republik gegründet wurde, gab es nahezu 20 nationale Gruppen. Im August 1920 kam es zur Gründung der „Großdeutschen Volkspartei", in der sich die meisten nationalen Gruppen vereinigten. Nur die nationale Bauernpartei, der spätere Landbund, sowie die Nationalsozialisten sonderten sich ab. Vom 5. bis zum 7. September 1920 fand der erste Parteitag in Salzburg statt, auf dem das „Salzburger Programm" beschlossen wurde, dessen Hauptforderung der Anschluß an Deutschland war. Diesen Programmpunkt hatten auch die beiden Großparteien in ihr Programm aufgenommen. Seine Erfüllung hing nicht von den österreichischen Parteien ab. Über Österreichs Selbstbestimmung bestimmten andere.

Das „Salzburger Programm" enthielt ferner die Idee der Volksgemeinschaft, die Absage an den Individualismus ebenso wie an den Kollektivismus marxistischer Prägung. Ferner wurde gefordert: die Kontrolle des Staates über die Banken, der Entzug des Einlagegeschäftes für die Banken, die Verstaatlichung des Versicherungswesens, eine stärkere Besteuerung der Börsengeschäfte und Höchststeuern für arbeitsloses Einkommen. Die Großdeutschen bekannten sich zur Demokratie und zur republikanischen Staatsform, äußerten aber Vorbehalte gegenüber dem Parlamentarismus, worunter sie das Übergewicht der Legislative gegenüber der Exekutive und der richterlichen Gewalt verstanden, wie dies in der Verfassung von 1920 nach Meinung der Großdeutschen der Fall war. An Stelle des Bundesrates wollten sie als zweite Kammer ein Wirtschaftsparlament. Die Wahl des mit größeren Befugnissen auszustattenden Bundespräsidenten sollte durch das Volk erfolgen. Die Einführung von Volksbefragungen und Volksentscheid, die Einteilung Österreichs in so viele Wahlbezirke, wie das Parlament Abgeordnete zählt, und die Befreiung der Schule von klerikalem Einfluß sind weitere Punkte des Programms der Großdeutschen, die, was das Judenproblem betrifft, die Forderung erhoben, die Juden als eigene Nation zu behandeln mit allen sich daraus ergebenden Folgerungen.

Nun sind Programme Fleißaufgaben der Parteien. Sie werden selten gelesen und zeigen auf, was Parteien wollten, wenn sie könnten. Wesentlicher ist das Image einer Partei, das mehr durch die Personen als durch Programme bestimmt wird. Daß die Sozialistische Partei immer wieder mit *Karl Marx* in Verbindung gebracht wird, auch wenn kein marxistisches Gedankengut im Programm steht, ist ebenso eine Tatsache, wie alle nationalen Parteien von den Staatsbürgern mehr oder weniger mit *Schönerer* und später mit *Hitler* in Verbindung gesetzt werden. Obwohl *Schönerer* nur eine kleine Gruppe führte, war er die dominierende Gestalt der Nationalen, ehe ihn *Adolf Hitler* vom ersten Platz verdrängte. *Hitler* nahm allerdings eine so radikale Flurbereinigung vor, daß am Ende von den nationalen Parteien nichts mehr übrig blieb.

Der Liberalismus als parteibildende Kraft trat nach 1918 überhaupt nicht mehr in Erscheinung. Obwohl die liberale Tradition in Österreich älter war als die nationale und in die Zeit *Josephs II.* und der Aufklärung zurückreicht, gab es eine rein liberale Partei nur kurze Zeit, obwohl auf den Liberalismus fast alle Reformideen, ausgenommen auf sozialem Gebiet, zurückgehen, wie die konstitutionelle Monarchie, die Teilung der Gewalten, die Befreiung der Bürger von der Bespitzelung durch die Polizei, die Presse-, Rede- und Versammlungsfreiheit, das allgemeine Wahlrecht und der Anti-Klerikalismus. Die Liberalen konstituierten sich nach der Tragödie von Königgrätz als „Verfassungspartei", doch verbanden sie sich bald mit nationalen Gruppen, die organisatorisch die Oberhand gewannen. Sicherlich ist daran auch schuld, daß die Liberalen kein Konzept zur Lösung der Sozialfrage besaßen, die durch die industrielle Revolution zu einem der Hauptprobleme der Zeit geworden war. Noch mehr aber scheint es hier an der Unfähigkeit der Liberalen zu liegen, ein organisatorisches Kraftfeld zu bilden. Liberal heißt Aufgeschlossenheit, Toleranz gegenüber der anderen Meinung, Freiheit gegenüber jeder Bevormundung, auch parteipolitischer Natur. Die Bedeutung des Liberalismus in der Geschichte liegt nicht auf parteipolitischem, sondern auf geistespolitischem Gebiet. Keine andere Bewegung im 19. Jahrhundert, auch der Sozialismus nicht, hat das Denken der Menschen tiefer umgeformt als der Liberalismus. Seine Ideen haben nahezu alle Strömungen, politische, kulturelle, ja selbst religiöse beeinflußt.

Gleich nach dem Zusammenbruch der Monarchie stellten die Nationalen auf Grund der Wahlen von 1911 die stärkste Partei. In der Provisorischen Nationalversammlung standen 102 Nationale 72 Christlich-Sozialen und 42 Sozialdemokraten gegenüber. Deshalb kam der erste Präsident aus den Reihen der Nationalen. Es war *Dr. Dinghofer*, vorher Linzer Bürgermeister und später Justizminister.

Im Oktober 1920 fanden die ersten Nationalratswahlen nach der neuen republikanischen Verfassung statt. Die Großdeutschen errangen 20, die „Deutsche Bauernpartei“ 8 Mandate. Der größte Verlust ging auf das Ausscheiden der Sudetendeutschen zurück. Das Hauptverdienst der Großdeutschen in der Ersten Republik ist, daß sie dem Obmann der Christlich-Sozialen und Bundeskanzler Prälat *Seipel* die Schilling-Sanierung und überhaupt das Regieren ermöglicht haben. Sie mußten dafür das größte Opfer bringen, weil die Sparmaßnahmen ihre Stammwählerschaft, die Beamten und Lehrer, am schwersten trafen. Dazu kam auch noch das Gewissensopfer, nämlich der nochmalige Verzicht auf den Anschluß, da die Genfer Anleihe mit dem Anschlußverbot für die nächsten beiden Jahrzehnte verbunden war. Es besteht kein Zweifel, daß auf dem Gebiet der Schul-, Kultus- und Kulturpolitik zwischen den Nationalen und den Christlich-Sozialen ein größerer Gegensatz bestand als zwischen den Nationalen und den Sozialdemokraten. Auch der Anschlußgedanke war in der Sozialdemokratischen Partei tiefer verankert als in der Christlich-Sozialen Partei, weshalb jene die Großdeutschen oftmals als Verräter am Anschlußgedanken hinstellten, weil sie mit ihrer Zustimmung zur Genfer Anleihe auf den Anschluß für mindestens zwanzig Jahre verzichtet hatten. Dennoch hatten die Großdeutschen keine andere Wahl als die Koalition mit den Christlich-Sozialen, wenn sie mitregieren wollten, und mitregieren wollten sie, weil es viele Vorteile bietet, an den Hebeln der Macht zu sitzen. Die Sozialdemokraten mit ihrer radikalen austromarxistischen Propaganda waren für eine national-liberale Partei als Koalitionspartner praktisch undenkbar.

Den Großdeutschen wurde vorgeworfen, daß sie eine Professorenpartei und ein Generalstab ohne Armee gewesen seien. Das ist zweifellos richtig, doch sie behaupteten ihre Stellung bis 1932, obwohl ihre Führung zu vielen Maßnahmen contre cœur ihre Zustimmung geben mußte. Ihre nationale Aufgabe trachteten die Großdeutschen dadurch zu erfüllen, daß sie eine Angleichung an das deutsche Rechtswesen und eine ständige Fühlungnahme mit Deutschland über eine gemeinsame Linie in der Außen- und Innenpolitik durchzusetzen versuchten und teilweise auch durchsetzten.

Auf ihre Vorhaltungen geht auch zurück, daß die tschechischen Forderungen nach Schulen in Österreich abgelehnt wurden. Auch die finanzielle und moralische Unterstützung der deutschen Schulen im Ausland ist ihr Verdienst. Auf dem Gebiet der Judenfrage war der stärkste Vorstoß von seiten der Großdeutschen die sogenannte „Optionspraxis“ des Innenministers *Waber* im ersten *Schober*-Kabinett des Jahres 1921. *Waber* unternahm den vergeblichen Versuch, den vielen während des Krieges und nach dem Krieg nach Wien zugewanderten Ost-Juden den Erwerb der österreichischen Staatsbürgerschaft unmöglich zu machen.

Von allen Parteien der Ersten Republik hatten die Großdeutschen und der Landbund die strengste Rechtsauffassung. Ihnen allein kann man weder einen verbalen noch einen wirklichen Rechtsbruch vorwerfen. Der schon erwähnte *Dinghofer* trat 1928 als Justizminister zurück, weil er sich weigerte, den kommunistischen Ex-Diktator *Bela Kun*, der viel Blutschuld auf sich geladen hatte, an Ungarn auszuliefern, weil dadurch das Asylrecht verletzt worden wäre. Auch *Dr. Schober*, der liberalste Politiker der Großdeutschen, den noch der letzte Kaiser zum Polizeipräsidenten von Wien ernannt hatte und der noch in der Tradition des josephinischen Beamtentums dachte, brachte als Bundeskanzler mit den Sozialdemokraten eine Verfassungsänderung (1929) zustande, die noch von demokratischem Geiste inspiriert war, obwohl die Heimwehren, aber auch ein Teil der Christlich-Sozialen mit aller Macht versuchten, faschistisches Gedankengut durchzusetzen. Nachdem *Schober* von den Christlich-Sozialen und den Heimwehren gestürzt worden war, vereinigte er 1930 die Großdeutschen und den Landbund zu einer Wahlpartei unter dem Namen „Schober-Block" mit der Parole „Recht und Ordnung". Der *Schober*-Block gewann 428.000 Stimmen und 19 Mandate. *Schober* scheiterte an der Zollunion, die er mit dem deutschen Außenminister *Curtius* vereinbart hatte, die aber vom Haager Gerichtshof mit einer Stimme Mehrheit — und diese stammte vom japanischen Vertreter — als Verstoß gegen den Friedensvertrag verurteilt wurde. Politisch, aber auch wirtschaftlich brachte die mißglückte Zollunion nur Schaden, und *Schober* mußte zurücktreten. Er und sein größter Gegenspieler *Dr. Seipel* starben 1932. Mit den beiden starben die bedeutendsten Regierungspolitiker der Ersten Republik. Nach ihrem Tod kam das Ende der Demokratie in Österreich. Der Sieg des Radikalismus, bedingt durch die katastrophale Wirtschaftslage, war nicht mehr aufzuhalten. So verschwanden auch die gemäßigten nationalen Parteien von der Bühne, die einzigen, die keine paramilitärischen Formationen aufgestellt und keine Putsch-Gedanken gehegt hatten. Die bis zu *Hitlers* Siegeszug in Deutschland unbedeutende Nationalsozialistische Arbeiterpartei verschlang alle übrigen nationalen Parteien und Gruppen.

Geistig erlebte in der Zwischenkriegszeit der nationale Gedanke an der Wiener Universität eine Hochblüte. *Heinrich von Srbik*, Ordinarius für neue Geschichte an der Wiener Universität, begeisterte die Studenten durch seine Erneuerung des „Reichsgedankens". Obwohl Anhänger des Anschlusses, hielt er an der besonderen Aufgabe Österreichs im künftigen deutschen Einheitsstaat fest, dem er eine mitteleuropäische Ordnungs- und Friedensaufgabe zuwies. *Hans Hirsch*, Vorstand des Instituts für Österreichische Geschichtsforschung und Ordinarius für mittelalterliche Geschichte, idealisierte das „Sacrum Imperium" des Mittelalters und erzeugte eine Art Nostalgie nach der einstigen deutschen Größe. *Othmar Spann*, Universitätsprofessor an der juridischen Fakultät, verkündete die „Ganzheitslehre" und die Lehre vom „Wahren Staat". *Josef Nadler* mit seiner konservativen Literaturbetrachtung gehörte zwar nicht zu den Trägern des nationalen Gedankens, doch sein Einfluß war deshalb so groß, weil er in seiner Literaturgeschichte der deutschen Stämme und Landschaften eine Umwertung literarischer Tagesgrößen vornahm. Dazu kamen, wenn auch nicht vom gleichen geistigen Kaliber, die Universitätsprofessoren *Hans Eibl*, *Karl Gottfried Hugelmann* und *Oswald Menghin*.

Grundsätzlich ist zu sagen, daß die nationalen Kraftströme nicht aus der Großdeutschen Volkspartei oder dem Landbund kamen, sondern aus dem Turn-, dem

Schul- und dem Alpenverein sowie den Burschenschaften.

Während der Ära des Austrofaschismus verdrängten die Katholisch-Nationalen *Seyß-Inquart*, *Glaise Horstenau* und *Wilhelm Wolf* mit Unterstützung des deutschen Gesandten in Österreich, *Franz von Papen*, die in der legalen und illegalen NSDAP großgewordenen Funktionäre wie etwa den Landesleiter *Josef Leopold*. Die historische Bedeutung der Katholisch-Nationalen lag nicht in dem, was sie anstrebten, nämlich ein wenn nicht politisch, dann wenigstens kulturell eigenständiges Österreich im deutschen Staatsverband, sondern als *Hitlers* Steigbügelhalter. Sie waren ungewollte und gleichzeitig verratene Verräter.

Mit dem Ende Österreichs kam auch das Ende der nationalen Parteien und Gruppen in Österreich. Es gab nur mehr Einheiten: die Einheit des Reiches, die Einheit der Partei, die Einheit der politischen Willensbildung. Die größte Gleichschaltung des deutschen Volkes in der deutschen Geschichte wurde vollzogen.

Nun kann man über den Nationalsozialismus hinweggehen. Die Kraftquellen des Nationalsozialismus lagen im Reich. Er erlangte in Österreich erst Bedeutung, als *Hitler* Reichskanzler geworden war. Von diesem Augenblick an verkörperte die NSDAP, auch wenn sie in die Illegalität gedrängt worden war, eine Macht, mit der sich die Staatsgewalt auseinandersetzen mußte. *Schuschnigg* schloß 1936 ein Abkommen mit *Hitler*, das den Nationalsozialisten immer mehr Gelegenheit bot, den Staat so lange zu unterwühlen, bis er zusammenbrach. Das Abkommen vom Februar 1938 bedeutete dann das Ende der österreichischen Selbständigkeit.

Mehr als alle nationalen Gruppen war die NSDAP eine Jugendbewegung. In keiner anderen Partei war der Anteil der Jugend im Führungskorps so groß wie in der NSDAP. Das war mit ein Grund, daß der Radikalismus in der *Hitler*-Bewegung so anwachsen konnte. „Rot-Front“ und „Reaktion“ wurden im *Horst-Wessel*-Lied, der zweiten Nationalhymne, als gleichböse Feinde hingestellt. Von den vielen Verbrechen, die *Hitler* begangen hat, gehören die Verführung der Jugend und die skrupellose Ausnützung jugendlichen Idealismus mit zu den schlimmsten. Doch auch *Hitler* ist nur eine Episode, wenn auch eine der schrecklichsten in der neuen Geschichte. Sich aber von ihr innerlich nicht zu befreien, heißt nach Sodom zurückblicken und zur Salzsäule erstarren.

Das nach dem Zweiten Weltkrieg wiedererstandene Österreich hatte zwar nicht mit weniger Schwierigkeiten zu kämpfen als das neuerstandene Österreich nach dem Ersten Weltkrieg, doch es hatte einen Vorteil von immenser Reichweite. Die Österreicher wollten nun den vorher so ungewollten Staat. Der Anschlußgedanke war tot, und damit war die stärkste Antriebskraft der nationalen Parteien lahmgelegt. Zwar dachte Staatskanzler *Renner* 1945 noch in alten Kategorien, als er in seine Provisorische Regierung auch Vertreter des nationalen Landbundes aufnehmen wollte — er scheiterte am Einspruch der ÖVP und der KPÖ —, doch selbst wenn sich *Renner* durchgesetzt hätte, wäre es eine nationale Totgeburt gewesen. *Adolf Hitler* hatte nicht nur das Deutsche Reich zerstört, sondern auch die nationale Bewegung, ja schon das Wort „national“ diffamiert. Gab es auch keine nationale Partei, so gab es doch über eine halbe Million Menschen, die der NSDAP angehört hatten und die durch ein undemokratisches und drakonisches Gesetz vom Staatsleben ausgeschlossen waren. Damit hatte man ungewollt aus den ehemaligen Nationalsozialisten, von denen die meisten keine mehr sein wollten und mit ziemlicher Sicherheit in den

Großparteien untergetaucht wären, eine Art Schicksalsgemeinschaft geschaffen. Das aber führte zur Abneigung gegen die Großparteien. Wenn trotzdem ein nicht geringer Teil der minderbelasteten Nationalsozialisten, die 1949 zu den Wahlen wieder zugelassen worden waren, die Großparteien — vor allem die ÖVP — wählte, dann aus Angst vor den Sowjets, die in Ungarn und in der Tschechoslowakei klare, nämlich kommunistische Verhältnisse geschaffen hatten und es so der ÖVP leicht machten, im Wahlkampf die kommunistische Gefahr in unserem Land an die Wand zu malen.

Die Gründer des „Verbandes der Unabhängigen", *Dr. Kraus* und ich, hatten die Absicht, an die liberale Tradition anzuknüpfen in der Hoffnung, daß die Nationalen nach dem düsteren weltgeschichtlichen Zwischenspiel *Hitlers* lieber zur liberalen Tradition zurückkehren würden, als nationalen Utopien nachzujagen. Vielleicht wären unsere Hoffnungen in Erfüllung gegangen, wenn nicht die ÖVP in ihrem unbändigen Willen, die Stimmen der Nationalsozialisten für sich zu gewinnen, einen Kotau vor diesen gezogen hätte, der die Nationalsozialisten nicht nur jedes Schuldgefühl vergessen ließ, sondern in ihnen auch das Gefühl besonderer Wichtigkeit erweckte. Alles, was die Abgeordneten der ÖVP in den ersten Jahren nach dem Krieg, als die ehemaligen Nationalsozialisten von den Wahlen ausgeschlossen waren, erklärt hatten, wurde ins Gegenteil gekehrt. Sagte der ÖVP-Abgeordnete *Anton Frisch* 1947: „Jeder, der an die NSDAP auch nur angestreift ist, soll für alle Zukunft angenagelt sein", so erklärte der ÖVP-Abgeordnete *Bleyer* 1949, „die ehemaligen Nationalsozialisten müßten mit der ÖVP eine Schicksalsgemeinschaft gegen den Marxismus eingehen", als Dank werde seine Partei Mandate für Vertrauensleute der Ehemaligen reservieren. Sagte *Frisch* 1947: „Wir sind auch damit einverstanden, daß die Führer dieser Bewegung durch die strafrechtlichen Maßnahmen ständig das Damokles-Schwert über ihren Häuptern fühlen", so sagte *Bleyer* 1949, „er habe die Belasteten seit je höher eingeschätzt als die Minderbelasteten", jene Belasteten also, die nicht nur die Sozialdemokraten im Austausch gegen die Kriegsgefangenen nach Sibirien schicken wollten, sondern auch der ÖAAB, dessen Organ „Österreichische Freiheit" am 1. August 1946 geschrieben hatte, daß es dem ÖAAB schwer fällt, „an eine Besserungsmöglichkeit ehemals überzeugter Nazis zu glauben". „Ginge es nach uns", heißt es weiter, „tauschten wir unsere Nazi gegen unsere unschuldigen Kriegsgefangenen aus."

Nun besteht kein Zweifel, daß es die ÖVP gar nicht so ernst meinte, was die Entwicklung nach den Wahlen beweist. Schon die Broschüre „Das 1 × 1 der Wahl 1949", die von der Landesparteileitung der niederösterreichischen Volkspartei herausgegeben wurde, zeigt an, daß es der Volkspartei sehr wenig auf die Menschen ankam, sondern in erster Linie auf deren Stimme. In der Broschüre stand zu lesen: „Die ÖVP muß und wird unter allen Umständen diesen gewaltigen Wahlkampf gewinnen und wird sich, wenn es sich als notwendig erweisen sollte, mit Tod und Teufel verbinden, um dies zu erreichen."

Der Wahlkampftaktik der ÖVP, so primitiv sie auf den ersten Blick erscheinen mochte, war eine gewisse Raffinesse nicht abzusprechen. Auf der einen Seite warb sie mit allen Mitteln um die Stimmen der Ehemaligen und versuchte bei diesen, die beiden Gründer des VdU als Anti-Nazi, Wehrkraftzersetzer und Judenfreunde verdächtig zu machen, auf der anderen Seite stellte sie den VdU bei den Alliierten als neonazistisch hin.

Trotz aller Verdächtigungen errang bei den Nationalratswahlen am 9. Oktober 1949 der VdU 489.272 Stimmen, das waren 11,67 Prozent. Damit übertraf er die Stimmenzahl des Schober-Blocks in der Ersten Republik. Da von den etwa 550.000 Minderbelasteten 300.000 in der Ostzone wohnten, der VdU hier einschließlich des Mühlviertels, das gleichfalls zur russischen Zone gehörte, 123.478 Stimmen erreichte, traf der Vorwurf, daß alle ehemaligen Nationalsozialisten den VdU gewählt hätten, nicht zu. In Wien und in der Ostzone, in der es dem VdU wegen des Terrors der Kommunisten, die den Schutz der sowjetischen Besatzungstruppen genossen, unmöglich gemacht wurde, wahlwerbend aufzutreten, gewann der VdU lediglich drei Mandate, während die Zahl der Mandate im nicht von den Sowjets besetzten Gebiet 13 betrug. In den Städten Linz und Salzburg überholte der VdU die ÖVP, in Vorarlberg und im Innviertel die SPÖ.

Innerhalb von sieben Monaten hatte der VdU eine Organisation aufgebaut und den vielleicht härtesten Wahlkampf in der Geschichte der Zweiten Republik bestritten. Er erreichte auch bei den folgenden Arbeiterkammerwahlen vor dem ÖAAB und der KPÖ die zweite Position, obwohl er in Niederösterreich und im Burgenland wegen des kommunistischen Terrors nicht kandidieren konnte. Er erzielte darüber hinaus bei den Betriebsratswahlen geradezu sensationelle Erfolge wie in Kaprun, wo er im Arbeiterbetriebsrat die absolute, im Angestelltenbetriebsrat die relative Mehrheit errang. In den VÖEST standen nach den Betriebsratswahlen 14 VdU-Mandate 12 SPÖ- und 2 KPÖ-Mandaten gegenüber. Die absolute Mehrheit der Mandate gewann der VdU auch in den Linzer Stickstoffwerken und in den Ennskraftwerken Großraming. Sicherlich waren in den genannten Werken viele Volksdeutsche beschäftigt, für die sich der VdU besonders einsetzte, und ebenso Nationalsozialisten, die auf Grund des Verbotsgesetzes ihren eigentlichen Beruf nicht ausüben durften, doch war nicht zu übersehen, daß sich der VdU in Richtung einer zweiten Arbeiterpartei zu entwickeln schien, was vor allem meinem persönlichen Wunsch entsprach. Ich hatte zusammen mit *Thomas Neuwirth*, dem Leiter des „Zentralausschusses für Gewerkschafts- und Sozialpolitik im VdU", zusätzlich zum Parteiprogramm ein Sozialprogramm entworfen. Wennn dieser Entwicklung der durchschlagende Erfolg versagt blieb, dann deshalb, weil sich Sozialisten und Kommunisten in den Betrieben zusammentaten, um selbst mit den Mitteln des Terrors, wie aus zahlreichen Verhandlungen vor dem Einigungsamt zu ersehen ist, die VdU-Betriebsräte und VdU-Anhänger einzuschüchtern. Die VdU-Führung besaß nicht die Macht, ihre Betriebsräte zu schützen, das Rechtsbewußtsein aber war nach 12 Jahren Diktatur und vier Jahren Besatzungsregime noch nicht so stark entwickelt, daß es sich gegenüber Machtinteressen hätte durchsetzen können.

Die SPÖ hatte während des Wahlkampfes schützend ihre Hand über den VdU gehalten, weil sie hoffte, daß sie durch die Wahlbeteiligung des VdU die relative Mehrheit gewinnen werde — Vizekanzler *Schärf* deutete für diesen Fall während eines Gesprächs in einem Salzburger Hotel mit *Kraus* und mir an, eine Koalition der drei Parteien zu bilden, die dem *Marshall*-Plan zustimmten —; doch nach den Wahlen, bei denen die SPÖ ebenso viele Mandate wie die ÖVP an den VdU abgeben mußte und deshalb die relative Mehrheit nicht gewann, war es mit der Freundschaft vorbei. Die Sozialisten schlossen vielmehr mit der ÖVP ein noch engeres Koalitionsbündnis, und beide gemeinsam drängten den VdU buchstäblich in die Ecke. Um einander zu hindern, von der Linie abzuweichen, den VdU als Quantité négligeable zu behandeln, taten sie alles, um ihn des Neonazismus zu verdächtigen, wissend, daß ein Zusammenhang mit einer des Neonazismus verdächtigen Gruppe von den Alliierten nie zugelassen werden würde.

Zur politischen Quarantäne durch die Großparteien kamen noch die parteiinternen Schwierigkeiten. Was durch das gemeinsame Interesse während des Wahlkampfes verdrängt werden konnte, brach nun aus. Für einen Teil der Funktionäre hatten die Gründer in erster Linie die Aufgabe, den Start einer national-liberalen Partei zu ermöglichen. Nachdem dies erreicht war, wollten die Nationalen selbst wieder die Führung übernehmen, wobei sie auf das Versprechen der ÖVP während des Wahlkampfes vertrauten. Einige Nationale glaubten anfangs tatsächlich, daß eine nationale Revolution wieder bevorstünde, wie es ihr erster Führer, der hochdekorierte Fliegeroberst des Zweiten Weltkrieges *Gordon Gollob,* verkündete, den *Kraus* zum Generalsekretär des VdU eingesetzt hatte. Die Folge dieser Entwicklung war die Teilung des VdU in einen liberalen und einen nationalen Flügel, und die Hoffnung von *Kraus,* daß durch ein Zusammengehen mit der „Jungen Front", die sich von der ÖVP getrennt hatte und sich nun „Aktion zur politischen Erneuerung" nannte, der liberale Flügel gestärkt werden würde, ging nicht in Erfüllung. Der VdU hatte noch einmal ein Erfolgserlebnis, als er mit einigen Gruppen und unabhängigen Persönlichkeiten den Leiter der Chirurgischen Klinik an der Innsbrucker Universität, *Burghard Breitner,* der wegen seines Einsatzes als Arzt in den russischen Kriegsgefangenenlagern während und nach dem Ersten Weltkrieg „Engel von Sibirien" genannt wurde, als Präsidentschaftskandidaten gewann. Der VdU übernahm 95 Prozent der Organisation und der Redner. *Breitner* errang 662.501 Stimmen und erhielt in den Städten Salzburg und Innsbruck die absolute, im Land Salzburg die relative Mehrheit. Dann aber ging es mit dem VdU kontinuierlich bergab. Bei den Nationalratswahlen 1953 verringerte sich sein Mandatsstand von 16 auf 14. Verhandlungen mit der ÖVP wegen einer Regierungsbeteiligung führten zu keinem Erfolg, weil sich Bundespräsident *Körner* querlegte.

Die Anhänger des nationalen Flügels, nun unter Führung von *Dr. Fritz Stüber,* warfen *Dr. Kraus* und der Bundesparteileitung vor, sie hätten durch ihre Verhandlungen mit der ÖVP der Partei schweren Schaden zugefügt. Für diesen politischen Freundschaftsdienst bot *Schärf* dem *Dr. Stüber* das Du-Wort an. Da *Stüber* von da an Obstruktionspolitik betrieb, sah sich die Parteiführung gezwungen, ihn auszuschließen. Mit dem Ausschluß war jedoch nichts gewonnen. Die Auflösungserscheinungen gingen weiter. So mißlang der Versuch von *Kraus* und mir, eine Partei zu gründen, die liberales Gedankengut in Politik, Wirtschaft und Kultur durchsetzen, aber im Gegensatz zur liberalen Bewegung des vorigen Jahrhunderts den sozialen Aspekt besonders berücksichtigen sollte — ich erwähne nur die Idee der Partnerschaft im Betrieb und die Gewinnbeteiligung der Arbeiter. Als *Kraus* und ich uns dies eingestehen mußten, stand der Auflösung des VdU nichts mehr im Wege.

An die Stelle des VdU trat nun die Freiheitliche Partei Österreichs. Ihr erster Bundesparteitag fand am 7. und 8. April 1956 im Wiener Hotel „Weißer Hahn" statt. *Ing. Anton Reinthaller* wurde zum Parteiobmann gewählt. Er war illegaler Nationalsozialist und hatte unter *Schuschnigg* die Befriedungsaktion geleitet, die den illegalen Nationalsozialisten, die eingesperrt oder in Gerichtsverfahren verwickelt waren, Erleichterungen brachte. 1938 holte ihn *Seyß-Inquart* in sein kurzlebiges nationalsozialistisches Kabinett als Landwirtschaftsminister. Nach dem Anschluß wurde er Unterstaatssekretär im Reichsernährungsministerium und Landesbauernführer von Ober-Donau, wie Oberösterreich damals hieß. Nach dem Krieg kam er in das Internierungslager Glasenbach. Dann wurde er sieben Jahre in Untersuchungshaft gehalten, vom Volksgericht verurteilt, aber sofort nach der Verurteilung vom Bundespräsidenten begnadigt. Obwohl er trotz seiner Zugehörigkeit zur NSDAP ein gemäßigter Politiker war und auch vom politischen Gegner geschätzt wurde, bedeutete sein Name doch ein Programm: Die Partei sollte eine konservative und nationale Erneuerungsbewegung sein. Der nationale Gedanke, die „Deutscherhaltung Österreichs", blieb für *Reinthaller* der wichtigste, weil einigende Faktor.

Die graue Eminenz der neuen Partei war *Emil van Tongel*, ein Sudetendeutscher, Doktor der Jurisprudenz und Apotheker von Beruf. In der nationalsozialistischen Ära war er Gauredner. Er glaubte, daß es in Österreich noch ein großes nationales Lager gäbe, weshalb er glücklich war, als *Kraus* und ich aus der Politik schieden. Er übte den stärksten Einfluß auf *Reinthaller* aus, der mit einem gewissen Widerstreben in die Politik zurückgekehrt war und sich erst nach einer Aussprache mit Bundeskanzler *Raab* dazu entschlossen hatte. *Tongels* große Hoffnungen erfüllten sich nicht. Bei den Nationalratswahlen am 13. Mai 1956 mußte er erkennen, daß die nationale Idee keine Massen mehr zu bewegen vermochte. Mit 283.749 Stimmen (6,52 Prozent) und 6 Mandaten sank die FPÖ auf weniger als die Hälfte des VdU-Bestandes.

Die Politik der FPÖ unterschied sich im wesentlichen nicht von der des VdU. Schließlich hatten sich die wichtigsten Führungskräfte des VdU, von den Gründern abgesehen, der FPÖ angeschlossen, wie *Dr. Kandutsch, Dr. Gredler, Gustav Zeillinger* und *Prof. Pfeiffer*, um nur einige zu nennen. Die Bindung der FPÖ zur ÖVP war anfangs stärker, als es unter dem VdU der Fall war. Das wurde sichtbar, als ÖVP und FPÖ gemeinsam einen Kandidaten zur Bundespräsidentenwahl aufstellten, den Universitätsprofessor *Dr. Wolfgang Denk*, einen Chirurgen von Rang, aber einen Nichtpolitiker, der auch prompt gegenüber *Schärf* den kürzeren zog.

Im März 1958 starb *Reinthaller* an Lungenkrebs. Sein Nachfolger wurde *Friedrich Peter*, der versuchte, mit der SPÖ Verbindungen anzuknüpfen, doch scheiterten die schon weit gediehenen Verhandlungen, als die *Olah*-Krise in der SPÖ ausbrach. *Peter* war auch bemüht, wieder das liberale Element in der Partei zu stärken. Sein größter Fehler war, daß er auf Druck von *Dr. Alexander Götz* und gegen meinen Rat vor den Nationalratswahlen 1970 die Erklärung abgab, keinen roten Bundeskanzler zu unterstützen. Bei den Wahlen verlor die ÖVP nicht nur die absolute, sondern auch die relative Mehrheit, und als der enttäuschte Bundeskanzler *Klaus* in der Wahlnacht eine Koalition ÖVP-FPÖ ausschloß, saß *Peter* zwischen zwei Stühlen. Dank der klugen Taktik *Kreiskys* gelang es diesem aber mit Unterstützung der FPÖ, eine Minderheitsregierung zu bilden, wofür die Freiheitlichen eine Wahlrechtsreform erhielten, die ihre Position im Parlament besser absichert. Auch verschaffte *Kreisky* der FPÖ einen Einfluß, wie ihn das national-liberale Lager nach 1945 noch nie gehabt hatte. Man nahm die FPÖ nun auch in der Öffentlichkeit und in den Massenmedien als die dritte politische Kraft zur Kenntnis.

Auf *Peter* folgte das kurze Zwischenspiel von *Alexander Götz*, der die enge Beziehung zwischen FPÖ und SPÖ wieder rückgängig machen wollte und sich eng an die ÖVP anschloß, der er den Posten des Bürgermeisters in Graz verdankte. Da er aber beide Funktionen, die des Bürgermeisters und die des Parteiobmannes, nicht ausüben konnte, wählte die Partei *Dr. Norbert Steger* zum Obmann, und er ist der erste, der sich rückhaltlos als liberaler Politiker bekennt. Die FPÖ trat der liberalen Weltunion bei und entwarf ein liberales Manifest.

Ich habe versucht, einen kurzen Überblick über die Entwicklung des nationalliberalen Lagers in Österreich zu geben. Das eigentliche Dilemma dieses Lagers war die ständige Gruppenbildung, wobei die Radikalen immer den großen Schaum schlugen und dem gesamten Lager, dessen Mehrheit sich stets auf der Seite der Gemäßigten befand, ein falsches Image verschafften. Den schlimmsten Schlag versetzte ihm *Adolf Hitler*, der den Begriff „national" mit Blut und Schande befleckte. Als deshalb die Gründer des VdU das national-liberale Lager in das politische Leben zurückholten, taten sie es in der Gewißheit, daß die Neugründung ein liberal-soziales Gesicht erhalten müßte, damit es aus dem Höllenkreis der nationalen Katastrophe herausfände. Eine Partei mit starker nationaler Prägung hat zumindest in den nächsten Jahrzehnten keine Zukunft. Das wieder im vollen Ausmaß erkannt zu haben, ist die Stärke des derzeitigen Parteiobmannes. Die große Chance des Jahres 1949 kommt nicht mehr. Auch sind in Zeiten wirtschaftlicher Krisen die Aussichten für kleine Parteien nicht günstig. Dennoch wird spätestens nach *Kreiskys* Abgang jene Partei die liberal gesinnten Menschen am ehesten gewinnen, die am glaubwürdigsten die liberalen Ideen vertritt. Ein Wettstreit in dieser Hinsicht kann der Entwicklung unseres Landes nur nützen.

(Manuskript abgeschlossen im Mai 1982.)

Literaturhinweise:

Adam Wandruszka: Österreichs politische Strukturen, Wien 1954.
Andrew G. Whiteside: Georg Ritter von Schönerer, Graz—Wien—Köln 1981.
Viktor Reimann: Die Dritte Kraft in Österreich, Wien—Zürich—New York 1980.
Kurt Piringer: Die Geschichte der Freiheitlichen, Wien 1982.
Erich Reiter: Programm und Programmentwicklung der FPÖ, Wien 1982.

Richard Olechowski

Schul- und Bildungspolitik während der Ersten und der Zweiten Republik

Die Erste Republik

Die Schul- und Bildungspolitik der Ersten Republik ist untrennbar mit dem Namen *Otto Glöckel* verbunden. *Glöckel* hatte schon in frühem Lebensalter eine hohe politische Funktion inne. Schon mit 33 Jahren, im Jahre 1907, war *Glöckel* Reichsratsabgeordneter, und er wurde später, als eines der sechs sozialdemokratischen Mitglieder, in die Konzentrationsregierung *Renner I* berufen. Am 16. Februar 1919 fanden die ersten Wahlen der jungen Republik statt. Aus diesen Wahlen ging die Sozialdemokratische Partei als die stärkste Partei hervor; es kam zu einer Koalitionsregierung zwischen Sozialdemokratischer und Christlichsozialer Partei. Nunmehr wurde *Glöckel* als Unterstaatssekretär des Unterrichtsamtes berufen. (In diesem Kabinett waren die Agenden des Unterrichtsamtes in einem Staatsamt für Inneres und Unterricht vereinigt; Unterricht und Kultus wurden aber unabhängig voneinander verwaltet.) *Glöckel* wurde somit als Nachfolger *Raphael Pachers* (dieser leitete während des Konzentrationskabinetts *Renner I* das Staatsamt für Unterricht) „de facto Unterrichtsminister".[1])

1. Die Reformabteilung des Unterrichtsamtes

Das erste Prinzip, das *Glöckel* im Unterrichtsamt zu verwirklichen versuchte, bestand darin, daß die Arbeit v e r s a c h l i c h t werden sollte: Alle sachlichen Entscheidungen sollten von Pädagogen getroffen werden. Die Juristen hatten nur für die richtige Formulierung zu sorgen. Zur Realisierung dieses Prinzips der Versachlichung richtete *Glöckel* auf Vorschlag von *Viktor Fadrus* im Unterrichtsamt eine Reformabteilung mit zwei Unterabteilungen ein. Die eine Unterabteilung hatte die Aufgabe, die Reform im Bereich der Pflichtschule vorzubereiten (Leiter dieser Unterabteilung: *Dr. Viktor Fadrus*), die andere Unterabteilung sollte die Reform für den „Mittelschulbereich" vorbereiten (Leiter der Unterabteilung: Univ.-Prof. *Dr. Eduard Martinak*, Univ. Graz). Am Anfang der Reformphase entwickelte die Reformabteilung (mit ihren beiden Unterabteilungen) für drei Problembereiche „Leitsätze" bzw. Lehrpläne:

- Leitsätze für die Neugestaltung der Lehrerbildung,
- Leitsätze für den allgemeinen Aufbau von Schulen,
- Lehrpläne für die bestehenden und für die neu zu schaffenden Schulen.

1) O. *Achs:* Drillschule — Lernschule — Arbeitsschule, Wien 1974, S. 73 f.

Richard Olechowski, Dr. phil., o. Prof. der Pädagogik an der Universität Wien.

Außer *Glöckel* selbst und den Leitern der Unterabteilung der Reformabteilung arbeiteten an diesen Leitsätzen bzw. den Lehrplänen noch mit: *Dr. Ludwig Battista, Dr. Eduard Burger, Leopold Lang* und *Karl Linke.*[2])

2. *Der „Glöckel-Erlaß"*

Einer der ersten Erlässe *Glöckels*, die dieser als Unterstaatssekretär im Unterrichtsamt herausgegeben hat, hat viel Beachtung gefunden, er trug ihm allerdings zugleich auch den erbitterten Haß konservativer und kirchlicher Kreise ein, was leider auch mit zur Folge hatte, daß *Glöckels* Reformideen vom konservativen Lager von vornherein und vorwiegend aus emotionalen Gründen abgelehnt wurden, ohne auf ihren sachlichen Gehalt geprüft zu werden. Es handelt sich um den am 10. April 1919 herausgegebenen Erlaß. (In die Geschichte ging dieser Erlaß als der *Glöckel*-Erlaß ein.) Der Erlaß brachte für die Lehrer die Aufhebung des Zwanges zur Beaufsichtigung der Schüler bei religiösen Übungen und die Beseitigung der Verpflichtungen, diese Teilnahme der Schüler bei der Notengebung im Unterrichtsfach „Religion" zu berücksichtigen. *Glöckel* wollte, so schreibt sein enger Freund und Mitarbeiter *Hans Fischl*, durch diesen Erlaß nur den gesetzlichen Zustand wiederherstellen: „Zu den Abmachungen, auf denen die christlichsoziale-sozialdemokratische Koalitionsregierung von 1919 fußte, gehörte die grundsätzliche Aufrechterhaltung des gesetzlichen Status quo in allen Fragen, die das Verhältnis von Staat und Kirche betrafen" (dieses Verhältnis war im Prinzip im Staatsgrundgesetz von 1867 geregelt; detailliertere Einzelheiten weiter unten! Anm. d. Verf.), „also die Ausschaltung jeglichen ‚Kulturkampfes'."[3])

2.1 *Die Vorgeschichte des Glöckel-Erlasses*

Otto Glöckels Vater war ein liberaler, antiklerikaler Lehrer. Schon sehr früh hat *Otto Glöckel* über seinen Vater die schlechte soziale Lage und die starke Abhängigkeit der damaligen Lehrer von der kirchlichen Obrigkeit erkannt. Wie *Otto Glöckel* in seiner Selbstbiographie schreibt, hatte damals der Lehrer den Geistlichen bei allen möglichen Anlässen zu begleiten und ihm zu assistieren: beim Altardienst, an Sterbebetten, bei Hochzeiten und Leichenbegängnissen, „und er erbettelte bei dieser Gelegenheit mit der Tasse in der Hand seine Entlohnung".[4])

Es ist verständlich, daß sich in einer solchen Situation sehr leicht eine antiklerikale Einstellung entwickelt; diese Einstellung hat *Otto Glöckel* von seinem Vater übernommen. Sein Lebensweg war schon sehr früh mit der sozialdemokratischen Bewegung verbunden, und so war es unausbleiblich, daß er mit dem damals herrschenden System in Schwierigkeiten geriet. *Otto Glöckel* wurde in Wiener Neustadt zum Leh-

2) *W. Weinhäupl:* Pädagogik vom Kinde aus, Wien — München 1981, S. 14 f.
3) *H. Fischl:* Schulreform, Demokratie und Österreich 1918—1950, Wien o. J., S. 21.
4) O. *Glöckel* (von *H. Fischl* beendet): Selbstbiographie, Zürich 1939, S. 15.

rer ausgebildet. Über Vermittlung des sozialdemokratischen Abgeordneten *Engelbert Pernersdorfer* wurde er als „provisorischer Unterlehrer" angestellt. *Glöckel* schloß mit seinem sozialdemokratischen Kollegen *Karl Seitz* Freundschaft, und sie gründeten gemeinsam die Lehrerorganisation „Die Jungen" und auch die Zeitschrift dieser Lehrerorganisation „Freie Lehrerstimme". Am 15. September 1897 wurde *Otto Glökkel* (gemeinsam mit vier anderen provisorischen Unterlehrern) ohne jedes Disziplinarverfahren, allein wegen seiner sozialdemokratischen Gesinnung, von Bürgermeister *Lueger* aus dem Schuldienst entlassen.[5]) Für die Härte der politischen Unterdrückung, der damals die Lehrer ausgesetzt waren, ist der folgende Ausspruch *Luegers,* den dieser einige Jahre später im Parlament getan hat, charakteristisch: „Kein Lehrer hat ein Recht, Republikaner (Sozialdemokrat) oder Schönerianer zu sein. Sie müssen aus den österreichischen Schulen hinausgejagt werden, da gibt es kein anderes Mittel. Das ist mein Staatsgrundgesetz!"[6]) Im Lichte solcher Ereignisse und der gesamten damaligen politischen Situation scheint es nahe zu liegen, den erwähnten „Glöckel-Erlaß" aus der antiklerikalen Haltung *Otto Glöckels* zu erklären. Interessant ist in diesem Zusammenhang ein Versuch *Hans Fischls,* das Zustandekommen des zitierten Erlasses zusätzlich aus einem erzieherischen Motiv heraus zu interpretieren: Er meint, der Erlaß biete die unbedingt notwendige Voraussetzung für eine wahrhaft religiöse Erziehung — ohne äußeren Zwang.[7])

Es darf aber vor allem nicht übersehen werden, daß es außer möglichen persönlichen Motiven auch Wurzeln für den erwähnten Erlaß gab, die in damals schon weiter zurückliegenden Parteitagsbeschlüssen lagen: Schon beim Einigungsparteitag 1888/89 in Hainfeld wurde die Forderung nach obligatorischem, unentgeltlichem und konfessionslosem Unterricht in den Volks- und Fortbildungsschulen erhoben. Voraussetzung zur Durchsetzung dieser Forderung — auch dies wurde klar und deutlich gesagt und ebenfalls als Forderung erhoben — sei die Trennung von Kirche und Staat bzw. von Staat und Schule. Zum besseren Verständnis der Gesamtsituation sei hier daran erinnert, daß die Kirche durch das Konkordat von 1855 sehr viel Einfluß auf die Schule hatte; die Schule war damals (wieder) der kirchlichen Aufsicht unterstellt worden. Erst durch das Staatsgrundgesetz vom Dezember 1867 wurde dem Staat die oberste Leitung und Aufsicht der Schule übertragen.[8]) „Das Reichsgesetz über das Verhältnis der Kirche zur Schule vom 25. Mai 1868 (‚Maigesetz') statuiert die interkonfessionelle Schule [= öffentliche weltliche Schule, auch ‚konfessionelle Simultanschule' genannt, Anm. d. Verf.]; die katholische Schule kann nur mehr eine Privatschule sein."[9]) Die Grundsätze des Maigesetzes (besonders auch das staatliche Aufsichtsrecht über die öffentlichen Schulen) wurden im Reichsvolksschulgesetz vom 14. Mai 1869 durchgeführt.[10]) Kirchliche Kreise versuchten später aber immer wieder, der Kirche neuerdings mehr Einfluß zu verschaf-

5) Ebd.
6) Zit. n. *Achs* (Anm. 1), S. 32 f.
7) *Fischl* (Anm. 3), S. 20.
8) *F. Hörburger.* Geschichte der Erziehung und des Unterrichtes, Wien 1967, S. 139.
9) Ebd.
10) Ebd.

fen und das kirchliche Aufsichtsrecht zurückzugewinnen. Die „interkonfessionelle Schule" war von der Kirche bloß geduldet. (Das ist mehreren päpstlichen Enzykliken und auch dem Codex iuris canonici zu entnehmen.) Immer wieder wurde in der Ersten Republik von kirchlichen oder von christlichsozialen Kreisen (z. B. von Kardinal *Piffl* und von Bundeskanzler *Seipel*) die Forderung nach der (öffentlichen) konfessionellen Schule erhoben. Die Frage wurde z. B. bei der Angliederung des Burgenlandes an Österreich wieder aktuell. Im Burgenland hatte es während seiner Zugehörigkeit zu Ungarn die konfessionelle Schulform gegeben. Kardinal *Piffl* forderte die Ausdehnung dieser Schulform auf ganz Österreich. Bei einer parlamentarischen Abstimmung in dieser Angelegenheit erlitten die Christlichsozialen eine Niederlage (80 gegen 83 Stimmen).[11])

3. *Die Reformvorhaben Otto Glöckels*

Hans Fischl, selbst Sozialdemokrat, betont, daß die Sozialdemokratische Partei als Ganze keine „sozialistische Wirtschaftsordnung" aufrichten wollte. „Ihr Ziel war vielmehr der Aufbau einer von sozialem Geist erfüllten demokratischen Republik, die den arbeitenden Schichten der Bevölkerung mit der politischen Gleichberechtigung auch die Voraussetzung für ihren wirtschaftlichen und kulturellen Aufstieg schaffen sollte. Dies war also der allgemeine Rahmen, in den sich auch die geplante Schulerneuerung einzuordnen hatte."[12])

Diese These, daß die Sozialdemokraten bzw. die Schulreformer der Ersten Republik, insbesondere *Otto Glöckel*, die Schulreform nicht vorschützten, um über sie eine radikale Gesellschaftsreform (im Sinne einer marxistischen Ideologie) zu erreichen, wird auch in einer von *Nikolaus Severinski* vor kürzerer Zeit durchgeführten Analyse der *Glöckel*schen Schulreform erhärtet.[13]) Die Schulreform *Glöckels* hatte eine individualpädagogische Zielsetzung (die Individualisierung des Bildungsablaufs wurde erstrebt) und gesellschaftspolitische Aspirationen (im Sinne der Detailziele „Verwirklichung der Chancengleichheit" und „soziale Integration").[14])

3.1 *„Deutsche Mittelschule"*

Die erste schulorganisatorische Neuerung, die *Glöckel* zu verwirklichen versuchte, war die Umwandlung der ehemaligen Kadettenschulen in „Staatserziehungsanstalten", die schließlich in „Bundeserziehungsanstalten" umgewandelt wurden. Bei diesem Reformvorhaben wollte *Glöckel* erreichen, daß die Kinder sich nicht frühzeitig (nicht vor dem 14. Lebensjahr) entweder für den „humanistischen Zweig" oder den „realistischen Zweig" der Unterstufe der Mittelschule (nachmals „höhere Schule" benannt) entscheiden müßten. Mit der Erlernung einer Fremdsprache sollte erst in

11) *P. M. Zulehner:* Kirche und Austromarxismus, Wien — Freiburg — Basel 1967, S. 57.
12) *Fischl* (Anm. 3), S. 11.
13) *N. Severinski:* Die Geschichte der „Glöckelschen Einheitsschulidee", Unveröffentl. Diss., Wien 1979.
14) Ebd.

der 3. Klasse der Unterstufe (= 7. Schulstufe) begonnen, der Pflege der (deutschen) Muttersprache sollte hingegen besonderes Augenmerk gewidmet werden; daher wurde dieser Typ „Deutsche Mittelschule" genannt.

3.2 *Reform der Volksschule*

Die Reform der Volksschule war nicht eine Reform der Schulorganisation, es war eine „innere Schulreform". Für diese Reform waren drei Grundsätze maßgebend: Arbeitsunterricht, Gesamtunterricht, Bodenständigkeit.

Die Kritik an der herkömmlichen Schule, zugleich eine Kritik am Herbartianismus, bestand darin, daß auf die Überfütterung der Kinder mit Lernstoff hingewiesen wurde, auf das Übermaß des Auswendiglernens von Regeln und Formeln, die Abstraktions- und Systemsucht, die Verfrühung in vielen Bereichen, das Vorherrschen lebensfremder Stoffe, die Zersplitterung in zahlreiche Gegenstände etc. Es gab lange Zeit einen starken Zug zum Gebrauchswissen und zum Enzyklopädismus, die Geisteswissenschaften und die schöpferischen Momente wurden demgegenüber sehr in den Hintergrund gedrängt.[15])

Der Leitgedanke der österreichischen Schule sollte (nach den Vorstellungen von *Viktor Fadrus, Otto Glöckel* und den anderen Schulreformern) lauten: „Pädagogik vom Kinde aus." Die drei oben genannten Grundsätze — Arbeitsunterricht (im Sinne *Georg Kerschensteiners),* Gesamtunterricht (im Sinne *Berthold Ottos* bzw. der Berliner Schule), Bodenständigkeit (es soll von jenen Lebensbereichen ausgegangen werden, die dem Kind aus dem eigenen Erleben heraus bekannt sind) — schienen eine „kindgemäße Pädagogik" zu garantieren.

Ab dem Schuljahr 1920/21 trat der Lehrplan für die Volksschulen provisorisch in Kraft. Allerdings war durch die inzwischen eingetretenen politischen Verhältnisse *Glöckel* im nächsten Jahr nicht mehr Chef der österreichischen Unterrichtsverwaltung.[16]) (Über diese Veränderung der politischen Verhältnisse wird weiter unten näher berichtet.) *Glöckels* Funktion als Unterstaatssekretär des Unterrichtsamtes nahm *Dr. Walter Breisky* ein, die dieser bis zum Jahre 1922 innehatte. *Breisky* wollte die Weiterentwicklung auf diesem Gebiete sabotieren und „flüchtete ... zu dem Ausweg, die Zeit der ‚probeweisen' Anwendung des neuen Lehrplanes auf weitere vier Jahre (also bis Sommer 1925) zu erstrecken. Diese Maßnahme, als ein Abrücken von der Schulreform gedacht, mußte — dies war den Schulreformern sofort klar — ihr letzten Endes zum Vorteil gereichen; denn innerhalb dieser Zeit mußte sich die neue Unterrichtsweise so sehr einleben, daß eine Rückkehr zum Alten in Hinkunft völlig unmöglich sein würde. Und diese Erwartung hat sich auch erfüllt."[17]) In der Zwischenzeit wurden Details am Lehrplan für die Volksschulen selbstverständlich geändert, im Prinzip aber ist noch heute dieser Lehrplan an den Volksschulen in Kraft, und vor allem haben die drei Prinzipien, „Arbeitsunterricht", „Gesamtunterricht" und „Bodenständigkeit" nach wie vor Gültigkeit.

15) *Weinhäupl* (Anm. 2), S. 49.
16) *Achs* (Anm. 1), S. 94.
17) *Fischl* (Anm. 3), S. 27 f.

Die starke und vor allem nachhaltige Wirkung der damaligen Reform ist wohl dadurch zu erklären, daß die Bemühungen um eine Schulreform in Österreich während der Ersten Republik im Zusammenhang mit einer Reihe von Reformplänen zu sehen sind, die um die Jahrhundertwende in den USA und in ganz Europa entstanden sind. Diese Bestrebung um eine Erneuerung der Pädagogik jener Zeit ist in die Geschichte der Pädagogik unter dem Namen „Reformpädagogik" eingegangen. Als Beispiele für die damaligen Erneuerungsversuche seien genannt: „Die freie geistige Schularbeit" nach *Hugo Gaudig*, „Das Arbeitsschulprinzip" *Georg Kerschensteiners*, „Die Montessori-Methode", „Der Dalton-Plan" nach *Helen Parkhurst*, „Der Winnetka-Plan" nach *Carleton Washburne*.[18]) Der Anfang der Reformpädagogik muß allerdings früher gesucht werden: „Die Wurzeln unserer Kultur sind im 18. Jahrhundert zu suchen."[19]) Vor allem der Wandel zur „naturgemäßen Pädagogik" (*Pestalozzi, Comenius, Ratke, Condorcet, Felbiger* etc.) bietet die eigentliche Basis der „Reformpädagogik" zu Beginn dieses Jahrhunderts.

3.3 *„Allgemeine Mittelschule"*

Durch das Reichsvolksschulgesetz 1869 war der Schuleintritt mit dem vollendeten 6. Lebensjahr des Kindes (sofern der allgemeinen Unterrichtspflicht in anderer Weise nicht entsprochen wurde) festgelegt. Die Volksschule umfaßte 8 Schulstufen. Nach der 5. Schulstufe war ein Übertritt in die 3 Schulstufen umfassende „Bürgerschule" (ungefähr der heutigen „Hauptschule" entsprechend) möglich. Ein Übertritt in die höhere Schule (in das „Gymnasium" bzw. in die „Realschule") war nach der 5. Volksschulklasse, für besonders (früh)begabte Kinder nach der 4. Volksschulklasse, möglich.

Glöckel und seine Mitarbeiter traten entschieden dafür ein, den Dualismus von „Bürgerschule" und „höherer Schule" abzuschaffen. Sie vertraten die Auffassung, daß eine Entscheidung, die um das 10. bzw. 11. Lebensjahr des Kindes für seine weitere Schullaufbahn getroffen werde, verfrüht sei. Eine Entscheidung zu einem so frühen Zeitpunkt werde in vielen Fällen nicht nach der Begabung des Kindes, sondern nach seiner Sozialschichtzugehörigkeit getroffen. Das Problem der frühen Auslese war insofern besonders gravierend, als der Lehrplan der Bürgerschule sich von dem der höheren Schule wesentlich unterschied. Übertritte während des Besuches der Bürgerschule oder nach Absolvierung derselben in die höhere Schule waren daher faktisch nicht möglich. Die Bürgerschule war eine Bildungssackgasse. Die um das 10. bzw. 11. Lebensjahr des Kindes getroffene Entscheidung hinsichtlich seiner weiteren Schullaufbahn war irreversibel. *Otto Glöckel* und seine Mitarbeiter schlugen daher vor, den Zeitpunkt einer so gravierenden Entscheidung auf das 14. Lebensjahr des Schülers zu verschieben. Sie forderten daher eine Verlängerung der gemeinsamen Grundschule vom 11. bis zum 14. Lebensjahr. Auf diese Weise, so hofften sie, könnte das Bildungsprivileg der mittleren und oberen Sozialschicht durchbro-

18) Einzelheiten hiezu bei *Th. Schwerdt:* Kritische Didaktik, München 1952.
19) *V. Fadrus:* Beiträge zur Gestaltung des Bildungswesens, Wien 1956, S. 52.

chen und ein „Ausgleich der Chancen" gefunden werden. (Bei einer Entscheidung um das 14. Lebensjahr könnte der Schüler bei der Schullaufbahnwahl z. T. auch selbst mitwirken.) Die vom 11. bis zum 14. Lebensjahr verlängerte gemeinsame Grundschule nannte *Glöckel* „Allgemeine Mittelschule".

In den Schriften mancher Schulreformer (z. B. *Furtmüller, Fischl*) wird das Modell „Allgemeine Mittelschule" auch „Einheitsschule" genannt. Diese Bezeichnung ist jedoch aus zwei Gründen ungünstig: Erstens ist dieser Ausdruck mißverständlich, weil es zur selben Zeit mehrfache, allerdings andersartige Bestrebungen zu „Vereinheitlichungen" gab: Bis 1919 waren in Deutschland den höheren Schulen dreijährige Vorschulen angegliedert, an denen Lehrer des betreffenden Gymnasiums bzw. der Realschule unterrichteten; die einzelne Vorschule unterstand jeweils jener Direktion der höheren Schule, der sie angeschlossen war. Im Gegensatz zu den Volksschulen wurde an den Vorschulen Schulgeld eingehoben. Auf diese Weise konnten begüterte Eltern ihrem Kind „mit einem kleinen Opfer an Schulgeld Jahre voraus einen Platz in der Hauptanstalt sichern".[20]) Eine Reihe von „Reformpädagogen" (z. B. *Georg Kerschensteiner, Paul Natorp, Johannes Tews)* kämpften vehement um eine „Einheitsschule", d. h. um die Abschaffung der Vorschulen, zugunsten einer einheitlichen Grundschule. Ebenso sprach man aber auch von „Einheitsschule", wenn man von der Frage der „Verschmelzung" verschiedener Formen der Unterstufe (z. B. „Deutsche Mittelschule", siehe oben!) oder der Oberstufe der höheren Schule sprach.[21]) Schließlich gibt es noch eine vierte Bedeutung des Ausdruckes „Einheitsschule": „Sosehr A. Höfler und R. Meister die Bemühungen Glöckels um eine gemeinsame Schule der Zehn- bis Vierzehnjährigen bekämpften, redeten dennoch auch sie einer ‚Einheitsschule' das Wort, wobei sie dem Terminus ‚Einheitsschule' allerdings eine gänzlich andere Bedeutung zugrunde legten: Sie traten zwar für eine Vielfalt von Schularten ein, nannten aber diese Vielfalt dann dennoch ‚Einheitsschule', weil das Wesen dieser verschiedenen Schularten ‚in dem einheitlichen nationalen Gedanken und einem aus einer einheitlichen Kulturauffassung heraus entworfenen gleichartigen Aufbau des Gesamtbildungsgutes' bestehe."[22]) Wie oben angedeutet, ist der Ausdruck „Einheitsschule" noch aus einem zweiten Grund mißverständlich. Der Ausdruck legt die Vermutung nahe, es handle sich um eine „einheitliche", eine „uniforme" Schule, bei der die Gesichtspunkte der Differenzierung und Individualisierung zu kurz kämen. (Mit Schlagworten, die in diese Richtung gingen, wurde von politisch konservativer Seite die Schulreform jener Zeit zu diffamieren versucht: „öde Gleichmacherei", „kollektivistische Schulreform", „nackter Bolschewismus".)[23])

In Wirklichkeit trat *Otto Glöckel* — auch entgegen manchen andersgerichteten Tendenzen innerhalb seiner eigenen Partei — sehr deutlich für eine möglichst effektive Differenzierung (sogar für eine äußere Differenzierung nach Klassenzügen!) ein. *Glöckel* ging es um eine optimale Förderung des einzelnen Schülers. Gerade des-

20) *J. Tews:* Ein Volk — eine Schule, Osterwieck/Harz 1919, S. 153.

21) *H. Sienknecht:* Der Einheitsschulgedanke, Weinheim — Berlin 1970, S. 138, Anm. 289.

22) *R. Olechowski:* Schulpolitik, in: Die Erste Republik, 2 Bände (Hg.: *E. Weinzierl & K. Skalnik*), Graz 1983. Das an dieser Stelle angeführte Zitat stammt aus *A. Höfler & R. Meister:* Audiatur et altera pars, in: Volkserziehung 1921, S. 290 f.

23) *Fischl* (Anm. 3), S. 62.

halb kämpfte er so entschieden gegen eine frühzeitige Festlegung, gegen eine irrationale und irreversible Schullaufbahnwahl.

Das Modell „Allgemeine Mittelschule“ sah zwei Klassenzüge vor, einen für Schüler mit mittlerer und höherer Begabung und einen für Schüler, deren Leistungsfähigkeit unter dem Mittelmaß bleibt. Ferner waren im Modell „Allgemeine Mittelschule“ noch die folgenden Differenzierungsmöglichkeiten vorgesehen:

a) In beiden Klassenzügen gab es in 5 „Kursfächern“ (Deutsch, Geschichte, Erdkunde, Naturgeschichte sowie in Rechnen und Raumlehre) eine Unterteilung nach zwei verschiedenen Niveaus.
b) In der 7. und 8. Schulstufe kam in „Rechnen und Raumlehre“ und im Sprachunterricht noch eine weitere Differenzierung hinzu. Es gab die Möglichkeit, in diesen Fächern zwischen „erweitertem Lernstoff“ und „Mindestlernstoff“ zu wählen.[24])

In 5 Unterrichtsgegenständen (Gesang, Handarbeit, Religion, Turnen und Zeichnen) gab es einen gemeinsamen Unterricht; es handelte sich um leistungsheterogene, klassenübergreifende Arbeitsgemeinschaften.[25])

Glöckel und seinen Mitarbeitern dienten zur Erstellung dieses Modells zwei Vorbilder: Erstens hatten *Heinrich Schulz* und *Klara Zetkin* auf dem 1906 in Mannheim stattgefundenen Parteitag der Sozialdemokratischen Partei eine einheitliche Schule für alle Zehn- bis Vierzehnjährigen gefordert. (*Anton Sickinger* hat dann diese Forderung in seinem „Mannheimer System“ verwirklicht.) Eine zweite Vorbildwirkung ging von der Deutschen Lehrervereinsbewegung aus. Bei einer Versammlung auf dem Tivoli in Berlin hatte diese Bewegung schon im Jahre 1889 die einheitliche, achtjährige Schule gefordert. *Hermann Lietz* hat in den von ihm begründeten Landerziehungsheimen alle von der Lehrerbewegung erhobenen Forderungen in die Praxis umgesetzt. *Severinski* vermutet eine starke Vorbildwirkung von *Hermann Lietz* über *Viktor Fadrus* auf *Otto Glöckel.*[26])

Trotz dieser Vorbilder ist aber das *Glöckel*sche Modell der „Allgemeinen Mittelschule“ durch einen hohen Grad an Eigenständigkeit gekennzeichnet, vor allem im Hinblick auf die weitreichenden Differenzierungsmöglichkeiten.

3.4 Die Glöckelsche Schulreform als „umfassende Reform“

Glöckels Schulreform war umfassend: Wie schon berichtet, bemühte man sich um eine Reform der Schulorganisation („Deutsche Mittelschule“ und „Allgemeine Mittelschule“), aber auch um eine „innere Schulreform“, um die Reform des Lehrplanes der Volksschulen. In diesem Zusammenhang war es auch notwendig, neue Lehrbücher zu verfassen.

24) *Olechowski* (Anm. 22), zit. n. *L. Battista:* Die österreichische Schulreform nach dem Ersten Weltkrieg, Ztschr. Erziehung und Unterricht 1946, S. 514.
25) Ebd.; zit. n. *Severinski*, Diss. (wie Anm. 13), S. 49 ff.
26) *Severinski* (Anm. 13), S. 139 ff.

Glöckel bemühte sich auch um eine Neugestaltung der Lehreraus- und Lehrerweiterbildung. Die Kernforderung war die nach einer einheitlichen Ausbildung für die Lehrer aller Schulstufen und Schularten; d. h. die Forderung nach hochschulmäßiger Ausbildung nicht nur der Lehrer für alle höheren Schulen, sondern auch der der Pflichtschulen. *Glöckels* Modell für die Lehrerbildung sah folgendes vor: Nach dem ersten Studienjahr an der Universität sollten sich die Studenten entscheiden, ob sie „Klassenlehrer" (= Volksschullehrer) oder „Fachlehrer" (= Lehrer an der „Allgemeinen Mittelschule" oder an der Oberstufe) werden wollten. Für die Ausbildung zum Klassenlehrer war ein zweijähriges, für die zum Fachlehrer war ein vierjähriges Universitätsstudium vorgesehen.

Die damaligen Universitäten Österreichs, Wien, Graz und Innsbruck, lehnten *Glöckels* Vorschlag ab, sie hätten, so wurde von den Universitäten behauptet, nicht das geeignete Lehrpersonal und auch nicht die nötigen Einrichtungen für eine solche Ausbildung.[27]) Aus diesem Grund richtete *Glöckel* am Pädagogischen Institut der Stadt Wien einen groß angelegten Versuch ein, der im Jahre 1925 anlief: Die Lehrerstudenten sollten sowohl an der Universität als auch am Pädagogischen Institut studieren: vier Semester Fachausbildung an der Universität, am Pädagogischen Institut die schulpraktische und die pädagogische Ausbildung.[28])

Die der Christlichsozialen Partei angehörenden Unterrichtsminister wollten sich den Vorstellungen *Glöckels* für eine Reform der Lehrerausbildung nicht anschließen, vor allem nicht dem Gedanken, daß die Ausbildung für die Lehrer aller Schularten und aller Schulstufen vereinheitlicht werden und an den Universitäten stattfinden sollte. Sie entwickelten Gegenvorschläge, zunächst im Jahre 1927 der damalige Unterrichtsminister *Richard Schmitz;* aber durch die innenpolitischen Verhältnisse einerseits und durch die Wirtschaftskrise andererseits konnten die Reformvorhaben für eine Neuordnung der Lehrerbildung nicht mehr weiterverfolgt werden. Erst 1936 griff Unterrichtsminister *Dr. Hans Perntner* die Frage der Lehrerbildung wieder auf: Er gab den Auftrag zu einem Gesetzentwurf, und im Jahre 1937/38 nahmen die für sechs Semester konzipierten Lehrerakademien den Betrieb auf.[29]) Sie waren jedoch nicht von langer Dauer, denn sie wurden während der nationalsozialistischen Ära nicht mehr geführt.

Zu *Glöckels* umfassender Schulreform gehörte auch seine außerordentlich kräftige Förderung der Tätigkeit der Elternvereine. Eltern und Schüler sollten über den Sinn und Zweck der Reformarbeit informiert werden. *Otto Glöckel* und *Viktor Fadrus* engagierten sich bei dieser Tätigkeit auch persönlich in höchstem Maße; sie hielten eine Unzahl von Vorträgen im Rahmen von Elternabenden. Einige Zahlen mögen verdeutlichen, welcher Stellenwert diesem Aspekt der *Glöckel*schen Schulreform zukam: Im Schuljahr 1931/32 gab es in Österreich 415 Elternvereine mit 11.115 Funktionären. In jenem Jahr wurden an 2.131 Elternabenden 2.097 Vorträge gehalten.[30])

27) *Battista* (Anm. 24), S. 526.
28) *Weinhäupl* (Anm. 2), S. 129 ff.
29) *Battista* (Anm. 24), S. 528.
30) *Fischl* (Anm. 3), S. 47.

4. *Die Schulpolitik im Zusammenhang mit den innenpolitischen Ereignissen von 1920 bis 1938*

4.1 Otto Glöckel an der Spitze der Unterrichtsverwaltung

Die schulorganisatorische Neuerung „Deutsche Mittelschule" (siehe oben!) war eine der ersten Reformarbeiten *Glöckels;* sie kam zustande, als *Glöckel* noch die Funktion des Unterstaatssekretärs im Unterrichtsamt innehatte. Auch die Reform der Volksschule wurde faktisch während jener eineinhalb Jahre, während welcher *Otto Glöckel* Chef der österreichischen Unterrichtsverwaltung war (vom Februar 1919 bis Oktober 1920), abgeschlossen. (Wie oben erwähnt, trat der neue Lehrplan für Volksschulen ab dem Schuljahr 1920/21 in Kraft.) Durch die Arbeit der Reformabteilung, die *Glöckel* zu allererst, sofort nach seinem Amtsantritt, gegründet hatte, wurde auch dafür die Voraussetzung geschaffen, daß die Reform umfassend war (z. B. wurden die „Leitsätze" für die Reform der Lehrerbildung noch im ersten Halbjahr 1920 formuliert), Elternvereine und „Schulgemeinden" wurden gegründet. Daneben gab es eine Reihe weiterer Veränderungen, die auf Grund der Systematik der hier gegebenen Darstellung noch nicht einmal erwähnt werden konnten, z. B.: Umgestaltung der Aufnahmsprüfung in die höhere Schule (damals „Mittelschule"), Umgestaltung der Maturitätsprüfung, Einführung des ungeteilten Vormittagsunterrichtes.

4.2 Otto Glöckel als Präsident des Stadtschulrates für Wien

Im Juni 1920 kam es zum Bruch der sozialdemokratisch-christlichsozialen Koalition. Die Neuwahlen fanden im Oktober 1920 statt. Sie machten die Christlichsozialen zur stimmenstärksten Partei. „Der neue Nationalrat setzte sich jetzt aus 79 Christlichsozialen, 62 Sozialdemokraten, 18 Großdeutschen, zu denen auch die 6 Mitglieder der Deutschen Bauernpartei zählten, und einem bürgerlichen Demokraten . . . zusammen . . ."[31]) Zwar waren die Christlichsozialen mandatsstärkste Partei, sie hatten jedoch bei weitem nicht die absolute Mehrheit. Dennoch kam eine große Koalition nicht mehr zustande. Die Christlichsozialen übernahmen die Regierungsfunktion, die Sozialdemokraten gingen in die Opposition.

Auf Grund dieser innenpolitischen Situation mußte *Otto Glöckel* seine Funktion als Unterstaatssekretär im Unterrichtsamt abtreten. Sein Nachfolger hieß, wie schon erwähnt, *Dr. Walter Breisky.*

In der neuen Verfassung, die kurz vor dem Sommer 1920 (also noch während des Bestehens der Koalitionsregierung) beschlossen worden war, erhielt Wien den vollen Rang eines Bundeslandes. Wien hatte daher auch eine eigene Schulbehörde, den Stadtschulrat für Wien, zu errichten, seine Konstituierung erfolgte am 3. März 1922. Der Stadtschulrat für Wien vereinigte in sich mehrere Funktionen: Er war Schulbehörde 1. und 2. Instanz für die Pflichtschulen (Volks- und Bürgerschulen), er war

31) *W. Goldinger:* Der geschichtliche Ablauf der Ereignisse in Österreich 1918—1945. In: *H. Benedikt* (Hg.): Geschichte der Republik Österreich, Wien 1954, S. 116.

Schulbehörde 1. Instanz für die Mittelschulen, außerdem war er „Oberbehörde" für die Fortbildungsschulen.[32]) *Glöckel* wurde in der Sitzung vom 28. März 1922 vom Plenum des Stadtschulratskollegiums zum Geschäftsführenden Zweiten Präsidenten des Stadtschulrates gewählt. Damit war er faktisch Leiter der zentralen Wiener Schulbehörde.[33])

Glöckel war somit in der günstigen Lage, vieles von dem, was er — unter Mithilfe der Reformabteilung — theoretisch erarbeitet und von der Spitze der österreichischen Unterrichtsverwaltung verfügt hatte, nun von der zentralen Wiener Schulbehörde aus in der Praxis zu erproben. Vor allem das Modell „Allgemeine Mittelschule" konnte nun im Bereich des Stadtschulrates, an 6 Wiener Bürgerschulen, erprobt werden. Diese Schulversuche begannen ab September 1922.

Im Sommer 1926 war der erste vierjährige Zyklus der Allgemeinen Mittelschule beendet. Es sollten die Leistungen der Schüler dieser Versuchsklassen der Öffentlichkeit sinnbildlich vor Augen geführt werden. „Es war ein Fest besonderer Art, zu dem nach Abschluß des ersten vierjährigen Zyklus im Sommer 1926 Glöckel die Eltern und die Vertreter der Behörden einladen konnte: in sämtlichen Sälen des Konzerthauses zeigten die sechs Versuchsschulen, soweit dies im Rahmen solcher Ausführungen möglich ist, die Höhe der erreichten körperlichen, künstlerischen und geistigen Schulung. Es waren Kollektivleistungen, die hier geboten wurden, ob es sich nun um rhythmisch-gymnastische Vorführungen oder selbstverfaßte dramatische Szenen in deutscher, französischer und lateinischer Sprache handelte, es waren Leistungen blutarmer Proletarierkinder, die unter ‚normalen' Umständen niemals daran hätten denken können, sich mit derartigen Gegenständen zu befassen."[34])

4.3 Der Schulkompromiß. Hauptschulgesetz und Mittelschulgesetz 1927

Nach der Verfassung 1920 konnten — so wie auch heute noch — Schulgesetze nur mit einer Zweidrittelmehrheit beschlossen werden. Es ist daher verständlich, daß ab dem Sommer 1926 (Beendigung des ersten vierjährigen Zyklus des Schulversuches „Allgemeine Mittelschule") zwischen den christlichsozialen Unterrichtsministern *Schneider, Rintelen* und *Schmitz* einerseits und den sozialdemokratischen Politikern, an ihrer Spitze *Otto Glöckel*, andererseits ein zähes Ringen um die endgültigen Schulgesetze begann.

Am 2. August 1927 wurden das Hauptschulgesetz und das Mittelschulgesetz beschlossen. Die Schulorganisation war nach den genannten Gesetzen künftighin so gestaltet, daß an die vierklassige Volksschule die vierklassige Volksschuloberstufe oder die vierklassige Hauptschule (statt der dreiklassigen Bürgerschule) oder eine der achtklassigen Schultypen der Mittelschule (= höhere Schule) (Humanistisches Gymnasium, Realgymnasium, Realschule) anschloß. Die von *Glöckel* und seinen Mitarbeitern kreierten Schultypen „Allgemeine Mittelschule" und „Deutsche Mittelschule" gab es nicht mehr.

32) *Achs* (Anm. 1), S. 98; *Fischl* (Anm. 3), S. 38 ff.
33) *Achs* (Anm. 1), S. 167.
34) *Fischl* (Anm. 3), S. 53.

Beim Hauptschulgesetz und Mittelschulgesetz aus dem Jahre 1927 handelt es sich um einen Kompromiß, der, nach den Worten *Glöckels,* der Regierung einen Sieg der Namen, der Opposition einen Erfolg in der Sache gebracht habe.[35]) Von einem Sieg der Sache konnte *Glöckel* deshalb sprechen, „weil alle Typen der höheren Schule in der Unterstufe gleich organisiert waren und den gleichen Lehrplan hatten (abgesehen von kleinen Ausnahmen beim Humanistischen Gymnasium), vor allem hatten alle diese Typen einen völlig parallelen Lehrplan mit der Hauptschule. Da es an jeder Hauptschule einen Fremdsprachenunterricht als Wahlfach gab, waren somit von der Schulorganisation aus alle Übertrittsschwierigkeiten beseitigt."[36])

4.4 Das Jahr 1934 und seine Folgen für die weitere Schulentwicklung

Einen Tag nach Ausbruch des Bürgerkrieges, am 13. Februar 1934, wurde *Otto Glöckel* von seinem Amtsraum weg verhaftet. Ein Herzleiden, dessen erste Anzeichen sich schon im Jahre 1933 gezeigt hatten, verschlimmerte sich unter den Haftbedingungen. Nach fast neunmonatiger Haft (einige Monate Einzelhaft im Polizeigefangenenhaus, dann Anhaltelager Wöllersdorf) und Spitalsaufenthalten verstarb *Otto Glöckel* am 23. Juli 1935 an einem Herzversagen.

Sehr rasch wurde das Schulreformwerk *Glöckels* und seiner Mitarbeiter Stück um Stück zerstört. „Um die Schulen auch nicht einen einzigen Tag länger dem Einfluß der ‚üblen Elemente' aussetzen zu müssen, wurden in der Nacht des 15. Februar für die Zustellung der Enthebungsdekrete sogar die Automobile der Feuerwehr herangezogen. Nach Beseitigung aller personellen Hindernisse konnte die Demolierung der modernen Schulverfassung ohne Verzug in Angriff genommen werden."[37]) Der ehemalige Unterrichtsminister *Richard Schmitz* war am 12. Februar zum Bundeskommissär für Wien („und damit auch zum Diktator über das Wiener Schulwesen")[38]) bestellt worden. Ohne Rücksicht auf Alter, Dienstalter oder um Verdienste für das Schulwesen wurden alle aus dem Schuldienst entlassen, deren sozialdemokratische Gesinnung bekannt war.

Der Ständestaat schloß mit dem Vatikan am 5. Juni 1933 ein Konkordat ab, das die Grundlage für die Entwicklung zur öffentlichen katholisch-konfessionellen Schule bieten sollte. (Die führende Rolle bei den Verhandlungen um dieses Konkordat mit dem Vatikan spielte übrigens der Unterrichtsminister *Dr. Anton Rintelen,* der dann wegen seiner Teilnahme am Juli-Putsch gegen *Dollfuß* zu lebenslänglicher Haft verurteilt wurde.)[39]) Durch die am 1. Mai 1934 feierlich proklamierte „Verfassung" des Ständestaates wurde auch das im Jahr zuvor mit dem Vatikan abgeschlossene Konkordat „ratifiziert". (Es gab damals kein Parlament!)

35) *Glöckel* (Anm. 4), S. 125.
36) *Olechowski* (Anm. 22), S. 602.
37) *Fischl* (Anm. 3), S. 75.
38) Ebd.
39) Ebd., S. 78.

Glöckel sprach, wie oben erwähnt, im Jahre 1927, anläßlich der Aushandlung des Schulkompromisses, von einem „Sieg in der Sache", weil durch die Lehrplangleichheit von Haupt- und Mittelschule eine Durchlässigkeit zwischen diesen Schultypen bestand. Schon einige Tage nach dem Bürgerkrieg, am 23. März 1934, hat man die Mittelschule und die Hauptschule durch „Notverordnungen" (aus dem Jahre 1917 stammend und intendiert „zur Versorgung der Bevölkerung mit Lebensmitteln ...")[40]) — weil es dem Regime auf einem anderen Wege offenbar nicht rasch genug ging — radikal verändert. Das einzige Ziel dieser Veränderung war es, Übertritte von der Hauptschule in die Mittelschule zu verhindern, d. h. die Lehrpläne dieser beiden Schultypen möglichst verschieden zu gestalten.

Die Zweite Republik[41])

Nach elf Jahren Diktatur (autoritärer Ständestaat, Nationalsozialismus), nach den Zerstörungen des Krieges, unter fremder Besatzung und in ärgster Hungersnot lebend, belastet durch Intrigen und Feindseligkeiten zwischen den großen politischen Parteien in der Ersten Republik, war es mehr als schwierig, ein neues Vaterland, die Zweite Republik, und damit verbunden ein neues Schulwesen aufzubauen, auf das sich zumindest die beiden großen Parteien einigen mußten. Wie aus der Darlegung der Schulentwicklung während der Ersten Republik hervorgeht, reichen die Probleme, denen man auf dem Gebiete des Schulwesens im Jahre 1945 gegenüberstand, weit zurück. Die Bildungsideologien, zwischen denen in der Zweiten Republik ein Ausgleich gefunden werden sollte, wurden schon um das Jahr 1869, „im geistigen Ringen um das Reichsvolksschulgesetz geboren ... Die konfessionelle Frage — der Anspruch auf einen dominierenden Einfluß der katholischen Kirche auf die Schule, wie er vor der liberalen Gesetzgebung in Österreich bestand [vor 1867, Anm. d. Verf.], einerseits und die liberale Forderung nach Trennung von Kirche und Staat bzw. Kirche und Schule andererseits — gibt die Grundkomponente in den österreichischen Bildungsideologien an. Die liberale Zielsetzung wurde sowohl von der deutschnationalen Bewegung wie auch von der Sozialdemokratie übernommen, während die Christlichsoziale Partei die Interessen der Kirche vertrat."[42])

Die erzwungene elfjährige Pause in der Auseinandersetzung zwischen den Parteien hat keines der offenen Probleme gelöst; im Gegenteil: durch den Abbruch des Gespräches zwischen den Parteien und durch die eigenmächtige Vorgangsweise jener Partei, die 1933 die Verantwortung im Staat übernommen hat, haben sich die Probleme verschärft. Wie oben dargelegt, hat der autoritäre Ständestaat mit dem Vatikan im Jahre 1933 ein Konkordat ausgehandelt, eine Ratifizierung durch das

40) Nach *Fischl* (Anm. 3), S. 81.

41) Für diesen Abschnitt sind manche Gedanken und auch wörtliche Formulierungen meinem Beitrag „Schul- und Bildungspolitik" (erschienen in: Das neue Österreich. Geschichte der Zweiten Republik, Hgg. v. *Erika Weinzierl & Kurt Skalnik*, Verlag Styria, Graz 1975) entnommen.

42) *H. Schnell:* Die österreichische Schule im Umbruch. In der Reihe: Pädagogik der Gegenwart, Nr. 113, Wien — München 1974, S. 20 f.

Parlament war jedoch nicht mehr möglich, da dieses schon seit März jenes Jahres ausgeschaltet war. Die Proklamation im Rahmen der sog. Maiverfassung konnten die Sozialisten der Zweiten Republik nicht als Ratifizierung des Konkordates anerkennen. Das Verhältnis von Staat und Kirche bzw. Kirche und Schule mußte also neu geregelt werden. — Eine zweite Angelegenheit hat die Spannung zwischen den Sozialdemokraten und der Christlichsozialen Partei schon in der Ersten Republik zusätzlich erhöht. Wie bereits ausgeführt, hat man im Jahre 1927 in mühevollen Verhandlungen einen Schulkompromiß erreicht. Besonders wichtig war die vereinbarte Lehrplanidentität zwischen Mittelschule und Hauptschule. Diese hat dann der autoritäre Ständestaat auf dem Verordnungsweg beseitigt. Dieser Umstand erschwerte das Zustandekommen eines günstigen Verhandlungsklimas zwischen den beiden Großparteien am Beginn der Zweiten Republik. Drittens kamen für die Verhandlungen über den Wiederaufbau des österreichischen Schulwesens auch noch insofern Schwierigkeiten hinzu, als die äußeren Bedingungen — durch Besatzungsmächte und Demarkationslinien — für solche Verhandlungen ungünstig waren. Die Initiativen, die von den einzelnen Bundesländern für den Wiederaufbau des Schulwesens gesetzt wurden, waren oft recht unterschiedlich, und die ungünstigen äußeren Bedingungen erschwerten eine Koordination.[43])

Bedenkt man alle diese Schwierigkeiten, dann wird es verständlich, daß es jahrelanger Anstrengungen und vieler Verhandlungen bedurfte, ehe das österreichische Schulwesen durch das Schulgesetzwerk 1962 grundsätzlich neu geregelt werden konnte. Mittlerweile sind seit dem Inkrafttreten des Schulgesetzwerkes 1962 mehr als zwanzig Jahre verflossen, und manches von dem, was damals beschlossen wurde, ist reformbedürftig und wurde z. T. in der Zwischenzeit tatsächlich verändert — es gibt schon die 7. Schulorganisationsgesetznovelle (schola semper reformanda!). Dennoch darf das Schulgesetzwerk 1962 in mancher Hinsicht als ein Markstein der österreichischen Schulgeschichte erachtet werden. Dieses Gesetzwerk ist besonders auch wegen des Bemühens aller Verhandlungspartner und der dahinterstehenden politischen und konfessionellen Gruppen, einen Kompromiß zu erreichen, bemerkenswert. Es ist beachtenswert, daß bei einer so komplexen Materie, mit so vielen Problemen aus der Vergangenheit belastet (Probleme, die überdies oft genug weniger rational als emotional zu lösen versucht werden), eine Lösung gefunden werden konnte, der alle in die Verhandlungen bzw. in das Begutachtungsverfahren involvierten Gruppen im Prinzip, d. h. als einem Kompromiß in einer pluralistischen Gesellschaft, zustimmen konnten.

Das Schulgesetzwerk 1962 kann auch insofern als ein Markstein in der Schulgeschichte Österreichs bezeichnet werden, als das bildungspolitische Klima zwischen 1945 und 1962 sich grundsätzlich von dem zu unterscheiden scheint, das sehr bald nach dem Inkrafttreten des Schulgesetzwerkes 1962 entstand: Die Zeit vor 1962 könnte man etwa als „Zeit der Kodifikation und Aufarbeitung der Probleme aus der Ersten Republik", die Zeit ab 1962 bis zur Gegenwart, so scheint es, als „Zeit der Reideologisierung der Schulpolitik" charakterisieren.

43) Ebd., S. 27.

1. Die Zeit der Kodifikation und Aufarbeitung der Probleme aus der Ersten Republik

Zunächst bestand im Jahre 1945 die Aufgabe der Schulverwaltung darin, das Schulwesen auf die österreichischen Verhältnisse zurückzuführen. Es mußten wieder die österreichischen Schulgesetze hinsichtlich der Schulorganisation und der Lehrpläne gelten. Anders formuliert: Es mußte auf dem Gebiete der Schule, wie auch auf allen anderen Gebieten, jener gesetzliche Zustand hergestellt werden, der vor dem „Anschluß" Österreichs an Deutschland gegolten hat. Diese Funktion erfüllte das Verfassungsüberleitungsgesetz vom 1. Mai 1945. Es brachte, generell, die Wiedereinführung des Bundesverfassungsgesetzes 1920 in der Fassung von 1929 und somit auch für das Schulwesen die Wiederverlautbarung der Rechtsvorschriften des österreichischen Schulwesens aus der Ersten Republik. Es war zwar von vornherein klar, daß dies nur ein Provisorium sein konnte, daß alle Probleme aus der Ersten Republik aufgearbeitet werden mußten und die Lehrpläne neu zu gestalten und den Erfordernissen der Zeit und den inzwischen gemachten Erfahrungen und Erkenntnisfortschritten anzupassen waren. Dieses „Provisorium" dauerte dann allerdings — abgesehen von kleineren legistischen Fixierungen — 17 Jahre lang, bis zum Inkrafttreten des Schulgesetzwerkes 1962.

Trotz der allgemeinen Wiederverlautbarung der Rechtsvorschriften des österreichischen Schulwesens schien es damals, im Jahre 1945, angebracht, zusätzlich, durch Erlässe, in expliziter Form also, alles aus der Schule zu eliminieren, was nationalsozialistisches Gedankengut war, und man bemühte sich, neue Werte und Einstellungen zu schaffen (z. B. Erlaß des Staatsamtes für Volksaufklärung, für Unterricht und Erziehung und für Kultusangelegenheiten vom 3. September 1945).

Es zeigte sich sehr bald, daß sich die beiden großen politischen Parteien, die Österreichische Volkspartei und die Sozialistische Partei Österreichs, auf eine grundsätzliche Neuregelung des österreichischen Schulwesens nicht so leicht einigen konnten. *Dr. Felix Hurdes*, der erste Unterrichtsminister nach den ersten freien Wahlen in der Zweiten Republik (sie fanden am 25. November 1945 statt), machte daher den Vorschlag, daß beide Parteien je einen Entwurf für ein Schulgesetz ausarbeiten sollten. Im Jahre 1948 lagen die beiden Entwürfe vor. Es zeigte sich, daß es hinsichtlich mancher Fragen keine prinzipiellen Gegensätze gab (z. B. bezüglich des Religionsunterrichtes und der Verlängerung der Pflichtschulzeit von 8 auf 9 Jahre), in anderen Fragen gab es, wie zu erwarten war, echte Gegensätze: Frage der organisatorischen Eingliederung des 9. Pflichtschuljahres, rechtliche Stellung der konfessionellen Privatschulen, staatlicher Kostenbeitrag für die konfessionellen Privatschulen, Lehrerausbildung, Aufbau der höheren Schulen, Problem einer gemeinsamen Schule für die Zehn- bis Vierzehnjährigen.[44])

In einer Reihe von Sachfragen, bei denen die unterschiedlichen Bildungsideologien der Parteien keine Rolle spielten, und auch bei Fragen, wie dem Religionsunterricht, die von vornherein außer Streit standen, ging die Arbeit gut voran, und es wurde eine Reihe von Gesetzen verabschiedet. (Nach der Verfassung von 1920 ist

44) *M. Neugebauer:* Schulwesen. In: Österreich — Die Zweite Republik, Bd. 2, Hg.: *E. Weinzierl & K. Skalnik,* Graz 1972, S. 341.

für Schulgesetze immer eine parlamentarische Zweidrittelmehrheit erforderlich.) Die folgenden Gesetze sind zu erwähnen:

Lehrerdienstrechtskompetenzgesetz (vom 21. April 1948): Es legt den Wirkungsbereich einerseits des Bundes, andererseits der Länder auf dem Gebiete des Dienstrechtes der Schulaufsichtsbeamten und der Lehrer an öffentlichen Schulen fest.

Gesetz über den Religionsunterricht (vom 13. Juli 1949)

Gesetz über den Schuleintrittstermin (vom 13. Februar 1952): Schulpflicht mit dem vollendeten 6. Lebensjahr, ab 1. September des betreffenden Jahres. Die zwischen dem 1. September und dem 31. Dezember geborenen Kinder sind erst im darauffolgenden Schuljahr schulpflichtig, können aber, unter gewissen Voraussetzungen, schon in jenem Kalenderjahr mit dem Schulbesuch beginnen, in welchem sie das 6. Lebensjahr vollenden („Dispenskinder").

Schulerhaltungskompetenzgesetz (vom 13. Juli 1955)

Pflichtschulerhaltungsgrundsatzgesetz (vom 13. Juli 1955)

Minderheiten-Schulgesetz (vom 19. März 1959): Durch den Staatsvertrag hatten die Slowenen und Kroaten in Österreich „Anspruch auf Elementarunterricht in slowenischer und kroatischer Sprache und auf eine verhältnismäßige Anzahl von Mittelschulen".[45]) Diesem Anspruch trug das erwähnte Gesetz Rechnung, nachdem zu Beginn des Jahres 1958 die Slowenen in Kärnten und die Kroaten im Burgenland die ihnen im Staatsvertrag zugesicherte gesetzliche Regelung urgiert hatten.

„So wichtig eine gesetzliche Regelung der in den genannten Gesetzen behandelten Fragen im einzelnen auch war, so muß andererseits doch festgestellt werden, daß keines der genannten Gesetze richtunggebend für die weitere bildungspolitische Entwicklung in Österreich war."[46])

2. *Das Schulgesetzwerk 1962*

Wenn man an alle schulischen Probleme denkt, die in der Ersten Republik diskutiert wurden — die Frage des Verhältnisses von Kirche und Schule, das Problem der frühen Entscheidung für eine Schullaufbahn bzw. die Möglichkeit der Vermeidung einer solchen Entscheidung, die Frage der Lehrerbildung etc. —, dann wird es klar, daß durch die oben aufgezählten, in der Zweiten Republik beschlossenen Schulgesetze zwar wichtige Teilbereiche der Schule neu geregelt wurden, daß es sich jedoch um Teillösungen handelte und daß diese „kein Ersatz für die gesetzliche Regelung des gesamten Schulwesens" waren. „Um aber eine solche Lösung zu ermöglichen, mußte vorerst das Verhältnis Kirche und Schule geregelt werden, denn die Kirche hatte seit dem Gesetz 1868 großen Einfluß auf das private Schulwesen [als Ausgleich für den Entzug des kirchlichen Aufsichtsrechtes über das öffentliche Schulwesen; Anm. d. Verf.] und saß gewissermaßen als dritter Partner am Verhandlungstisch. Die Schwierigkeiten zwischen Kirche und Schule waren im Grund Schwierigkeiten zwischen Kirche und Sozialistischer Partei."[47])

45) Ebd., S. 327.
46) *R. Olechowski:* Schul- und Bildungspolitik. In: Das neue Österreich, Geschichte der Zweiten Republik, Hg.: *E. Weinzierl* & *K. Skalnik*, Graz 1975, S. 228.
47) *Neugebauer* (Anm. 44), S. 328.

So wie in der Ersten Republik wollte man auch in der Zweiten Republik die Schulgesetze mit einer parlamentarischen Zweidrittelmehrheit absichern. Einige Tage vor der Beschlußfassung über die Schulgesetze hat man die Verfassungsbestimmung der parlamentarischen Zweidrittelmehrheit (die Anwesenheit von mindestens der Hälfte der Mitglieder des Nationalrates ist überdies erforderlich) beschlossen.

Das Schulgesetzwerk selbst kann nach den folgenden drei Gebieten gegliedert werden:

a) Zum ersten Gebiet sind das Bundesschulaufsichtsgesetz, das Schulpflichtgesetz und das Schulorganisationsgesetz zu zählen.
b) Das zweite Gebiet umfaßt hauptsächlich das Privatschulgesetz, das Religionsunterrichtsgesetz und das Konkordat.
c) Der dritte Teil des Schulgesetzwerkes besteht aus dem Landeslehrerdienstrechtsüberleitungsgesetz.

Bildungspolitisch bedeutsam sind die beiden folgenden Leitsätze, die dem Gesetzeswerk zugrunde liegen:

- Jeder Mensch soll soviel an Schulbildung erhalten, wie es seiner Begabung entspricht. Die schulorganisatorische Konsequenz, die sich aus diesem Grundsatz ergibt, ist die, daß es Übertrittsmöglichkeiten von einer niedrigeren in eine höhere Schulart geben muß, d. h. es darf keine Bildungssackgassen geben.
- Mehr Menschen als bis dahin sollten einen höheren Bildungsabschluß erreichen. Dieses Prinzip geht von der Annahme aus, daß es „Bildungsreserven" gäbe, die genutzt werden sollten. Mit der Verwirklichung dieses Prinzips erhoffte man, das Bildungsniveau der Bevölkerung insgesamt heben zu können.

Bildungspolitisch ebenso bedeutsam ist die mit diesem Gesetzwerk verwirklichte Reform der Lehrerausbildung.

In diesem Rahmen kann nicht das gesamte Schulgesetzwerk 1962 in Kurzform dargestellt, es können nur die wichtigsten Bestimmungen des Schulzeitgesetzes und des Schulorganisationsgesetzes — es ist das Kernstück des gesamten Gesetzwerkes — kurz skizziert werden.

Das Schulzeitgesetz brachte eine Verlängerung der Schulzeit um ein Jahr, eine Verlängerung von bis dahin acht Schuljahren auf neun Jahre. Hinsichtlich der Notwendigkeit der Verlängerung der Schulzeit waren sich alle politischen Parteien einig. Auch andere europäische Länder (und auch außereuropäische) hatten ihre Pflichtschulzeit verlängert. Hinsichtlich der schulorganisatorischen Eingliederung des neunten Pflichtschuljahres gab es zunächst jedoch keine Einigkeit: Die Österreichische Volkspartei trat dafür ein, die Volksschule auf 5 Jahre zu verlängern. Die Sozialistische Partei vertrat hingegen die Auffassung, daß das neunte Pflichtschuljahr die Funktion haben sollte, die Berufsfindung zu erleichtern, demgemäß müßte die Schulzeit im Anschluß an die Absolvierung der Hauptschule verlängert werden. Schließlich einigte man sich auf eine schulorganisatorisch selbständige Form, den „Polytechnischen Lehrgang", in der Dauer von einem Schuljahr. Er war im Schulgesetzwerk 1962 als „Schulversuch" konzipiert (mit der 7. Schulorganisationsgesetznovelle wurde er in das Regelschulsystem übernommen). Der Polytechnische Lehrgang kann nach Absolvierung der Hauptschule besucht werden, und er stellt eine (aber nicht die einzige) der Möglichkeiten dar, die neunjährige Schulpflicht zu absolvieren. (Auch durch den Besuch zum Beispiel einer einjährigen Handelsschule im Anschluß an die Hauptschule kann die Schulpflicht von neun Jahren erfüllt werden.)

Das Schulorganisationsgesetz legte fest, daß die „Allgemeinbildende Mittelschule" fortan „Allgemeinbildende höhere Schule" (AHS) heißen solle. Außer dieser Namensänderung brachte das Schulorganisationsgesetz eine größere Vielfalt der Oberstufe der Allgemeinbildenden höheren Schule: Es gibt drei Formen des Gymnasiums (Humanistisches Gymnasium, Neusprachliches Gymnasium, Realistisches Gymnasium), drei Formen des Realgymnasiums (Mathematisches RG, Naturwissenschaftliches RG, Wirtschaftskundliches RG), daneben wurde eine schulorganisatorisch selbständige Oberstufenform geschaffen (zunächst Musisch-Pädagogisches Realgymnasium benannt und für 5 Schulstufen konzipiert, seit der 5. Schulorganisationsgesetznovelle auf 4 Schulstufen reduziert, umbenannt auf Oberstufenrealgymnasium und in 3 Zweigen — dem musischen, dem naturwissenschaftlichen Zweig und dem Zweig mit Darstellender Geometrie — geführt). An jeder Anstalt der Allgemeinbildenden höheren Schule sind mindestens zwei der genannten Oberstufenformen zu führen.

Das Schulorganisationsgesetz aus dem Jahre 1962 sah auch eine Verlängerung der Dauer der für 8 Schulstufen konzipierten Allgemeinbildenden höheren Schule auf 9 Schulstufen (sog. 13. Schuljahr) vor. Diese Bestimmung wurde knapp vor ihrem Inkrafttreten, im Jahre 1969, auf Grund eines entsprechenden „Volksbegehrens" durch das Parlament sistiert. Durch dieses Volksbegehren kam es zu bemerkenswerten innen- und schulpolitischen Situationen: Vom Jahr 1966 bis zum Jahre 1970 gab es eine Alleinregierung der Österreichischen Volkspartei. Durch das Volksbegehren fühlte sich die ÖVP im Zugszwang, diesem Begehren Rechnung zu tragen. Für die Sistierung war jedoch — es handelt sich um ein Schulgesetz — eine parlamentarische Zweidrittelmehrheit erforderlich, d. h. die Zustimmung der sozialistischen Parlamentsabgeordneten. Es kam zu langwierigen Verhandlungen, und in Parteienvereinbarungen wurde schließlich einerseits die Sistierung des 13. Schuljahres festgelegt (durch die 7. Schulorganisationsgesetznovelle aus dem Jahre 1982 wurde es endgültig abgeschafft), und andererseits einigte man sich darauf, mit Schulversuchen zur Gesamtschule (= gemeinsame Schule für alle Zehn- bis Vierzehnjährigen) zu beginnen. (Durch die 4. Schulorganisationsgesetznovelle aus dem Jahr 1971 wurde diese Parteienvereinbarung gesetzlich fixiert.) Im Zuge der damaligen Parteienverhandlungen kam es zum Rücktritt des Unterrichtsministers *Dr. Theodor Piffl-Perčević*, an seine Stelle trat *Dr. Alois Mock*, der spätere Bundesparteiobmann der ÖVP.

Zur Zeit der Verhandlungen zum Schulgesetzwerk 1962 wurde die im Gesetz schließlich vorgesehene geschlechtliche Koedukation diskutiert. Das Gesetz gibt der Klassenzugsteilung (in der Hauptschule) gegenüber der Teilung nach dem Geschlecht den Vorzug. Heutzutage ist die geschlechtliche Koedukation in der Pflichtschule zu einer Selbstverständlichkeit geworden.

Eines der „heißen Eisen" bei den Verhandlungen zum Schulgesetz von 1962 war die Frage der Lehrerbildung. Die Ausgangsposition der SPÖ bei den Verhandlungen zur Neuregelung dieser Frage war die, die Hebung der Lehrerbildung (für alle Schularten und Schulstufen) auf Universitätsebene zu fordern. Es war dies eine Wiederholung der Forderung *Glöckels* (siehe oben 3.4!). Die ÖVP wollte den Status quo beibehalten; d. h. sie wollte die „Lehrerbildungsanstalten" (LBA) beibehalten, die nach Beendigung der Pflichtschulzeit (nach Absolvierung der Volksschuloberstufe oder der Hauptschule oder der Unterstufe der Mittelschule) besucht werden konnten und die mit der „Reifeprüfung" (Berechtigung zum Besuch einer Universität bzw. Hochschule) abschlossen. Die Lehrerbildungsanstalten standen zum Großteil in kirchlicher Trägerschaft. Die ÖVP hat bei den Verhandlungen zum Schulgesetzwerk 1962 die Interessen der Kirche mitvertreten und wollte den Einfluß der Kirche, den diese auf die Lehrerbildung hatte, wahren. Hätte der Einfluß der Kirche in der Lehrerbildung beibehalten werden sollen und wäre die Lehrerbildung gleichzeitig auf Universitätsebene gehoben worden, so hätte dies zur Folge gehabt, daß man konfessionelle, d. h. katholische Universitäten hätte gründen müssen. Eine Konfessionalisierung wollten letzten Endes aber beide Parteien nicht. Man einigte sich daher auf einen Kompromiß: auf die Gründung Pädagogischer Akademien. Durch diese Lösung wurde dem Wunsch der Sozialisten nach Hebung des Niveaus der Lehrerbildung deutlich Rechnung getragen; früher (an den Lehrerbildungsanstalten) war der Abschluß der Lehrerbildung die Reifeprüfung. An den Pädagogischen Akademien ist die Reifeprüfung die Eingangsvoraussetzung. Es wurde aber auch der Wunsch der ÖVP bzw. der Kirche nach Einfluß auf die Lehrerbildung berücksichtigt: Das Gesetz sieht die Möglichkeit der Gründung von Pädagogischen Akademien in privater Trägerschaft vor. Die meisten Diözesen haben von dieser Möglichkeit Gebrauch gemacht. Man meinte kirchlicherseits, das Bestehen katholischer Privatschulen erfordere auch die Gründung diözesaneigener Pädagogischer Akademien. In der Zwischenzeit sind auch von katholischer Seite kritische Fragen gegenüber einer solchen Schulpolitik gestellt worden:

a) In welchem Verhältnis steht der finanzielle Aufwand der Gründung Pädagogischer Akademien zur „Effizienz" (in weltanschaulicher Hinsicht) dieser Institutionen?
b) Ist die „weltanschauliche Geschlossenheit" der Erziehung (zumal in einem Lebensalter, das nach Ablegung der Reifeprüfung liegt) tatsächlich ein so erstrebenswertes Ziel? Ähnliches, was *Hirschauer* zur Problematik der konfessionellen Schule sagt, gilt, verschärft, auch für die Pädagogischen Akademien: „Ehe eine Begegnung mit der Realität stattfinden kann, soll erst auf einer künstlich aus ihr isolierten pädagogischen Insel den Bildungsempfängern ein katholischer ‚Standpunkt' vermittelt werden. Ein solcher Standpunkt erwächst ... also nicht in einer Begegnung mit der Welt, sondern diese wird allenfalls als Lehrstoff in die ganzheitliche Provinz eingelassen." Es wird eine „Weltanschauung ohne Welt" vermittelt.[48])
c) „Wie realisiert man eine konfessionelle Schule (bzw. eine Pädagogische Akademie in katholischer Trägerschaft)? Wie stellt man sicher, daß die dort unterrichtenden Lehrer tatsächlich einer bestimmten Konfession ... angehören? Für einen Lehrer ist es vermutlich nur dann ethisch vertretbar, in einer konfessionellen Schule zu unterrichten, wenn er sich der entsprechenden Glaubensgemeinschaft zugehörig fühlt. Jedenfalls muß jede konfessionelle Schule von ihren Lehrern ein

48) G. *Hirschauer:* Der Katholizismus vor dem Risiko der Freiheit. Nachruf auf ein Konzil, München 1966, S. 208.

solches Zugehörigkeitsgefühl zur entsprechenden Glaubensgemeinschaft notwendigerweise erwarten. Wie ist aber eine solche subjektive Zugehörigkeit objektivierbar? Wie löst die Anstellungspraxis . . . dieses Problem?"[49])

3. Die Zeit der Reideologisierung der Schulpolitik

Zwei Jahre nach der Verabschiedung des Schulgesetzwerkes 1962, am 16. Juli 1964, wurde das Schulzeitgesetz erlassen. Es ist von keiner bildungspolitischen Bedeutung.

Zwei Gesetze, die die Schulpolitik allerdings nur peripher betreffen, wurden in der Öffentlichkeit viel diskutiert, es sind dies die gesetzlichen Bestimmungen über die Schülerfreifahrten und die Gratisschulbücher. (Beide Maßnahmen sind im Familienlastenausgleichgesetz 1972 festgelegt.) Es sind dies gesetzliche Bestimmungen, die Probleme der Sozial- und Wirtschaftspolitik, nicht aber die Schulpolitik betreffen.

Für die weitere Schulentwicklung gegen Ende der sechziger und in den siebziger Jahren — sowohl in Österreich als auch in anderen Ländern — war die Überzeugung ausschlaggebend, daß die Bildungspolitik (im besonderen die Schulpolitik) die Gesellschaftspolitik von heute ist. *Helmut Schelsky* hat schon früh und in sprachlich eindrucksvoller Weise darauf aufmerksam gemacht, daß die Schule eine „Zuteilungsinstanz von Sozialchancen ist, da sie durch ihre Ausleseprüfungen und durch die Öffnung oder Schließung weiterführender Bildungswege dem einzelnen die Möglichkeit gibt oder verwehrt, bestimmte Positionen in der Gesellschaft zu erreichen".[50]) Diese Tendenz, die Schulpolitik als Möglichkeit der Gesellschaftspolitik zu betrachten, wurde durch das Aufkommen der Neuen Linken, durch das Entstehen der „Emanzipatorischen Pädagogik" (im Sinne der Neomarxisten der Frankfurter Schule, *Theodor W. Adorno, Herbert Marcuse, Jürgen Habermas)* deutlich verstärkt. In der zweiten Hälfte der sechziger Jahre war eine Reideologisierung in der Schulpolitik deutlich erkennbar. Das Schulvolksbegehren des Jahres 1969 war nur der äußere Anlaß, die Schulpolitik wieder in Bewegung zu bringen. Bei aller Anerkennung der Bemühungen der politischen Parteien, der Kirche und der verschiedenen weltanschaulichen Gruppen um das Zustandekommen des Schulgesetzwerkes 1962 war doch bald zu erkennen, daß dieses Gesetz die Schulwirklichkeit nicht so zu verändern in der Lage war, daß die in diesem Gesetz intendierte Durchlässigkeit zwischen den einzelnen Schultypen realisiert worden wäre. Die „Brücken und Übergänge", die durch dieses Gesetz hätten geschaffen werden sollen, gibt es zwar de jure, aber nicht de facto. Das Problem der frühen Auslese, das schon der Angelpunkt der *Glöckel*schen Schulreform war, konnte durch das Schulgesetzwerk 1962 nicht gelöst werden (und es ist auch bis zum heutigen Tage noch offen).

49) *R. Olechowski:* Das Engagement des Christen in der Schulpolitik. In: Kirche und Gesellschaft. Theologische und gesellschaftswissenschaftliche Aspekte (Hg.: *E. Weinzierl),* Wien — Salzburg 1979, S. 101 f.

50) *H. Schelsky:* Schule und Erziehung in der Industriegesellschaft, Weltbild und Erziehung 20, Würzburg 1957.

Wie schon oben erwähnt, wurde im Jahre 1969 eine Parteienvereinbarung über den Beginn von Schulversuchen zur „Gesamtschule" (gemeinsame Schule aller Zehn- bis Vierzehnjährigen) getroffen. Durch die 1971 beschlossene Schulorganisationsgesetznovelle erhielten diese Schulversuche ihre gesetzliche Basis. Es wurden verschiedene Modelle für Schulversuche erstellt, die alle den Zweck hatten, einerseits eine frühe Auslese (d. h. Schullaufbahnentscheidung mit dem 10. Lebensjahr) zu vermeiden, andererseits aber eine differenzierte Förderung der einzelnen Schüler, gemäß ihrer Begabung und Interessen, zu gewährleisten. Es gab das Modell der „Additiven Gesamtschule", das der „Orientierungsstufe" und das der „Integrierten Gesamtschule" (mit drei Varianten). Im Laufe der Zeit zeigte es sich, daß eine der drei Varianten zum Modell der Integrierten Gesamtschule von der SPÖ am meisten favorisiert wurde: Das Modell sah in den Unterrichtsfächern „Deutsch", „Englisch" und „Mathematik" je drei niveaudifferenzierte Leistungsgruppen, in den übrigen Fächern einen Unterricht im leistungsheterogenen Klassenverband vor. Die SPÖ forcierte diese Schulversuche und vertrat entschieden die Ansicht, die Schulorganisation müsse im Sinne des oben angedeuteten Modells der Integrierten Gesamtschule reformiert werden. „Die ÖVP hingegen vertrat lange Zeit hindurch die Auffassung, daß eine ‚innere Schulreform' die anstehenden Probleme zu lösen vermag. Erst durch den von ihr im Frühjahr 1978 veröffentlichten Reformvorschlag ‚Die neue Hauptschule' bekannte sie sich zur Notwendigkeit auch der Reform der Schulorganisation."[51])

Im Jahre 1982 einigten sich die beiden großen politischen Parteien im Rahmen der 7. Schulorganisationsgesetznovelle auf einen „Schulkompromiß", der im wesentlichen in einer „Erneuerung der Hauptschule" besteht (ungefähr nach dem Vorschlag der ÖVP „Die neue Hauptschule") und, konkret gesagt, nichts anderes ist als die Beschränkung des von der SPÖ vorgeschlagenen Modells der „Integrierten Gesamtschule" (in der oben skizzierten Variante) allein auf die Hauptschule. Die Allgemeinbildende höhere Schule bleibt von jeder Reform ausgespart. Die Reform der Hauptschule wird mit dem Schuljahr 1985/86 beginnen, bis dahin laufen die noch begonnenen Schulversuche zur Reform der Schulorganisation aus.

Fast gleichzeitig mit dem Interesse an der Durchführung von Schulversuchen zur Gesamtschule erwachte auch das Interesse an einem anderen Problem: Soll die Schule — mehr oder minder — auf den Vormittag beschränkt bleiben und am Nachmittag, vorwiegend für Kinder berufstätiger Eltern, ein Lernhort angeboten werden (= Modell „Tagesheimschule" der ÖVP)? Oder soll der Unterricht auf den ganzen Tag verteilt werden, wobei Lern-, Übungs- und Freizeitphasen miteinander abwechseln (= Modell „Ganztagsschule" der SPÖ)? Die Frage der Art der Verteilung des Unterrichtes über den Schultag ist vielschichtig; es ist der Aspekt der Lernpsychologie zu berücksichtigen, der Gesichtspunkt der unterstützenden Funktion der Schule gegenüber der Familie, nicht zuletzt ist aber auch eine gesellschaftspolitische Dimension zu beachten: Die Forderung nach Einführung der Ganztagsschule wird von manchen Gruppen auch deshalb gefordert, weil diese meinen, die in der Schulre-

51) *R. Olechowski:* Neue Mittelstufe. Skizze eines Schulmodells. In: Neue Mittelstufe, Hg.: *R. Olechowski* & *E. Weinzierl,* Wien 1981, S. 19.

formdiskussion oftmals genannten Ziele „Chancengleichheit" und „soziale Integration" könnten nur in einer Ganztagsschule verwirklicht werden. Die Standpunkte der politischen Parteien hinsichtlich der Frage der „Ganztagsschule" bzw. „Tagesheimschule" scheinen dzt. festgefahren zu sein.

Im Jahre 1974 ist das „Schulunterrichtsgesetz" in Kraft getreten. (In den Jahren 1977 und 1982 wurde es jeweils novelliert.) Es regelt eine Fülle von Fragen des Schulalltags (z. B. die Frage der zulässigen Dauer von mündlichen Prüfungen, von schriftlichen Tests, die Frage der rechtzeitigen Ankündigung von Prüfungen, der Zulässigkeit der Erteilung von Hausaufgaben über Feiertage oder Wochenende, etc.). Von bildungspolitischer Bedeutung dürften aber die drei folgenden Neuerungen sein, die das Gesetz gebracht hat:

a) Der Schüler bzw. dessen Eltern haben das Recht, eine negative Note im Jahreszeugnis zu beeinspruchen.
b) Ein Schüler kann trotz einer negativen Note im Jahreszeugnis in die nächsthöhere Schulstufe aufsteigen, wenn die Klassenlehrerkonferenz dem zustimmt (und wenn der betreffende Pflichtgegenstand in der nächsthöheren Schulstufe gelehrt wird).
c) Das Schulunterrichtsgesetz sieht vor, daß Fragen des Unterrichtes und der Erziehung sowie die Festsetzung des Umfanges der Mitwirkungs- und Mitbestimmungsrechte der Schüler in einem drittelparitätisch besetzten „Schulgemeinschaftsausschuß" (Lehrer, Eltern und Schüler der Oberstufe einer höheren Schule) diskutiert und entschieden werden.

*

Der Schulpolitik der Ersten und der Zweiten Republik ist der Umstand gemeinsam, daß viele Fragen, die nach sachlichen Gesichtspunkten entschieden werden könnten, oft ausschließlich unter parteipolitischem, weltanschaulichem oder standespolitischem Gesichtspunkt gesehen und entschieden werden. Ein Blick auf andere Länder (z. B. Schweden) zeigt, daß eine Versachlichung der Diskussion und der Entscheidungen auf dem Gebiete der Schulpolitik im Prinzip durchaus möglich wäre.

(Manuskript abgeschlossen im Februar 1983.)

Fritz Weber

Wirtschaft und Wirtschaftspolitik in der Ersten und Zweiten Republik

Assoziiert man spontan Begriffe, die das wirtschaftliche Schicksal Österreichs in der Zwischen- und Nachkriegszeit beschreiben sollen, so würde man der Ersten Republik Vorstellungen wie Wirtschaftskrise, Arbeitslosigkeit und Massenelend zuordnen; mit der Zweiten Republik würde man hingegen Worte wie Wirtschaftswachstum, Vollbeschäftigung und Wohlstand verbinden. Die wenigsten Menschen wären jedoch in der Lage, genaue Kennziffern anzugeben, die den Unterschied in der Entwicklung markieren könnten. Die beiden folgenden Diagramme sollen die Dimensionen der Probleme verdeutlichen, die in diesem Aufsatz — in gedrängter Form und ohne Anspruch auf Vollständigkeit — diskutiert werden.

Diagramm 1: Reales Wirtschaftswachstum in der Ersten und Zweiten Republik (Semilogarithmischer Maßstab)

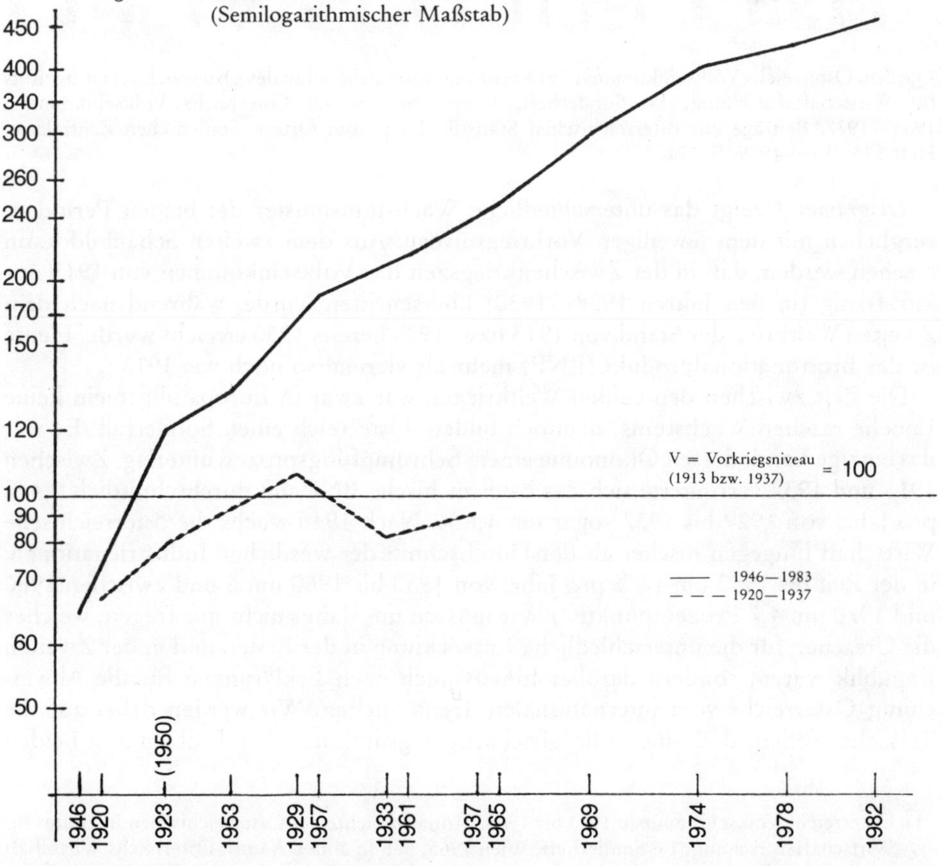

Fritz Weber, Dr. phil., Forschungsassistent, Wien.

Diagramm 2: Reales Wirtschaftswachstum 1920—1983
(Semilogarithmischer Maßstab; Basisjahr 1913)

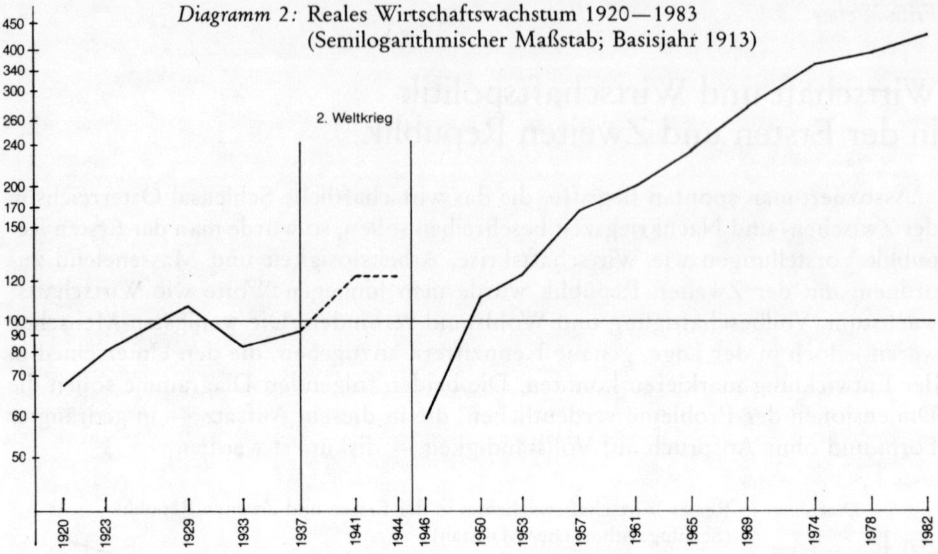

Quellen: Österreichs Volkseinkommen 1913 bis 1963. Monatsberichte des Österreichischen Instituts für Wirtschaftsforschung, 14. Sonderheft, Wien 1965, S. 43; Österreichs Volkseinkommen 1964—1977. Beiträge zur österreichischen Statistik. Hgg. vom Österr. Statistischen Zentralamt, Heft 525, Wien 1979, S. 101.

Diagramm 1 zeigt das unterschiedliche Wachstumsmuster der beiden Perioden, verglichen mit dem jeweiligen Vorkriegsniveau. Aus dem zweiten Schaubild kann ersehen werden, daß in der Zwischenkriegszeit das Volkseinkommen von 1913 nur kurzfristig (in den Jahren 1928—1930) überschritten wurde, während nach dem Zweiten Weltkrieg der Stand von 1913 bzw. 1929 bereits 1950 erreicht wurde. Heute ist das Bruttonationalprodukt (BNP) mehr als viermal so hoch wie 1913.

Die Zeit zwischen den beiden Weltkriegen war zwar in Europa allgemein keine Epoche raschen Wachstums, dennoch bildete Österreich einen Sonderfall: Es war das einzige Land, dessen Ökonomie einem Schrumpfungsprozeß unterlag. Zwischen 1913 und 1937 verringerte sich das österreichische BNP um durchschnittlich 0,4 % pro Jahr, von 1929 bis 1937 sogar um 1,8 %. Nach 1945 wuchs die österreichische Wirtschaft hingegen rascher als der Durchschnitt der westlichen Industrienationen: in der Zeit bis 1950 um 17 % pro Jahr, von 1950 bis 1960 um 6 und zwischen 1960 und 1970 um 4,7 Prozentpunkte.[1]) Wir müssen uns daher nicht nur fragen, welches die Ursachen für die unterschiedliche Entwicklung in der Ersten und in der Zweiten Republik waren, sondern darüber hinaus auch nach Erklärungen für die Abweichung Österreichs vom internationalen Trend suchen. Wir werden dabei auf die Tatsache stoßen, daß eine Fülle gleichartiger grundsätzlicher Probleme in beiden

1) Österreichs Volkseinkommen 1913 bis 1963. Monatsberichte des Österreichischen Institutes für Wirtschaftsforschung, 14. Sonderheft, Wien 1965, S. 5 f.; *Anton Kausel:* Österreichs Wirtschaft an der Schwelle zur Industrienation höherer Ordnung, in: Wirtschaft und Politik. Festschrift für Fritz Klenner, Wien 1976, S. 194.

Perioden vorhanden war, deren Lösung erst nach 1945 in einem freundlicheren weltwirtschaftlichen Umfeld und mit einer gänzlich andersgearteten wirtschaftspolitischen Einstellung gelang.

1. Der Übergang vom Agrar- zum Industriestaat

Die Wirtschaftsstruktur der Donaumonarchie am Vorabend des Ersten Weltkrieges wies, insgesamt betrachtet, Züge eines ungenügend entwickelten Agrarstaates auf. In der ungarischen Reichshälfte waren 69 % der Berufstätigen in der Landwirtschaft beschäftigt, in Zisleithanien 53 %. Die entsprechenden Zahlen für das Gebiet des heutigen Österreich waren wesentlich günstiger. Die Quote der in der Landwirtschaft Beschäftigten betrug nur 39 %; 32 % der Erwerbstätigen arbeiteten in Industrie und Gewerbe (verglichen mit 13 % in Ungarn und 23 % in der gesamten österreichischen Reichshälfte). Auch der Anteil der im Dienstleistungssektor beschäftigten Personen lag weit über den Werten der anderen Kronländer.[2])

Nehmen wir die Abnahme des Anteils der in der Landwirtschaft Tätigen als Maßstab für den Grad der Industrialisierung Österreichs, so zeigt sich, daß die relevanten Fortschritte in die Zeit der Zweiten Republik fallen (siehe *Diagramm 3*). Während der Anteil der Agrarbevölkerung an der Gesamtzahl der Erwerbstätigen in der Zwischenkriegszeit kaum abnahm, kam es bereits in der Wiederaufbauphase nach dem Zweiten Weltkrieg zu einer Abwanderungsbewegung aus der Landwirtschaft. 1954 lag die Zahl der in der Landwirtschaft Beschäftigten um rund 14 % unter dem Stand von 1937. Zwischen 1951 und 1971 wanderten sogar 57 % aller hauptberuflich im Agrarsektor Tätigen in andere Berufe ab.[3])

Trotz der beträchtlichen Schrumpfung der Zahl der Erwerbstätigen erzeugt die österreichische Landwirtschaft — auf Grund der fortschreitenden Technisierung und Mechanisierung — heute ein Vielfaches von 1913. Eine Erhöhung der Produktionsmenge wurde bereits in der Zwischenkriegszeit erzielt: Der Agrarsektor war der einzige Zweig der Volkswirtschaft, der keine Schrumpfung erfuhr; sein Produktionsniveau lag 1937 um 16,5 % über dem Stand von 1913.[4])

Die Erhöhung der Agrarproduktion bis zum Ausbruch des Zweiten Weltkrieges bildete eine Antwort auf die wirtschaftliche Entwicklung im Donauraum nach 1918. Bereits vor dem Ersten Weltkrieg hatte die heimische Landwirtschaft den Bedarf Österreichs nicht decken können. Insbesondere Wien war bei der Versorgung mit Fleisch, Milch und Getreide auf Lieferungen aus den Agrargebieten Österreich-Un-

2) *Eduard März:* Österreichische Bankpolitik in der Zeit der großen Wende 1913—1923. Am Beispiel der Creditanstalt für Handel und Gewerbe, Wien 1981, S. 33; *Anton Kausel:* Österreichs Volkseinkommen von 1830—1913, in: Geschichte und Ergebnisse der amtlichen Statistik in Österreich 1829—1979, Wien 1979, S. 699.

3) *Franz Nemschak:* Zehn Jahre österreichische Wirtschaft 1945—1955, Wien 1955, S. 47; *Kausel,* Österreichs Wirtschaft (Anm. 1), S. 196.

4) Österreichs Volkseinkommen 1913 bis 1963 (Anm. 1), S. 7.

Diagramm 3: Anteil der in der Landwirtschaft Beschäftigten an der Gesamterwerbsbevölkerung Österreichs 1913—1980 (in %)

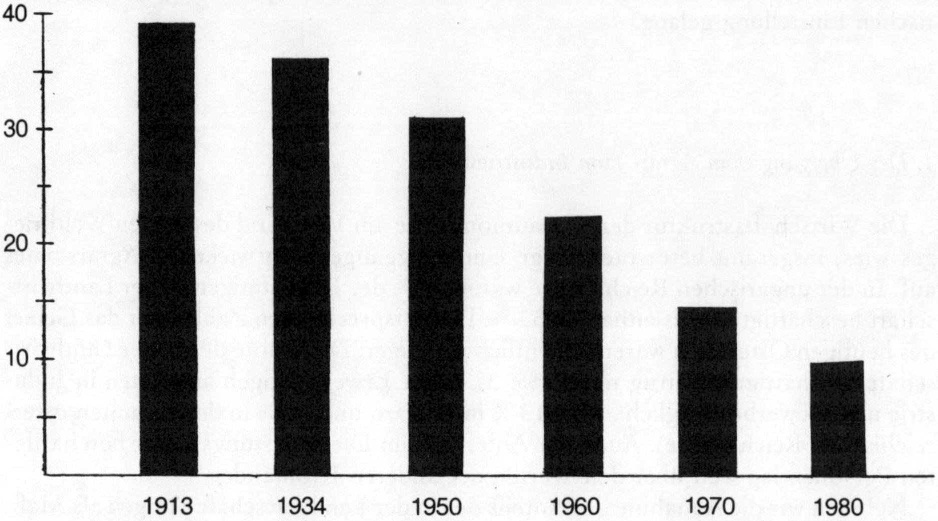

Quellen: *Anton Kausel:* Österreichs Volkseinkommen 1830 bis 1913, in: Geschichte und Ergebnisse der zentralen amtlichen Statistik in Österreich 1829—1979, Wien 1979, S. 699; Die Landwirtschaft in der Industriegesellschaft. Hgg. von der Kammer für Arbeiter und Angestellte für Wien, Wien 1968, S. 26; Daten zur wirtschaftlichen und sozialen Entwicklung. Wirtschafts- und sozialpolitische Zeitschrift des ISW, Mai 1982, S. 47.

garns angewiesen gewesen.[5]) In der Monarchie herrschte eine historisch gewachsene Arbeitsteilung, in deren Rahmen die industrialisierten Länder — im Austausch gegen Industriegüter und Dienstleistungen — Nahrungsmittel und Rohstoffe aus den unterentwickelten Regionen des Reiches bezogen. Nach dem Zerfall der Monarchie wollten die einzelnen Nachfolgestaaten — aus verständlichen Gründen — die Entwicklung der eigenen Industrie fördern. Zu diesem Zweck schlossen sie sich gegenüber dem Ausland durch hohe Zollbarrieren ab[6]), wodurch insbesondere die österreichischen Exporte in den Donauraum stark behindert wurden.

Da die Alpenrepublik auf Lebensmittelimporte aus dem „Neuausland“ angewiesen blieb, bildete sich ein chronisches, hohes Handelsbilanzdefizit heraus. Der Passivsaldo der Handelsbilanz war identisch mit dem Nahrungsmitteldefizit.[7]) Trotz gewisser Fortschritte in der Agrarproduktion konnte dieser Fehlbetrag erst in den dreißiger Jahren durch Förderungsmaßnahmen für die Landwirtschaft, Schutzzölle und drastische Konsumeinschränkungen (infolge der hohen Arbeitslosigkeit) reduziert werden.

5) *Siegfried Mattl:* Agrarstruktur, Bauernbewegung und Agrarpolitik in Österreich 1919—1929, Wien—Salzburg 1981, S. 10 ff.

6) *W. T. Layton / Charles Rist:* Die Wirtschaftslage Österreichs, Wien 1925, S. 13; *Frederick Hertz:* The Economic Problem of the Danubian States. A Study in Economic Nationalism, London 1947, S. 71 f.

7) Der Außenhandel Österreichs in der Zeit zwischen den beiden Weltkriegen. Bearbeitet vom Österreichischen Statistischen Zentralamt, Wien 1946, S. 21.

2. *Außenhandelsprobleme*

Die Donaumonarchie war neben Rußland *das* europäische Land mit der geringsten Außenhandelsverflechtung gewesen. Das neue Österreich hingegen war auf die Einfuhr von Nahrungsmitteln und Rohstoffen (insbesondere Kohle) angewiesen und mußte einen großen Teil seiner Industriegüter im Ausland absetzen. Der Anteil der Exporte im weiteren Sinne (d. h. inklusive der Dienstleistungen wie z. B. Fremdenverkehr) am BNP betrug in den zwanziger Jahren über zwanzig Prozent; er fiel in der Weltwirtschaftskrise unter fünfzehn Prozent. In der Wiederaufbauperiode nach dem Zweiten Weltkrieg verharrte die Exportquote vorerst auf einem niedrigeren Niveau (1948: 10 %), stieg aber bis 1954 auf 20,5 %. In den siebziger Jahren lag sie bei über 30 Prozent.[8]) Den Problemen des Außenhandels kam daher im Lauf der Entwicklung seit 1918 ein wichtiger Stellenwert zu. Sie konnten in der Ersten Republik, wie am Beispiel des Agrarsektors verdeutlicht, nie gelöst werden. Zwar kamen die Industrieexporte, stimuliert durch Inflation und Währungsverfall, in den ersten Nachkriegsjahren rasch wieder in Gang, aber selbst im besten Wirtschaftsjahr der Zwischenkriegszeit (1929) lag der reale Wert der österreichischen Warenausfuhr um 14 % unter dem Niveau von 1913, wohingegen die Importe beträchtlich (um 31 %) den Vorkriegswert überstiegen.[9])

Clemenceaus berühmter Ausspruch auf der Pariser Friedenskonferenz: L'Autriche, c'est ce qui reste, läßt sich auch auf die Wirtschaft des neuen Staates übertragen. Die strukturellen Disproportionen resultierten hauptsächlich aus der Unterentwicklung des Agrarsektors sowie aus der Ausrichtung der Industrie auf den wirtschaftlichen Großraum der Monarchie. Dazu kam die technologische Rückständigkeit vieler Industriebetriebe: Man hatte bis 1918 für ein durch Zollmauern geschütztes riesiges Absatzgebiet produzieren können, ohne die Konkurrenz spüren zu müssen; unter den geänderten Bedingungen der Nachkriegszeit war Österreichs Industrie auf den „neuausländischen" Märkten der Nachfolgestaaten nur sehr bedingt konkurrenzfähig.[10]) Eine gewisse „Lösung" fanden die Außenhandelsprobleme der Ersten Republik erst in den späten dreißiger Jahren: In der Weltwirtschaftskrise gingen sowohl die Einfuhren als auch die Ausfuhren stark zurück. Von 1933 an wuchsen die Exporte rascher als die Importe; dementsprechend verringerte sich der Fehlbetrag der Handelsbilanz. Dies war aber nur Ausdruck der Tatsache, daß sich Österreich von den Folgen der großen Depression nie erholte.

Nach 1945 war die Ausgangslage Österreichs noch katastrophaler als 1918. Nicht nur hatte das Land unter den Folgen des Zweiten Weltkrieges ungleich stärker gelitten; das gesamte europäische Verkehrssystem befand sich in einem desolaten Zustand. Im Jahr 1948 waren erst 50 % des österreichischen Exportvolumens von 1937

8) *Layton / Rist* (Anm. 6), S. 48; Österreichs Volkseinkommen 1913—1963 (Anm. 1), S. 24; *Hans Kernbauer:* Die Integration Österreichs in die Weltwirtschaft, in: Österr. Zeitschrift für Politikwissenschaft 3/1978, S. 297.

9) *März,* Österreichische Bankpolitik (Anm. 2), S. 424 ff.; Österreichs Volkseinkommen 1913—1963 (Anm. 1), S. 23.

10) *Fritz Weber:* Hauptprobleme der wirtschaftlichen und sozialen Entwicklung Österreichs in der Zwischenkriegszeit, in: *Franz Kadrnoska* (Hg.): Aufstieg und Untergang. Österreichische Kultur zwischen 1918 und 1938, Wien 1981, S. 600.

wieder erreicht. In den folgenden Jahren war jedoch ein rasches Wachstum des Außenhandels zu verzeichnen. Von 1950 bis 1963 wuchsen die Exporte rascher als die Importe, und beide nahmen schneller zu als das BNP. Auch in der Struktur der Ausfuhr vollzogen sich entscheidende Veränderungen: Der Anteil des Fremdenverkehrs an den gesamten Exporterlösen erhöhte sich bedeutend.[11]) Eine Vorstellung von der dynamischen Entwicklung des Ausländerfremdenverkehrs nach 1945 soll das nachfolgende *Diagramm 4* vermitteln.

Diagramm 4: Entwicklung des Fremdenverkehrs von der Saison 1928/29 bis 1958/59

(Normaler Maßstab; Mill. Übernachtungen)

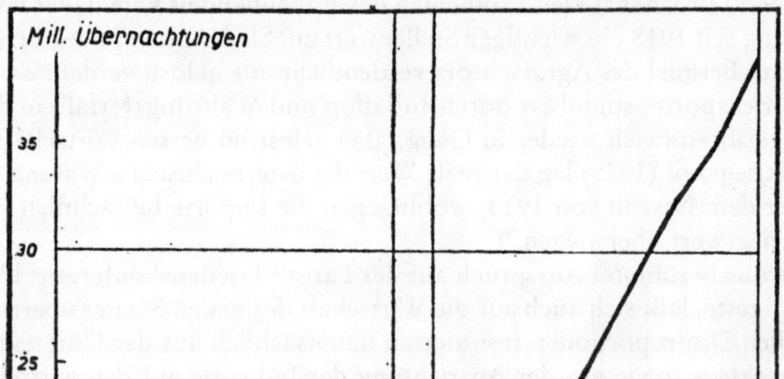

Quelle: Monatsberichte des Österr. Institutes für Wirtschaftsforschung, Heft 1 / 1960, S. 35.

11) Österreichs Volkseinkommen 1913—1963 (Anm. 1), S. 24. Vgl. auch: *Jacky Herbin:* Le développement du tourisme dans les régions alpines de l'Autriche d'après l'exemple du Tyrol, in: Deux fois l'Autriche. Après 1918 et après 1945. Austriaca. Numéro spécial, November 1979, S. 45 ff.

Auch die Zusammensetzung der Importe änderte sich (siehe *Diagramm 5*). Der Anteil der Nahrungsmittel und Rohstoffe an der gesamten Wareneinfuhr, der in der Zwischenkriegszeit noch mehr als 60 % betragen hatte, fiel bis 1965 auf 30 %. In den siebziger Jahren lag er noch tiefer, obwohl es auf Grund der beträchtlich verteuerten Energieimporte (Erdölpreiserhöhung) nach 1973 zu einem leichten Wiederanstieg der Lebensmittel- und Rohstoffimportquote kam. Umgekehrt hat der Anteil der Fertigwaren an der Gesamteinfuhr seit den fünfziger Jahren stark zugenommen (von 34 % im Jahr 1955 auf 56 % in 1975) — ein Indiz für den wachsenden Wohlstand der Bevölkerung (Einfuhr von Autos und anderen langlebigen Konsumgütern), aber auch für die im ganzen Zeitraum lebhafte Investitionstätigkeit der österreichischen Wirtschaft.

Diagramm 5: Anteil der Nahrungsmittel- und Rohstoffimporte an der gesamten Wareneinfuhr Österreichs 1937—1975 (in %)

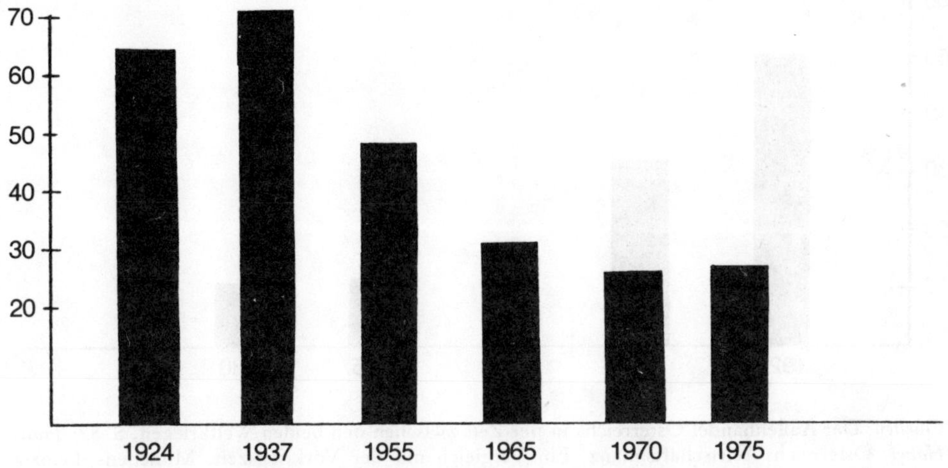

Quelle: Der Außenhandel Österreichs in der Zeit zwischen den beiden Weltkriegen, S. 22 f.; *Hans Kernbauer:* Die Integration Österreichs in die Weltwirtschaft, S. 299.

Die größte Änderung hat sich seit 1918 in der *Richtung* des Außenhandels ergeben. *Diagramm* 6 weist den perzentuellen Anteil der Nachfolgestaaten an der österreichischen Gesamtwarenausfuhr seit den Jahren 1920/21 aus. Der Zerfall der Habsburger-Monarchie leitete einen *Prozeß der wirtschaftlichen Desintegration des Donauraumes* ein, der schon in der Zwischenkriegszeit beträchtliche Ausmaße erreichte. Wie dramatisch die Veränderungen waren, zeigt auch ein Blick auf die absoluten Zahlen: Zwischen 1924 und 1937 fiel der Wert der Exporte in die Donauländer (zu laufenden Preisen) um über drei Viertel.[12])

12) Der Außenhandel Österreichs in der Zeit zwischen den beiden Weltkriegen (Anm. 7), S. 82.

Nach dem Zweiten Weltkrieg sank der *Anteil* der Ausfuhr in die Nachfolgestaaten infolge der politischen Entwicklung (Kalter Krieg und Spaltung Europas) weiter ab. Eine Ausnahme bildeten lediglich die ersten beiden Nachkriegsjahre, als die Tschechoslowakei, damals noch keine Volksdemokratie, zu den wichtigsten Handelspartnern Österreichs zählte.[13]) 1949 gingen nur noch 15 % der österreichischen Exporte in den Donauraum. Ein ähnlicher Umschichtungsprozeß vollzog sich übrigens auch im Fremdenverkehr. 1936/37 waren noch 41 % aller Ausländerübernachtungen auf Personen aus den Nachfolgestaaten entfallen; 1948/49 machte deren Anteil nur mehr 12 % aus.[14])

Diagramm 6: Anteil der Nachfolgestaaten an der österr. Warenausfuhr 1922—1980 (in %)
Ø 1920/21 61,5 %

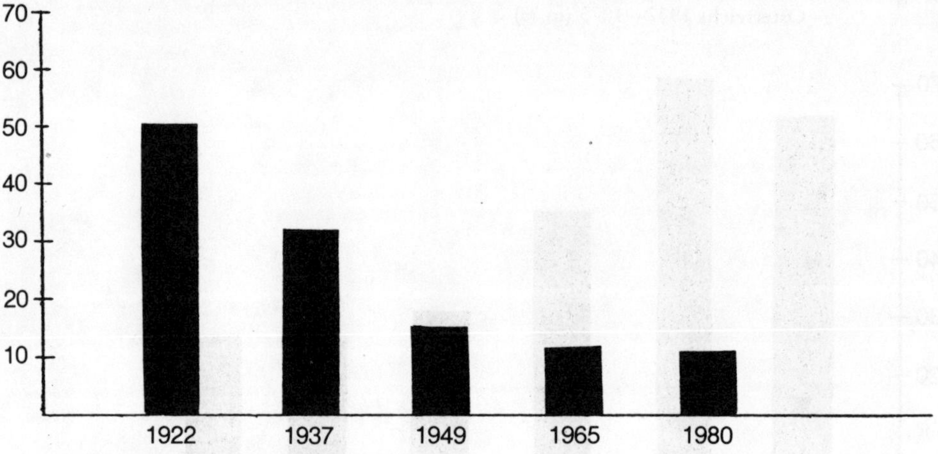

Quellen: Der Außenhandel Österreichs in der Zeit zwischen den beiden Weltkriegen, S. 82; *Franz Haber:* Österreichs Wirtschaftsbilanz. Ein Vergleich mit der Vorkriegszeit, München—Leipzig 1928, S. 119; Länderbank-Wirtschaftsdienst Nr. 11/1981.

In der Zwischenkriegszeit blieb Österreich, was die Außenhandelspolitik betrifft, immer auf die traditionellen Märkte im Osten und Südosten Europas fixiert. Nach 1945 wurde die Umstellung nach dem Westen allgemein akzeptiert (Teilnahme am European Recovery Programm [ERP], EFTA-Beitritt, EWG-Assoziierung). Trotzdem sind die Verbindungen Österreichs nach Osteuropa noch immer verhältnismäßig stark: 1980 betrug der österreichische Anteil an den Gesamtimporten Westeuropas 1,4 %. Bei den ehemaligen Nachfolgestaaten lag er zwischen 5 und 11,5 %.[15])

13) Monatsberichte des Österreichischen Institutes für Wirtschaftsforschung, Nr. 1—6/1946, S. 97 f.; Nr. 7—9/1946, S. 162; Nr. 1—3/1947, S. 36.
14) Monatsberichte, Nr. 12/1952, S. 352.
15) Länderbank-Wirtschaftsdienst Nr. 11/1981.

3. Zweimal Neubeginn: 1918 und 1945. Die Frage der „Lebensfähigkeit" Österreichs. „Äußere" Einflüsse auf die wirtschaftliche Entwicklung

So verschieden die wirtschaftliche Entwicklung nach dem Ersten und nach dem Zweiten Weltkrieg in Österreich verlief, so ähnlich war die Ausgangssituation, vor die sich das Land 1918 und 1945 gestellt sah. Beide Male brachen große ökonomische Gebilde auseinander, deren Volkswirtschaft ganz auf die Bedürfnisse der Kriegsführung zugeschnitten war. Zweimal mußte die Produktion auf den Frieden umgestellt werden, gab es ganze Industriezweige, deren Maschinenpark veraltet oder ruiniert war, weil Ersatzinvestitionen während des Krieges nicht durchgeführt worden waren. Sowohl nach 1918 als auch nach 1945 war der Inflationsdruck groß, die Ernährungslage verheerend und das Verkehrswesen deroutiert.

Die Verluste der österreichischen Volkswirtschaft waren im Zweiten Weltkrieg wesentlich größer als im Ersten — eine Folge der unmittelbaren Kriegseinwirkungen (Bombardierungen sowie Kampfhandlungen zu Kriegsende) und der Demontagen durch die Besatzungsmächte nach 1945. Dem standen als „Aktiva" der nationalsozialistischen Herrschaft in Österreich gegenüber: der Ausbau der Elektrizitätswirtschaft (mit dem Österreich bereits in der Ersten Republik begonnen hatte), der Erdölförderung sowie die Errichtung einiger Großbetriebe im oberösterreichischen Raum (Aluminiumwerke in Ranshofen, Stahlwerk in Linz). Die meisten der unter dem Naziregime begonnenen Großprojekte waren jedoch als Beitrag zur Vergrößerung der Rüstungsmaschinerie des Dritten Reiches geplant worden, und es galt 1945 keineswegs als sicher, daß die neu errichteten Werke einen sinnvollen Beitrag zum Wiederaufbau der Wirtschaft leisten könnten.[16]) Die negativen Stimmen verwiesen dabei auf die Erfahrungen der Ersten Republik, in der die Produktionsanlagen gerade der Großindustrie auf Grund mangelnder Exportmöglichkeiten nie ausgelastet gewesen waren.[17])

Die Entscheidung für die Wiederinbetriebnahme des erst halbfertigen und zerstörten Linzer Stahlwerkes scheint zum einen mit Blickrichtung auf einen integrierten Wiederaufbau ganz Westeuropas gefallen zu sein, zum anderen drückte sich darin ein neuer Optimismus über die wirtschaftlichen Entwicklungsmöglichkeiten Österreichs aus. Nach 1918 waren die für die Wirtschaftspolitik Verantwortlichen ganz im Bann der Vorstellung gestanden, daß Österreich wirtschaftlich nicht lebensfähig sei. Zu Beginn waren es das soziale Elend, die trostlosen Transportverhältnisse und der fast völlige Stillstand der Produktion, die die Zukunft in einem düsteren Licht erscheinen ließen. Später trugen die riesigen Umstellungsschwierigkeiten der Volkswirtschaft, die Exporthemmnisse, das Handelsbilanzdefizit und die steigende

16) *Eduard März / Maria Szecsi:* Stagnation und Expansion. Eine vergleichende Analyse der wirtschaftlichen Entwicklung in der Ersten und Zweiten Republik, in: Expansion, Stagnation und Demokratie. Festschrift für Theodor Prager und Philipp Rieger (Wirtschaft und Gesellschaft Nr. 2/1982), S. 332; siehe auch: *Kurt W. Rothschild:* Wurzeln und Triebkräfte der Entwicklung der österreichischen Wirtschaftsstruktur, in: *Wilhelm Weber* (Hg.): Österreichs Wirtschaftsstruktur gestern-heute-morgen, 1. Bd., Berlin 1961, S. 98 ff.

17) *Franz Nemschak:* Grundprobleme der österreichischen Wirtschaftspolitik, in: Der österreichische Volkswirt, Nr. 7 (April 1946).

Arbeitslosigkeit zum Zweifel an der „Lebensfähigkeit" Österreichs bei.[18]) Der Ausweg wurde, je nach Geschmack und Interessenslage, im „Anschluß" an Deutschland oder in der Gründung einer „Donauföderation" gesehen, die das Wirtschaftsgebiet der ehemaligen Monarchie neu vereinen sollte. Diese war der Wunschtraum der Führer der Christlichsozialen Partei in Wien, der Leiter der Wiener Großbanken und des überwiegenden Teils der Industriellen; für den „Anschluß" votierten die Sozialdemokraten, die Großdeutschen und Teile der Christlichsozialen in den Bundesländern.

Nach dem Zweiten Weltkrieg waren beide Optionen nicht mehr möglich: Den „Anschluß" hatte man zwischen 1938 und 1945 am eigenen Leib erlebt, und infolge der Spaltung Europas in den ersten Nachkriegsjahren war auch ein Zusammengehen mit den Donauländern unmöglich geworden. Österreich *mußte* sich also auf seine eigenen Kräfte besinnen; und diesmal gab es bei den Politikern — trotz der schwierigen Ausgangslage (Kriegszerstörungen, Viermächtebesatzung) — keine Zweifel an der Lebensfähigkeit des Landes. Die Verantwortlichen schienen von Anfang an bereit, aus den Fehlern der Vergangenheit zu lernen. Bei allen — und dies gilt auch für die Führer der Kommunistischen Partei Österreichs — war 1945 ein gemeinsamer Aufbauwille vorhanden.

Der Pessimismus bzw. Optimismus, mit dem die Österreicher an den Wiederaufbau schritten, wurde durch „äußere" Momente wesentlich mitbeeinflußt: Nach 1945 bezog die österreichische Volkswirtschaft aus dem Ausland starke Wachstumsimpulse; in der Zwischenkriegszeit war dies nicht der Fall. Auch der Charakter der direkten Auslandshilfe (Genfer Sanierung bzw. Marshallplan) hatte gänzlich unterschiedliche Intentionen und Folgen.

Im einleitenden Kapitel dieser Arbeit wurde darauf verwiesen, daß Österreichs Volkswirtschaft im Zeitraum von 1913 bis 1937 schrumpfte; danach wurde konstatiert, daß die österreichischen Exporte bis zum Zweiten Weltkrieg nie wieder das Niveau von 1913 erreichten. Mit dieser Entwicklung stellte Österreich einen Extremfall dar, doch hatte der Erste Weltkrieg die Position des alten Kontinents in der Weltwirtschaft insgesamt geschwächt, und das Wirtschaftswachstum verlief im allgemeinen sehr zaghaft. In der Periode von 1913 bis 1929 blieben die Zuwachsraten der europäischen Industrieproduktion und des Exports hinter den entsprechenden Daten für die Weltwirtschaft zurück. Der Welthandel selbst stand unter keinem guten Stern: Während die Weltproduktion an Fertigwaren im selben Zeitraum um 2,7 % pro Jahr zunahm, wuchs der Welthandel mit Industrieprodukten nur um 1,6 %.[19]) Aber immerhin könnte man die zwanziger Jahre noch als eine Phase der relativen Erholung bezeichnen, in der allerdings eine Reihe von Problemen angehäuft wurde, die ungelöst blieben und deren Auswirkungen sich erst mit dem Ausbruch der Weltwirtschaftskrise offenbarten: die Zerstörung des alten internationalen Währungssystems, für das keine funktionierenden Ersatzlösungen gefunden wurden; gravierende Ungleichgewichte in der Zahlungsbilanz nicht nur unterentwickelter Länder,

18) *Rothschild* (Anm. 16), S. 68 ff.

19) Österreichs Volkseinkommen 1913—1963 (Anm. 1), S. 14; *Derek H. Aldcroft:* Die zwanziger Jahre. Von Versailles zur Wall Street, München 1978, S. 324 ff. und 346 f.

sondern auch großer Industrienationen; ein Mangel an internationaler Kooperation; die offene Frage riesiger interalliierter Kriegsschulden und das Problem der deutschen Reparationen.

1929 brach die Weltwirtschaftskrise aus, die nicht bloß alle Länder ergriff, sondern auch alle Zweige der Volkswirtschaft in Mitleidenschaft zog. Zur Industrie- und Agrarkrise gesellten sich Bank-, Kredit- und Währungskrisen. Der Welthandel brach zusammen, weil alle Länder zu Handelsrestriktionen griffen, um die Folgen der Krise auf andere Länder abzuwälzen (und diese Maßnahmen nicht wieder rückgängig machten). Von 1929 bis 1933 fiel das Exportvolumen der europäischen Industriestaaten um 40 %; 1937 lagen die Exporte noch immer um fast ein Viertel unter dem Niveau von 1929 oder um 13 % unter jenem des Jahres 1913.[20])

Nach dem Zweiten Weltkrieg zeigte die Weltwirtschaftsentwicklung bis zum Beginn der siebziger Jahre eine steile Aufwärtstendenz, wobei im Falle Westeuropas die Exportzuwächse größer waren als der Anstieg der gesamten Produktion.[21]) An dieser Stelle soll nur ein Moment hervorgehoben werden, das zu dieser günstigen Entwicklung maßgeblich beigetragen hat: Während in der Zwischenkriegszeit das Bestreben dominierte, das Weltwährungssystem, wie es vor 1913 existiert hatte, um jeden Preis wiederherzustellen, setzten die USA zu Ende des Zweiten Weltkriegs (Konferenz von Bretton Woods 1944) eine Neuordnung der internationalen Währungsverhältnisse durch. Es entstand ein System der fixen Wechselkurse mit dem US-Dollar als Leitwährung, das bis zum Beginn der siebziger Jahre in Geltung blieb. Zugleich wurden unter dem Druck der USA verschiedene Institutionen ins Leben gerufen (Internationaler Währungsfonds, Weltbank, GATT), die der Aufrechterhaltung dieses Systems dienten und eine liberale Welthandelsordnung sichern sollten.

So sicher die neue Weltwirtschaftsordnung von den USA nicht aus selbstlosen Motiven inauguriert wurde, so gewiß hat sie — zumindest allen anderen Industrienationen — Vorteile gebracht. Ähnliches gilt auch von der Wirtschaftshilfe, die die Vereinigten Staaten nach dem Zweiten Weltkrieg den westeuropäischen Ländern gewährten und die als *Marshallplan* in die Geschichte eingegangen ist. Es handelte sich in beiden Fällen um den Versuch, die Zukunft der amerikanischen Wirtschaft zu sichern.[22]) Der Marshallplan bildete ein integriertes Großprojekt, in dessen Rahmen die beteiligten europäischen Staaten amerikanische Waren auf dem Kredit- bzw. Schenkungsweg bezogen. Sie mußten dafür einem weitgehenden Einspruchsrecht der USA in Währungs- und Budgetfragen zustimmen und sich zur Aufrechterhaltung einer liberalen Handelspolitik verpflichten. Das European Recovery Programm (ERP) wurde im westeuropäischen Maßstab koordiniert; die Verfügungsgewalt über die sogenannten counterpart funds, die sich aus dem Erlös der von den Regierungen verkauften amerikanischen Waren ergaben, lag bei den Amerikanern.

20) *Charles P. Kindleberger:* Die Weltwirtschaftskrise. 1929—1939, München 1973, S. 292 ff.; *Angus Maddison:* Economic Policy and Performance in Europe 1913—1970, in: *Carlo M. Cipolla* (Ed.): The Fontana Economic History of Europe, Bd. 5/2, S. 457 ff.

21) *Maddison* (Anm. 20), S. 478 ff.; *Carlo Zacchia:* International Trade and Capital Movements 1920—1970, in: *Cipolla* (Ed.) (Anm. 20), S. 513.

22) *Joyce and Gabriel Kolko:* The Limits of Power. The World and United States Foreign Policy 1945—1954, New York 1972.

Nach 1918 gab es ein ähnlich großangelegtes Hilfsprogramm für die vom Krieg betroffenen Staaten nicht. Die europäischen Siegermächte waren zur Gewährung einer substantiellen Finanzhilfe weder imstande noch willens (man denke an die französische Haltung zur Frage der deutschen Reparationszahlungen), und die USA zeigten in den ersten Nachkriegsjahren wenig Neigung zu einem größeren Engagement in Europa. Internationale Hilfskredite an notleidende Länder wurden im allgemeinen erst nach langwierigen Verhandlungen und erst zu einem Zeitpunkt gewährt, als es bereits fast zu spät war. Es existierte keine Koordination der Hilfsmaßnahmen an die verschiedenen Staaten; die Anleihen wurden am internationalen Kapitalmarkt unter Garantie des Völkerbundes begeben und trugen vor allem den Bedürfnissen der Gläubiger Rechnung, indem sie — bei einem hohen Zinssatz und niedrigen Emissionskurs — eine ersprießliche Rendite abwarfen.

Österreich erhielt auf diesem Weg im Jahr 1923 die sogenannte *Genfer Anleihe*, deren Bedingungen im Herbst 1922 von Bundeskanzler *Seipel* unterzeichnet worden waren.[23]) Der Erlös der Anleihe betrug 611 Mio. Goldkronen (880 Mio. Schilling); dies waren etwas mehr als 10 % des BNP des Jahres 1923. Diese Summe war — bezogen auf das BNP — vergleichsweise niedrig; andererseits war sie zu hoch, wenn man den limitierten Zweck der Anleihe in Rechnung stellt. Sie sollte nämlich nur der Stabilisierung der Währung und dem Ausgleich des staatlichen Budgets dienen. Über die volkswirtschaftlichen Folgen der Stabilisierung dachten die Väter der „Genfer Sanierung" kaum nach. Österreich erhielt zur Überwachung der vom Völkerbund gewünschten Deflationspolitik einen ausländischen Finanzberater sowie ähnliche Experten für die Nationalbank und die Bundesbahnen. Die von ihnen verordnete ökonomische Hungerkur war nicht geeignet, die vorhandenen Zweifel an der Lebensfähigkeit Österreichs zu beseitigen.

Nach dem Ersten Weltkrieg wurde die Auslandsanleihe erst gewährt, nachdem eine Hyperinflation ihre verheerenden Wirkungen gezeitigt hatte. Nach 1945 wurde die Hilfe rasch in die Wege geleitet, wobei Österreich sicherlich die Tatsache zugute kam, daß es an der „Frontlinie" des beginnenden Kalten Krieges lag.[24]) Nachdem das Land bereits in den ersten beiden Nachkriegsjahren in den Genuß großer amerikanischer Hilfslieferungen gekommen war, trat im Jahr 1948 der *Marshallplan* in Geltung. Im Rahmen des ERP (European Recovery Program) erhielt die Alpenrepublik zwischen dem 1. Juli 1948 und Ende 1953 Waren und Lebensmittel im Wert von 962 Mio. Dollar als „grants" (Schenkungen, d. h. sie mußten nicht, wie in der Zwischenkriegszeit, zusammen mit hohen Zinsen zurückgezahlt werden). Der Gesamtbetrag der ausländischen Hilfe, die Österreich nach dem Mai 1945 zufloß, betrug 1,6 Mrd. Dollar, davon 1,4 Mrd. aus den USA.[25])

Unter Einrechnung der Wertdifferenz war die Marshallplanhilfe 3,5mal so hoch wie der Ertrag der Genfer Anleihe. Allein die Hilfe des Jahres 1949 machte fast 10 %

23) *Gottlieb Ladner:* Seipel als Überwinder der Staatskrise vom Sommer 1922. Zur Geschichte der Entstehung der Genfer Protokolle vom 4. Oktober 1922, Wien—Graz 1964.

24) *George F. Kennan:* Memoiren eines Diplomaten, 2. Bd., München 1971, S. 335.

25) Zehn Jahre ERP in Österreich 1948/1958. Hgg. von der Österreichischen Staatsdruckerei, Wien 1958, S. 17 f. und S. 54.

des damaligen BNP aus. 1947 wurden 74 %, 1948 62 % und 1949 52 % der österreichischen Importe durch Hilfslieferungen und Geschenke bestritten.[26]) Durch den Marshallplan wurde die österreichische Zahlungsbilanz im Gleichgewicht gehalten. Das Kernstück des Plans bestand aber nicht in der Ermöglichung lebensnotwendiger Importe, sondern in der Sicherung einer *hohen Investitionsrate:* Die auf die counterpart funds einfließenden Beiträge mußten von der Regierung, im Einvernehmen mit den amerikanischen Behörden, zum Wiederaufbau der Wirtschaft verwendet werden. Ein Großteil der Mittel floß dabei der verstaatlichten Industrie und dem öffentlichen Sektor insgesamt zu.[27]) Auf diese Weise wurden in den Jahren 1948/49 etwa 30 % der gesamten österreichischen Bruttoinvestitionen bzw. 60 % der Nettoinvestitionen (d. h. jener Investitionen, die über das Ausmaß der Ersetzung der alten Anlagen hinausgehen) finanziert. Es mag als besondere List der Geschichte erscheinen, daß die ERP-Behörden die Erstellung eines Investitionsplans verlangten und daß die Periode der Marshallplanhilfe sich rückblickend als jene Phase der österreichischen Wirtschaftsentwicklung darstellt, in der Planung und „Dirigismus" ihr größtes Ausmaß erreichten. Die wichtigsten Punkte der Investitionsplanung waren

— Einschränkung des privaten Konsums zugunsten der Investitionen (ihr dienten auch die fünf sogenannten Lohn-Preis-Abkommen zwischen 1947 und 1951)
— Ersetzung von Importen und Steigerung der Exporte (Ausfuhrförderungsgesetz von 1950)
— Förderung von Investitionen im öffentlichen Verkehr, im Straßenbau und der öffentlichen Bautätigkeit im allgemeinen
— Fertigstellung von in der Nazizeit begonnenen Großprojekten (Kaprun)
— Förderung des Fremdenverkehrs[28])

Unter den Auspizien der Genfer Sanierung wäre ein ähnliches Programm so notwendig wie undenkbar gewesen. Das Finanzkomitee des Völkerbundes (dessen Mitglieder die führenden Bankiers Europas waren) und seine Stabilisierungsexperten glaubten noch an die selbstregulierende Kraft des Marktes. Alles wirtschaftliche Unheil, dachten sie, könne nur in Interventionen des Staates seine Ursache haben.

4. Inflation nach dem Ersten und nach dem Zweiten Weltkrieg

Kriege sind stets begleitet von Inflation. Die Geldentwertung ist die Folge einer konsumtiven Überbeanspruchung des BNP. Der Staat tritt als übermächtiger Konsument auf und treibt durch seine Nachfrage die Preise in die Höhe. Er finanziert seine Einkäufe durch die Inanspruchnahme der Notenpresse.[29]) Im Ersten Weltkrieg

26) *Hans Seidel:* Die Auslandsabhängigkeit der österreichischen Wirtschaft, in: Österreich und das Dollarproblem, Wien 1951, S. 341.

27) *Eduard März:* Österreichs Wirtschaft zwischen Ost und West. Eine sozialistische Analyse, Wien —Frankfurt—Zürich 1965, S. 19 f. und S. 117 ff.; *Edmond Langer:* Die Verstaatlichungen in Österreich, Wien 1966, S. 275.

28) *Karl Comides / Günther Gruber:* Österreichs Maßnahmen zum Wiederaufbau seines Außenhandels und zum Ausgleich seiner Zahlungsbilanz, in: Österreich und das Dollarproblem (Anm. 26), S. 350 ff.

29) Siehe dazu: *Alexander Popovics:* Das Geldwesen im Kriege, Wien 1925.

wurde auf diese Weise rund ein Drittel des Volkseinkommens Österreich-Ungarns im wahrsten Sinne des Wortes „verpulvert".

Die Unordnung, die durch einen Krieg in Wirtschaft und Geldwesen hervorgerufen wird, übt einen negativen Einfluß auch auf die Zeit nach dem Krieg aus, insbesondere dann, wenn die Sieger auf der anderen Seite stehen: Die Landwirtschaft liegt darnieder, die Rohstoffe sind aufgebraucht, das Verkehrswesen befindet sich in einem desolaten Zustand. Ein Großteil der Industrieanlagen ist wertlos; zum Teil sind ganze Produktionszweige auf die Erzeugung von Rüstungsgütern umgestellt, zum Teil ist der Maschinenpark der Betriebe im Krieg bis zur Schrottreife abgenützt worden. Die Finanzlast des Krieges lastet schwer auf der Nachkriegswirtschaft. Die Inflation dauert fort, und überraschenderweise wird ihre weitere Präsenz zuerst als Segen betrachtet: Sie erleichtert die Wiederingangsetzung der Wirtschaft und die Investitionen, die zur Umstellung auf die Friedensproduktion notwendig sind.

Der Verlauf der Inflation und des sie begleitenden Währungsverfalls im und nach dem Ersten Weltkrieg kann *Diagramm 7* entnommen werden. Bis zum Oktober 1918 war die Kaufkraft des Papiergeldes in Österreich auf 1/16 des Vorkriegswertes gefallen. Vier Jahre später war die Papierkrone nur noch 1/14.400 wert. Bis zum Herbst 1921 überschritt das Tempo der Geldentwertung nicht jenes der Kriegszeit. 1919 lag die Inflationsrate bei 110 %, 1920 betrug sie etwas mehr als 80 Prozent. Im Herbst 1921

Diagramm 7: Inflation und Währungsentwertung in Österreich
1914—1922 (Semilogarithmischer Maßstab)

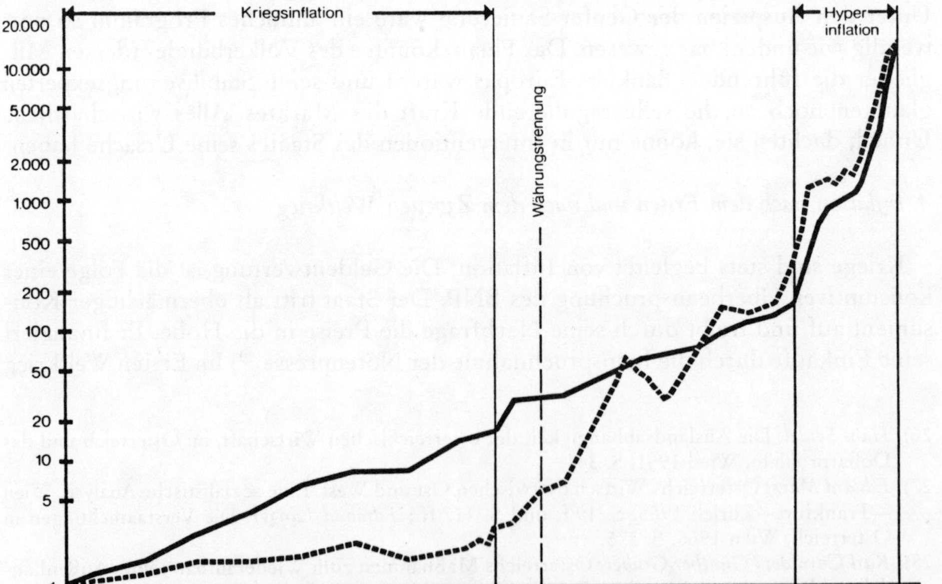

begann die Phase der sogenannten *Hyperinflation* mit einer Inflationsrate (September 1921 bis September 1922) von 9300 Prozent.[30])

Hauptquelle der Geldentwertung in der Nachkriegszeit war das Defizit im Staatshaushalt. Auf der einen Seite hinkten die Budgeteinnahmen der Entwicklung hinterher, weil Steuern in entwertetem Geld bezahlt und die staatlichen Tarife (Bahn und Post) nur zögernd angepaßt wurden. Auf der anderen Seite stiegen die Personallasten des Bundes mit dem Tempo der Inflation (Österreich hatte von der Monarchie einen überdimensionierten Beamtenapparat geerbt, der erst im Gefolge der Genfer Sanierung ziemlich gewaltsam reduziert wurde). Die größte Belastung für das Budget stellten jedoch die staatlichen Lebensmittelsubventionen dar, die die Wirkung der „Exportprämie" der Industrie verstärkten, weil sie das Lohnniveau niedrig hielten. Da die meisten Lebensmittel aus dem Ausland bezogen werden mußten, wirkte jeder Kursrückgang der Krone auf den Devisenmärkten direkt ausgabesteigernd auf den Staatshaushalt ein. Die Inanspruchnahme der Notenpresse wiederum (und das Defizit der Handelsbilanz) drückten den Außenwert der Krone und ermunterten die Spekulation gegen die österreichische Währung.[31])

Im zweiten Halbjahr 1921 betrug die Deckungsquote der Budgetausgaben durch die Einnahmen nur noch 36 Prozent; im Finanzjahr 1920/21 bestanden beinahe 60 % der Ausgaben aus Lebensmittelzuschüssen.[32]) Mit Beginn des Jahres 1922 wurden diese Subventionen eingestellt, ohne daß nennenswerte Einsparungen erzielt werden konnten, weil nun die Personallasten steil anstiegen. Zu diesem Zeitpunkt war aber das Vertrauen in die Krone bereits verlorengegangen, ebenso der Glaube an die Fähigkeit der Regierung, eine Änderung der Finanzpolitik herbeizuführen. „Die Politik des Finanzministeriums war", wie ein zeitgenössischer Beobachter feststellte, „überhaupt während der ganzen Zeit auf hemmungslose Geldausgabe gerichtet, und es wurde auch nicht der leiseste Versuch gemacht, das Defizit in der ordentlichen Gebarung, wenn nicht zu beseitigen, so doch herabzusetzen."[33]) Die Regierung setzte ihre ganze Hoffnung auf eine ausländische Anleihe, deren Abschluß jedoch lange auf sich warten ließ.

Welches sind die Folgen einer Inflation, besonders wenn sie so große Ausmaße annimmt wie in Österreich bis 1922? Bestimmte positive Wirkungen in bezug auf die Wiederingangsetzung der Produktion, auf den Export und die Investitionen wurden

30) Die beste Darstellung der österreichischen Inflation bietet noch immer: *Jan van Walré de Bordes:* The Austrian Crown. Its Depreciation and Stabilization, London 1924.

31) *Eduard März / Hans Kernbauer / Fritz Weber:* Die wirtschaftliche Entwicklung Österreichs in der Zwischenkriegszeit, in: *Erika Weinzierl / Kurt Skalnik* (Hg.): Österreich 1918 bis 1938. Geschichte der Ersten Republik, Bd. 1, Graz—Wien—Köln 1983, S. 348 ff.

32) *Reinhard Kamitz:* Die österreichische Geld- und Währungspolitik von 1848—1948, in: *Hans Mayer* (Hg.): Hundert Jahre österreichischer Wirtschaftsentwicklung 1848—1948, Wien 1949, S. 173; *Alois Gratz:* Die österreichische Finanzpolitik 1848—1948, in: ebenda, S. 278.

33) *Alexander Spitzmüller:* ... und hat auch Ursach' es zu lieben, Wien 1955, S. 334. *Spitzmüller* war in der Zeit der Monarchie Generaldirektor der Creditanstalt und hatte auch Ministerposten bekleidet.

bereits erwähnt.[34]) Die Geldentwertung erleichtert auch die Austragung des Verteilungskampfes in einer Situation, wo das Sozialprodukt stark geschrumpft ist. Vor allem aber führt sie zu einer Entwertung aller in der jeweiligen Landeswährung aufgenommenen Schulden und aller in Geldform angelegten Vermögen. Bis Ende 1922 waren die österreichischen Staatsschulden (deren wichtigste Kategorie die sogenannten Kriegsanleihen darstellten) praktisch getilgt. Auf der anderen Seite war der Goldwert der bei den österreichischen Sparkassen gehaltenen Spareinlagen bis Mitte 1922 auf 0,2 % des Vorkriegsstandes gesunken.[35])

Eine der für das soziale Gefüge der Ersten Republik gravierendsten Folgen bestand in der Vernichtung der hauptsächlich in Staatspapieren angelegten Ersparnisse des Mittelstandes. Die relative Verarmung des Kleinbürgertums — sie war zum Teil auch ein Resultat des Funktionsverlustes Wiens als Zentrum der Monarchie — war eine der Quellen der sozialen und politischen Unrast, die für die Zwischenkriegszeit so charakteristisch war. Nicht zufällig bildete diese Schicht eine der tragenden Säulen der Heimwehrbewegung, waren unter ihren Angehörigen Antirepublikanismus (die Demokratie wurde für den sozialen Abstieg verantwortlich gemacht), Antisemitismus (Aufstieg von Spekulanten und Neureichen, die meist Juden waren, in der Inflationszeit) und Antisozialismus weit verbreitet.[36])

Die Inflationszeit hat aber in einem noch viel weiteren Sinn die nachfolgende Periode geprägt, indem sie die Deflation notwendig machte (wenngleich sie nicht eine so rigide Ausformung hätte annehmen müssen). Die Furcht vor einer neuen Inflation war vor allem in und nach der Weltwirtschaftskrise für jene Halsstarrigkeit verantwortlich, mit der die Politiker sich weigerten, über Arbeitsbeschaffungsmaßnahmen nachzudenken. Selbst die Sozialdemokraten benötigten Jahre (bis 1933), um sich von der fixen Idee zu befreien, daß eine Politik der Kreditschöpfung in eine inflationäre Katastrophe münden müsse.

Nach dem Zweiten Weltkrieg war die Gefahr einer Hyperinflation womöglich noch größer als nach dem Ersten. Während die Jahre 1914 bis 1918 von einer kräftigen Geldentwertung gekennzeichnet waren, blieben die Lebensmittelpreise im Zweiten Weltkrieg auf dem Niveau von 1938 eingefroren. Gleichzeitig war aber die Geldmenge gegenüber 1938 auf ein Vielfaches gestiegen. Das Mißverhältnis zwischen Geldzirkulation und Gütermenge war eklatant. „Über der entgüterten und wenig leistungsfähigen Wirtschaft lastete", wie es ein Wirtschaftsexperte ausdrückte, „eine ungeheure Geldwolke."[37]) Dennoch konnte eine ähnliche Entwicklung wie nach dem Ersten Weltkrieg vermieden werden; bis Ende 1951 hatte sich das Preisniveau

34) Andererseits kann es in der Inflation auch zu Fehlinvestitionen kommen, d. h. Kapital wird in Zweige der Volkswirtschaft gelenkt, die sich nach dem Ende der Inflationszeit als überdimensioniert erweisen. Dies war in Österreich der Fall. Vgl. *Weber* (Anm. 10), S. 596 f.; *Rothschild* (Anm. 16), S. 77 f.

35) *O. S. Phillpotts:* Report on the Financial, Commercial and Industrial Situation of Austria, Revised to July 1924, London 1924, S. 10; *Walter Schmidt:* Die Sparkassen, in: Geldentwertung und Stabilisierung in ihren Einflüssen auf die wirtschaftliche und soziale Entwicklung in Österreich. Schriften des Vereins für Sozialpolitik, Bd. 169, München—Leipzig 1925, S. 28.

36) *Weber* (Anm. 10), S. 605 f.

37) *Nemschak,* Zehn Jahre österreichische Wirtschaft (Anm. 3), S. 66.

nur versechsfacht, d. h. die durchschnittliche jährliche Inflationsrate betrug etwas weniger als 40 Prozent. Wie war dies möglich?

Die Bundesregierung und die Leitung der Nationalbank ergriffen von Anfang an energische Maßnahmen zur Reduzierung der umlaufenden Geldmenge. Durch das Schaltergesetz vom 5. Juli 1945 (wirksam nur in der sowjetischen Besatzungszone) und das Schillinggesetz (30. November 1945) wurde die „Geldwolke" zum ersten Mal verkleinert. Ein zweiter Schritt erfolgte mit dem Währungsschutzgesetz vom 19. November 1947, durch das die Geldmenge abermals um 35 % verringert wurde. Da aber in der Folgezeit ein — vor allem durch die Ausweitung des kommerziellen Kreditvolumens verursachter — neuerlicher Inflationsdruck entstand, nahm die Regierung Anfang 1951 zu klassischen Deflationskonzepten Zuflucht. Durch Kreditrestriktionen und eine Reduzierung des Budgetdefizits (Kürzung der öffentlichen Investitionsausgaben und Steuererhöhungen) wurde die Geldentwertung endgültig unter Kontrolle gebracht.[38])

Die Politik der ersten Nachkriegsjahre war von Erfolg begleitet, weil sie von einer strengen Devisenbewirtschaftung und dem Einströmen der ausländischen Hilfe unterstützt wurde. Von entscheidender Bedeutung waren des weiteren die Eingriffe in das Preis-Lohn-Gefüge. Nach 1918 war auf Vorschlag der Gewerkschaften die sogenannte *gleitende Lohnskala* eingeführt worden, bei deren Konzeption *Karl Renner* eine wichtige Rolle spielte. Dies bedeutete, daß die Löhne — mit einer gewissen zeitlichen Verzögerung — regelmäßig an das gestiegene Preisniveau angeglichen wurden.[39]) Da es den Unternehmern nicht schwerfiel, die gestiegenen Kosten auf die Preise zu überwälzen, kam jener Prozeß in Gang, den man im allgemeinen als Preis-Lohn-Spirale bezeichnet. Nach 1945 wurde bewußt versucht, mit dem Einverständnis der Gewerkschaften den Preisauftrieb von der Lohnseite her zu bremsen und so auch das Entstehen einer „Inflationsmentalität" zu verhindern. Diesem Zweck dienten die fünf Lohn-Preis-Abkommen, die zwischen 1947 und 1951 abgeschlossen wurden. Die Abkommen wurden unter der Patronanz der Regierung zwischen den Interessenverbänden der Unternehmer und dem ÖGB ausgehandelt; die Inflation wurde also „gewissermaßen amtlich gesteuert".[40]) Die Wirkung der Lohn-Preis-Abkommen kann dem nachstehenden *Diagramm 8* entnommen werden, das zugleich ein Bild vom Verlauf der Inflation nach dem Zweiten Weltkrieg bietet.

Die endgültige Stabilisierung der Währung zu Anfang der fünfziger Jahre wurde um den Preis eines rapiden Anstiegs der Arbeitslosigkeit erkauft. In den Jahren 1946—1949 betrug die Arbeitslosenrate zwischen 2,7 und 4,9 Prozent. 1947 waren nur 53.000 Menschen ohne Beschäftigung; 1952 waren es 197.000, im darauffolgenden Jahr wurde mit 285.000 Arbeitslosen und einer Arbeitslosenrate von 8,8 % der

38) *Kamitz* (Anm. 32), S. 197 ff. und S. 203 ff.; *Nemschak*, Zehn Jahre österreichische Wirtschaft (Anm. 3), S. 66 f.

39) *Karl Pribram:* Die Sozialpolitik im neuen Österreich, in: Archiv für Sozialwissenschaften und Sozialpolitik, Jg. 1921, S. 676 f.; *Benedikt Kautsky:* Die Löhne, in: Geldentwertung und Stabilisierung (Anm. 35), S. 113 ff.

40) *Nemschak*, Zehn Jahre österreichische Wirtschaft (Anm. 3), S. 70 ff.; Die österreichische Lohnpolitik seit Kriegsende. Monatsberichte des Österr. Institutes für Wirtschaftsforschung, Beilage 8 (März 1949).

Diagramm 8: Entwicklung der Lebenshaltungskosten 1945—1955

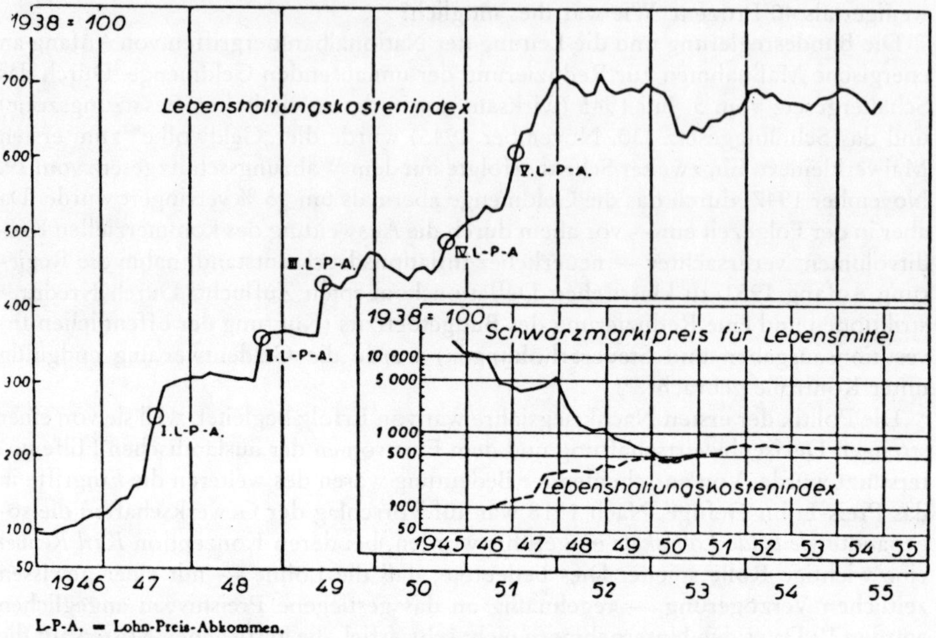

Quelle: Nemschak, Zehn Jahre österreichische Wirtschaft 1945—1955, S. 72.

negative Höhepunkt in der Nachkriegsgeschichte erreicht. Aber bereits Mitte des Jahres 1953 setzte, ausgehend von einer Belebung der Exporte (Abwertung des Schillings und günstige internationale Konjunktur) eine Besserung am Arbeitsmarkt ein, die im folgenden Jahr dank einer bewußten Investitionspolitik der öffentlichen Hand anhielt.[41])

5. *Die Krise des österreichischen Bankwesens in der Ersten Republik*

In sehr vielen Ländern hat in den letzten Jahren eine erschreckend simple Erklärung für wirtschaftliche Schwierigkeiten wieder an Einfluß gewonnen, die in den zwanziger Jahren in Österreich sehr verbreitet war. Sie lautet: Die Löhne und die „sozialen Lasten" seien so hoch, daß ein konjunktureller Aufschwung ausbleibe. Heute wie damals vermeiden es die „neoklassischen" Ökonomen und ihre Anhänger, das überhöhte Zinsniveau zu erwähnen, das investitionshemmend wirkt und die Erträge der Unternehmen schmälert. Heute hängen die hohen Zinsen mit der amerikanischen Wirtschaftspolitik zusammen, deren Auswirkungen sich auf Grund der

41) *Nemschak*, Zehn Jahre . . . (Anm. 3), S. 63 ff.; *März*, Österreichs Wirtschaft zwischen Ost und West (Anm. 27), S. 158 f.

engen internationalen Verflechtung der Kapitalmärkte auf andere Länder übertragen. In der Ersten Republik waren die Ursachen „hausgemacht".

Einer der Bestimmungsgründe für das hohe Zinsniveau wurde bereits erwähnt: die Vernichtung des Sparkapitals in der Inflationszeit. Nach dem Ende der Hyperinflation wurden die Zinsen im Gefolge der Börsenhausse von 1923, die eine Überhitzung der Nachfrage nach Kredit hervorrief, künstlich verteuert. Als die Spekulation zusammenbrach, geriet die österreichische Währung unter Druck, sodaß sich die Nationalbank — unter dem Einfluß ihres ausländischen „Beraters" und der Bank von England — gezwungen sah, eine ausgesprochene *Hochzinspolitik* einzuschlagen. An diesem wirtschaftspolitischen Kurs wurde während der gesamten zwanziger Jahre festgehalten (siehe *Tabelle 1*). Zwar sanken die Zinsen im Lauf der Zeit; sie verharrten jedoch immer auf einem höheren Niveau als im westlichen Ausland. Begründet wurde die Politik der Nationalbank mit der Notwendigkeit, ausländisches Kapital nach Österreich zu ziehen und auf diesem Weg eine „nicht-inflationäre" Ausweitung des Geld- und Kreditvolumens zu erreichen sowie für den Ausgleich der defizitären österreichischen Leistungsbilanz zu sorgen.

Tabelle 1: Vergleich der Bankrate (Diskontsatz) in den USA, England, Deutschland und Österreich 1924—1930 (Jahresdurchschnitte)

	USA	England	Deutschland	Österreich
1924	—	4,0	10,0	11,6
1925	3,4	4,6	9,2	10,9
1926	3,8	5,8	6,7	7,5
1927	3,8	4,7	5,8	6,3
1928	4,5	4,5	7,0	6,3
1929	5,1	5,5	7,1	7,4
1930	3,0	3,4	4,9	5,7

Quellen: Compass Jg. 1936, S. 271; *D. E. Moggridge:* British Monetary Policy 1924—1931, Cambridge University Press 1972, S. 226; *Gerd Hardach:* Reichsbankpolitik und wirtschaftliche Entwicklung 1924—1931, in: Schmollers Jahrbuch (1970), S. 570; Monatsberichte des Österr. Institutes für Konjunkturforschung, Heft 6/1938, S. 140. Internationales Institut für Sozialgeschichte (Amsterdam), Bestand IBFG, Inv.-Nr. 87: Für Bern 16.—18. März (1932). Statistisches Material zur Weltwirtschafts-Lage.

Die hohe Bankrate, die eine Signalwirkung auf das allgemeine Zinsniveau ausübte, bildete eine Begründung für den teuren Bankkredit. Eine weitere wichtige Ursache für die hohen Zinsen, die die Investitionsbereitschaft der Unternehmer hemmten (da die Industrie nach der Inflation in besonderem Maß auf den Bankkredit angewiesen war), ist jedoch bei den Banken selbst zu suchen: Nach der Währungsstabilisierung lagen die Regien der Kreditinstitute höher als vor 1914 — eine Folge des höheren Personalstandes, der größeren Steuerbelastung und der allgemein schrumpfenden Gewinnmöglichkeiten. Die Ausschaltung des Wettbewerbes auf dem Kreditsektor durch das sogenannte „Bankenkartell" ermöglichte die Überwälzung der gestiegenen Kosten auf die Kreditnehmer in Form diverser „Provisionen", die auf die Kreditzinsen aufgeschlagen wurden. Als Folge davon war die reale Zinsspanne verhältnismäßig hoch; sie sank — wie das allgemeine Zinsniveau — erst in den dreißiger Jahren stärker ab. Diesen Sachverhalt zeigt *Tabelle 2*.

Tabelle 2: Einlagezinsen, Kreditzinsen für Industriekunden (Prime Rate) und Zinsspanne in Österreich 1924—1937 (Jahresdurchschnitte)

	Einlagezinsfuß	Prime Rate inkl. Provisionen	Zinsspanne
1924	8,6	17,8	9,2
1925	8,8	19,3	10,5
1926	4,9	14,7	9,8
1927	4,2	13,5	9,3
1928	4,2	13,5	9,3
1929	4,8	14,9	10,1
1930	4,1	12,9	8,8
1931	4,3	14,4	10,1
1932	4,2	14,0	9,8
1933	3,4	11,3	7,9
1934	3,1	9,3	6,2
1935	2,8	8,4	5,6
1936	2,5	8,0	5,5
1937	2,5	7,7	5,2

Quellen: Wirtschaftsstatistisches Jahrbuch Jg. 1925—1937; Monatsberichte des Österr. Institutes für Konjunkturforschung, Heft 6/1938, S. 140 und 143.

In der Inflationszeit war die Zahl der Angestellten bei den Banken stark erhöht worden (dies war notwendig, weil es noch keine Rechenmaschinen gab); nach 1922 „horteten" die Institute Arbeitskräfte in der Hoffnung, daß Wien seine Stellung als Finanzzentrum des Donauraums, die es vor 1913 innegehabt hatte, wiedererlangen würde.[42]) Die Wiener Großbanken hatten damals eine ganz andere Stellung als heute. Das Kleinkundengeschäft spielte eine untergeordnete Rolle. Im letzten Jahrzehnt vor dem Ersten Weltkrieg hatte sich eine enge Symbiose zwischen Bank- und Industriekapital herausgebildet, bei der die Großbanken nicht bloß als Kreditgeber der Industrie, sondern auch als deren Großaktionäre fungierten. Die größten Bankfilialen lagen nicht im Gebiet des heutigen Österreich, sondern in der Tschechoslowakei, in Oberitalien und in Ungarn. Nach 1918 gingen diese Filialen (und damit ein großer Teil des laufenden Bankgeschäftes) verloren: 1918 besaßen die zehn größten Wiener Banken 144 Filialen im Ausland; 1924 waren es nur noch neun. An Stelle dessen hielten die österreichischen Institute nun Minderheitsbeteiligungen an jenen Banken, in die die Filialen eingebracht worden waren.[43])

42) In einem vertraulichen Exposé des Verbandes österreichischer Banken und Bankiers aus dem Jahr 1925 an den Völkerbund wurde ausdrücklich festgehalten, „daß die Wiener Banken großen Wert darauf legen, . . . ihren alten und für den Verkehr mit den mittel- und osteuropäischen Wirtschaftsgebieten eingerichteten Apparat nicht allzu stark zu reduzieren, weil sie die Hoffnung hegen, daß die internationale finanzielle Stellung Wiens sich behauptet . . ." Finanzarchiv, Zl. 76.843/1926.

43) *Hans Kernbauer / Fritz Weber:* Die Wiener Großbanken in der Zeit der Kriegs- und Nachkriegsinflation (1914—1922), in: *G. D. Feldman / C. F. Holtfrerich / G. A. Ritter / P.-C. Witt* (Hg.): Die Erfahrung der Inflation im internationalen Zusammenhang und Vergleich, Berlin—New York 1984, S. 153 f. Zur Herausbildung des „Finanzkapitals" in Österreich-Ungarn siehe *Eduard März:* Österreichische Industrie- und Bankpolitik in der Zeit Franz Josephs I., Wien 1968.

Die Geschäftsstrategie der Großbanken ging dahin, im größtmöglichen Ausmaß die traditionellen Beziehungen zur Industrie in den Nachfolgestaaten aufrechtzuerhalten. Dazu waren sie jedoch, auf sich allein gestellt, nicht in der Lage, da sie nicht mehr über die Einlagen eines großen Filialnetzes verfügten. Die Lösung hieß: österreichisches Know-how plus ausländisches Kapital. In der Phase des Währungsverfalls erwarben westeuropäische und amerikanische Banken beträchtliche Quoten am Aktienkapital der Wiener Kreditinstitute, und nach der Stabilisierung der Krone strömten kurzfristige Kredite aus dem Westen — angelockt durch die hohen Zinssätze — nach Österreich. Nur mit Hilfe des Auslandskapitals war es den Wiener Großbanken möglich, ihre Kreditbeziehungen zu den Nachfolgestaaten zu reintensivieren.[44])

Es ist ein weit verbreitetes Vorurteil, daß die Banken zu den Gewinnern der Inflation zählten. In Wahrheit mußten auch die Kreditinstitute Verluste hinnehmen. Die großen Wiener Banken konnten nur einen Bruchteil ihres Vermögens retten. Und das Bild, das sie anläßlich der Goldbilanzerstellung (1925) von der eigenen Lage zeichneten, war — wie sich bald herausstellte — noch immer zu optimistisch. Um die ausländischen Gläubiger und Aktionäre nicht zu beunruhigen, wurden über Jahre Dividenden ausgeschüttet, die nicht verdient worden waren. In den hohen Zinsen, die die Kreditinstitute ihren Kunden verrechneten, drückte sich die wahre Lage der Banken noch am ehesten aus. Die Überwälzung der Ertragsschwierigkeiten auf die Industrie in Form hoher Zinsen verschob die Probleme der Banken aber bloß auf eine andere Ebene: Die Überschuldung der Betriebe machte sehr bald eine Abschreibung der vergebenen Kredite notwendig, war also auch für die Banken eine Quelle von Verlusten, insbesondere nach dem Ausbruch der Weltwirtschaftskrise, als sich ein immer größerer Teil der an in- und ausländischen Kunden verliehenen Gelder als uneinbringlich erwies.[45])

Das Jahrzehnt von 1924 bis 1934 war daher geprägt von einer chronischen Krise des österreichischen Bankwesens. Nach dem Ende der Inflation und nach dem Zusammenbruch der Börsen- und Devisenspekulation im Frühjahr 1924 kamen die ersten Kreditinstitute in Schwierigkeiten. Betroffen waren vorerst aber nur kleinere Banken, die zum Großteil erst nach 1918 gegründet worden waren, sowie zwei ältere angesehene Banken, die von Spekulanten regelrecht ausgeplündert worden waren. Dann folgten die Zentralbank der deutschen Sparkassen und die Postsparkasse, die aus politischen Gründen von der Regierung überredet worden waren, die Kosten für die Verluste einer Reihe anderer Kleinbanken zu übernehmen.[46]) 1926 setzte, als

44) *Fritz Weber / Karl Haas:* Deutsches Kapital in Österreich. Zur Frage der deutschen Direktinvestitionen in der Zeit vom Ende des Ersten Weltkrieges bis zur Weltwirtschaftskrise, in: Jahrbuch für Zeitgeschichte 1979, Wien 1980, S. 186 f.; *März,* Österreichische Bankpolitik (Anm. 2), S. 442 ff. und S. 534 ff.

45) *Walther Federn:* Der Zusammenbruch der österreichischen Kreditanstalt, in: Archiv für Sozialwissenschaften und Sozialpolitik, Jg. 1932, S. 403—435; *Karl Ausch:* Als die Banken fielen. Zur Soziologie der politischen Korruption, Wien 1968, S. 307 ff.

46) *Ausch* (Anm. 45), S. 205 ff. *Fritz Weber:* Der finanzielle Länderpartikularismus. Aufstieg und Fall der Provinzbanken in der Ersten Republik. Vorgelegt auf dem Symposium „Förderalismus in Österreich 1918—1938" (12.—13. November 1981) der Wissenschaftlichen Kommission zur Erforschung der österr. Geschichte der Jahre 1918—1938.

Vorzeichen der kommenden Krisen, ein Fusionsprozeß im Wiener Bankwesen ein, der erst 1934 mit dem Zusammenschluß von Creditanstalt und Wiener Bankverein seinen Abschluß fand. Von den zehn großen Wiener Instituten des Jahres 1913 waren am Vorabend des Zweiten Weltkriegs nur noch drei vorhanden: Eine (die Depositenbank) hatte 1924 ihre Schalter schließen müssen; die Mercurbank war praktisch eine Filiale der Dresdener Bank, da das Berliner Institut fast 100 % des Aktienkapitals kontrollierte; die Zentraleuropäische Länderbank schließlich war 1921 in ein französisches Institut mit Hauptsitz in Paris umgewandelt worden; sie unterhielt in Wien eine Niederlassung, die nach dem „Anschluß" an Deutschland mit der Mercurbank und einigen anderen Instituten zur Länderbank in ihrer heutigen Gestalt vereinigt wurde. Die übrigen sechs Großbanken des Jahres 1913 waren — direkt oder indirekt — in der Creditanstalt-Bankverein aufgegangen.

Unter den Großbanken waren diejenigen als erste von der Krise betroffen, die am ausgiebigsten von den kurzfristigen Auslandskrediten aus dem Westen Gebrauch gemacht und die expansivste Geschäftspolitik betrieben hatten. Im Herbst 1929 geriet die Bodenkreditanstalt in Bedrängnis; sie wurde — unter dem Druck der Regierung — mit der Creditanstalt fusioniert, wobei die Regierung den wahren Status der Creditanstalt und die Leitung der CA jenen der Bodenkreditanstalt gründlich verkannten. Im Mai 1931 mußte auch die Creditanstalt ihre Lage öffentlich einbekennen. Die Krise der Creditanstalt lieferte den ersten Anstoß zu einer internationalen Kreditpanik, die wenig später auf Deutschland und danach auch auf England übergriff. Die internationale Kredit- und die damit verbundene Währungskrise trug wesentlich zur Verschärfung der weltweiten Depression bei.[47])

Eine Vorstellung von den *Dimensionen* der Schwierigkeiten, in die die Creditanstalt geraten war, erhält man erst, wenn man sich vor Augen hält, daß die Verluste der Bank mehr als zehn Prozent des österreichischen Volkseinkommens von 1930 ausmachten. Der Staat und die Oesterreichische Nationalbank mußten die Hauptlast der Sanierung übernehmen und wurden zu Großaktionären der Creditanstalt. Durch die plötzliche Rückforderung der Auslandsgelder, die die Bank langfristig in Österreich und im Donauraum veranlagt hatte, geriet die österreichische Währung unter Druck. Die Regierung war gezwungen, einen neuen Kredit im Ausland aufzunehmen (Lausanner Anleihe von 1932), der nach dem Vorbild der Genfer Sanierung — mit drastischen deflationistischen Auflagen verknüpft war.[48])

Die Budgetmittel, die für die Sanierung der Creditanstalt aufgebracht werden mußten, fehlten zur Finanzierung öffentlicher Investitionen und der Sozialausgaben. Gleichzeitig sanken, als Folge der Wirtschaftskrise, die Steuereinnahmen des Staates. Durch die Deflationspolitik wurde die Depression verschärft; die Arbeitslosigkeit stieg und damit der Aufwand für die Arbeitslosenfürsorge. Gleichzeitig nahm die Neigung zu autoritären Regierungsformen zu, denn wer mit diktatorischen Mitteln regiert, braucht weder die Öffentlichkeit noch kommende Wahlen zu fürchten. Er schafft beides ab. *Rost van Tonningen*, der neue „Berater" des Völkerbundes für Österreich (er entpuppte sich später als holländischer Nationalsozialist), drückte

47) *Kindleberger* (Anm. 20), S. 155 ff.
48) *Grete Klingenstein:* Die Anleihe von Lausanne, Wien—Graz 1965.

dies in seinen Tagebuchaufzeichnungen folgendermaßen aus: „Zusammen mit dem Kanzler [Dollfuß, d. V.] und Kienböck haben wir die Ausschaltung des Parlaments für notwendig gehalten, da dieses Parlament die Rekonstruktionsarbeit sabotierte."[49]) Die Creditanstalt-Krise bildete das auslösende Moment (nicht die Ursache) für die Abschaffung der Demokratie in Österreich.

Nach dem Zweiten Weltkrieg wurden die verbliebenen Großbanken (Creditanstalt-Bankverein und Länderbank) sowie das Österreichische Creditinstitut verstaatlicht. Sie waren nach 1938 — wie fast die gesamte österreichische Industrie — in deutschen Besitz übergegangen. Diese Tatsache und die Erinnerung an die Kosten, die die „Sozialisierung" der Verluste des Bankwesens in der Ersten Republik verursacht hatte, ließen einen solchen Eingriff in das Wirtschaftsleben ratsam erscheinen. Infolge der politischen Entwicklung wurden die noch vorhandenen Verbindungen der Wiener Banken zum Donauraum gelöst; sie waren schon nach der Bankenkrise von 1931 drastisch eingeschränkt worden. Erhalten geblieben ist dagegen die *historische Besonderheit des österreichischen Bankwesens:* die enge Verbindung zur Industrie. Die beiden Großbanken verfügen auch heute noch über einen großen eigenen Industriekonzern, der allerdings nur mehr heimische Unternehmen umfaßt.[50])

Mit dem Rückzug der Banken aus Osteuropa fiel eine wichtige Ursache für die Hochzinspolitik der Banken in der Zwischenkriegszeit weg; sie konnten sich nun auf die Befriedigung des Kreditbedarfes der österreichischen Wirtschaft und des Staates konzentrieren.

6. *Wirtschaftspolitische Vorstellungen in der Ersten und in der Zweiten Republik*

Bisher wurde hauptsächlich über die Rolle des Auslandes bei der Durchsetzung der deflationistischen Wirtschaftspolitik nach 1922 und nach 1931 gesprochen. Die Anhänger des „Monetarismus" waren aber auch in Österreich selbst stark vertreten. Sie gingen davon aus, daß es eine Art von „natürlichem" Gleichgewicht in der Wirtschaft gebe, das immer dann verlorengehe, wenn sich der Staat in die Ökonomie einmische. Ihr besonderer Zorn galt daher den Budgetdefiziten der öffentlichen Hand, auch noch angesichts der Weltwirtschaftskrise. „Für Bund, Land und Gemeinden", hieß es in einem Expertenbericht, bei dessen Abfassung der bekannte Ökonom *Ludwig von Mises* eine wichtige Rolle spielte, „hätte zu gelten, daß bei der wirtschaftlichen Notlage selbst an sich nützliche und wünschenswerte Ausgaben so lange unterbleiben müssen, bis sich die Lage gebessert hat."[51]) Gleichzeitig wurde vorgeschlagen, „produktionshemmende" Steuern wie die „Fürsorgeabgabe" abzuschaffen und

49) Zitiert nach *Karl Bachinger / Herbert Matis:* Der österreichische Schilling. Geschichte einer Währung, Graz 1974, S. 149. Siehe zu diesem Problemkreis auch *Fritz Weber:* Die Weltwirtschaftskrise und das Ende der Demokratie in Österreich, in: *E. Fröschl / H. Zoitl* (Hg.): 4. März 1933. Vom Verfassungsbruch zur Diktatur, Wien 1984, S. 58 ff.

50) *Hans Kernbauer:* Zur Politik der verstaatlichten Großbanken in Österreich, in: Österr. Zeitschrift für Politikwissenschaft, 4/1981, S. 426 ff.

51) Redaktionskomitee der Wirtschaftskommission, Bericht über die Ursachen der wirtschaftlichen Schwierigkeiten Österreichs, Wien 1931, S. 31.

die Löhne der Industriearbeiter zu senken. Dieses Konzept weist sehr starke Ähnlichkeiten mit den „supply side economics“ auf, die heute von konservativen Politikern favorisiert werden.

Man muß fairerweise zugeben, daß das moderne Instrumentarium staatlicher Wirtschaftspolitik damals noch weitgehend unbekannt war. *John M. Keynes* berühmtes Werk „Allgemeine Theorie der Beschäftigung, des Zinses und des Geldes“ erschien erst im Jahr 1936. Auf der anderen Seite darf nicht übersehen werden, daß die Wirtschaftsexperten der österreichischen Sozialdemokratie bereits frühzeitig die positiven Auswirkungen öffentlicher Investitionstätigkeit auf den Arbeitsmarkt erkannt hatten. Dieser Gedanke fand sowohl in das sozialdemokratische Finanzprogramm vom Herbst 1921 als auch in die Stellungnahme der Arbeiterkammern zur Genfer Sanierung Eingang.[52]) Die Gemeinde Wien betrieb eine aktive Beschäftigungspolitik (Gemeindewohnbau), deren Finanzierung allerdings mit der „orthodoxen“ Methode der Steuererhöhung (Wohnbau-, Luxussteuern etc.) gesichert wurde. Erst als sich die Grenzen dieser Politik zeigten (drastischer Rückgang der Steuereinnahmen in der Weltwirtschaftskrise), erfolgte eine Hinwendung zu „keynesianischen“ Gedankengängen. Im Herbst 1933 erklärte *Otto Bauer* in einer Rede, die unter dem Titel „Arbeit für 200.000“ auch als Broschüre herauskam, daß man „unbeirrt durch kreditpolitische Lehrmeinungen aus einer vergangenen Zeit . . . alle Möglichkeiten der Kreditausweitung und Kreditschöpfung im Interesse der Arbeitsbeschaffung“ ausschöpfen müsse, „soweit das nur überhaupt möglich ist, ohne in eine unbeherrschbare Geldentwertung zu gelangen“.[53])

Erst zu diesem Zeitpunkt, als die Demokratie in Österreich schon weitgehend ausgehöhlt war, hatten sich die Sozialisten unter dem Eindruck der Massenarbeitslosigkeit von der Inflationsfurcht emanzipiert. Sie traten für die Anwendung jener neuen Finanztechniken ein, die *Keynes*, ein durchaus bürgerlicher Brite, drei Jahre danach in systematischer Form propagierte. Der Austromarxist *Bauer*, in dem auch heute noch viele zu Unrecht einen verkappten „Bolschewiken“ erblicken, war aus der Sicht des Wirtschaftshistorikers viel verantwortungsbewußter als jene, die durch Deflationspolitik, freilich ohne es zu wollen, den Boden für die deutschen Okkupanten bereiteten.

Keynes' Buch erregte weltweit Aufsehen; seine Krisentherapie wurde in vielen Ländern — zumindest partiell — angewandt, am konsequentesten wahrscheinlich in Schweden, wo seit 1932 die Sozialdemokraten die Regierungsgewalt ausübten. Am Ende des Zweiten Weltkrieges war die Notwendigkeit einer aktiven staatlichen Beschäftigungspolitik allgemein anerkannt.[54]) Der Sieg des Keynesianismus hat zum kontinuierlichen Wachstum der Weltwirtschaft in den ersten Jahrzehnten nach 1945 in erheblichem Maß beigetragen.[55])

52) Siehe: Die Tätigkeit des Verbandes der sozialdemokratischen Abgeordneten im Nationalrat der Republik Österreich, 16. Heft der Gesamtausgabe (August 1921 bis September 1922), Wien 1922, S. 17 ff.; *Edmund Palla:* Die Bedeutung der Wirtschaftspolitik für die Arbeiterbewegung, in: Arbeit und Wirtschaft, 1. Juli 1923, Sp. 467.

53) *Otto Bauer:* Arbeit für 200.000, in: Otto-Bauer-Werkausgabe, Bd. 3, Wien 1976, S. 945.

54) *Philipp Rieger:* Die Keynessche Revolution, in: Wirtschaft und Politik. (Anm. 1), S. 15 ff.

55) *Maddison* (Anm. 20), S. 476 ff.

Die österreichischen Sozialisten kamen mit *Keynes* Ideen in der Emigration in Berührung; und seine Theorie wurde zum wirtschaftspolitischen Credo der SPÖ, des Gewerkschaftsbundes, aber auch des Österreichischen Instituts für Wirtschaftsforschung (Wifo) nach 1945. Nach dem Auslaufen des Marshallplans und dem deflationären Zwischenspiel von 1952/53 bildete sich allmählich eine spezifische Form von Konjunkturpolitik heraus, die sich bis Anfang der sechziger Jahre auf budgetäre Maßnahmen (deficit spending) beschränkte. Die Geld- und Kreditpolitik der Nationalbank verhielt sich entweder passiv oder stand im Gegensatz zur expansiven Politik des Staates.[56]) Später wurde das Instrumentarium der Konjunktursteuerung im Zusammenwirken von Regierung, Notenbank und Sozialpartnerschaftsgremien (Einkommenspolitik) angewandt. Es handelte sich dabei um eine spezifische Variante des Keynesianismus. Der „*Austrokeynesianismus*" verfolgte eine „langfristig auf die Hochhaltung der Investitionen gerichtete Wachstumspolitik", die die Hebung der gesamtwirtschaftlichen Nachfrage weniger über den Konsum, sondern vor allem über eine Ausweitung der öffentlichen Investitionen anstrebte.[57])

7. *Sozialpartnerschaft und Verstaatlichung*

Eine wichtige Rolle bei der Formulierung der wirtschaftspolitischen Ziele spielen — zumindest seit den sechziger Jahren — die Gremien der Sozialpartnerschaft. Diese nahm ihren Anfang nicht erst mit der Gründung der sogenannten *Paritätischen Kommission für Lohn- und Preisfragen* im Frühjahr 1957, sondern war in roher Gestalt und als geistige Konzeption praktisch seit 1945 vorhanden. Die 1946 ins Leben gerufene Zentrallohnkommission und die Politik der *Lohn-Preis-Abkommen* (1947—1951) stellten Vorformen der sozialpartnerschaftlichen Institutionen dar; sie beruhten auf einer Zusammenarbeit von Gewerkschaften, Unternehmerverbänden und der Regierung.[58]) Sie sollten vor allem den Wiederaufbau der Wirtschaft reibungsloser gestalten. Der inflationsregulierende Impetus der Abkommen fand eine Fortsetzung in der Paritätischen Kommission, während bei der Gründung des „Beirates für Wirtschafts- und Sozialfragen" (Oktober 1963) die wachstumspolitische Komponente im Vordergrund stand. „Die Wirtschaftsvertreter", kennzeichnete ein Gewerkschafter die Entwicklung rückblickend, „verstanden anfänglich ihre Aufgabenstellung als antiinflationistische, später, und in zweiter Linie, als eine konjunkturpolitische im weiteren Sinne des Wortes, erst seit Anfang der sechziger Jahre als eine wachstumspolitische."[59])

56) *März*, Österreichs Wirtschaft zwischen Ost und West (Anm. 27), S. 159 ff.

57) *März / Szecsi* (Anm. 16), S. 336. Eine Diskussion der aktuellen Problematik (Anwachsen des Leistungsbilanzdefizits, Staatsverschuldung, mögliche Grenzen des Keynesianismus) würde den Rahmen des Aufsatzes sprengen.

58) *Hans Prader:* Probleme kooperativer Gewerkschaftspolitik. Am Beispiel des ÖGB im Wiederaufbau 1945—1951, Phil. Diss., Salzburg 1975, S. 188 ff.

59) *Heinz Kienzl:* Wirtschaftspartnerschaft, Stabilität und Wachstum, in: *Wolfgang Schmitz* (Hg.): Geldwertstabilität und Wirtschaftswachstum. Festschrift für Andreas Korp, Wien—New York 1971, S. 30; *Werner Lang:* Kooperative Gewerkschaften und Einkommenspolitik. Das Beispiel Österreichs, Frankfurt/Main—Bern—Las Vegas 1978, S. 39ff. und S. 71 ff.

Die *historischen Wurzeln der Sozialpartnerschaft* reichen bis zum Ersten Weltkrieg zurück. In den ersten Monaten nach dem Zusammenbruch der Monarchie gab es einen paritätisch besetzten Arbeitsausschuß, in welchem die Gewerkschafts- und Unternehmervertreter Probleme der Demobilisierung und Sozialgesetzgebung diskutierten. Im November 1919 wurde auf Betreiben *Karl Renners* die paritätische „*Industriekonferenz*" einberufen, die jedoch nur wenige Male zusammentrat und nach dem Bruch der politischen Koalition (Frühjahr 1920) auf Betreiben der Unternehmer ein rasches Ende fand. Ihr einziger Erfolg lag auf dem Gebiet der Lohnpolitik (Indexierung, gleitende Lohnskala).[60]) Die Vertreter der Freien Gewerkschaften haben auch in späteren Jahren noch wiederholt ihr Interesse an „sozialpartnerschaftlichen" Regelungen bekundet, doch waren die Unternehmer nach dem Abflauen der unmittelbaren revolutionären Gefahr nicht bereit, auf diese Angebote einzugehen. Andererseits gab es auch in den Reihen der sozialdemokratischen Arbeiterschaft starke Widerstände gegen die „Klassenzusammenarbeit". Die Gewerkschafter waren daher gezwungen, die Rolle von „Klassenkämpfern wider Willen" *(Karl Korsch)* zu übernehmen.

Eine zweite historische Wurzel der Sozialpartnerschaft ist im faschistischen Ständestaat zu suchen, der nach 1934 eine Art von Sozialpartnerschaft unter Zwang zu verwirklichen suchte.[61]) Nach dem Nationalsozialismus war eine korporative Lösung in Freiwilligkeit möglich geworden, wobei die Tatsache eine wichtige Rolle spielte, daß die aggressivsten Fraktionen der Industrie (man denke an die Alpine Montangesellschaft) durch die Verstaatlichungsaktion von 1946 ihres politischen Einflusses beraubt worden waren. Die zweite wesentliche Voraussetzung der Sozialpartnerschaft, die Zentralisierung der Gewerkschaften, war durch die Struktur des ÖGB seit seiner Gründung im April 1945 gegeben.

Das österreichische Modell der Sozialpartnerschaft hat international große Beachtung gefunden und die Wirtschaftsexperten des Auslandes auf Grund seiner verhältnismäßig reibungslosen Funktionsweise fasziniert. Die Bedeutung der Verstaatlichung wurde dabei jedoch oft übersehen. Die Sozialpartnerschaft beruht nämlich auf einem gesellschaftspolitischen Kompromiß: Die Gewerkschaften verzichten auf eine Umverteilung des Volkseinkommens sowie auf eine Änderung der ökonomischen Grundstruktur der Gesellschaft. Die Gegenseite stellt die Existenz des verstaatlichten Wirtschaftssektors, wie er 1946/47 entstanden ist, nicht in Frage.

Im Rahmen der „gemischten Wirtschaft" (mixed economy) spielt der verstaatlichte Sektor eine wichtige Rolle. Er umfaßt die wichtigsten Kreditinstitute, fast die gesamte Schwerindustrie sowie Teile des Maschinenbaus. Dazu kommen noch die Konzernbetriebe der Banken, die jedoch nur in einem sehr vermittelten Sinn der öffentlichen Kontrolle unterliegen. Die gesamtwirtschaftliche Bedeutung der verstaatlichten Industrie ist seit den sechziger Jahren, wie der nachstehenden *Tabelle 3* zu entnehmen ist, etwas zurückgegangen.

60) *Charles A. Gulick:* Österreich von Habsburg zu Hitler, Bd. 1, Wien (1948), S. 208 ff.
61) *Anton Pelinka:* Stand oder Klasse? Wien—Zürich—München 1972, S. 249.

Tabelle 3: Anteil der verstaatlichten Industrie an der Gesamtindustrie (in %)

	Beschäftigte in der Industrie	Industrie-produktion	Waren-exporte
Durchschnitt			
1954—1964	21,4	22,7	26,4
1980	17,7	22,3	20,5

Quellen: März, Österreichs Wirtschaft zwischen Ost und West, S. 112; ÖIAG-Geschäftsbericht 1980.

Die Ursprünge der Verstaatlichung in Österreich müssen, wie jene der Sozialpartnerschaft, bereits in der Ersten Republik gesucht werden: Nach dem Ende des Ersten Weltkriegs herrschte in den Industriezentren Österreichs eine revolutionäre Stimmung unter der Arbeiterschaft, die in der Forderung nach Rätedemokratie und „Sozialisierung" der Wirtschaft Ausdruck fand. Die Führer der Sozialdemokratie und der Freien Gewerkschaften, die weder auf die Übernahme der Regierungsverantwortung noch auf solche Massenbewegungen vorbereitet waren, verfolgten damals die Strategie: Sozialreform statt Revolution. Nur in einem Punkt schienen sie bereit, radikalere Maßnahmen zu setzen — in der Sozialisierungsfrage.[62]) *Otto Bauer* arbeitete einen Sozialisierungsplan aus, in dem er für eine Politik der Teilsozialisierung eintrat, d. h. es sollten nur jene Zweige der Volkswirtschaft unter öffentliche Kontrolle gestellt werden, die dem Kriterium der „Sozialisierungsreife" entsprachen. *Bauer* schwebte eine Art von „gemischter Wirtschaft" vor Augen, die erst in einem Generationen währenden Transformationsprozeß in ein sozialistisches Gesellschaftssystem übergeleitet werden konnte. „*Sozialisierung*" wurde dabei als Gegensatz zur „*Verstaatlichung*" verstanden: Diese tendiere zur Bürokratisierung, jene sollte eine elastische Form der Verwaltung unter Mitwirkung der Arbeiter garantieren.

Die Sozialisierungsfrage zeigte die Grenzen der sozialdemokratischen Reformpolitik auf. Während auf dem Gebiet der Sozialgesetzgebung beachtenswerte Erfolge errungen werden konnten, waren bei der Sozialisierung der Widerstand des Bürgertums zu zäh und die Taktik der Sozialisten zu zaudernd, um einen Durchbruch zu erzielen. „Sozialisiert" wurden bloß einige Unternehmen aus dem Besitz des ehemaligen österreichisch-ungarischen Staates, bei denen die neue Form der Verwaltung quasi experimentell erprobt werden konnte. Die Mehrzahl der auf diese Weise sozialisierten Betriebe überlebte die Weltwirtschaftskrise nicht.

Wie günstig entschiedenere Maßnahmen auch das politische Schicksal der Ersten Republik hätten beeinflussen können, zeigt der Fall der Alpine Montangesellschaft:

62) *Rudolf Gerlich:* Die gescheiterte Alternative. Sozialisierung in Österreich nach dem 1. Weltkrieg, Wien 1980. Siehe dazu und zum folgenden auch: *Eduard März / Fritz Weber:* Verstaatlichung und Sozialisierung nach dem Ersten und Zweiten Weltkrieg — eine vergleichende Studie, in: Wirtschaft und Gesellschaft 2/1978, S. 115 ff.; *dies.:* Otto Bauer und die Sozialisierung, in: *Detlef Albers* u. a. (Hg.): Otto Bauer und der „Dritte" Weg, Frankfurt/Main 1978, S. 74ff.; *Erwin Weissel:* Die Ohnmacht des Sieges. Arbeiterschaft und Sozialisierung nach dem Ersten Weltkrieg in Österreich, Wien 1976.

Die Aktien dieses größten österreichischen Industrieunternehmens wurden 1919 — unter Mitwirkung des Finanzministers und Ökonomen *Joseph A. Schumpeter* — nach Italien verschoben, um eine drohende Sozialisierung zu verhindern. Sie gelangten später in deutschen Besitz. Die Alpine zählte zu den maßgeblichen Financiers der steirischen Heimwehr und der österreichischen Nationalsozialisten.[63])

Es kann daher nicht verwundern, daß der Hinweis auf die politischen Aktivitäten der Alpine Montagesellschaft und anderer Unternehmen der Schwerindustrie in der Verstaatlichungsdiskussion nach 1945 eine zentrale Rolle einnahm. Dieser Antifaschismus war bei *allen* drei politischen Parteien (ÖVP, SPÖ, KPÖ) vorhanden. Andere Faktoren, die zur Verstaatlichung beitrugen, waren der Übergang fast aller wichtigen Unternehmen in deutschen Besitz nach 1938 und — damit zusammenhängend — die sowjetischen Ansprüche auf das „Deutsche Eigentum" in Österreich. Die ökonomische Komponente (österreichisches Privatkapital für den Wiederaufbau der Unternehmen wäre gar nicht vorhanden gewesen) und das außenpolitische Moment gaben schließlich den Ausschlag für die Verstaatlichung.[64])

Der verstaatlichten Industrie kam beim Wiederaufbau eine Schlüsselrolle zu: Sie erhielt einen Großteil der ERP-Mittel zur Finanzierung ihrer Investitionen. Sie war aber auch in einem anderen Sinn gewissermaßen der „Motor" des Rekonstruktionsprozesses, indem sie wichtige Rohprodukte unter dem Weltmarktpreis an die österreichische Privatindustrie lieferte und so deren Kapitalakkumulation subventionierte.[65]) In verschiedenen Krisensituationen kam ihr eine wichtige beschäftigungspolitische Funktion zu. Während der Stabilisierungskrise von 1952 ging die Gesamtbeschäftigung in der Industrie um 12,3 % zurück, im verstaatlichten Sektor bloß um 0,3 %. Ähnliche Effekte lassen sich auch für das Jahr 1958 sowie für die ersten Jahre nach 1973 nachweisen.[66]) Später hat die neue Weltwirtschaftskrise auch die verstaatlichte Industrie zum Verlassen dieses beschäftigungspolitischen Kurses gezwungen.

8. *Investitionsrate, Wirtschaftswachstum und Arbeitsmarkt*

Wir haben bisher eine Reihe innerer und außerösterreichischer Faktoren namhaft gemacht, die den unterschiedlichen Verlauf des Wirtschaftslebens nach dem Ersten und nach dem Zweiten Weltkrieg mitbestimmt haben. Es ist evident, daß die günstige Entwicklung der österreichischen Volkswirtschaft nach 1945 nicht allein aus dem besseren Funktionieren der Weltökonomie abgeleitet werden kann. Sicherlich haben auch geopolitische Zufälle eine Rolle gespielt: Seiner Lage an der Grenzlinie des Kalten Krieges verdankt Österreich den reichlichen Zufluß an Marshallplangeldern und die Verstaatlichung eines wichtigen Teils der Wirtschaft. Auch die Lösung wich-

63) *Fritz Klenner:* Die österreichischen Gewerkschaften. Vergangenheit und Gegenwartsprobleme, 2. Bd., Wien 1953, S. 986; *Kurt W. Rothschild:* Austria's Economic Development Between the Two Wars, London 1947, S. 81 ff.

64) *März / Weber,* Verstaatlichung und Sozialisierung (Anm. 62), S. 123 ff.; *Langer,* Die Verstaatlichungen in Österreich (Anm. 27); *Renate Deutsch:* Die Kontroverse zwischen ÖVP und SPÖ in der Verstaatlichungsfrage 1945—1949, Phil. Diss., Salzburg 1977.

65) *März,* Österreichs Wirtschaft zwischen Ost und West (Anm. 27), S. 70 ff.

66) *Ferdinand Lacina:* Verstaatlichung in Österreich, in: Wirtschaft und Politik (Anm. 1), S. 277 f.

tiger Außenhandelsfragen wurde dadurch erleichtert. Einige relevante wirtschafts- und gesellschaftspolitische Neuerungen nach dem Zweiten Weltkrieg gehen jedoch darauf zurück, daß die Verantwortlichen sich bemüht haben, *Lehren aus der Vergangenheit* zu ziehen (Verstaatlichung, Sozialpartnerschaft, Keynesianismus).

Im folgenden sollen drei volkswirtschaftliche Kennziffern vorgeführt werden, in denen die Unterschiede der beiden Epochen anschaulich zum Ausdruck kommen: die gesamtwirtschaftliche Investitionsrate, das Wirtschaftswachstum und die Arbeitslosenrate. Etwas vereinfachend dargestellt, besteht folgender Zusammenhang zwischen den drei Meßzahlen: Eine hohe Investitionsquote ist die Vorbedingung für Wirtschaftswachstum und gute Beschäftigung. Fällt jene, so verlangsamt sich das Wachstum, und die Arbeitslosigkeit beginnt zu steigen.

Wovon hängt nun die Investitionsrate (und als deren wichtigste Komponente: die Investitionsneigung der Industrie) ab? Investiert wird, wenn von der Installierung neuer Maschinen oder Betriebe eine Steigerung des Gewinns erhofft wird. Ist die Nachfrage (entweder im Inland oder im Ausland) zu gering oder ist das Zinsniveau zu hoch, nimmt die Investitionsbereitschaft der Unternehmer ab.

Aus den *Diagrammen 9 und 10* wird ersichtlich, daß die Investitionsrate in der Zwischenkriegszeit selbst in den besten Konjunkturperioden immer unter dem Niveau von 1913 verharrte. Sie reichte bloß aus, um die alten durch neue Maschinen zu ersetzen; eine Modernisierung des Produktionsapparates fand — im gesamten betrachtet — nicht statt. Nach dem Zweiten Weltkrieg war die Investitionsquote kontinuierlich hoch. Auffallend ist die stetige Verlangsamung des Wachstumstempos der Wirtschaft trotz einer Steigerung der Investitionsquote. Die Erklärung hierfür ist in der Tatsache zu suchen, daß die Zuwachsraten des BNP in der ersten Nachkriegsdekade wegen der niedrigen Ausgangsbasis unverhältnismäßig hoch waren. Gleichzeitig war die Produktion personalintensiver als unter den späteren Bedingungen der „Normalität". Je „moderner" Österreichs Industrie wurde, desto kapitalintensiver gestaltete sich die Produktion; ein immer größerer Einsatz von Kapital war erforderlich, um die Produktion auszuweiten und ein befriedigendes Wirtschaftswachstum zu erzielen.

Das Problem der Arbeitslosigkeit steht mit den eben besprochenen Meßgrößen in einem engen Zusammenhang. Niedrige Wachstums- und Investitionsraten führen zu Beschäftigungsproblemen. Nur in einer expandierenden Volkswirtschaft ist Vollbeschäftigung möglich. Sie ist auch Vorbedingung für den Umschichtungsprozeß auf dem Arbeitsmarkt, der zu einer Abnahme der landwirtschaftlichen Bevölkerung und zu einem Anwachsen der in der Industrie und im Dienstleistungsbereich Beschäftigten führt. Der tertiäre Sektor kann nur wachsen, wenn die privaten Einkommen steigen und wenn die öffentliche Hand über höhere Steuereinnahmen verfügt. Charakteristischerweise kam es in Österreich erst nach dem Zweiten Weltkrieg zu diesem Transformationsprozeß, der durch die wachsende Bedeutung des Fremdenverkehrs verstärkt wurde.[67])

In der Ersten Republik herrschte nur in der Periode der Nachkriegsinflation annähernd Vollbeschäftigung, weil die Arbeitskräfte billig waren und der Dienstlei-

67) *Rothschild,* Wurzeln und Triebkräfte (Anm. 16), S. 118 f.

Diagramm 9: Durchschnittliches Wirtschaftswachstum (in %)

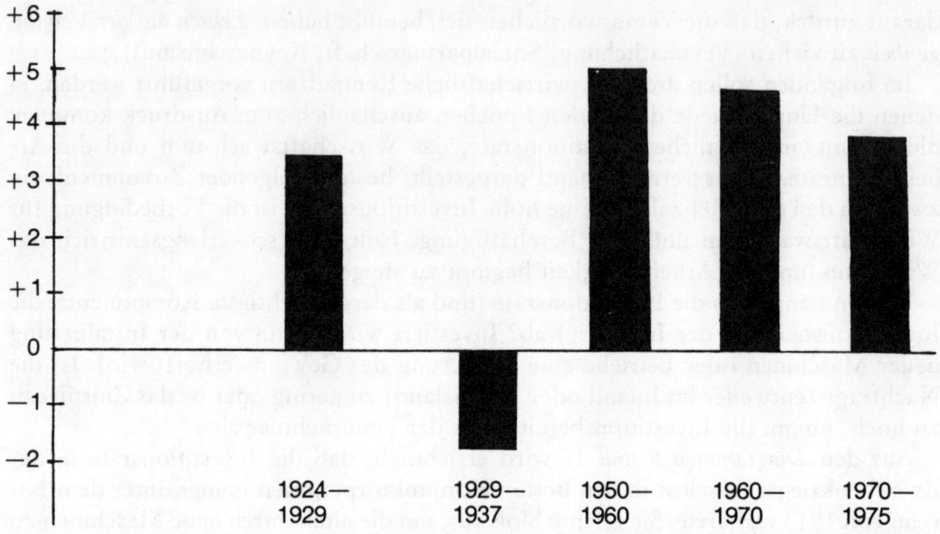

Diagramm 10: Bruttoinvestitionsrate (in % des verfügbaren Güter- und Leistungsvolumens)

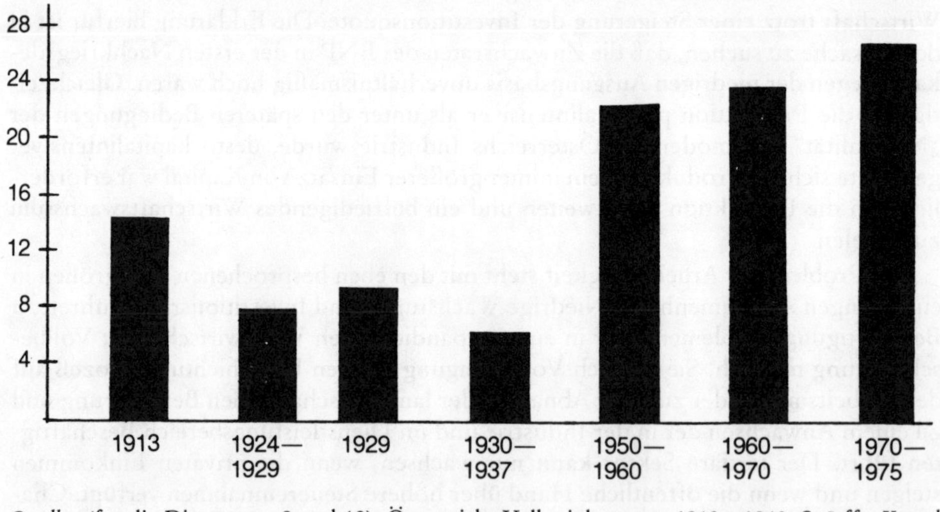

Quellen (für die Diagramme 9 und 10): Österreichs Volkseinkommen 1913—1963, S. 5 ff., *Kausel* Österreichs Wirtschaft, S. 194 und S. 203 f.

stungssektor (vor allem Banken und Handel) eine vorübergehende Scheinblüte erlebte. Nach der Währungsstabilisierung stieg die Arbeitslosigkeit sofort an, wobei auch die staatlichen Abbaumaßnahmen — über 90.000 Beamte wurden im Gefolge der Genfer Sanierung entlassen — eine wichtige Rolle spielten. Zwischen 1923 und 1929 schwankte die Arbeitslosenrate zwischen 8 und 11 Prozent, sie ging auch in den guten Konjunkturjahren (1927—1929) nur wenig zurück.[68]) In der Weltwirtschaftskrise fiel die Industrieproduktion in Österreich (von 1929 bis 1933) um fast 40 Prozent; die Kurve der Arbeitslosigkeit zeigte steil nach oben und überschritt am Höhepunkt der Depression die 30-Prozent-Grenze. In der Industrie waren fast 50 % der Arbeitskräfte ohne Beschäftigung. Auf Grund der strikten Deflationspolitik wurde die Arbeitslosenrate bis 1937 kaum reduziert: In diesem Jahr waren noch immer 600.000 Menschen ohne Arbeit. Die Hälfte von ihnen schien in der offiziellen Statistik gar nicht mehr auf; von diesen 300.000 war ein großer Teil „ausgesteuert", erhielt also keine Arbeitslosenunterstützung mehr.[69])

In der Zweiten Republik war die Arbeitslosigkeit, wie bereits erwähnt, in der unmittelbaren Nachkriegsperiode niedrig, erreichte jedoch im Gefolge der Stabilisierungskrise (1952/53) ein größeres Ausmaß. Bis Anfang der sechziger Jahre war sie auf drei Prozent gesunken; sie fiel in der Folgezeit auf zwei Prozent und erreichte sogar noch niedrigere Werte. Erst in den letzten Jahren haben sich die Probleme auf dem Arbeitsmarkt wieder vermehrt. Aber zum Unterschied von anderen Ländern, wo eine Arbeitslosigkeit von zehn oder mehr Prozent bewußt in Kauf genommen wurde und wird, betrachtet man in Österreich bereits halb so hohe Arbeitslosenraten als alarmierend.

9. „Problematischer" Ausblick

Die gleichsam immanente, d. h. Wachstum mit Fortschritt identifizierende Betrachtungsweise führt zu einer äußerst positiven Wertung der Wirtschaftsentwicklung der Zweiten Republik. Sie wird aber dem aktuellen Stand der gesellschaftspolitischen Diskussion nicht ganz gerecht. Wer von Politik heute spricht, darf nicht bloß die Vergangenheit als Maßstab nehmen, sondern muß auch (und vor allem) in die Zukunft blicken. Die wirtschaftlichen und wirtschaftspolitischen Probleme der Gegenwart wurden aus den bisherigen Ausführungen bewußt ausgespart. Ein Eingehen darauf würde einen gesonderten Aufsatz erfordern; im folgenden sollen bloß einige Gedanken skizziert werden.

Offenbar befinden wir uns heute inmitten einer längeren Periode der weltwirtschaftlichen Stagnation. Was 1973 — eher zufällig — durch den sogenannten Ölpreisschock ausgelöst wurde, erwies sich als mehr als eine bloß vorübergehende Rezession. In allen Industrieländern wachsen die Beschäftigungsprobleme, verstärkt durch die Deflationspolitik der Regierungen und durch die Einführung neuer Technologien, wobei Arbeitsplätze nicht bloß im Bereich der Produktion, sondern auch im Angestelltensektor durch Automatisierung verlorengehen. Das Wirtschaftswachstum stagniert, weil der gesteigerten Produktionsfähigkeit eine ungenügende Nachfrage gegenübersteht: Die Reallöhne der Arbeitnehmer sinken; die meisten Länder der Dritten Welt sind überschuldet und sehen sich mit großen Zahlungsbilanzproblemen konfrontiert, weil die Preise für Industriegüter stärker gestiegen sind

68) *Dieter Stiefel:* Arbeitslosigkeit. Soziale, politische und wirtschaftliche Auswirkungen — am Beispiel Österreichs 1918—1938, Berlin 1979, S. 29.

69) *Nemschak,* Zehn Jahre österreichische Wirtschaft (Anm. 3), S. 62; *Hertz* (Anm. 6), S. 147 ff.

als jene für Agrarprodukte und Rohstoffe. Die effektive Weltkaufkraft ist zu gering, um die Waren, die bei Auslastung aller Kapazitäten produziert werden könnten, aufzunehmen.

Der Grundstein für den Wirtschaftsaufschwung in Europa nach dem Zweiten Weltkrieg wurde durch den Wiederaufbau gelegt. In der Folge kam es auf Grund der gestiegenen Masseneinkommen zu einer starken Erhöhung der privaten Konsumnachfrage. 1950 waren das Auto, der Kühlschrank, der Fernsehapparat noch ein Luxusgut. Ein Massenmarkt für diese Güter mußte erst geschaffen werden. Heute ist dieser Markt in den industrialisierten Ländern weitgehend gesättigt. Die Zuwachsraten müßten selbst dann geringer sein, wenn die Reallöhne stiegen.

Die Welt, das war für uns vor drei Jahrzehnten noch Europa und Nordamerika. Inzwischen haben sich die Entwicklungsländer politisch emanzipiert und stellen nun in steigendem Maß die Forderung nach auch ökonomischer Gerechtigkeit. Sie wollen eine Entwicklung nachholen, die in den Industriestaaten bereits stattgefunden hat. In der „Ersten Welt" hingegen stehen andere Fragen im Zentrum der gesellschaftspolitischen Diskussion, die zum Teil über die „pragmatische" Dimension von Krisenmanagement hinausweisen. Man spricht von den möglichen „Grenzen des Wachstums" (Rohstoffverknappung), debattiert über „qualitatives" Wachstum, über die Vergeudung von Ressourcen für die Rüstung und beschäftigt sich vor allem mit den Folgen der fortschreitenden Industrialisierung für die natürliche Umwelt des Menschen.

Auch das Problem der Arbeitszeitverkürzung wird von manchen in einem viel weiterreichenden Sinn betrachtet als dem bloß „gewerkschaftlichen": Wie viel (oder wie wenig) müßten die Menschen arbeiten, um jene Güter herzustellen, die gesellschaftlich gesehen wirklich notwendig wären? So viele falsche oder wirklichkeitsfremde Antworten auf all diese Fragen auch gegeben werden mögen, so zukunftsweisend erscheint doch die Problemstellung selbst. Allerdings könnte sich herausstellen, daß eine Reihe von Fragen innerhalb unseres Wirtschaftssystems, das sich an freiem Markt und Gewinn orientiert, weder in kurzer Frist noch grundsätzlich gelöst werden kann. Auch die kommunistischen Gesellschaftssysteme scheinen der neuen Herausforderung ziemlich ratlos gegenüberzustehen.

Die Bewältigung der heute anstehenden Probleme wird sehr viel gesellschaftliche Phantasie (nicht nur in den einzelnen Ländern, sondern im Weltmaßstab) erfordern, und kein Mensch kann vorhersagen, was uns droht, wenn diese praktische Phantasie versagt, wenn — wie es heute in einigen Ländern der Fall ist — versucht werden sollte, die Probleme des 20. Jahrhunderts mit der Hilfe gesellschaftspolitischer Ideen aus dem 18. Jahrhundert zu lösen.

Manfried Rauchensteiner

Die Stellung des Bundesheeres in der Innen- und Außenpolitik der Republik Österreich

Wenn man einmal überlegt, wie oft die Republik Österreich darangegangen ist, sich ein Heer zu schaffen, das genau ihren Bedürfnissen entsprach, dann kommt man beim Zählen schon fast in Verlegenheit, denn es war erstaunlich oft. In der Ersten Republik, wo wir Volkswehr, Berufsheer und Heer der allgemeinen Dienstpflicht zählen, wurde (zumindest) dreimal begonnen. In der Zweiten Republik gab es mit Heeresamt, B-Gendarmerie, Kaderheer der allgemeinen Wehrpflicht und milizartigem Heer bisher viermal einen Neuansatz. (Und auch dabei ist einiges nicht berücksichtigt worden.) Hinter diesem oftmaligen Beginnen steht aber letztlich der Versuch, das Heer immer wieder auf geänderte innen- oder außenpolitische Bedürfnisse zuzuschneiden und ihm trotz der gleichbleibenden Aufträge wie Schutz der Grenzen der Republik, Schutz der verfassungsmäßigen Einrichtungen und Hilfeleistung bei Katastrophenfällen aus ganz bestimmten Gründen andere Ziele zu weisen und damit andere organisatorische wie ideologische Schwergewichte zu setzen.

Es sind aber nicht nur die vergleichsweise objektiven Kriterien der Innen- und Außenpolitik, zu denen sich noch die Wirtschaftspolitik gesellt, die den Ausschlag darüber gaben, was nun wirklich bestimmend für die Wehrpolitik Österreichs sein sollte. Denn zweifellos kam auch der parteipolitischen Komponente, der sozialen Struktur und kam immer wieder der von Österreich nicht zu beeinflussenden Haltung von alliierten Siegermächten eine wesentliche Bedeutung daran zu, was in einem bestimmten Zeitraum auf dem Sektor des Heerwesens geschah. Daher ist auch die Wehrpolitik Österreichs etwas, bei dem noch sehr viel weniger der Kompromiß waltet als beispielsweise bei der Außenpolitik. Im Heer wurde doch immer auch das reale Machtinstrument gesehen und letztlich auch die stärkste Gewalt, über die ein Staat in Krisenzeiten zu verfügen hat, sodaß für alle diese Entwicklungsschübe eine ganze Palette von Faktoren maßgeblich wurde. Und diese Faktoren bestimmen gewissermaßen die Stigmata, die den Heeresschöpfungen beigegeben sind: Jede trug den Keim des Zerfalls in sich.

Schon bei der ersten bewaffneten Macht der Republik, der Volkswehr, ist nicht ganz zu scheiden, inwieweit sie ein gewolltes oder nur ein adoptiertes Kind war. Denn an der Wiege dieser Schöpfung standen ja nicht nur jene, die sich zu ihr bekannten, sondern auch alle jene, die gegenüber der Volkswehr ablehnend oder zu-

Manfried Rauchensteiner, Dr. phil., Univ.-Doz. für Österreichische Geschichte an der Universität Wien, Oberrat am Militärwissenschaftlichen Institut des Bundesministeriums für Landesverteidigung.

mindest mißtrauisch eingestellt waren.[1]) Diejenigen, die sie ablehnten, waren aber beileibe nicht nur die Legitimisten und christlichsozialen Kreise, bedingt auch die großdeutschen Gruppen, weil sie in der Volkswehr ein ideologisches Instrument und so etwas wie Revolutionsgarden sahen. Auch von sozialdemokratischer Seite, und zwar vom radikalpazifistischen Flügel wie vom pragmatischen Teil der Sozialisten, war zu hören, daß mit der Volkswehr nur ein Transitorium geschaffen werden sollte. Das Wunschmodell war eine Milizarmee nach dem Muster der Schweiz, war die Realisierung jenes Konzepts der „Nouvelle armèe", das der französische Sozialistenführer *Jean Jaurès* vor dem Ersten Weltkrieg entwickelt hatte. Das sozialdemokratische Milizpostulat war ja schließlich auch im Parteiprogramm von 1901 festgeschrieben worden.[2])

Doch der Zusammenbruch der Monarchie und das, was dann als österreichische Revolution bezeichnet worden ist, verlangten nach anderem, und insbesondere verlangten auch jene Kreise der Sozialdemokratie nach etwas anderem, die mit der Führung der Volkswehr betraut worden waren und sich nicht nur über die ideologischen Zielsetzungen und die innenpolitische Notwendigkeit, sondern auch über die außenpolitische Relevanz eines solchen Instruments Rechenschaft zu geben hatten.

Zunächst einmal hatte die Volkswehr die Aufgabe, die erste Staatsregierung mit einem exekutiven Machtmittel zu versehen und die Absicht zu unterstreichen, die Regierungsgewalt auszuüben, und sei es auch nur bis zum geordneten Anschluß an Deutschland. Es handelte sich also zunächst vordringlich darum, den Machtanspruch der Regierung im Innern des Landes deutlich zu machen. Das war schwer genug, denn der Zerfall und die Unsicherheit machten sich nicht zuletzt dadurch bemerkbar, daß die Zentralregierung um ihre Autorität ringen mußte. Die Auseinandersetzungen um das Staatsgebiet, vor allem aber der Beginn des Kärntner Abwehrkampfs, führten jedoch schon einen Monat später, im Dezember 1918, dazu, daß dieser innenpolitischen Komponente eine außenpolitische angefügt wurde. Und sie entschied genauso über den Fortbestand und die Stellung des Staates in der Zukunft. Von überragender Bedeutung wurde schließlich auch die gerade für die Volkswehr unübersehbare sozialpolitische Komponente, das Versorgungsinstitut „bewaffnete Macht", da die Volkswehr für schließlich mehr als 60.000 Heimkehrer von der Front eine Überbrückungsmöglichkeit bot. (Wahrscheinlich lag die Zahl derer, die bei der Volkswehr „Unterschlupf" und Verdienst fanden, noch sehr viel höher, bei 70.000 bis 80.000 Menschen.) Ihre Verwendung im Rahmen der Volkswehr war daher auch so zu sehen, daß auf diese Weise radikales Potential abgeschöpft wurde. Angesichts

1) Die Erforschung der Volkswehr ist noch bei weitem nicht abgeschlossen. Die Quellenanlage ist jedoch nicht so schlecht, als daß sich dieses Thema nicht für wissenschaftliche Arbeiten empfehlen würde. Die gründlichsten und teilweise nicht publizierten Untersuchungen dazu stammen von *Erwin Steinböck.* Über den politischen und vor allem parteipolitischen Hintergrund der Volkswehr informiert die phil. Dissertation von *Karl Haas:* Studien zur Wehrpolitik der österreichischen Sozialdemokratie 1918—1926, Wien 1967.

2) Erschienen Paris 1911. Nur der Kuriosität halber kann angemerkt werden, daß dieses mittlerweile in Österreich offenbar in Vergessenheit geratene Buch zwischen 1970 und 1972 sehr gefragt war, weil sich vor allem die Offiziere des Bundesheeres mit dem vertraut machen wollten, was ihnen als Vorbild genannt wurde.

der starken innen- und außenpolitischen Inanspruchnahme der Volkswehr sowie deren sozialpolitischer Bedeutung war es daher wohl zeitlich falsch und letztlich auch unmöglich, im Februar 1919 den Versuch zu unternehmen, die Volkswehr zu einem Milizheer umzuwandeln. Ein solcher Schritt wäre zwar geeignet gewesen, den Wunschvorstellungen sozialdemokratischer und den Angstvorstellungen bürgerlicher Kreise zu entsprechen, da ein Milizheer ja innenpolitisch kaum mehr zu verwenden gewesen wäre. Die Struktur eines solchen Heeres hätte es aber auch erforderlich gemacht, für jeden größeren Grenzsicherungseinsatz mobil zu machen. Und das war Anfang 1919 ein Ding der Unmöglichkeit. Bei den Gründen, weshalb es dann nicht zur Umwandlung in die Miliz kam, stoßen wir aber außer diesen und den vom damaligen Staatssekretär *Julius Deutsch* genannten Gründen, nämlich Unklarheit über die Frage eines Anschlusses an Deutschland und Unkenntnis der Absichten der Siegermächte, nochmals auf die sozialpolitische Komponente. Denn letztlich waren es die Soldatenräte, die sich querlegten und einem freiwilligen Abbau des Heeres und der Umwandlung in einen reinen Miliz-Ausbildungskader widersprachen. Wer will denn auch zustimmen, wenn — sagen wir: 50.000 — Arbeitsplätze verlorengehen? Somit blieb die Volkswehr bis zum Ende ihres Bestehens etwas, was sie nach dem Willen ihrer Schöpfer nie hätte sein sollen, nämlich eine reine Söldnertruppe.

Noch zu Volkswehrzeiten hatte sich — und das trotz der hohen Stände — jedoch gezeigt, daß dem lokalen Sicherheitsbedürfnis der Bundesländer nicht entsprochen werden konnte, vor allem in jenen Ländern nicht, die sich einer Bedrohung von außen gegenübersahen. Sie neigten daher sehr bald dazu, dieses Instrument der staatlichen Macht abzuqualifizieren.

Was war denn das für eine Truppe? hieß es: Die Volkswehr sollte im Kärntner Abwehrkampf nicht die Draulinie überschreiten. Sie durfte nicht in die Kämpfe im Raum Radkersburg eingreifen, wurde im Zusammenhang mit Südtirol nicht ins Spiel gebracht und konnte begreiflicherweise auch nicht den südböhmischen und südmährischen Gebieten den Verbleib bei Österreich sichern. (Dieser Vorgangsweise scheint doch wohl auch die Einstellung zugrunde gelegen zu haben, daß es müßig wäre, um ein paar Quadratkilometer zu streiten, denn was bedeuteten sie schon im Vergleich zum großen, geeinten Reich, das man anstrebte.)

Die Absenz, die wohl unvermeidbare und gewollte Absenz der staatlichen Macht in entscheidenden Momenten, trug sicherlich viel dazu bei, ein nicht nur ideologisch begründetes Mißtrauen in die Volkswehr hervorzurufen und sich über die vermeintliche „Lumpenbande" abfällig zu äußern. Genau diese Absenz des Staates führte aber auch dazu, daß sich Länder und Parteien paramilitärischer Schöpfungen zu bedienen begannen. Die Absenz der staatlichen Macht in entscheidenden Moment bewirkte auf Dauer Zweifel in die Möglichkeiten des Staates, die Sicherheit seiner Staatsbürger zu gewährleisten. Die Zweifel wurden durch den militärischen Abbau nach dem Friedensvertrag von St. Germain nur noch verstärkt und begleiteten die zum Bundesheer gewandelte Wehrmacht durch die ganze Erste Republik. Merkwürdigerweise konnte auch der erste Einsatz des Bundesheeres bei der Besetzung des Burgenlandes nichts ändern, bzw. wurde diese positive Erfahrung durch eine Reihe von negativen Erfahrungen wieder wettgemacht, bei denen die Landesregierungen von Vorarlberg, Kärnten, Burgenland und Tirol zwischen 1923 und 1927 vergeblich beim Bundesministerium für Heerwesen einen erhöhten Schutz beantragten. Statt dessen wurde von Seiten des Ministeriums eine fast pazifistische Haltung an den Tag gelegt, da für Fälle einer möglichen Aggression lediglich eine Grenzbeobachtung angeordnet war.[3]) Beim Vorliegen von zweifelsfreien Fakten über eine erfolgte Aggression sollte dann der Völkerbund angerufen werden. Österreich wurde also gerade in den ersten Jahren nach St. Germain als integrierter Bestandteil der kollektiven Sicherheit der Völkergemeinschaft gesehen.

Abgesehen von dem Versuch, die Republik eines ausschließlich völkerrechtlichen Schutzes teilhaftig werden zu lassen und Sicherheitspolitik lediglich über die Außenpolitik zu betreiben, mußte natürlich ein Blick auf die absoluten Zahlen des ab 1920 in Entsprechung der friedensvertraglichen Bestimmungen aufgestellten Berufsheeres jede Überlegung eines Einsatzes von Truppen zum Schutz der Grenzen oder gar zur Abwehr einer Aggression ad absurdum führen. Mit 22.000 bis 24.000 Mann besaß Österreich — nach einem allerdings erst für unsere Zeit von *Fritz Fellner* gebrauchten Bonmot — eine „underkill capacity", die jede weitergespannte operative Überlegung schon im Ansatz enden ließ. Dort aber, wo sich zumindest im Rahmen der Bestimmungen des Friedensvertrages personelle Ergänzungen angeboten hätten, bei den kriegsgedienten Jahrgängen, da tummelten sich die Wehrverbände und schöpften jenes Potential ab, das die staatliche Macht hätte absorbieren müssen, wenn sie auf Dauer den ihr gestellten Aufgaben gerecht werden wollte.

Das daher in einem wesentlichen Bereich funktionslose Heer wurde schließlich zur Bewältigung der innenpolitischen Situation verwendet und damit einem besonderen Verschleiß ausgesetzt. Die Zahlen, die die Intensität der innenpolitischen Verwendung des Bundesheeres in der Ersten Republik widerspiegeln, sind es immer wieder wert, genannt zu werden[4]): Waren Anfang der zwanziger Jahre noch sehr wenige Einsätze im Zuge der innen- und sozialpolitischen Auseinandersetzung zu leisten gewesen, so schwoll diese Art von Assistenzleistungen 1927 rapid an, und das, obgleich ja die Garnison Wien entgegen den Erwartungen des Stadtkommandanten von Wien, General *Wiesinger,* beim Justizpalastbrand nicht eingesetzt wurde. 1928 sind bereits 150.000 Assistenzstunden geleistet worden, ein beträchtlicher Teil davon bei rein politischen Veranstaltungen und am einprägsamsten wohl am 7. Oktober beim Aufmarsch von Heimwehr und Schutzbund in Wiener Neustadt. 1929 wurden 300.000 Assistenzstunden geleistet, und die Tendenz war weiterhin steigend. 1933 sind vom Heer bereits 150 größere politische Einsätze gefordert worden, vor allem Waffensuchen, Vorkehrungen bei Demonstrationen, Arbeitslosenunruhen, Aussperrungen, Streiks, Sprengstoffanschlägen und Attentaten. Bis schließlich das Jahr 1934 den negativen Höhepunkt brachte. Da diese Art der Verwendung des Heeres natürlich immer wieder zu Vorwürfen und zu eigentlich selbstverständlichen An-

3) Einzelheiten dazu in der Generalstabshausarbeit von *Helge Lerider:* Die operativen Maßnahmen gegen die Nachfolgestaaten der Monarchie von 1918 bis 1938 unter besonderer Berücksichtigung der Ära Jansa (ungedr.), Wien 1975, S. 28—36.

4) Zu finden in den Akten des Kriegsarchivs, BMfHw, Assistenzen. Erstmals angeführt in meinem Vortrag „Das 1. Bundesheer als Instrument der Politik", in: Bericht über den 15. österr. Historikertag in Salzburg 1981 (= Veröffentlichungen des Verbandes Österreichischer Geschichtsvereine 23), 1984, S. 87—95.

feindungen führte, dem Heer sein Eingesetztwerden und die Befolgung der diesbezüglichen Befehle genauso zum Vorwurf gemacht wurde wie sein Nichteingesetztwerden und die Befolgung der diesbezüglichen Befehle, notierte General *Artur Schiebel* nicht von ungefähr in seinen Aufzeichnungen zur Geschichte des Bundesheeres, daß das Heer bei Assistenzeinsätzen nur das Recht hatte, die Zuständigkeit der anfordernden Stelle zu prüfen, nicht aber die Zweckmäßigkeit des Einsatzes.

Angesichts des innenpolitischen Verschleißes und der täglichen Tragödien begann das Heer — ohne daß eine entsprechende politische Weisung vorgelegen wäre — mit der Ausarbeitung von allen möglichen Operationsfällen. Nach und nach wurden die Kriegsfälle I, II und III ausgearbeitet, ferner Operationsstudien über die sich aus einer Durchmarschforderung Italiens und des Deutschen Reichs ergebenden Probleme sowie über die Mitwirkung bei einem Angriff gegen die Tschechoslowakei und eine gemeinsame Operation Österreichs mit Italien und Ungarn gegen die Kleine Entente. Es war fast so, als ob sich das Heer als Mittel der Außenpolitik in Erinnerung rufen wollte. Erstmals seit den Zeiten der Volkswehr sollte das Heer auch mit der Aufstellung der Assistenzkörper und dann vor allem 1936 durch die Einführung der allgemeinen Dienstpflicht sowie durch die Erhöhung des Verteidigungsbudgets aus der personellen und materiellen Enge herausgeführt werden. Die Beseitigung der paramilitärischen Formation tat ein übriges, die Armee zum alleinigen Träger der staatlichen Macht zu erheben. Doch letztlich blieb zuwenig Zeit zum Aufbau eines Heeres der allgemeinen Wehrpflicht. Bundeskanzler *Schuschnigg* war sich 1938 nicht nur darüber unklar, wie die Bevölkerung auf einen Krieg mit dem Deutschen Reich reagiert hätte. Er war sich auch unsicher darüber, ob das nach acht Jahren innenpolitischem Kampf und anschließender ideologischer Subversion erschütterte Heer überhaupt noch einzusetzen war, und entschied sich für die bedingungslose Kapitulation. (Nebenbei sei angemerkt, daß es ganz interessant wäre, den 11. und 12. März 1938 im Rahmen der Pazifismusdiskussion unserer Tage neu zu bewerten.)

Rückblickend muß gesagt werden, daß alle drei Heere der Ersten Republik, die Volkswehr, das Berufsheer und jenes der allgemeinen Wehrpflicht, nicht jene Staatsmacht geworden sind, die den Bedürfnissen entsprochen hätte oder gar von der Zustimmung einer qualifizierten Mehrheit im Staat getragen worden wäre. Am ehesten war das noch beim Heer der allgemeinen Dienstpflicht zu spüren gewesen, doch über ihm lastete sehr bald das Odium eines unrühmlichen Endes.

Wenn daher bei der Gründung der Zweiten Republik über etwas grundsätzliche Übereinstimmung herrschte, dann darüber, daß die Fehlentwicklungen der Zeit zwischen 1918 und 1938 vermieden werden sollten, insbesondere auch und gerade jene Fehler, die in der Sicherheitspolitik gemacht worden sind. Daß man dabei jedoch nicht zum Erfolg kam, wenn man die Zügel schleifen ließ, demonstrierte im April 1945 *Karl Renner* mit seinem untrüglichen Machtinstinkt in dem Augenblick, als er den Vertretern der 3. Ukrainischen Front die Liste seiner Provisorischen Staatsregierung vorlegte. Denn zur Überraschung wohl der meisten, vielleicht auch zur Überraschung der Sowjets, hatte Renner in das von ihm geführte Staatssekretariat einen

Unterstaatssekretär für Heerwesen aufgenommen.[5]) Der Zweck und der Aufgabenbereich waren nicht sogleich erkennbar. Erst allmählich wurde deutlich, was dieses Unterstaatssekretariat mit *Franz Winterer* an der Spitze und was sein Heeresamt sollten: Sie sollten den Machtanspruch der Provisorischen Staatsregierung durchsetzen helfen. *Renner* dachte hier zweifellos in Parallelen zur Ersten Republik, denn weniger noch als 1918 war die Wiener Regierung unumstritten. Die Westalliierten und auch etliche politisch nicht unwichtige Kreise Westösterreichs zeigten Ablehnung oder blieben zumindest distanziert. Ihnen mußte und sollte also gezeigt werden, daß die Staatsregierung — soweit es eben im April und Mai 1945 ging — Herr im Hause Österreich war.

Der rasche Aufschwung des Heeresamtes setzte aber in dem Augenblick ein, als die aus Jugoslawien in die sowjetisch besetzte Zone verlegten österreichischen Freiheitsbataillone exekutive Funktionen erlangten und als einzige außer den alliierten Truppen das Privileg des Waffentragens besaßen. Sie unterstanden dem kommunistischen Innenminister *Honner.* Und jetzt ergab sich die Frage: War damit nicht eine Art Rote Garde im Großraum Wien stationiert worden? Wie würde der Westen darauf reagieren? Und welche Auswirkungen konnte dieser Faktor auf die Existenz der Provisorischen Staatsregierung haben? Was auch immer: der Unterstaatssekretär für Heerwesen hatte alles daranzusetzen, seine Organisation auszubauen. Im Juli und August 1945 wurden Gebäude- und Bahnhofswachen, Heimkehrerleitstellen und eine Reihe von Kommandos eingerichtet. Schließlich konnte das Heeresamt seine Organisation auf ganz Österreich ausdehnen, was deshalb wichtig war, weil es im Süden und im Westen Sonderentwicklungen gegeben hatte. In Kärnten und der Steiermark hatten die Briten aus den Massen der sich ergebenden deutschen Truppen die Österreicher ausgesondert und die sogenannte Aldrianbrigade aufgestellt. Und in Tirol waren französische Besatzungsorgane dabei, aus einem Bataillon österreichischer Emigranten und Freiwilliger eine militärische Formation zu bilden, die notfalls zu einer österreichischen Division ausgeweitet werden konnte.

Das Heeresamt hatte aber neben seinen im weitesten Sinn sicherheitspolitischen und militärischen Funktionen auch noch eine andere Aufgabe: So wie die Volkswehr stellte das Heeresamt eine Art soziales Auffangnetz dar. Aufgenommen wurden zunächst vor allem solche ehemaligen Militärpersonen, die nicht von der Deutschen Wehrmacht übernommen oder in irgendeiner Weise verfolgt oder gemaßregelt worden waren. Das sollte rasche Wiedergutmachung sein. Dann aber wurden bereitwilligst kriegsgediente Bewerber eingestellt, die auf diese Weise wiederum, wie 1918, buchstäblich von der Straße weggeholt wurden. Und daß sie gebraucht wurden, zeigte sich fast jeden Tag, denn die Sicherheitsverhältnisse waren katastrophal.

Das Ende des Heeresamtes wurde von den Alliierten eingeleitet, denen die militärischen Aktivitäten von Österreichern in einem Augenblick, da das Land vollständig entmilitarisiert sein sollte, doch nicht geheuer war. Vor allem begannen sie sich ihre jeweiligen Initiativen aufzurechnen. Den Sowjets gefiel nicht, was sich in der britischen und der französischen Zone herausgebildet hatte. Briten und Franzosen gefiel

5) Dazu vom Verfasser, Nachkriegsösterreich 1945, in: Österreichische Militärische Zeitschrift 6/1972, S. 416—420.

es nicht, daß das Heeresamt seine Organisation nach dem Westen ausweitete, und den Amerikanern gefiel weder das, was im Osten, noch was im Süden und Westen Österreichs begonnen worden war. Es entbehrt daher nicht einer gewissen Logik, daß der amerikanische Militärkommissar für Österreich vorschlug, sämtliche militärischen und paramilitärischen Einrichtungen zum Verschwinden zu bringen. Das geschah schließlich mit dem formellen Beschluß des Alliierten Rates vom 10. Dezember 1945.

Kaum aber hatte das Heeresamt seine letzten Zuckungen getan, da meldete sich im Mai 1946 jener Mann zu Wort, der das Heeresamt politisch zu verantworten gehabt hatte, nämlich der mittlerweile zum Bundespräsidenten gewordene *Karl Renner.* In einem Memorandum über die Prinzipien der österreichischen Politik kam er auf den Zustand Österreichs ein Jahr nach dem Wiedererstehen der Republik zu sprechen und versuchte auch die weitere Entwicklung zu skizzieren.[6]) Dabei nahmen *Renners* Ausführungen über die österreichische Heeresfrage einen wichtigen Platz ein. In Punkt 2 des Memorandums hieß es: „Kein freier und unabhängiger Staat kann ohne irgendeine Art von militärischer Einrichtung auskommen." Da es, wie die Anwesenheit von zigtausend alliierten Soldaten bewies, zweifellos ein Sicherheitsproblem gab, sollte man doch, meinte *Renner*, daran denken, die ausländischen Truppen sukzessive durch österreichische zu ersetzen. Es wäre auch denkbar, diese neuen österreichischen Truppen dem Sicherheitsrat der Vereinten Nationen zu unterstellen und für Befriedungsaktionen der UNO bereitzuhalten. Das sollte aber nicht irgendwann einmal begonnen werden, sondern möglichst rasch. In diesem Memorandum kann also — neben allem anderen — ein früher Vorschlag für die Verwendung von österreichischen Truppen im Rahmen von friedenserhaltenden Operationen der Vereinten Nationen gesehen werden. Die Anregung stieß jedoch bei den Adressaten, den Besatzungsmächten, auf keine Gegenliebe.

Statt dessen machten sich die Alliierten daran, Österreich im Wege des Staatsvertrages ein Heer zu konzipieren, wie dies auch seinerzeit die Ententemächte getan hatten. Und auch wenn zunächst die amerikanischen Vorstellungen wesentlich höher angesiedelt waren, so pendelte sich die Diskussion schließlich doch bei etwa 30.000 Mann für das reine Heer ein, dem durch eine versteckte Passage über die Möglichkeit der Lagerung von Waffen und Rüstungsgütern auch die Form eines reinen Berufsheeres gegeben werden sollte.[7]) Ungeachtet dessen, daß diese Bestimmungen bereits auf der ersten Staatsvertragskonferenz der allierten Außenminister in Moskau 1947 fixiert wurden, ging die Diskussion in Österreich in eine ganz andere Richtung. Man wußte zwar von den zahlenmäßigen Beschränkungen, verkannte aber deren Zusammenhang mit dem Artikel über den Besitz von Waffen und Ausrü-

6) National Archives, Washington, Record Group 218, 863.00/5-2846, HQuUSFA No. 1228, top secret.

7) Dazu vom Verfasser: Staatsvertrag und bewaffnete Macht, in: Österreichische Militärische Zeitschrift 3/1980, bes. S. 187 f. Der Artikel, der die Weiche für das Berufsheer de facto stellte, war der Artikel 25 und lautete: „Österreich soll Kriegsmaterial, das über das zur Aufrechterhaltung der gemäß Artikel 17 des gegenwärtigen Vertrages zugelassenen Streitkräfte erforderliche Ausmaß hinausgeht, weder behalten noch erzeugen noch auf andere Weise erwerben noch Erzeugungsmöglichkeiten dafür aufrechterhalten."

stungen, sodaß eine monatelange, ja jahrelange Debatte über die Heeresfrage stattfinden konnte.

In dieser Debatte, die mit einem Gespräch zwischen *Julius Raab* und *Julius Deutsch* im März 1947 gewissermaßen ihren Ausgang nahm, ließen sich durchaus Punkte der Übereinstimmung herausschälen.[8]) Ganz oben rangierte das Postulat, daß alles verhindert werden sollte, um ähnliche Verhältnisse einreißen zu lassen, wie in der Ersten Republik. Es sollte keine paramilitärischen Verbände mehr geben. Übereinstimmung gab es auch darin, daß Österreich ein Heer der allgemeinen Wehrpflicht haben sollte, und es blieb eigentlich nur offen, wie das ja 1947 noch gültige ÖVP-Programm des Jahres 1945 mit seiner darin erhobenen Forderung nach einem Milizheer mit älteren sozialistischen Vorstellungen abzustimmen war. Offen blieb auch die Frage der Dienstzeit, die *Raab* vor allem im Interesse der Landwirtschaft möglichst kurz (6 Monate?) bemessen sehen wollte, während *Julius Deutsch* für alle jene, die technisches Gerät zu bedienen hatten, eine Dienstzeit von mehr als einem Jahr im Auge hatte. — Doch, wie gesagt, diese Debatte, so interessant und emotional sie auch geführt wurde, ging an den damaligen Verhältnissen vorbei, denn die Alliierten hatten Österreich staatsvertraglich eine Berufsarmee vorschreiben wollen.

Der Umsturz in der Tschechoslowakei im Februar 1948 brachte dann in die bereits wieder abgeklungene Heeresdebatte ein neues Moment. Österreich wurde mit einer neuen Situation konfrontiert. Der Umsturz in der Tschechoslowakei im Februar 1948 ließ nämlich in Washington die Frage aufkommen, ob etwas ähnliches, nämlich die Machtübernahme durch Kommunisten bei Abwesenheit sowjetischer Truppen nicht auch im nach-staatsvertraglichen Österreich passieren könnte. Wenn das aber angesichts gefestigter demokratischer Strukturen mit Gewalt versucht würde, was hätte Österreich, um sich dagegen zu schützen? Die Antwort, die sich die Amerikaner auf diese rhetorische Frage gaben — nämlich: So gut wie nichts —, ließ sie nach einem Anlaß suchen, die Staatsvertragsverhandlungen zu unterbrechen. Die in dieser Situation geborene Formel lautete dann, daß die USA erst dann über den Staatsvertrag weiterverhandeln würden, wenn Österreich imstande wäre, sich gegen einen gewaltsamen Versuch zur Änderung der politischen Verhältnisse zur Wehr zu setzen.

Auf Grund dieser Formel, die in den Folgejahren immer wieder angewendet wurde, war Österreich praktisch gezwungen worden, den alliierten Beschluß vom 10. Dezember 1945 über das Verbot militärischer Tätigkeiten neu zu überdenken. Es war ja kurios: Ausgerechnet jene Macht, die den Beschluß zur Auflösung des Heeresamtes herbeigeführt hatte und 1945 alles daransetzte, daß Österreich für die Dauer der Besetzung entmilitarisiert blieb, machte nun alles davon abhängig, daß sich Österreich wieder bewaffnete. Die einzige Möglichkeit, dem ursprünglichen Beschluß vom 10. Dezember 1945 zumindest formal weiter gerecht zu werden, war, die Gendarmerie als Organisation herzunehmen, innerhalb derer den amerikanischen Wünschen nach einer vorzeigbaren Eventualstreitmacht entsprochen wurde. Da jedoch die ersten Alarmformationen nicht zu befriedigen wußten, wurde 1952

8) National Archives, Washington, Rec. Grp. 319, No. 362915, HQuUSFA, Central Intelligence Group, Intelligence Report, 8. März 1947.

ein neuer Weg beschritten, bei dem die Gendarmerie mehr oder weniger nur mehr Tarnung war. Die solcherart geschaffene B-Gendarmerie, eine Freiwilligentruppe, war jedoch nichts anderes als eine Berufsarmee en miniature, mit der sowohl den amerikanischen Forderungen wie sicherlich auch einigen österreichischen Bedürfnissen entsprochen wurde. Nicht zuletzt entsprach man aber mit der Aufstellung der B-Gendarmerie auch genau dem, was im Staatsvertragsentwurf von 1947 vorgezeichnet war.

Mit rund 7000 Mann erreichte die B-Gendarmerie 1955 ihren Höchststand. Und plötzlich war wieder alles anders. Denn die letzten Staatsvertragsrunden eröffneten Österreich die Möglichkeit, auch bereits fixierte Bestimmungen abzuändern. Dabei wurde im Außenministerium sofort angemerkt, daß die zahlenmäßige Beschränkung für das Heer fallen müßte und statt dessen die allgemeine Wehrpflicht staatsvertraglich fixiert werden sollte. Damit erfolgte gewissermaßen die Rückkehr zur Diskussion des Jahres 1947, was umso wichtiger war, da unmittelbar vor der Moskau-Reise der österreichischen Regierungsdelegation im April 1955 sowohl in der SPÖ wie in der ÖVP Stimmen laut geworde waren, wonach Österreich mit der B-Gendarmerie durchaus das Auslangen finden würde, also bei der Berufstruppe bleiben sollte. Die Wehrexperten von ÖVP und SPÖ, die im Wiener Komitee unter *Emil Liebitzky* paritätisch vereinigt waren, verwiesen jedoch auf die vor allem außenpolitischen Erfordernisse der angestrebten Neutralität nach Schweizer Muster, und denen konnten die etwas mehr als 7000 Mann der B-Gendarmerie nicht entsprechen.[9]) Dieses Argument überzeugte.

Die allgemeine Wehrpflicht, die ja auch von den zur letzten Verhandlungsrunde im Mai 1955 nach Wien zusammengekommenen Vertretern der Großmächte sofort und uneingeschränkt akzeptiert wurde, sollte jedoch noch zusätzlich dadurch abgestützt werden, daß österreichischerseits eine staatsvertragliche Fixierung des Verbots von paramilitärischen Verbänden gewünscht wurde.[10]) Ein diesbezüglicher Artikel 25 war im Staatsvertrag enthalten. Doch in diesem Punkt gab es unerwartete Schwierigkeiten. Der französische Vertreter bei der Wiener Botschafterkonkorenz im Mai 1955, Gesandter *Roger Lalouette,* schlug nämlich nicht nur die Streichung der Bestimmungen über die zahlen- und mengenmäßigen Beschränkungen für das österreichische Heer vor. Er erklärte auch von sich aus die Bereitschaft, jenen Artikel zu streichen, in dem in Österreich Bildung und Anwerbung von paramilitärischen Verbänden verboten werden sollte. Noch am selben Abend gab das österreichische Außenministerium in streng vertraulichen Depeschen an die wichtigsten österreichischen diplomatischen Vertretungen im Ausland in diesem Zusammenhang durch, daß die Streichung der Bestimmungen über die paramilitärischen Verbände am Ballhaus-

9) Über die B-Gendarmerie, vor allem aber für das Bundesheer der Zweiten Republik, informiert der Band: Das Bundesheer der Zweiten Republik (= Schriften des Heeresgeschichtlichen Museums, Band 9), Wien 1980. Hier auch eine ausführliche Bibliographie. Der Hinweis auf Tendenzen der beiden Großparteien, es bei der Berufstruppe bewenden zu lassen, findet sich in einem Amtsvermerk über eine Besprechung im Außenministerium am 2. April 1945. — Militärwissenschaftliches Institut BZ-10/57.

10) Haus-, Hof- und Staatsarchiv, Pol. 1955, Staatsvertrag, Karton 41, Unterlagen zur Wiener Botschaftskonferenz, 3.—6. Mai 1955.

platz für inopportun gehalten würde.[11]) Doch der Vorschlag war einmal auf dem Tisch, und da am darauffolgenden Tag der sowjetische Vertreter, Botschafter *Ivan Il'ičev,* seine Zustimmung gab, zögerten auch Amerikaner und Briten nicht, die entsprechenden Passagen aus dem Vertragstext zu entfernen. Damit trat der — wie ich glaube — einzigartige Fall ein, daß im Staatsvertrag mehr gestrichen wurde, als Österreich wollte.

Der Staatsvertrag signalisierte das Ende der B-Gendarmerie. Allerdings war dieses Ende ein lange hinausgezögertes, denn trotz der Aufhebung der militärischen Beschränkungen begnügte sich das Bundeskanzleramt, dem die Wahrnehmung der Belange der Landesverteidigung zunächst übertragen wurde, mit einer Umbenennung der Gendarmerieschulen. Die einzige größere legistische Maßnahme war die Verabschiedung des Wehrgesetzes vom 7. September 1955. Dieses Gesetz, das alle Schwächen eines Provisoriums an sich hatte und offenbar nur deshalb zustandekam, weil niemand im Augenblick des Abzugs der Besatzungsmächte einen langwierigen Disput über Heeresfragen haben wollte, entpuppte sich letztlich als die Fixierung des 1947 zwischen *Raab* und *Deutsch* erreichten Minimalkonsenses. Der Blick auf die durch das Wehrgesetz vorgenommene Beschreibung der künftigen Wehrmacht, insbesondere der Blick auf den Kompromiß über die Dienstzeit mit der 9-Monate-Lösung verhinderte jedoch, daß man einem besonders interessanten Detail des Wehrgesetzes mehr Aufmerksamkeit gewidmet hätte: Denn im § 42 hieß es: „Wer unbefugt eine bewaffnete oder zur Umwandlung in eine bewaffnete Macht geeignete Organisation aufstellt oder Formationen aushebt, die bewaffnet werden können, oder eine solche Aufstellung oder Aushebung vorbereitet, wird, wenn die Tat nicht nach anderen Bestimmungen mit strengen Strafen bedroht ist, wegen Verbrechen nach § 92 STG [d. h. mit schwerem Kerker von 5 bis 10 Jahren] bestraft." Was hier gemacht wurde, war jedoch nichts anderes, als daß die aus dem Staatsvertrag von den Alliierten gegen den österreichischen Wunsch herausgestrichenen Bestimmungen über das Verbot zur Bildung paramilitärischer Organisationen im Umweg über das Wehrgesetz wieder zu Geltung kamen — ein deutlicher Hinweis auf den Lernprozeß der Ersten Republik.

Nun, 1955, hätte das Heer der allgemeinen Wehrpflicht seinen Anfang nehmen können, doch wie es schien, wollte man sich in Österreich damit noch etliche Zeit lassen. Und tatsächlich begann das Heer der allgemeinen Wehrpflicht auch erst im Oktober 1956, also rund 1½ Jahre nach Abschluß des Staatsvertrages, Wirklichkeit zu werden. Die Entstehung des Wehrgesetzes von 1955, das — wie gesagt — auf Wurzeln zurückging, die zumindest bis 1947 zurückreichten, diese Genesis machte allerdings auch deutlich, daß von einer Konzeption *Karl Renners,* wie sie 1945 im Heeresamt Wirklichkeit geworden war und wie sie auch das Memorandum über die Prinzipien der österreichischen Politik umriß, nichts oder so gut wie nichts mehr übrig geblieben war. 1945 war aus einer im Grunde genommen noch halbmilitärischen Formation, dem Heeresamt, mit dessen Hilfe der Machtanspruch einer um Souveränität ringenden Regierung unterstrichen werden sollte, die Bedeutung der neuen militärischen Institution abgeleitet worden. Sie war — wenn ich einen etwas

11) Ebenda, Einlageblatt ad Zl. 321.864-Pol/55, 4. Mai 1955.

militärisch klingenden Terminus einführen darf — offensiv. Nach innen wie nach außen. Es war der Versuch, Zähne zu zeigen. Was jedoch mit dem Heer der allgemeinen Wehrpflicht entstand, was war ausschließlich defensiv.

Es hatte sich aber noch eine weitere Gewichtsverlagerung ergeben. Die Armee, die als Konsequenz einer außenpolitischen Entwicklung ins Leben trat — und die Neutralität hatte ja so gut wie nur außenpolitische Prämissen —, diese Armee wurde nach rein innenpolitischen Maßstäben gemessen. Aus innenpolitischen Überlegungen heraus wurden der Oberbefehl und die Verfügungsgewalt geregelt. Den Oberbefehl führte infolgedessen der Bundespräsident, der aber wieder nur auf Antrag der Bundesregierung bzw. des von ihr ermächtigten Bundesministers tätig werden durfte. Bei Gefahr im Verzug war festgelegt worden, daß der Bundeskanzler und der Vizekanzler nach Informierung des Bundespräsidenten gemeinsam mit dem (zunächst noch gar nicht existenten) Verteidigungsminister und bei Einsätzen im Landesinneren unter Zuziehung des Innenministers über das Heer zu verfügen hatten. Gemäß der Ministerverantwortlichkeit war schließlich noch die Einschaltung des Parlaments vorgesehen. Aus innenpolitischen Erwägungen wurden die Länge der Dienstzeit von 9 Monaten, die Zusammensetzung des Offizierskorps und zusätzlich viele Details des Gesetzes und seiner Durchführungsbestimmungen festgelegt, sodaß der Eindruck entstand, das mächtigste Machtmittel im Staat — und das ist die Armee nun einmal — habe außenpolitisch lediglich eine Alibifunktion. Was zählte, war die Innenpolitik. Der Grenzeinsatz des Heeres im Herbst 1956 mußte daher so etwas wie ein heilsamer Schock gewesen sein, infolgedessen dann dem Schutz der Grenzen der Republik wesentlich mehr Aufmerksamkeit gewidmet wurde, ja eine auch völlig andere Truppenverteilung und eine Verlagerung des Schwergewichts nach Osten erfolgte. Der Einsatz des Heeres an der ungarischen Grenze (auch der 1. Einsatz des Bundesheeres der Ersten Republik war 1921 ein Einsatz an der ungarischen Grenze gewesen) hatte dessen Stellenwert in der politischen Diskussion für längere Zeit fixiert.[12]) Und so wie das Heer in den späten fünfziger Jahren eingeschätzt wurde, wie es in der politischen Arbeit Berücksichtigung fand, erfreute es sich — wenn schon nicht immer ungeteilter — Sympathie, so doch einer deutlichen Zustimmung.

Jetzt können wir eigentlich schon eine Art Zwischenbilanz ziehen: Die Zweite Republik, die mit dem begründeten Anliegen zu existieren begonnen hatte, anders zu sein als die Erste Republik, und die dieses Anliegen im großen und ganzen auch realisieren konnte, diese Zweite Republik erging sich in der Heeresfrage im Grunde genommen nur in Analogien: Da war das Heeresamt des Jahres 1945 gewesen, das doch in vielem an die Volkswehr erinnerte. Da war die Mini-Berufsarmee B-Gendarmerie gewesen, die an das Bundesheer der Ersten Republik zwischen 1920 und 1936 erinnerte. Und schließlich kam das Heer der allgemeinen Wehrpflicht, das seine Entsprechung im Heer der allgemeinen Dienstpflicht vor 1938 fand.

Man könnte noch fortsetzen und die sozialen Aspekte genauer herausarbeiten, nochmals darauf hinweisen, wie 1. und 2. Bundesheer ihre Feuertaufe im Burgenland erhielten, mit einer frappierenden Ähnlichkeit um die ohnedies geringen Budgetan-

12) Zu diesem Abschnitt wiederum den Band: Das Bundesheer der Zweiten Republik, bes. das Kapitel: Erste Aufbauphase 1955—1961.

sätze zu kämpfen hatten und anderes mehr. Und obgleich zumindest nach außen hin ein geradezu verblüffendes Maß an Gleichheit besteht, nahmen und nehmen sich die Heeresschöpfungen der Ersten und der Zweiten Republik im Urteil grundverschieden aus. Vielleicht waren es die Erwartungen, die man in sie setzte und die einmal enttäuscht und einmal erfüllt wurden. Sicherlich war es die allgemeine politische Situation, die auf die Stellung und Bewertung des Heeres abfärbt. Doch im Zuge dieser Zwischenbilanz verdient das Faktum hervorgehoben zu werden, daß die drei Heere der Ersten Republik abfällig beurteilt wurden und auch einer bewußt negativen Kritik unterworfen waren, während es zwischen 1945 und den späten fünfziger Jahren nur vereinzelt abfällige Urteile und lange Zeit hindurch keine prinzipielle Kritik an den drei Heeresgründungen der Zweiten Republik gab.

Doch das Heer der allgemeinen Wehrpflicht hatte 1955 etliche Krankheitserreger eingepflanzt bekommen, nämlich den Kompromiß über die Dienstzeit und den noch von den Amerikanern mitbeeinflußten Kompromiß über die Organisation im großen. Die rasche Verwendung des Heeres im Dienst der Außenpolitik brachte es jedoch mit sich, daß die einmal gesetzlich fixierten Bestimmungen beibehalten wurden, und das, obgleich sich die Schere zwischen Erfordernissen und Möglichkeiten immer weiter auftat. Das Heer sollte alles leisten, denn wozu war es denn sonst da; doch es sollte auch permanent wenig kosten und in sämtliche Parteiprogramme hineinpassen. Als dann offenkundig wurde, daß dies nicht ging, und das war schon Anfang der sechziger Jahre der Fall, wurde das Heer zum innenpolitischen Problem. Und das deshalb, weil der 1961 das Verteidigungsressort übernehmende Minister, *Karl Schleinzer*, die Verwendbarkeit des Heeres steigern wollte — und er hatte dabei nur die Verwendbarkeit im Dienste der Außenpolitik im Auge, wie seine sofort angeknüpften Kontakte zum damaligen Außenminister *Bruno Kreisky* deutlich machten —, sowie deshalb, da *Schleinzer* das, was als Kompromiß am Höhepunkt der großen Koalition geboren worden war, als unzureichend ansah. Daher begann 1961 ein Prozeß, der in seinen Auswirkungen keinesfalls absehbar gewesen ist. Der Minister ordnete eine Heeresreform an, und sein Staatssekretär, *Otto Rösch*, der genauso wie *Schleinzer* den einmal erzielten Kompromiß nicht für unumstößlich ansah, begann ebenfalls an neuen Konzeptionen zu arbeiten. Was dabei entstand, war ein Plan zur Verkürzung der Dienstzeit.[13])

Zunächst spielten dabei innenpolitische Überlegungen noch so gut wie keine Rolle, wohl aber wirtschaftspolitische. Denn *Rösch* wollte die Verkürzung der Dienstzeit ja nur dadurch erreichen, daß die tägliche und wöchentliche Dienstzeit ausgedehnt wurde. Mehr war in diesem ersten — und wie man sagen muß: einzigen — *Rösch*-Plan nicht enthalten. Letztlich wollte auch der damalige Staatssekretär mit seinem Konzept eine Rationalisierung sowie eine Steigerung der Effektivität des Heeres und seiner Verwendungsmöglichkeit.

Erst als die Auswirkungen der *Schleinzer*-Reform deutlich wurden, die neben den von den Sozialisten immer befürworteten Ausbildungsverbänden auch Einsatzverbände, also sofort einsetzbare Verbände brachte, da begannen sich die Gedankengänge *Röschs* zu verselbständigen.

13) Darüber informiert am besten die phil. Diss. von *Gerhard Böhner:* Die Wehrprogrammatik der SPÖ, Würzburg 1976, bes. S. 240—319.

1963 und 1964, als dann der zweite *Rösch*-Plan (der aber bereits viele Väter hatte) erarbeitet wurde, da war ein wirklicher Wandel festzustellen. Am zweiten *Rösch*-Plan hatten vor allem zwei Gruppen von Leuten mitgewirkt: Die eine waren Militärs, die sich am ursprünglichen Anliegen des Konzepts zur Dienstzeitverkürzung orientierten und eine Effektivierung anstrebten. Die zweite Gruppe war jene der Parteipolitiker, unter denen verständlicherweise dem Parteivorsitzenden *Bruno Pittermann* die wichtigste Rolle zukam. Er war es auch, der im zweiten *Rösch*-Plan alle Forderungen nach Begleitmaßnahmen einer Dienstzeitverkürzung strich, die da waren: eine von *Rösch* vorgeschlagene Wehrersatzsteuer, ein Mobilmachungs-, ein Militärleistungs- und ein Grundablösegesetz. In die parteioffiziellen Aussagen wurden nur mehr jene Passagen aufgenommen, die eine gewisse Zugkraft erkennen ließen. Vieles war dabei weggefallen. Und schließlich erforderten außer der Forderung nach einer Dienstzeitverkürzung auf 6 Monate nur jene Sätze Aufmerksamkeit, in denen es hieß, daß das Heer zu einem Volksheer mit Milizcharakter umgestaltet werden sollte und daß die Aufrechterhaltung der Ordnung und Sicherheit im Inneren eine Aufgabe der „Staatlichen Exekutivorgane" — also nicht mehr des Heeres — sei.[14])

Bei diesen Forderungen wurde aber weniger vor- als zurückgegriffen, und zwar auf das sozialdemokratische Milizpostulat des Jahres 1901 und auf Vorschläge zur Festlegung der Dienstzeit mit 6 Monaten, wie sie seit 1947 immer wieder vorgebracht worden waren. Damit wurde also nicht nur die Abkehr vom Rahmen- oder Kaderheer signalisiert, sondern auch ein weiteres Mal unterstrichen, daß bei der Festlegung der verfassungsmäßigen und wehrgesetzlichen Aufgaben des Heeres dessen innenpolitische Funktion im Mittelpunkt der Überlegungen stand — und hier haben wir wohl ein besonders starkes Erbe der Ersten Republik zu bewältigen. Denn dabei spielten eben nicht nur die mehr oder weniger zum Schlagwort herabgeminderten Jahre 1934 und 1938 eine Rolle, sondern alles das, was das Berufsheer der Ersten Republik in Hunderten von innenpolitischen Assistenzeinsätzen und wohl gegen 1 Million Stunden an Kredit verspielt hatte, ja verspielen mußte. Doch auch 1963/64 griff die Formel des *Rösch*-Plans noch nicht. Sie tat es 1970.

Die Heerespolitik ist zu einem sicherlich nicht geringen Teil Ursache für den sozialistischen Wahlsieg gewesen. Und es stellte einen letzten verzweifelten Versuch der ÖVP dar, den Wahlausgang abzuwenden, als sich auch die ÖVP wenige Wochen vor der Wahl auf die Formel „Sechs Monate sind genug!" einschwor. Dabei hätte diese Partei ebenso nur einen Rückgriff machen müssen, allerdings nicht auf das Jahr 1901, sondern auf 1945, wo sie ja die Milizforderung in die „Programmatischen Leitsätze" aufgenommen hatte, und auf das Jahr 1947, als auch ein *Julius Raab* recht klar von der 6-Monate-Dienstzeit sprach. Mit der Umsetzung des sozialistischen Wahlversprechens im Zuge der Heeresreform 1972 wurde dann die Umstrukturierung des Bundesheers in ein Milizheer eingeleitet. Und damit haben wir im Grunde genommen schon die vierte Heeresschöpfung der Zweiten Republik und die siebente seit 1918. Ein Heer, nicht im Schatten der Parteien, sondern im gesellschafts- und staatsformenden Streit um den Primat in der Politik.

14) Ebenda, Anhang S. 21, Faksimile.

Hans Bisanz

Tendenzen der bildenden Künste in der Ersten und in der Zweiten Republik

Ein Gespräch über die Kunst in der Ersten und Zweiten Republik enthält schon im Thema die Einteilung in zwei Epochen unserer Kunstgeschichte, die beide auf schwere Katastrophen gefolgt sind. Schon hier erhebt sich daher die Frage, ob und wie die Künstler dieser Epochen auf Verwüstungen, auf Wieder- und Neuaufbau reagiert haben und menschliches Erschrecken, Optimismus, Behagen und Unbehagen in ihrer Sprache wiedergegeben haben.

Die Entwicklung dieser künstlerischen Sprache zeigt Ausdrucksformen, die im Kern schon in der Zeit der Jahrhundertwende vorgebildet worden waren. Da außerdem gerade in jener Zeit um 1900 die Forderung nach einer engeren Verbindung von Kunst und Leben besonders nachdrücklich aufgestellt wurde, sei es gestattet, zunächst kurz auf jene Epoche zurückzugreifen.

Unter „Leben" verstand man um 1900 das (im Gegensatz zur vorangehenden prunkvollen Epoche der Ringstraßenkunst) von Bindungen an Herrscherhaus und Staat emanzipierte Privatleben. Wenn es um 1900 zu einer erneuten Prunkentfaltung kam, so verschönerte diese nun die Privatsphäre, vor allem die des Großbürgertums, dessen Lebensformen nun auf das Allgemeine und Zeitlose bezogen wurden. So erscheint die „Judith" von *Gustav Klimt* von 1901 als Salondame der eigenen Zeit, als verführerische und gefahrvolle femme fatale und zugleich als immer schon dagewesene Märchenprinzessin, etwa Turandot, deren Bewerber ihr Leben lassen müssen. Ebenso ist sie eine Gestalt aus dem Alten Testament (der Kopf des Holofernes fällt hier nicht sofort auf). Im Ornament des Bildes finden sich Parallelen zu der geometrisierenden Kunst der Wiener Werkstätte. Eine Salondame der eigenen Zeit ist hier ins Ikonenhafte, Zeitlose verwandelt worden, indem Gegenwärtiges auf immer Wiederkehrendes bezogen wurde. Im Bild „Sonnenblumen" von *Egon Schiele* von 1906 geht es noch viel deutlicher um immer Wiederkehrendes und sich Veränderndes, um den Kreislauf der Natur mit dem Werden und Vergehen des Organischen. Bei Klimt waren die Sonnenblumen Symbole für schöne Frauen; bei Schiele bleibt diese Bezogenheit auf den Menschen bestehen, der nun aber der Dynamik von Tod und Geburt unterworfen ist. Die Darstellung der Bewegung war Schiele wichtiger als die Verschönerung des Bleibenden, daher hat er hier auch von Vincent van Gogh gemalte Sonnenblumen zum Vorbild genommen.

Die Unruhe und Dynamik, die *Oskar Kokoschka* zum Beispiel im 1910—1912 gemalten Porträt des Komponisten Egon Wellesz vermittelt, zeigt, daß die Entwicklung auch sehr bald vom Dekorativen der Jahrhundertwende fortführt. Intensität der Aussage, Lebendigkeit der Farbe und des Lichtes werden wichtiger als äußerliche

---

Hans Bisanz, Dr. phil., Historisches Museum der Stadt Wien.

Schönheit. Noch weiter ins Impulsive, fast bis zur Auflösung des Gegenständlichen reicht das Gruppenporträt der Familie des Komponisten Schönberg von *Richard Gerstl*, das sehr bald nach der „Judith", schon 1908, entstanden ist.

Ebenso wie die rasche Entwicklung vom Dekorativen zum Expressiven erfolgte auch die Wendung vom Märchenhaften zum Dämonischen: *Alfred Kubin* zeigte 1903 in seiner Zeichnung „Afrika" die destruktive Seite des Mythologischen, das Schattenhafte und Bedrohliche in einer Komposition, aus der die Elemente Sphinx und Pyramide herauszulesen sind.

Die Entwicklung der Kunst um und bald nach 1900 und ihre allgemeinmenschliche Problematik erhält dann Nahrung aus der Aktualität. Die erschütternden Ereignisse des Ersten Weltkrieges müssen vom Standpunkt der Menschen von damals gesehen werden, für die jener Krieg das erschreckend Erstmalige war. Es mag dahingestellt bleiben, ob die Unruhe und Heftigkeit in der Kunst des frühen 20. Jahrhunderts als Vorahnung aufzufassen ist, ganz sicher aber hat der Erste Weltkrieg diese allgemeinen Tendenzen aktualisiert. So zeigt etwa die Mappe „Faustimpressionen" von *Oskar Laske* (1919) die Wandlung eines heiteren Erzählers zum Schilderer des Erschreckenden. Die Szene der „Walpurgisnacht" wird hier mit dem Selbsterlebten verglichen.

Ähnlich zeigt in der Bildhauerkunst *Anton Hanak* in seiner bekannten Darstellung „Der brennende Mensch" von 1922 die von innen her im Menschen brennende Intensität des Lebens, die durch Zerstörung von außen bedroht ist. Hier wurde die Thematik von Schiele, mit dem Hanak eng befreundet war, auf die Aktualität des Krieges bezogen.

Es gab aber auch schon vor dem Ersten Weltkrieg den Wunsch nach Harmonie, Ruhe und geometrischer Überschaubarkeit, was bereits in der Ornamentik der „Judith" von *Klimt* festzustellen war, oder, auf dem Boden der „Wiener Werkstätte", im berühmten wienerischen Quadratl-Stil von *Josef Hoffmann* und *Kolo Moser*. Schon im 1. Jahrzehnt bekannte sich *Adolf Loos* zu dieser Liebe zur Geometrie. Die von ihm 1910 erbaute Villa Steiner zeigt auch den Verzicht auf jeglichen Prunk und bezeugt die Abneigung von Loos gegen Zierformen, die er zum Beispiel in seinem berühmtgewordenen Aufsatz „Ornament und Verbrechen" zum Ausdruck brachte: Während der Wilde von Kopf bis Fuß mit Ornamenten bemalt oder tätowiert ist, der halbwilde Hirt auf dem Balkan sehr ornamental gekleidet ist, trägt nach Loos nur der englische Gentleman die richtige, sachliche Kleidung. Ebenso müsse man sich die englische und amerikanische Architektur zum Vorbild nehmen.

Die funktionelle Architekturauffassung von Loos hat ihre Fortsetzung in den Gemeindebauten der Ersten Republik gefunden. Ein Beispiel dafür, der Karl-Marx-Hof von *Karl Ehn* (1927), wurde 1934 zum Schauplatz besonders heftiger Kämpfe. In diesem Zusammenhang kam es zu Vermutungen, daß manche der Gemeindebauten von vornherein festungsartig geplant worden seien. Dazu hat sicherlich beigetragen, daß hier über Funktionelles hinaus eine schützende Burgartigkeit der Architektur angestrebt wurde.

1932 bis 1933 entstand eines der wichtigsten privaten Bauwerke der Zwischenkriegszeit in Wien, das Hochhaus in der Herrengasse. Es wurde von *Siegfried Theiss* und *Hans Jaksch* erbaut, die ja auch eine Reihe von Gemeidebauten errichtet haben und die zudem die künstlerischen Mitarbeiter der 1976 eingestürzten Reichsbrücke waren. Vor allem in den dreißiger Jahren war von einer neuen Klassizität die Rede, wobei man sich sogar wörtlich auf die alten Griechen berief — vor allem der Gemeindebauten-Architekt *Rudolf Perco* schrieb, daß man nun eine Wiedergeburt der Antike erlebe.

Zur Sachlichkeit der dreißiger Jahre gehörten nicht nur viel Glas, Lack, Chrom und Stahl, sondern auch die ebenso glatten Kleidungsstücke und Frisuren. Das Arbeitsamt Liesing von *Ernst Plischke* mit seiner harmonischen Überschaubarkeit und gläsernen Helligkeit entstand schon 1932. Wüßte man das nicht, so könnte man ein viel späteres Entstehungsdatum annehmen. Das Gebäude wurde auch wirklich vom Ausland als Pionierleistung bewundert, bei uns aber war es Entstellungen durch spätere „Besserwisser" ausgesetzt.

Die Liebe zur Geometrie wirkte sich in der Zwischenkriegszeit auch auf die bildenden Künste aus: *Robert Pajer-Gartegen* entwarf für seinen Holzschnitt „Die Spieler" von 1920 eine Dreiecks- oder Kegelkomposition, in deren Grenzen die Spieler durch ihre Leidenschaft gefangen erscheinen. Die betont städtische Eleganz der Dargestellten wurde hier streng sachlich wiedergegeben, während sie bei *Alfred Kubin* ins Dämonische umschlägt, wenn bei ihm in einem neuartigen Totentanz der Tod als nobler Tangopartner auftritt.

Ein anderer von der Eleganz der zwanziger Jahre ausgehender Weg führt ins Märchen- und Traumhafte. *Albert Paris Gütersloh* beschritt ihn in seiner kleinen Gouache „Gebet um Liebe" von 1925 unter Betonung der unwirklichen Atmosphäre des Parks, der an Natur und Mythologie zugleich erinnert. Die Parkfigur der Aphrodite und die sie anbetende Mädchenfigur stehen im wechselseitigen Spannungsverhältnis von Aktualisierung und Mythologisierung.

In den dreißiger Jahren, schon 1934, ereigneten sich dann in Österreich politische und künstlerische Katastrophen. Die Kunstpolitik des Ständestaates war sicherlich nicht so gewalttätig wie die des Dritten Reiches, verfolgte aber auch schon ähnliche Ziele mit den Mitteln von Selektion und Förderung. Bevorzugt wurde vom Ständestaat vor allem eine provinzlerische Heimatkunst, die dann zu einem beträchtlichen Teil 1938 von den braunen Machthabern übernommen werden konnte (abgesehen von der für sie nicht brauchbaren religiösen Thematik).

Die Förderung — und dann die gewaltsame Aufzwingung — der Heimatkunst (Blut-und-Boden-Kunst) hat zu einem schweren Geschmacksverfall geführt. Dieser erfaßte nicht nur Künstler, Pädagogen und interessierte Laien, sondern auch die Bürokratie, wenn man bedenkt, daß der Auftrag für den Vorhang der wiederaufgebauten Wiener Oper an *Rudolf Hermann Eisenmenger* (1938 bis 1945 Präsident des Künstlerhauses) vergeben wurde, dessen Qualitäten für diese Aufgabe nicht ausreichten.

Dessenungeachtet hat sich nach 1945 — vor allem von der Akademie ausgehend — die Erneuerung unserer Kunst vollzogen. Es waren zwei Persönlichkeiten, die hier als Lehrer hervortraten: der Maler *Gütersloh* und der Bildhauer *Fritz Wotruba.* Einige Schüler von Gütersloh sind bald als Begründer der „Wiener Schule des Phantastischen Realismus" bekanntgeworden. In teilweiser Fortsetzung dekorativer Tendenzen bei Gütersloh malte *Wolfgang Hutter* 1955 sein Bild „Adam und Eva". Er entwarf hier — unter ganz neuen Umständen und auch in einer Märchenhaftigkeit, die härtere und spitzere Formen aufweist — ein Paradies, in dem schon a priori viel Bedrohliches vorherrscht. Hier kehrt manches vom üppigen Reichtum der „Judith" von Klimt wieder, und es ist kein Zufall, daß man die Kunst der Jahrhundertwende („Jugendstil", „Stilkunst um 1900") gerade damals, in den späten fünfziger Jahren, wieder zu schätzen begann, nachdem in den Jahren davor vieles den Entrümpelungsaktionen zum Opfer gefallen war.

Ein anderer Schüler von Gütersloh, *Ernst Fuchs*, zeigte, daß linearer Reichtum auch viel asketischeren Aussagen dienen kann, wie in der „Kreuzigung" von 1949. In dieser wirkt noch der Zweite Weltkrieg mit seinen Schrecken nach (wie in der „Walpurgisnacht" von Laske der Erste Weltkrieg). Neben Gütersloh hat Fuchs sich hier Pieter Brueghel d. Ä. und Hieronymus Bosch zum Vorbild genommen, die man ja beide im Kunsthistorischen Museum und in der Akademiegalerie studieren kann.

Es gab nach 1945 auch einen Neuansatz des Konstruktiv-Geometrischen, wenngleich häufig in Verbindung mit organischen Formen. Ebenfalls 1949 entstand das Bild „Waldrand" von *Carl Unger* als Beispiel für eine versöhnliche Haltung gegenüber der Technik, die mit der Natur zu einer Einheit verschmilzt. Diese Haltung erscheint heute in einer Zeit der Bürgerinitiativen und der „grünen" Proteste vielleicht merkwürdig, es muß aber berücksichtigt werden, daß in den späten vierziger und frühen fünfziger Jahren noch der Optimismus des Wiederaufbaus und überhaupt eine optimistischere Einstellung zum technischen Fortschritt vorgeherrscht haben, sodaß eine künstlerische Symbiose von Natur und Technik damals durchaus vorstellbar war, wie sie hier Unger in den „schönsten" Farben schilderte.

Ein ähnliches Zusammenwirken von Geometrischem (Blockhaftem) und Organischem (Lebendigem) zeigt sich auch in Werken von *Fritz Wotruba*. Vergleicht man ein relativ frühes Werk von ihm — „Stele", 1953—1955 — mit einem späteren — „Junger König", 1961/62 —, so zeigt sich die konsequente Reduktion des Körperhaften auf das Wesentliche. Was hier als schockierend Neues empfunden wurde und zu erbitterten Protesten gegen die Stadtparkausstellungen bis zu nächtlichen Beschädigungen geführt hat, war bei Wotruba aber zugleich ein Rückblick ins Prähistorische, eine Erinnerung an Kultmale von monumentaler Einfachheit.

Wotruba hat Generationen von Schülern ausgebildet, die, von seinem Werk ausgehend, die Zweipoligkeit von Gebautem und Wachsendem weiterverfolgt haben. So hat *Joannes Avramidis* Gebilde geschaffen, die noch weiterhin etwas von geometrischem Regelmaß zeigen und andererseits etwas von dichtwachsenden organischen Pflanzenstengeln haben, die sich zugleich zu phallischen Symbolen formieren. Auch hier werden also Erinnerungen an prähistorische Kulte wachgerufen. Das Bedürfnis nach Artikulation des Kultischen war gerade in den vierziger und fünfziger Jahren besonders stark entwickelt. Beispiele von *Josef Pillhofer, Alfred Hrdlicka, Wander Bertoni* — der durch seine Plastik „Bewegung" bei der Wiener Stadthalle bekannt wurde — und *Otto Eder* zeigen jeweils mehr dem Konstruktiven oder dem Organischen zugeneigte Auffassungen.

Was Carl Unger 1949 als neue Möglichkeit des Zusammenlebens von Biologischem und Technischem aufgezeigt hat, erweist sich bei *Herbert Boeckl* in einer Landschaft aus dem gleichen Jahr als fest gebaute und zugleich sehr schwebende, zarte Farbkomposition.

In der Architektur hat es verwandte Bestrebungen gegeben, zum Beispiel im Philips-Haus von *Karl Schwanzer.* Hier ging es darum, das Schwere, Massive, das Evidente mit einer nach Möglichkeit schwebenden Leichtigkeit zu verbinden.

Von *Arnulf Neuwirth,* dem Wortführer der nach dem Zweiten Weltkrieg ganz besonders wichtigen Künstlergruppe „Der Kreis" (die andere sehr bedeutende Vereinigung war der Art Club mit Gütersloh als Präsidenten), stammt das Gemälde „Stromboli" von 1954, eine schroffere Gegenüberstellung von Vorhandenem und Veränderlichem, die noch nicht ganz vom Katastrophenerlebnis des Krieges gelöst erscheint.

Dynamik kann auch in Linien und Farben allein ausgedrückt werden, wie in einer Komposition von *Johann Fruhmann,* der 1961 das fortsetzt, was Richard Gerstl schon 1908 zur Diskussion gestellt hatte: die Auflösung der erkennbaren Gegenstände in impulsive malerische und zeichnerische Formen.

Die ungegenständliche (abstrakte) Malerei und Graphik nach dem Zweiten Weltkrieg hat zunächst zu schockierten Reaktionen weiter Publikumskreise geführt, die die Andersartigkeit dieser Kunst weit überschätzt haben. Es darf nicht vergessen werden, daß die ungegenständliche Kunst auch eine Reaktion auf die Kunstpolitik des Dritten Reiches war, in dem das sicher erkennbare Gegenständliche (zu Propagandazwecken) als alleinseligmachende Möglichkeit aufgezwungen wurde. Dazu kam noch, daß nach dem Krieg die europäischen Oststaaten vom „Sozialistischen Realismus" heimgesucht wurden, in dem ebenfalls leichtfaßliche Gegenständlichkeit und die Beschränkung auf wenige, propagandistisch wirksame Themenkreise gefordert wurde. Auch um sich dem allen zu entziehen, hat die ungegenständliche Kunst die reine Darstellung von Farbe, Licht und Bewegung propagiert.

Auch in der Bildhauerkunst kam es zu Abstraktionen, wie in der „Sitzenden" von *Andreas Urteil.* Man kann bei der Bildhauerkunst nicht von „Ungegenständlichkeit" sprechen, da der Bildhauer immer einen Gegenstand schafft. Auch wenn dieser zunächst fremd wirkt, ist er doch von Anfang an etwas im wahrsten Sinne des Wortes „Greifbares". — Aus der geometrisch orientierten, blockhaften Formensprache von Wotruba sind die Arbeiten von *Rudolf Hoflehner* in den frühen sechziger Jahren hervorgegangen, die, zumeist als monumentale Schweißarbeiten aus Eisen ausgeführt, immer noch an aufrechte „Stand"-Bilder erinnern. — Regelmäßigkeit und Einfachheit hat andererseits zu den Kultfiguren von *Karl Prantl* geführt. Seine Arbeiten, wie zum Beispiel eine „meditative" Plastik von 1961, bieten sich für eine neuartige kultische Verwendbarkeit an. Die Ruhe, Kühle und Glätte von Stein oder Metall soll beruhigend auf das Gemüt des Menschen wirken. Hier wird man zum Beispiel daran erinnert, daß es bei manchen primitiven Völkern üblich ist, unruhigen Kranken einen glatten Stein in die Hand zu geben.

Das Beispiel von Wolfgang Hutter hatte dekorativen Reichtum mit Ahnungen des Bösen gezeigt (so wie es auch keine Träume und echten Märchen ohne das Element des Bösen gibt). Dagegen ist die „Maschine" von *Karl Korab* von einer elegischen Schönheit und stellt einen Nachruf auf einstmals Gewesenes, das zu Gerümpel wurde, dar. Der technische Fortschritt wird durch den Hinweis auf die Verletzlichkeit der Maschine in Frage gestellt.

Friedensreich Hundertwasser stellt der Zivilisation eine üppige Märchenhaftigkeit entgegen, zum Beispiel im „Dampfer von Hokkaido" von 1961. Hundertwasser hatte schon frühzeitig einen „grünen" Optimismus geprägt, indem er für das Wiederbekleiden des Zivilisatorischen mit den Farben der Natur eintrat. Während Loos die nüchterne Eleganz des englischen Gentleman propagiert hatte, forderte Hundertwasser nun in seinem Manifest „Los von Loos" die Wiederkehr des Farbigen in Kleidung und Architektur. Es war die Zeit der Hippies, die tatsächlich wieder die von Loos verabscheuten bestickten Hirtenpelze anzogen.

In der Malerei der späten sechziger Jahre kam es auch zu einer provokativen Betonung des Volkstümlichen und Banalen als Reaktion auf die Pseudoeleganz der Fernsehreklamen. (Ebenso hatten schon vorher Dichter wie H. C. Artmann dem trügerischen Hochdeutsch dieser Werbung die Lebensnähe der Dialektdichtung entgegengestellt.) So wird bei *Robert Zeppel-Sperl* die Banalität volkstümlicher Ringelspielbilder oder Schießscheiben und die Skizzenhaftigkeit von Wandkritzeleien dem Vornehmtun der Konsumgesellschaft als nackte Wahrheit vorgehalten.

Bruno Gironcoli zeigt — ähnlich wie auch *Cornelius Kolig* und andere seiner Generation —, was für eine gefährliche Welt wir uns geschaffen haben, in Zeichnungen und dreidimensionalen Objekten. Er erinnert daran, was für gefährliche Kräfte in harmlos scheinenden Haushaltsgegenständen, etwa einer elektrischen Kochplatte, schlummern.

Analog der Wendung vom Jugendstil zum Expressionismus vollzog sich nun nochmals die Ablösung des Dekorativen (nun vertreten durch den Phantastischen Realismus) ins Expressive. Ähnlich wie in der „Art Brute" anderer europäischer Länder protestiert bei uns *Arnulf Rainer* in seiner Darstellung „Glashaar" aus dem Revolutionsjahr 1968 gegen die oberflächlichen Pseudoideale der Konsumgesellschaft mit ihrer Glätte und Schönheit durch bewußtes Entgegenstellen von Rauhem, Stacheligem und Unschönem.

Als Abschluß in diesem Überblick möge ein Beispiel von *Georg Eisler* für das Wohnzentrum von Alt-Erlaa dienen, das „Große Kaffeehaus" von 1978. Die malerische Ausschmückung dieses Wohnzentrums kann nachträglich als Generalprobe für die UNO-City angesehen werden, in der eine ganze Reihe der zuvor erwähnten Künstler zusammengearbeitet hat. In Alt-Erlaa hat Eisler mit Fritz Martinz, Alfred Hrdlicka und anderen zusammengewirkt. Sein „Großes Kaffeehaus" ist ein Loblied auf das Café Sperl in der Gumpendorfer Straße, einer nostalgischen Zuflucht vor den chromblitzenden Espressi der fünfziger Jahre. Darüber hinaus ist das Kaffeehaus für Eisler — wie schon für Vincent van Gogh und Edvard Munch — die Lebensbühne überhaupt, der Ort, wo Menschen zusammenkommen und einsam bleiben, wo Geborgenheit und Verlorenheit zugleich herrscht. So wird letztlich auch hier, in einer neuen Sprache, über die diesen Überblick einleitenden Fragen nach Gegenwärtigem und Wiederkehrendem, nach Werdendem und Vergehendem nachgedacht.

Literaturhinweise:

K. Sotriffer: Malerei und Plastik in Österreich, Wien — München 1963

P. Gütersloh / W. Schmied / H. Hakel: Malerei des Phantastischen Realismus, Wien — Hannover — Bern 1964

O. *Breicha / G. Fritsch* (Hg.): Finale und Auftakt, Salzburg 1964

F. Kadrnoska (Hg.): Aufbruch und Untergang. Wien — München — Zürich 1981
Wiener Stadt- und Landesbibliothek, Tagebuch der Straße, Wien 1981
K. Sotriffer (Hg.): Der Kunst ihre Freiheit, Wien 1984
Wien 1870—1930, Salzburg 1984
R. Waissenberger (Hg.): Wien 1890—1920, Fribourg 1984
Avantgarde in Österreich, Milano 1985

Wendelin Schmidt-Dengler

Die Zeitgeschichte im Spiegel der Literatur der Ersten und Zweiten Republik

Es ist nachgerade zu einem Gemeinplatz in der Diskussion um die österreichische Literatur geworden, ihr ein gestörtes Verhältnis zur Politik und Geschichte zu unterstellen. Politik und Geschichte komme in den Werken österreichischer Autoren entstellt — also verklärt oder verunstaltet — oder überhaupt nicht vor. Vorschub für diese Urteile haben die Autoren selbst geliefert. Als markante Pole seien zwei Stellungnahmen zitiert, die rahmend das Spannungsfeld der nun folgenden Betrachtungen markieren können. Der junge *Hermann Broch* schrieb 1919 in einem Brief an *Franz Blei* einen Satz, der unmittelbar unter dem Eindruck der Ereignisse des November 1918 entstanden ist. Dieser Satz schließt die Betrachtungen, die *Blei* in der Zeitschrift **Die Rettung** unter dem Titel **Die Straße** veröffentlichte, ab: „Politik ist das Unabwendbare schlechthin. [. . .] Sie ist die letzte und böseste Verflachung des Menschen."[1]) Die Reaktion ist nicht untypisch für viele seiner Zeitgenossen, die sich, nach oft radikal kundgetaner Begeisterung für das Neue, von der Politik verstört abwandten und sich in eigens adaptierte Fluchträume zurückzogen, was nicht zuletzt dazu führte, der österreichischen Literatur einen „Evasionscharakter" zu attestieren, der sogar dazu führe, daß die eigene Identität als eine historisch nicht verifizierbare und vor allem in ihrer historischen Herleitung völlig gleichgültige begriffen werde. Aus einem solchen Kontext etwa werden Sätze wie die *Peter Handkes* in seinem Tagebuch **Das Gewicht der Welt** (1977) begreifbar: „Erlebnis von Geschichte, das heißt für mich: sich davon zu befreien, sich davon befreit zu haben."[2]) Und *Handke* leugnet radikal die Veränderung durch irgendwelche historischen Ereignisse wie etwa den Staatsvertrag. Ihn interessieren die „privaten Weltkriege".[3]) Und doch muß er sich eingestehen: „Das Fette, an dem ich würge: Österreich."[4]) Das zeigt an, daß

1) *Hermann Broch:* Die Straße, Die Rettung 1 (1918/19) S. 26. Abdruck auch in *Hermann Broch:* Briefe 1 (1913—1918). Dokumente und Kommentare zu Leben und Werk (= Kommentierte Werkausgabe, Bd. 13/1). Hgg. von *Paul Michael Lützeler*, Frankfurt/M. 1981, S. 34.

2) *Peter Handke:* Das Gewicht der Welt, Salzburg 1977, S. 138. Zu *Handkes* Verhältnis zur Geschichte vgl. *Karl Wagner:* Peter Handkes Rückzug in den geschichtslosen Augenblick, in: Österreichische Literatur seit den zwanziger Jahren. Beiträge zu ihrer historisch-politischen Lokalisierung. Hgg. von *Friedbert Aspetsberger* (Schriften des Institutes für Österreichkunde: 35), Wien 1979, S. 112—123.

3) *Peter Handke:* Die privaten Weltkriege der Patricia Highsmith, in *P. H.:* Das Ende des Flanierens, Frankfurt/M. 1980, S. 38—48. (Entstanden 1975.)

4) *Handke,* Das Gewicht der Welt (Anm. 2), S. 21.

Wendelin Schmidt-Dengler, Dr. et Mag. phil., ao. Prof. für Neuere Deutsche Sprache und Literatur an der Universität Wien.

Politik und auch Zeitgeschichte dem Autor zu denken geben, daß er aber nicht gewillt ist, sich auf diese einzulassen. Deutschland ist für *Handke* ein Land, das im „Abgrund der Geschichte"[5]) versunken ist, in seiner **Kindergeschichte** (1980) wird die ihn beschäftigende Geschichte des Kindes selbst als Geschichte noch mehr fragwürdig. Geschichte erscheint nicht als etwas, was die Menschen benötigen. Nach einer Auseinandersetzung mit einem Mitmenschen geht der Erzähler durch die nächtlichen Straßen, und ein Erlebnis, das man als Epiphanie bezeichnen könnte, führt zu einem vehementen Adieu an die Geschichte:

> In einer ruhigen Straße nah der Wohnung erblickt er hoch oben am Nachthimmel ein einzelnes, friedlich rotgelb erleuchtetes Dachfenster und bleibt stehen. Jetzt endlich ist es die förmliche Empörung — oder eher die Erbitterung: Und hier verwünscht er jene Seins-Nichtse, die für ihren Lebenslauf die Geschichte brauchen; hier verwünscht er auch die Geschichte selber und schwört ihr für seine Person ab; hier erschaut er erstmals sich allein mit dem Kind in der Nacht des Jahrhunderts und in der leeren Grufthalle des Kontinents — und zugleich gibt das alles für später die Energie einer neuartigen Freiheit.[6])

Abschied von der Geschichte, um eine neue Freiheit zu gewinnen. Auch wenn man die österreichische Literatur nicht auf die hier angedeutete Aussage eines *Broch* oder *Handke* wird festlegen dürfen in ihrer Gesamtheit, so haben solche Sätze doch über diese Autoren hinausgehende Gültigkeit. Selbst *Thomas Bernhard*, in dem man gewiß den routiniertesten *Kreisky*-Beschimpfer wird sehen können, kann man kaum zum politischen Autor im engeren Sinne stempeln, es sei denn, man betrachte Aussagen über den Kanzler wie „Salzkammergut- und Walzertito" oder „Höhensonnenkönig" als politisch relevante Bekenntnisse.[7]) Viel eher ist für *Bernhard* alles auf den Namen totaler Negativität getauft; die österreichische Politik sei „in einem einzigen halben Jahrhundert" von „glänzenden, den ganzen Erdball überstrahlenden Höhen ... in ihr endgültiges Nichts"[8]) gestürzt, und — an anderer Stelle — die österreichische Regierung sei „wie jede Regierung die schlechteste".[9])

Doch wäre es falsch, aus dem zu folgern, daß die Autoren sich nicht mit Politik oder Geschichte beschäftigt hätten, auch wenn dies nur in so seltsamer Deformation begegnet. Gerade die Art, in der Geschichte, Zeitgeschichte und Politik in den Texten erscheint, sollte herausfordern. Auffallend ist der Aufwand, mit dem diese Verdrängung betrieben wird, die Abwehr, sich zur Zeitgeschichte zu äußern. Es wäre nun, so will es mir scheinen, angebracht, auch die Texte gegen den Strich zu lesen, d. h. jene Texte, denen kein unmittelbarer geschichtlicher Bezug angesehen werden kann, einmal auf ihre politische Botschaft hin zu befragen. Auch wenn man — wie *Ulrich Greiner* — der österreichischen Literatur eine „politische Windstille" nachsagt und sich dabei unter dem Titel **Das Ende des Nachsommers** auf *Adalbert Stifter* be-

5) Im France Soir vom 20. Mai 1978 schrieb *Handke* über Deutschland: „C'est un pays perdu dans l'abîme de l'Histoire." Zitiert nach *Ulrich Greiner:* Das Ende des Nachsommers. Aufsätze, Porträts, Kritiken zur österreichischen Gegenwartsliteratur, München 1979, S. 55 f.

6) *Peter Handke:* Kindergeschichte, Frankfurt/M. 1981, S. 94 f.

7) Vgl. dazu den Leserbrief *Thomas Bernhards* in **Die Zeit** (Hamburg) vom 29. Juni 1979 sowie *Thomas Bernhard:* Der pensionierte Salonsozialist, profil 12 (1981) Nr. 4, S. 53.

8) *Thomas Bernhard:* Politische Morgenandacht, Wort in der Zeit 12 (1966), H. 1, S. 11.

9) *Thomas Bernhard:* Der Wahrheit und dem Tod auf der Spur. Zwei Reden, Neues Forum 15 (1968), S. 349.

ruft.[10]) Die Literatur-Klimatologen sind unterwegs. An diesem Bild einer politisch indifferenten Literatur sind einige Korrekturen anzubringen und auch angebracht worden. Das Buch von *Claudio Magris* **Der habsburgische Mythos in der österreichischen Literatur** konnte ja eine vehemente Diskussion auslösen, weil er darin die österreichische Literatur als im Grund apolitisch, der Vergangenheit zugewandt und diese entweder als verklärend oder satirisch deformierend, sie in jedem Falle aufbewahrend, als eine unveränderliche, konstante Größe definierte.[11]) Um den Preis politischer Bedeutsamkeit sei diese Literatur aber in ästhetischer Hinsicht progressiv, nach vorne orientiert, und darin liege ihre große Leistung. Diese Janusköpfigkeit kann dazu führen, daß auch so verschiedene Autoren wie *Musil* und *Doderer, Karl Kraus* und *Thomas Bernhard* vergleichbar werden. Gewiß hat diese These einige Berechtigung, wenn man die österreichische Literatur gegen die Literatur Deutschlands, sei es des Deutschen Reichs, sei es der Bundesrepublik Deutschland hält. Autoren wie *Tucholsky, Brecht, Heinrich Mann, Döblin, Anna Seghers* oder *Süverkrüp, Degenhardt, Biermann* oder gar *Wallraff* wären atypisch, atypisch auch das Verhalten von Autoren wie *Böll, Grass, Siegfried Lenz* oder *Martin Walser.* Solches fehlt in der österreichischen Literaturszene und wird von einigen auch vermißt.

Doch wäre es, wie bereits angedeutet, verfehlt, nun zu meinen, daß dies Ignoranz in geschichtlicher Bildung oder politisches Desinteresse wäre. Ich muß mich mit einigen Hinweisen begnügen. Dabei spare ich zunächst einmal jene heute meist als Trivialliteratur bezeichneten Texte aus, in denen geschichtliche Ereignisse direkt oder in satirischer Verzerrung behandelt werden, wie etwa die Romane der Autoren *Bettauer, Karl Hans Strobl* oder *Huffnagl-Paumgartten.*[12]) Ich meine, daß man doch auch andere Texte vor dem historischen, sozialen und politischen Hintergrund lesen kann, vor einem Hintergrund, den diese Texte zu verleugnen scheinen. Wer etwa sähe einem Stück wie *Hofmannsthals* **Der Schwierige** an, daß es in den letzten Kriegstagen entstanden ist? Doch ist auch die Feststellung nicht wichtig in diesem Zusammenhang, daß hier just in radikaler Opposition zu dem Befund der Historiker das

10) *Greiner,* Tod des Nachsommers (Anm. 5), S. 15 und 205. Zur Charakteristik der Position *Greiners* vgl. die Rezension von *Wendelin Schmidt-Dengler* in: Für und wider eine österreichische Literatur, hgg. von *Kurt Bartsch, Dietmar Goltschnigg, Gerhard Melzer,* Königstein/Ts. 1982, S. 181—184.

11) *Claudio Magris:* Der habsburgische Mythos in der österreichischen Literatur, Salzburg 1966, vor allem S. 11 f., sowie den Essay desselben Autors: Der unauffindbare Sinn. Zur österreichischen Literatur des 20. Jahrhunderts, Klagenfurt 1978. Als Replik auf die Thesen von *Greiner* und implicite auch *Magris* wurde von *Gustav Ernst* und *Klaus Wagenbach* auch das Heft 16 der Tintenfisch-Serie unter dem Titel „Rot ich weiß Rot" (Berlin 1979) konzipiert. Zur Kritik dieser und anderer Positionen vgl. auch die Dissertation von *Robert Menasse:* Der Typus des „Außenseiters" im Literaturbetrieb. (Am Beispiel Hermann Schürrer.) Studie zum eigentümlichen Verhältnis von offiziösem Literaturbetrieb und literarischem „underground" im Österreich der Zweiten Republik. Wien 1982 (masch.).

12) Vgl. *Wendelin Schmidt-Dengler:* Die Erste Republik in der Literatur. „Wiener Roman" und Feuilleton, in: Staat und Gesellschaft in der modernen österreichischen Literatur. Hgg. von *Friedbert Aspetsberger* (Schriften des Institutes für Österreichkunde: 32), Wien 1977, S. 65—78. *Murray Hall:* Der Fall Bettauer, Wien 1978. *Sigrid Schmid-Bortenschlager:* Thema Faschismus. Zu einigen Romanen österreichischer Autorinnen der dreißiger Jahre, Zeitgeschichte 9 (1981), H. 1, S. 1—17.

Bild jener versinkenden Gesellschaft noch als ein intaktes beschworen wird? Was heißt es, wenn in *Hofmannsthals* Lustspiel **Der Unbestechliche** es gerade ein Diener ist, der das Regiment der Herrschaft auf einem kleinen Landschloß restauriert, den Herrn moralisch bessert und dafür sorgt, daß die Revolution nicht stattfindet? Was bedeutet es, wenn *Robert Musil* in seiner Erzählung **Die Portugiesin** (1924) an einer Zeitwende (Mittelalter/Neuzeit) uns einen Ritter vorführt, der nach der Beendigung eines langen Krieges mit sich selbst nichts anfangen kann und dies in einer schweren Krankheit austragen muß? Ist nicht die individuelle Krise und ihre Überwindung auch im Zusammenhang mit der sozialen Situation so vieler anderer zu sehen? Die Reihe der Beispiele ließe sich erweitern. Für eine solche politische Lektüre unserer Literatur würden nicht nur die Historiker, sondern auch die Germanisten aufgerufen. Vielleicht ließe sich die Literatur auch so aus einem Ghetto befreien, in das sie sich zum Selbstschutz selbst manövrierte.

Es gibt freilich Botschaften, die deutlicher sind als die hier kurz skizzierten, vor allem: eindeutiger. Man findet sie, wie bereits kurz erwähnt, vor allem in der massenhaft verbreiteten Literatur, in den historischen Romanen, die in der Zeit zwischen den Weltkriegen Hochkonjunktur hatten. Wenn es da in *Mirko Jelusichs* **Cäsar** etwa heißt, daß die Transpadana von *Cäsar* dem römischen Reich einverleibt werde und dies der Lohn „der beispiellosen Treue und Geduld" sein soll — wie viele konnten sich da nicht als jene Transpadaner erkennen, die endlich ins große Reich heimkehren wollten?[13]) Der historische Roman jener Zeit zwischen den zwei Kriegen ist von vielen Autoren auch eingestandenermaßen nicht im Sinne *Lukács'* als Belebung der Geschichte mit möglichst viel Realitätsgehalt gedacht, sondern als Kommentar zur zeitgenössischen Situation, mit konkreten Handlungsanweisungen, für die Geschichte als Argument dient.

Doch nicht von jenen zahlreichen mehr oder minder deutlichen Transpositionen der Geschichte in die Texte soll hier die Rede sein, sondern von den Versuchen einiger Autoren, markante Ereignisse der österreichischen Geschichte in literarischen und vor allem fiktionalen Werken zu gestalten. Ich bitte um Nachsicht für die verhältnismäßig knappe Auswahl aus einem großen Textcorpus, auch um Nachsicht dafür, daß ich mich auf erzählende Werke beschränke, Satiren und Glossen, Polemiken und Statements beiseite lasse, soweit dies überhaupt möglich ist, auch mit zwei Ausnahmen auf die Memoirenliteratur verzichte. Sinnvoll scheint die Auswahl solcher Texte, die auf Krisensituationen, vor allem auf Konfliktsituationen in der österreichischen Geschichte Bezug nehmen.

Dabei wähle ich die Ereignisse um den 15. Juli 1927 aus, dann die der Jahre 1933/34 und drittens den Streik gegen das vierte Lohn- und Preisabkommen im Jahre 1950.

13) Vgl. *Wendelin Schmidt-Dengler:* Bedürfnis nach Geschichte, in: Aufbruch und Untergang, hgg. von *Franz Kadrnoska*, Wien 1981, S. 395. *Mirko Jelusich:* Cäsar, Wien und Leipzig 1929, S. 205. Zu *Jelusich* vgl. *Johannes Sachslehner:* Der Fall Mirko Jelusich. Eine Monographie, Diss. Wien 1982 (masch.). Zu *Karl Hans Strobl* vgl. *Ferdinand Schmatz:* Karl Hans Strobls Bismarcktrilogie. Zur völkisch-nationalen und nationalsozialistischen Literatur in Österreich. Diss. Wien 1982 (masch.).

Es steht mir in keinem der Fälle zu, über das, was man als historische Treue und Exaktheit bezeichnen könnte, ein Urteil zu fällen. Gewiß tritt der Romancier, der Erzähler, wenn er von Geschichte berichtet, oft in ein in der Fachliteratur noch nicht hinreichend ausdiskutiertes Verhältnis zum Historiker. Die Theoriedebatte hierüber möchte ich Ihnen an dieser Stelle ersparen: Angedeutet sei bloß, daß ja auch die wissenschaftliche Geschichtsschreibung selbst nicht als alleinige Verwalterin der Geschichte angesehen wird und als eine legitime Möglichkeit des Diskurses auch die historische Erzählung gelten kann, in der sich geschichtlich überprüfbare Ereignisse und fiktionale Elemente vermengen.[14]) Daß dies radikal entgegengesetzt einer Position ist, die aus der Geschichte und Geschichtsforschung das erzählende Moment verdrängen will, sei hier nur am Rande angedeutet. Doch auch — und dies ist nicht als Vorwurf an die Adresse der Historiker gemeint — ist vorsichtig zu behaupten, daß das Verlangen nach historischen Erzählungen doch offenkundig auf ein Defizit verweist, dem die Praxis der Geschichtswissenschaft nicht zu genügen vermag und wohl auch nicht zu genügen braucht. Inwieweit nun diese schweren Konflikte der Ersten Republik in den Texten, und zwar in fiktionalen Texten, aufgearbeitet und gestaltet erscheinen, kann für den Historiker auch interessant sein. Den Literaturhistoriker interessiert nun auch, wie sich diese Befassung mit historischen Ereignissen in den Rahmen stellen läßt, den ich zuvor mit den knappen Andeutungen über die Relation Literatur/Politik in der Ersten Republik gemacht habe.

Ich habe kurz darauf verwiesen, daß in der Ersten Republik der historische Roman ein wichtiges und kulturpolitisch aufschlußreiches Mittel zur politischen Bewußtseinsbildung war. Die Erfolge solcher Texte von Autoren unterschiedlicher politischer Observanz sprechen für sich. Es fällt nun auf, daß diesem Genre in der Zweiten Republik durchaus nicht diese Wirkung zuteil wurde, ja, daß historische Romane von einiger Bedeutung kaum mehr produziert wurden. Daraus ließen sich für das literarische Bewußtsein einige gewiß höchst aufschlußreiche Schlüsse ziehen. Daß die Ereignisse der Ersten Republik in diesen Romanen kaum in Form historischer Romane gestaltet werden, hat einen guten Grund in den diesem Genre immanenten Gesetzen, deren Gründe ebenfalls einmal ausdiskutiert werden müßten. Gewöhnlich hat zwischen dem historischen Ereignis und dessen Erzählbarkeit eine gewisse Distanz zu verstreichen: *Walter Scott* empfahl dafür bekanntlich sechzig Jahre in seinen **Waverley-Novels.**[15]) Und gewiß hätten Sätze wie „Kanzler Raab saugte nachdenklich an seiner Virginier-Zigarre" oder „bedächtig nahm Bundeskanzler

14) Zur Zusammenfassung der Diskussion vgl. nun *Dietrich Harth:* Fiktion, Erfahrung, Gewißheit. Second Thoughts, in: Formen der Geschichtsschreibung. Hgg. von *Reinhart Koselleck, Heinrich Lutz* und *Jörn Rüsen,* München 1982 (= Theorie der Geschichte. Beiträge zur Historik, Band 4), S. 621—630, sowie den Sammelband: Theorie und Erzählung in der Geschichte. Hgg. von *Jürgen Kocka* und *Thomas Nipperdey,* München 1979 (= Theorie der Geschichte. Beiträge zur Historik, Band 3). Für die Darstellung der österreichischen Geschichte in der österreichischen Literatur vgl. besonders die Beiträge von *Alfred Doppler* und *Karl Stuhlpfarrer* im Sammelband: Geschichte in der österreichischen Literatur des 20. Jahrhunderts, hgg. vom Institut für Österreichkunde, Wien 1970.

15) Vgl. dazu *Wolfgang Iser:* Möglichkeiten der Illusion im historischen Roman, in *W. I.:* Der implizite Leser, München 1972, S. 141.

Kreisky die Brille ab" oder „der sportlich wirkende Finanzminister entstieg seinem eleganten Sportwagen" für uns etwas Befremdliches, da sie im Imperfekt vorgetragen sind, der — um mit *Thomas Mann* zu sprechen — Zeitform der Vergangenheit, welche die Geschichte „mit historischem Edelrost" überzieht.[16]) Die Betroffenheit durch die Synchronizität ist meist so, daß die Distanzierung durch das Imperfekt fraglich, ja bedenklich erscheinen läßt.

Ich habe daher auch keinen historischen Roman im engeren präsentieren können, wohl aber Erzählungen, in denen diese zuvor apostrophierten Ereignisse im Mittelpunkt stehen.

Das bekannteste Werk ist wohl *Heimito von Doderers* Roman **Die Dämonen** (1956), in dem der Punkt, auf den die Handlung hin orientiert ist, zugleich auch ein Datum ist, das sich tief in unser Bewußtsein eingesenkt hat. Die Texte, die nun zu behandeln sind, entstammen alle in ihren Ansätzen bereits der Zeit vor dem Krieg, sind aber allesamt erst nach dem Krieg veröffentlicht worden. Sie sind daher als Indikatoren für die Beurteilung der Geschichte der Ersten Republik wertvoll, zugleich aber liefern sie Einsichten in die Situation und in das Leserinteresse der Zeit ihres Erscheinens. Um zu einer gerechten Beurteilung des Romans **Die Dämonen** zu kommen, ist das Erscheinungsdatum zu berücksichtigen. *Doderer* hatte das Buch schon vor dem Krieg geplant, allerdings hätte er damals dem Buch eine politisch eindeutige Stoßrichtung geben wollen: die Zersetzung der österreichischen Gesellschaft durch das Bankwesen, durch Korruption und Presse. Eine Zersetzung, die im Brand des Justizpalastes ihre unerbittliche Konsequenz hatte.

Doderer, bis 1938 Mitglied der in Österreich illegalen NSDAP, hatte 1931 begonnen, dieses Bild der Gesellschaft zu entwerfen, sah sich aber — aus ideologischen und kompositorischen Schwierigkeiten — um 1937 genötigt, die Arbeit beiseite zu legen.[17]) Als er sie, seine politische Verfehlung einsehend, nach 1950 wieder aufnehmen wollte, näherte er sich dem Manuskript (es lag etwa ein Drittel des Ganzen vor) mit radikalen Bedenken, da er allzu eindeutige Aussagen befürchtete, überzeugte sich aber selbst, daß er bis auf vergleichsweise geringfügige Änderungen die erste Fassung übernehmen konnte. Auf diese baute er nun auf, schloß allerdings eine Fülle neuer Episoden ein. Dies alles hatte Sinn dahingehend, daß er für die Darstellung der Ereignisse um den Justizpalast die gleichmäßige Verteilung von Schuld und Last vornehmen zu können vermeinte. Ich kann hier nicht auf die äußerst komplexe Gestaltung dieses Ereignisses eingehen, die sich im längsten Kapitel des Buches, dem sogenannten **Feuer**-Kapitel, auch befindet.[18])

Entscheidend für *Doderer* ist der Verzicht, dies alles in einen großen historischen Rahmen zu stellen, die Ursachen zu analysieren und in ihrer konkreten historischen Bedingtheit darzustellen. Er verzichtet aber auch auf die Apotheose des großen Ein-

16) *Thomas Mann:* Der Zauberberg, Ges. Werke, 3. Bd., Frankfurt/M. 1960, S. 9.

17) Vgl. dazu *Anton Reininger:* Die Erlösung des Bürgers. Eine ideologiekritische Studie zum Werk Heimito von Doderers, Bonn 1975.

18) Zur Interpretation des **Feuer**-Kapitels vgl. die grundlegende Arbeit von *Dietrich Weber:* Heimito von Doderer. Studien zu seinem Romanwerk, München 1963, S. 210—257.

zelnen und stellt ihr die Apotheose des Alltags gegenüber.[19]) Er, selber Historiker, meint, daß nicht die Historiker aufzeichnen würden, was geschieht, sondern vielmehr die Romanciers. Festzuhalten gälte es, was trotz der großen Geschichte geschieht, das Alltägliche, bewußt zu machen, daß alles, was die Historiographie an entscheidenden Daten festhält, nicht die Gültigkeit besitzt, wie die Persistenz des Alltags. Zwar verfolgt der Chronist Geyrenhoff die Ereignisse, aber ist geschützt, sitzt über ihnen: die Distanz ermöglicht die verminderte Betroffenheit. Aus dieser Position wird es nun möglich, zu diesem Ereignis das Verhältnis eines Erzählers zu gewinnen, der den Konflikt, der zur Katastrophe dazu führte, in seiner Tragweite gar nicht mehr abschätzt, sondern durch das Erzählen in den Griff zu bekommen und auch so zu bannen versucht.

An diesem einen Tag wird auch eine Fülle von persönlichen, privaten Schicksalen entschieden, die mit dem Ereignis auf dem Schmerlingplatz nichts zu tun haben. Der Roman tritt mit dieser Konfrontation privaten Schicksals mit politisch entscheidendem Ereignis als Anwalt einer über historische Zäsuren wirksamen Alltäglichkeit auf. Am schönsten wird dies greifbar in dem Falle der Frau Mayrinker, die allein aus dem Urlaub zurückkehrt, um in ihrer Wohnung einzukochen. *Doderer*, im Kommentar dazu: „Das Einsieden ist eine Zwangshandlung der Hausfrauen, welche nie unterbleibt, obwohl man ja meistens Marmeladen ißt, die vier bis fünf Jahre alt sind."[20]) Und: „Der auf dem Küchentisch auskühlende Vorrat an Eingesottenem allein dürfte den Mayrinkerschen Bedarf, bei vorsichtiger Schätzung, bis 1931 oder 1932 gedeckt haben. Man frühstückte bei Mayrinker zu jener Zeit ex 1923."[21]) Frau Mayrinker reagiert erfolgreich, als plötzlich beim Einkochen ein Zimmerbrand ausbricht. Geistesgegenwärtig und schnell bezwingt sie das Feuer, das zur selben Zeit losgeht wie der Brand des Justizpalastes. Als sie das Haus verläßt, sieht sie den vom Brand geröteten Himmel: „Es war etwas geschehen. Sie mußte etwas übersehen haben. Noch vermochte sie unsinnigerweise nicht, jenes Feuer dort drüben wirklich zu trennen von dem kleinen in ihrer Küche, das doch längst erloschen war."[22])

Diese Analogisierung des privaten mit dem öffentlichen Ereignis ist für *Doderer* typisch. Die individuelle Verfehlung ist analog der Verfehlung, die die Allgemeinheit betrifft. Die von *Doderer* literarisch verordnete Therapie: Selbstheilung als Grundlage der Beseitigung öffentlicher Krisen. *Doderer* selbst war kein Augenzeuge des Justizpalastbrandes. Im Tagebuch notiert er: „Fuit rumor magnus hodie in urbe; multi occisi; patria obruta; dies malus, sed solum propter propriam meam lassitudinem."[23]) Er begreift, daß seine Fahrlässigkeit mit verantwortlich war an dem, was sich in der Stadt zugetragen hatte. Er begreift, daß privates und öffentliches Geschehen untrennbar miteinander zusammenhängen. Frau Mayrinker hat den Brand in ihrer

19) Vgl. dazu die Anm. 17 genannte Arbeit *Reiningers*.
20) *Heimito von Doderer:* Die Dämonen, München 1956, S. 1281.
21) Ebda, S. 1285.
22) Ebda, S. 1287.
23) Eintragung in ein Notizbuch *Doderers* vom 15. Juli 1927; Handschriftensammlung der Österreichischen Nationalbibliothek, Wien, Ser. n. 14.104.

Wohnung beispielhaft eindämmen können: ebensolches hätte bei mehr Sorgsamkeit in der Öffentlichkeit sich ereignen können und müssen.[24])

Dadurch entschärft *Doderer* die politische Brisanz, er entschärft die politische Kontroverse, die Konfliktsituation, die in der Historiographie herauspräparierbar wäre. Die Schuld scheint abgewälzt auf die Dämonen, auf ein schlechthin Böses, für dessen Erklärung *Doderer* auch in seinem sonst so ausgefeilten Weltbild wenig Platz hat. Die hier zutage tretenden Widersprüchlichkeiten provozieren gewiß die Kritik und dürfen auch nicht hinwegdisputiert werden. Doch geht es *Doderer* nicht um die Klärung der Schuldfrage, sondern um die Bebilderung einer Therapie. Er verteilt Last und Schuld sorgsam gleichmäßig, entgeht aber der Herleitung durch den Verweis auf das Vorhandensein eines Bösen, das mit dem in jedem Individuum vorhandenen Bösen identisch wäre. Nicht die Polizei, nicht der Schutzbund sind die Gegner. Dieses Böse ist der „Ruass“, der von unten kommt, repräsentiert durch den Verbrecher Meisgeier. Eine anonyme, nicht differenzierbare Masse, die mit ihren Aktionen auch keine konkreten politischen Ziele verfolgt. Der Republikanische Schutzbund wird als der „große Dulder des Tages“ dargestellt.[25]) Getötet wird ein Polizist, der mit den Arbeitern stets guten Kontakt hatte. Einer seiner Freunde, der Arbeiter Niki Zdarsa, konstatiert, als er dessen Leiche sieht: „Ich hab' kan Arbeiter mehr g'sehn. Der Ruass war los, der ganze Ruass aus'm Prater.“[26]) So erscheint die Kontroverse gebannt. Über die Katastrophe hinweg oder gerade auf dem Weg über sie ist die Versöhnung möglich. Die Leiche des Polizisten wird von den Schutzbündlern abtransportiert.

Die Rettung unseres Daseins wird erhofft durch eine Wiedergewinnung der Anschaulichkeit. Das versucht *Doderer* durch jene — peinliche — Darstellung des Todes der alten Frau sichtbar zu machen, den er als den Sturz eines Bildes begreift, der durch das „nackte Direkte“[27]): sprich das Austoben ideologischer Kontroversen, begreiflich machen will. Völlig zerstört ist das Bild jener Freiheit, wobei zugleich über den Umweg dieses Bildes eine neue Freiheit zu erhoffen ist. Der Brand des Justizpalastes wird — und das ist bezeichnend — als das „Cannae der österreichischen Freiheit“[28]) begriffen, allerdings hätte sich dies so „ganz nebenhin“ zugetragen. Alle anderen wären — siehe Mayrinker — befangen gewesen, die eigenen Brände zu löschen.

Daß *Doderers* Versuch einer Darstellung dieser Ereignisse zu kurz greift, zeigt sich schon bei der Verarbeitung der Quellen, die er zur Verfügung hatte. *Doderer* diskutiert nicht die Folgen, nicht die Ursachen und läßt den Roman in einem „Platzregen von Banalitäten“, nämlich Hochzeiten, enden.[29]) Ein Triumph der Privatgeschichte

24) Niedergelegt sind diese Gedanken vor allem in dem Essay: Der Fall Gütersloh. Ein Schicksal und seine Deutung, Wien 1930. Abdruck in *Heimito von Doderer:* Die Wiederkehr der Drachen. Aufsätze, Traktate, Reden. Vorwort von *Wolfgang H. Fleischer*, Hgg. von *Wendelin Schmidt-Dengler*, München 1970, S. 39—109. Vgl. ebda S. 112.

25) *Doderer*, Die Dämonen (Anm. 20), S. 1310.

26) Ebda, S. 1310.

27) Ebda, S. 1244.

28) Ebda, S. 1328.

29) Ebda, S. 1337.

über die öffentliche Geschichte. Die Kritik an der Haltung *Doderers* ließ daher nicht auf sich warten. Was er bietet, ist eine „Bilderbuchlösung"[30]), die ihren Platz in einer in den fünfziger Jahren notwendigen und umfassenden Therapie hatte. Wenn der Arbeiter Leonhard Kakabsa, der sich mit einem Bauchaufschwung zu einem Intellektuellen, zum Bibliothekar emporturnt und, wie es soziologisch gewiß zutreffend heißt, die „Dialektgrenze"[31]) überschreitet, wenn dieser Arbeiter dafür sorgt, daß die Universitätstore vor dem anstürmenden Mob geschlossen werden, so ist klar, in welche Richtung die Versöhnung gehen soll. *Doderer* sanktionierte mit seinen Texten das durch die Koalitionsbereitschaft gestiftete Klima und ist somit auch in Parallele zu jener, im Referat *Erika Weinzierls* angesprochenen Koalitionsgeschichtsschreibung zu sehen.[32]) Doch bleibt, wenn man diese Tendenz abzieht, der gewiß eine vorschnelle Harmonisierung nachgesagt werden kann, doch noch ein erklecklicher Rest gestalteter Wirklichkeit einer Zeit, die sich der Autor aufzubewahren bemühte.

Die Darstellung der Ereignisse ist auf Konsens hin angelegt, und *Doderer* konnte sich bestätigt sehen, als er im Jahre 1958 vom ehemaligen Schutzbundgeneral und Staatssekretär *Julius Deutsch* einen Brief folgenden Inhalts bekam:

> Die trüben Herbsttage haben mich — mehr als es sonst meine Gewohnheit ist — an das Zimmer gebannt und mir die Gelegenheit gegeben, Ihren Roman **Die Dämonen** in Muße zu lesen. Es steht mir nicht zu, über die künstlerischen Qualitäten des Werkes zu urteilen, wohl aber darf ich für mich in Anspruch nehmen, über die Schilderung rings um den 15. Juli 1927 auszusagen, als einer, der damals mithandeln mußte, mitsah und auch mitlitt. Ich kenne keine literarische Würdigung dieses Unglückstages, die gerechter wäre als die Ihre, die von einem Einfühlungsvermögen Zeugnis gibt, das aufrichtig bewundert
> Ihr ergebener Julius Deutsch.[33])

Doderer ist somit idealtypischer Exponent jenes Klimas, das sich um eine Verständigung bemühte, selbst um den Preis einer aufrichtigen und konkreteren Bewältigung der Vergangenheit. Die Frage ist nur, ob es nicht zuvor dieses Konsenses bedurfte, um überhaupt das Gespräch über die Vergangenheit zu ermöglichen.

Doderer hat auch die Namen der Politiker ausgeklammert. In seinem Roman kommen nur die Namen der Opfer vor (sieht man von einigen beiläufigen Erwähnungen ab), nämlich *Csmarits* und *Grössing,* der achtjährige (bei *Doderer* zehnjährige) Bub, der ein Opfer der Schattendorfer Schüsse wurde. Diese Figuren sind in den Plot des Romans integriert, nicht aber irgendwelche exponierten Persönlichkeiten. Kritisch zu monieren ist, daß sich dadurch die geschichtlichen Vorgänge in eine Fülle von anekdotenhaft vorgebrachten Einzelheiten auflösen und so kein repräsentatives Ganzes ergeben. Demgegenüber ist vielleicht festzuhalten, daß die zahlreichen Detailbeobachtungen und Episoden doch eine Vielfalt von Kontext erzeugen, der sich als notwendige Folie zu einem bloß die sozial- und ideologiegeschichtlichen Pole der Kontroverse aufzeichnenden Verfahren verstehen läßt. *Doderers* Leistung

30) *Dietrich Weber:* Heimito von Doderer: Deutsche Literatur der Gegenwart in Einzeldarstellungen. Band I, hgg. von *Dietrich Weber,* 3. Aufl., Stuttgart 1976, S. 89.

31) *Doderer,* Die Dämonen (Anm. 20), S. 530.

32) Vgl. das Referat *Erika Weinzierls* in diesem Band, S. 5 ff.

33) Handschriftensammlung der Österreichischen Nationalbibliothek, Autograph 525/11-1. Der Brief stammt vom 12. Dezember 1958.

besteht nun nicht bloß in der durch die Entstehungszeit bedingten Harmonisierung der Gegensätze, sondern in dem Versuch, aufzubewahren, was trotz dieser Konflikte bestand, und eben jene Konflikte doch auch noch als Anmahnung für spätere Zeiten aufzuzeichnen.

Anders, und auch als Augenzeuge hat *Elias Canetti* diesen Tag erlebt. Für ihn besteht kein Zweifel in der Parteinahme: Er versteht die Empörung der Arbeiter über die Urteile, er versteht jedoch nicht die Aktion der Masse. Welche Bedeutung dieses Ereignis für sein literarisches Schaffen hatte, geht aus den beiden folgenden Texten hervor, in denen *Canetti* dieses sowohl als das auslösende Moment für **Masse und Macht** wie auch für seinen Roman **Die Blendung** bezeichnet, an dessen Ende auch ein Brand steht. Auch wenn die Position *Canettis* von der *Doderers* unterschieden ist, so wird doch in beiden Fällen die Transposition in das Private deutlich. Der Brand als solcher hat sich als Erlebniszäsur so tief in das Bewußtsein des Autors *Canetti* eingesenkt, daß er unbewußt diesen als Höhepunkt der Romanhandlung gesetzt hat. Ja, es wäre ihm peinlich, wenn er bei der Abfassung des Romans den direkten Zusammenhang mit dem Ereignis hätte statuieren müssen. Doch sind die Parallelen augenfällig: Wir haben es hier mit einer jener eingangs angedeuteten Transpositionen zu tun, die auf den ersten Blick den primären Anlaß zu verwischen scheinen und bis zur Unkenntlichkeit umgestalten. Das Autodafé, in dem der Sinologe Peter Kien sich und seine Bibliothek vernichtet, steht deutlich in Analogie zu jener Vernichtung des Justizpalastes; in beiden Fällen führt der gestörte Realitätsbezug zu einer Handlung, zu einem Fanal, in dem der Held den Untergang noch durch ein lautes Lachen zur tragischen Groteske steigert. Seinem Freund *Marek* schildert *Canetti*, wie er einen Menschen beim Brand des Justizpalastes sah, der über Verlust der Akten („Die Akten verbrennen! Die ganzen Akten!") in grenzenlosen Jammer ausbrach. Dies habe *Canetti* über die Maßen erschüttert, den Freund hingegen, der an einen Rollstuhl gefesselt war, zu einem stürmischen Gelächter angeregt. „Er lachte so sehr, daß sein Wagen ins Rollen geriet und mit ihm auf und davon fuhr. Das Lachen war zur treibenden Kraft geworden, da er nicht aufhören konnte, mußte ich ihm nachrennen, um ihn aufzuhalten, und spürte die kräftigen Stöße, die sein Lachen dem Wagen erteilte. In diesem Augenblick sah ich den Büchermenschen, [...] an die Stelle des Akten-Jammerers sprang plötzlich er, er stand am Feuer des brennenden Justizpalastes, und es traf mich wie ein Blitz, daß er mit all seinen Büchern zusammen verbrennen müsse."[34]) Zunächst nannte *Canetti* den Helden des Romans Brand, dann Kant und zuletzt Kien. „Aus Kant wurde Kien, die Entzündbarkeit der Welt, deren Bedrohung ich fühlte, blieb im Namen der Hauptfigur erhalten." Und: „Sein Untergang ging mir so nahe, wie wenn es mir selber geschehen wäre."[35]) Der Brand des Justizpalastes weist somit metaphorisch voraus auf den Krieg, wird aber zugleich zurückbezogen auf das Individuum Brand, Kant, Kien oder *Canetti*. Der Erfahrung dieses Tages konnte *Canetti* nicht entrinnen, sie allerdings unmittelbar darauf erzäh-

34) *Elias Canetti:* Die Fackel im Ohr, München 1980, S. 405.

35) Ebda, S. 408. Der Essay **Das erste Buch: Die Blendung,** der von *Canettis* Faszination durch den 15. Juli 1927 handelt, ist abgedruckt in *Elias Canetti:* Das Gewissen der Worte, München 1975, S. 222—233, und auf das Jahr 1973 datiert.

lerisch zu Papier bringen, war ihm nicht möglich. Erst 1973 und 1980 hat *Canetti* darüber berichtet, was er so verhüllt in der **Blendung** gestaltet hatte. Ähnlich verweist auch *Manès Sperber* in einem 1975 erschienenen Band seiner Memoiren hin auf dieses Ereignis, dessen Augenzeuge auch er war, auf die Unmöglichkeit der literarischen Bewältigung. Für ihn wird auch dieses Ereignis zum Anlaß, den Einbruch des Irrationalen in den Geschichtsablauf und dessen Geschichtsmächtigkeit zu reflektieren. *Sperber* nennt es ein „negatives Staunen über die Ereignisse und über jene, die darin als Täter, Opfer, Zeugen einbezogen waren — und über mich selbst. Dieses Staunen will nicht enden", fährt *Sperber* fort, „es vermindert meine Fähigkeit, mich mit dem Selbstverständlichen abzufinden, ohne welches der Alltag jedoch nicht denkbar wäre."[36]) Auch hier versagt sich ein Autor selbst die Fähigkeit, dieses Ereignis erzählerisch aufzubereiten und damit mit dem „historischen Edelrost" zu überziehen und so zu neutralisieren. Dokumentiert wird die subjektive Betroffenheit. Und so ist etwa auch die Betroffenheit eines *Karl Kraus* zu verstehen, der in dem Fakkel-Heft nach dem 15. Juli 1927 ausführlich gegen die Polizei Stellung nahm, allerdings vor allem durch Dokumentation, und auch weitgehend auf den eigenen Kommentar verzichtete.[37])

Die Beispiele von *Canetti, Doderer* und *Sperber* zeigen, daß es nicht Trägheit der Autoren ist, sich auf Erzählung der Geschichte sofort einzulassen, sondern daß sie ihre Aufgabe nicht in der mittelbaren Gestaltung und der Analyse der Gründe begreifen können, die Aufgabe des Historikers ist. Literatur kann dadurch nicht zum Kommentar der Historie im engeren Sinne werden, da dieses subjektive Moment das Faktische überlagert, ja zwangsläufig überlagern muß.

So ist auch von den noch einschneidenderen und noch blutigeren Ereignissen der Jahre 1933 und 1934 weniger in die Literatur eingegangen. Meistens wird man feststellen, daß solches nur die Romanhandlung tangential berührt wie etwa in *Joseph Roths* **Kapuzinergruft,** wo der alte Manès Reisiger seinen Sohn, der als Opfer der Februarkämpfe auf seiten der Aufständischen fiel, begraben muß. Er wird an demselben Tag wie die Mutter des Erzählers Franz Ferdinand Trotta beerdigt. Was *Roth* damit ins Bild rücken will: les extrêmes se touchent. Der radikale Marxist und die überzeugte Monarchistin, sie mußten einer Zeit weichen, in der für sie kein Platz mehr war. Und den Grafen Chojnicki macht *Roth* zu seinem Sprachrohr, wenn er ihn sagen läßt: „Dieser Dollfuß [. . .] will das Proletariat umbringen. Gott strafe mich nicht: ich kann ihn nicht leiden. Es liegt in seiner Natur, sich selbst zu begraben." Der alte Manès Reisiger prophezeit: „Der Minister hat Blut vergossen, und auch sein Blut wird vergossen werden."[38]) Das ist freilich eine „vaticinatio ex eventu". *Roth* klammert die Geschichte, die Zeitgeschichte in diesem letzten Roman aus. Ihm und seiner Hauptfigur geht es um eine Vergangenheit, die als unerreichbare Utopie der Gegenwart als Gegenbild hingestellt wird.

Wie wenig die Autoren in der Lage waren, eine klare politische Diagnose in den Texten abzugeben, erhellt aus zwei Romanen, in denen die Ereignisse der Jahre

36) *Manès Sperber:* Die vergebliche Warnung. All das Vergangene . . . Wien 1975, S. 154.
37) Vgl. *Karl Kraus:* Der Hort der Republik, Die Fackel 29 (1929), Nr. 766—770, S. 1—92.
38) *Joseph Roth:* Werke. Hgg. und eingeleitet von *Hermann Kesten,* 2. Bd., Köln 1975, S. 976.

1933/34 zur Sprache gebracht werden. Ich verweise zunächst auf *Rudolph Brunngrabers* **Der Weg durch das Labyrinth,** in dem das Schicksal des Besitzers einer Werbefirma namens Hans Jesser gestaltet wird. Dieser erlebt den Bankrott seines Unternehmens, verliebt sich in eine Angestellte des „Sozialmuseums", er wandelt dadurch seine politische Einstellung, er wird dadurch zum „politischen Menschen", was er zuvor, als Ex-Offizier, nicht war. Doch das Leben ist nicht so einfach: Es gibt einen Streit mit seiner Geliebten Lilli Goslar, und nun durchläuft Hans einige weitere Etappen. Im Kreis des Grafen Leuchtenberg wird er zu den Freimaurern gezogen, erhält in einer Firma einen neuen, guten Posten, tritt der Heimwehr bei und macht eine Weltreise. Die Helden *Brunngrabers* sind Matadore im Schicksalskonsum: Nach seiner Rückkehr muß er an den Kämpfen auf seiten der Heimwehr teilnehmen. Obwohl ihm in Gestalt einer verführerischen jungen Frau ein gutes Angebot für eine geldträchtige Ehe gemacht wird, liebt er noch immer seine Lilli und läuft bei den Kämpfen im Bakunin-Hof über. Doch dort findet er sie nicht, kleidet sich nochmals rasch in die Heimwehruniform und stürmt damit das Sozialmuseum. Lilli erkennt ihn, macht aber eine unglückliche zweideutige Bemerkung, und Hans Jesser wird von jenen erschossen, zu denen er übertreten will. In dem Bemühen des Mannes um seine politische Identität liegt seine Tragik. Auch wenn *Brunngrabers* Parteinahme für die Sozialdemokraten eindeutig ist, gibt der politische Hintergrund nicht viel mehr ab als die Folie für eine reichlich wirre und psychologisch kaum motivierte Handlung. Auf der anderen Seite gelingt ihm in der Schilderung des Begräbnisses von Hans Jesser die emblematische Erfassung jener Orientierungslosigkeit des österreichischen Bürgertums in der Zwischenkriegszeit: „Am gleichen Tag wurden in einem feierlichen Kondukt fünfzig Opfer der Exekutive begraben, darunter auch der Oberleutnant Jesser. Obwohl man keine Klarheit über seine Tätigkeit während der Kampfhandlungen hatte, legte der Staatspräsident auch auf seinen Sarg ein Ehrenzeichen. Ausschlaggebend war der Heldentod des Oberleutnants und daß man die Auskünfte über ihn von dem Grafen Leuchtenberg erhalten hatte."[39])

Ähnlich wenig festlegbar ist — trotz der antifaschistischen Grundeinstellung — *George Saikos* Roman **Der Mann im Schilf,** in dem es nun um den Juliputsch von 1934 geht, allerdings kaum explizit. Alles wird auf den Mann im Schilf geschoben, der, nicht faßbar und greifbar, verantwortlich sein soll für den Putsch. *Saiko* setzt an die Stelle der Analyse sozialer und politischer Zusammenhänge das Gespräch, wobei auch darin wiederum die Figuren in sich abgekapselt und ohne Beziehung zu den anderen zu sein scheinen. Zwar wird die faschistische Gesinnung des Ministerialrats Mostbaumer demaskiert, doch bleibt dies nicht verbindlich, und vor allem: die Unklarheit überwiegt so in der Gestaltung der politischen Gegensätze, daß der Leser sich alleingelassen sieht mit den Figuren, die ihm wie ihre politische Befindlichkeit ein Rätsel bleiben. Durch die subtile Psychologisierung wird die zeitgeschichtliche Situation bis zur Unkenntlichkeit übermalt.[40])

39) *Rudolf Brunngraber:* Der Weg durch das Labyrinth, Wien 1949, S. 326.

40) Vgl. *Christa Mayr:* Historisch-zeitkritische und psychoanalytische Dimensionen im Werk von George Saiko, unter besonderer Berücksichtigung seines Romanes **Der Mann im Schilf.** Diss. Innsbruck 1978 (masch.).

Auf die Romane von *Alois Vogel* **Schlagschatten**[41]) sowie *Ernst Vasovec* **Sodom** gehe ich in diesem Zusammenhang nicht ein, obwohl sich an diesen ähnliche Betrachtungen würden anstellen lassen.[42])

Aufschlußreich ist für die Jahre 1933/34 das Romanfragment *Jura Soyfers,* das erst 1980 in einer gültigen Fassung dem deutschsprachigen Leserpublikum zugänglich gemacht wurde. Es hat den Titel **So starb eine Partei,** und die vorliegenden Texte, aus denen sich ungefähr der Inhalt des Ganzen rekonstruieren läßt, umfassen die Zeit von Ende 1932 bis in den Februar 1934. Dabei fällt auf, daß die Diagnose, die *Soyfer* für das Ende der sozialdemokratischen Partei gibt, durchaus mit der von einer anderen Seite kommenden Diagnose des *Karl Kraus* in den Begründungen identisch ist: Wie *Kraus* so wirft *Soyfer* dieser Partei die Verbürgerlichung vor. Es sind Beispielfiguren, mit denen *Soyfer* die Geschichte demonstriert: der wendige, kompromißbereite Nationalrat Dreher, dessen Sohn zu den Nazis abwandert; der ehrliche, aber die politische Entwicklung zu passiv verfolgende Zugführer Dworak; der Sektionskassier Blum, der geradezu das Gegenteil seiner revolutionären und bedeutenden Namensvettern ist und nur an das Inkasso der Mitgliedsbeiträge denkt; vor allem aber als der Gegenspieler der Sozialdemokratie und der Herr über alle, der an einem schweren ödipalen Konflikt leidende Bundesbahnbeamte Franz Josef Zehetner, ein Amalgam alles dessen, wozu die Österreicher fähig waren und fähig sind, ein politisches Chamäleon, der vorsichtshalber seine Mitgliedskarte der Sozialdemokratischen Partei noch aufbewahrt, in der Wäsche seiner Frau: Die letzte Beitragsmarke stammt vom August 1921![43]) Sein Ideogramm stellt ihm *Soyfer:*

> Aus Vorsicht war Zehetner Mitglied verschiedenster Vereine und Parteien. Trug er am Rockaufschlag das Abzeichen aller heimattreuen und christlichen Männer, so befand sich in einem Geheimfach seiner Brieftasche eine Mitgliedskarte, die ihn als deutschbewußten Arier legitimierte. Denn zwar war ihm die plebejische Art dieser Partei (die sich geschmackloserweise Arbeiterpartei nannte) wie überhaupt alles Preußische tief zuwider. Aber die Braunhemden durchzogen die Stadt schon so selbstbewußt, als ob es Berlin wäre, und ihr „Deutschland erwache!" erfüllte täglich die Straßen. Und hatten sie drüben im Reich auch kürzlich eine Wahlniederlage erlitten, so waren ihre Stimmen bei den Wiener Gemeindewahlen gewaltig emporgeschnellt. Hüben wie drüben war es noch immer möglich, daß sie zur Macht gelangten. Übrigens mußte man anerkennen, daß sie organisatorisch sehr tüchtig waren, weswegen sie ja, eben ganz auf preußische Art, scharf auf die Gesinnung sahen.
>
> Nicht in Zehetners Brieftasche, sondern sorgfältig versteckt unter der Wäsche seiner Frau, befand sich eine andere Mitgliedskarte. Sie wurde seit vielen Jahren nicht mehr hervorgeholt, und ihre letzte Beitragsmarke stammte vom August 1921, aber sie war da, unversehrt, durchtränkt von Lavendelgeruch. Für ihre Existenz gab es keine Entschuldigung. Nichts kam seinem Selbstbewußtsein zu Hilfe, wenn er an dieses dünne Büchlein dachte. Manchmal von begeisternden Kameradschaftsabenden oder von strammen Aufmärschen heimkehrend, ging er, die ermunternden Reden seiner Führer noch im Ohr, seinem Wäscheschrank zu und riß mit rauher Hand die Türe auf.[44])

Dieses Romanfragment hat innerhalb der österreichischen Literatur gewiß eine Sonderstellung. Es ist von einer eindeutigen politischen Position her gestaltet und

41) *Alois Vogel:* Schlagschatten, Wien 1977.
42) *Ernst Vasovec:* Sodom oder Das Vorbestimmte und das Zugefügte, München 1978.
43) *Jura Soyfer:* Das Gesamtwerk. Hgg. von *Horst Jarka,* Wien 1980, S. 326.
44) Ebda.

bebildert die Situation um 1933. Mehr als die Schilderung dieser Charaktere, in denen der Verfall der revolutionären Energien sinnfällig verkörpert ist und deren passive Haltung und Defensivtaktik exemplarisch von Fall zu Fall vorgeführt wird, ist nicht vorhanden. Die Darstellung der Februarkämpfe fehlt, mit Ausnahme einer kleinen Partie, in der die Suche nach Waffen in einem Gemeindebau geschildert wird. Dafür werden einige Demonstrationen überdimensioniert dargestellt.[45]) Hier springt der Autor eindeutig als Kommentator ein. Der massive Widerstand, die „aufgewühlten Massen" dürften eher den Wunschvorstellungen *Soyfers* entsprungen sein, um die Dramatik der Konfrontation zu erhöhen. Doch auch wie die zuvor besprochenen Autoren erfaßt *Soyfer* die Zeitgeschichte durch die Perspektive der Privatpersonen, allerdings haben alle Äußerungen und Lebenspraktiken derselben ideologiekritische Funktion. Schwach und nur konturenhaft ist das Gegenbild der Jugend gezeichnet, die durch Intensivierung der direkten politischen Aktion einen Ausweg sucht. *Soyfers* Text straft jene Lügen, die das Fehlen politischer Texte als negatives Merkmal österreichischer Literatur herausstellen wollen. Doch ist zu berücksichtigen, daß *Soyfers* Wirksamkeit zu Lebzeiten limitiert war und erst fünfunddreißig Jahre nach dem Kriegsende seine Texte populär wurden, ja daß *Soyfer* für die Generation der heute Zwanzig- bis Dreißigjährigen ein wirksames Identifikationsangebot liefert. Seine Kritik an der Sozialdemokratie von links liefert denen, die heute die Regierung von links kritisieren wollen, Argumente. Erst die nun 1982 mehr als zehn Jahre dauernde Alleinregierung der SPÖ scheint die Rezeptionssituation für jenen Autor begünstigt zu haben, der in der Kompromißbereitschaft dieser Partei und vor allem in ihrer Verbürgerlichung den Verrat an den sie von Anfang an inspirierenden Idealen sehen mußte.[46])

*

So nachhaltig die Ereignisse der Ersten Republik in die Literatur der Zweiten Republik ihren Eingang gefunden haben und in dieser, freilich auch verschiedentlich entstellt, gestaltet wurden, so auffallend ist das Fehlen von solchen Bezugnahmen aus der Zeit der Zweiten Republik. Gewiß lassen sich auch mancherlei Entsprechungen finden, jedoch sind die Abwehrmechanismen gegen Zeitgeschichte in der Zweiten Republik bei den Literaten noch intensiver und stärker als in der Ersten Republik. Die Entpolitisierung der Literatur, auch der sogenannten massenhaft verbreiteten Literatur und der Trivialliteratur scheint um einiges nachhaltiger geworden zu sein. Gewiß sind dafür Gründe namhaft zu machen: Erstens ist es die Distanz, die zu gering ist, um den „historischen Edelrost" über die Ereignisse zu ziehen; zweitens war die Überfütterung mit Geschichte in der Nazizeit so intensiv, daß sich eine gewisse Skepsis gegen die Zeitgeschichte im allgemeinen bei den Autoren einstellte.

45) Vgl. ebda S. 408 und S. 903 (Anm. 158).

46) Vgl. dazu *Sigurd Paul Scheichl:* Die literarischen Polemiken von Karl Kraus. Am Beispiel **Hüben und Drüben,** in: Staat und Gesellschaft in der modernen österreichischen Literatur. Hgg. von *Friedbert Aspetsberger* (Schriften des Institutes für Österreichkunde, 32), Wien 1977, S. 45—63. Vgl. auch: „Hüben und Drüben". Ein Leitartikel der Arbeiter-Zeitung, Kraus-Hefte 5 (1981), H. 18, S. 1—3.

Symptomatisch dafür eine Äußerung *Ernst Jandls* in seinem Stück **Aus der Fremde**: „geschichtshaß / gründlichst empfangen habe er zur nazizeit / / geschichtsverlangen / kenne er / auch heute noch nicht / / voll wissenloser stellen / wäre als abiturient jetzt / er eine katastrophe / / was ihm als resultat seines universitätsstudiums / völlig egal sei. / / / historische stücke / überlasse er / den großen historischen dramatikern / / diese gebe es schließlich / wenn man die großen unaufgeführten hinzuzähle / zum saufüttern. / /"[47]) Und sein Stück „sei einfach alltagsdreck". Flucht aus der Geschichte, Resignation? Oder sind die Konfliktsituationen in dieser Zweiten Republik nicht so schwerwiegend gewesen, daß sie sich wie der 15. Juli 1927 dem Bewußtsein einprägten? „Glücklich das Volk, dessen Annalen langweilig sind", soll *Montesquieu* gesagt haben — trifft das schon auf das Österreich der Zweiten Republik zu?

Karl Wiesinger, ein österreichischer Kommunist, sieht das anders. In seinem 1974 im Berliner Oberbaum-Verlag erschienenen Roman **Der rosarote Straßenterror** wird die brutale Niederschlagung eines Streiks von 400.000 österreichischen Arbeitern im Oktober 1950 thematisiert. Zwar sehen wir, wie *Helmer* und *Olah* ihre Schlägerbanden organisieren, wir sehen, wie *Olah* vorzüglich speist, während die Arbeiter verhungern, aber auch *Wiesinger* privatisiert die Geschichte. Es ist Walter Volz, sein Held, ein kompromißlos kämpfender Arbeiter, der auch das Opfer einer gezielten Aktion wird: Er wird von Streikbrechern erschlagen, der Mord kommt nie auf, sondern wird als Unfall getarnt. Dieser Linzer Arbeiter ist ein engagierter Kämpfer, und dies so, daß all sein Tun und Denken davon bestimmt ist. Selbst in der größten Intimität verläßt ihn das Klassenbewußtsein nicht: „Sie fühlten sich beglückt, jeder durch des anderen körperliche Nähe, und unter der Tuchentwärme preßte sie sich noch enger an ihn. Er schob seinen Arm unter ihrem Rücken durch, umfaßte sie und spürte ihre volle Brust und ihre Beine, die ihn umklammerten. Nach einer Weile fragte sie verschlafen: ‚Woran denkst du?' Er prustete ins Kissen. ‚Du wirst lachen. Ich hab' eben gedacht, daß Teuerung eine der frechsten Formen der Ausbeutung ist.'"[48]) So lebt und liebt ein Klassenkämpfer.

Dem Roman blieb jegliche Wirksamkeit in Österreich versagt, nicht nur, weil dagegen Klage erhoben wurde, sondern weil für ihn, trotz steigender Kritik an der Sozialpartnerschaft unter zahlreichen Autoren, dieses Modell nicht in dieser Unerbittlichkeit angreifbar schien. *Wiesinger* will das Deplorable des Status quo erklären. Geradezu chronikalische Treue beansprucht der Autor in den Schlußsätzen: „So verlief also die Geschichte des zum großen Streik angewachsenen Klassenkampfes in Österreich 1950. — Über die ehrliche und gerechte Empörung von Hunderttausenden Arbeitern siegten einmal mehr Hinterlist, Verlogenheit und Gewalt der Bourgeoisie und des Großkapitals mit Unterstützung durch deren Helfershelfer in der SPÖ und im ÖGB."[49])

47) *Ernst Jandl:* Aus der Fremde, Manuskripte Nr. 65/1979, S. 32 (= 4. Szene, Strophe 71—74 und 76—77).
48) *Karl Wiesinger:* Der rosarote Straßenterror, Berlin 1974, S. 126.
49) Ebda, S. 188.

Die Umgestaltung der zeitgeschichtlich bedeutenden Ereignisse in der österreichischen Literatur verdiente gewiß noch ausführlichere, aber auch kohärente Analyse. Das ist noch Brachland, das sich der Aufforstung und Bepflanzung empfiehlt. Brachland aber nicht nur für die Literaturwissenschafter und Historiker, sondern auch Brachland für die Autoren. In der letzten Zeit ist das Interesse an historischen Sujets erwacht, und im Zuge der Identitätsfindung wagen sich Autoren — nicht nur im deutschen Sprachraum — an das verpönte Genre des historischen Erzählens. Es erscheint dieses auch als legitime Bewältigung der Geschichte und auch als Orientierungshilfe. Gerade im Bereich der politischen Bildung verdiente diese Textsorte erneute und kritische Aufmerksamkeit, wobei der „Hiatus von Fiktion und Historie"[50]) weder zum Nachteil des einen oder anderen Teiles ausgelegt werden dürfte. Historische Erzählungen wie etwa *Dieter Kühns* **Ich Wolkenstein**[51]) machen in dem Text selbst ja jenes Auseinanderklaffen von Fiktion und Historie bewußt und erziehen so auch zu einer produktiven Aneignung der Geschichte. So positiv es ist, daß jener Typ des historischen Romans, wie ihn *Felix Dahn* vertrat, mit seinen überzeitlichen Heroen und auf ihre Rasse vertrauenden Machtmenschen bedenklich geworden ist, so bedenklich war der Verzicht auf die durch fiktionale Elemente verbundene Darstellung der Geschichte.

Indes liegt nicht nur darin die Bedeutung der Literatur für die Zeitgeschichte. Zum Eingang dieses Vortrages habe ich für eine bewußte und politische Lektüre auch unserer sogenannten schönen Literatur plädiert. Wer dies bewußt tut, unterschlägt ästhetische Werte nicht, sofern er gewillt ist, einem literarischen Text auch andere Werte als politische zuzugestehen. In diesem Falle wird er erkennen, daß solche Texte auch sensibel machen können für die Zeitgeschichte, daß sie aufbewahren, was andere zu löschen bemüht sind. So etwa in der Stelle eines fiktiven Interviews, das die Hauptfigur in *Ingeborg Bachmanns* **Malina** einem geschwätzigen und ahnungslosen Reporter gibt. Der datensichere Frager sieht das Ereignis limitiert auf den 15. Juli 1927; die Autorin hingegen spürt, daß dieses Brennen nicht erloschen ist:

> Außerdem ist es jedesmal für mich eine Qual, durch die Museumstraße gehen zu müssen, am Justizpalast vorbei, oder zufällig in die Nähe des Parlaments zu geraten, etwa in die Reichsratstraße, wo ich nicht umhin kann, ihn zu sehen, denken Sie bloß an das Wort „Palast" im Zusammenhang mit der Justiz, es warnt, es kann dort nicht einmal wirklich Unrecht gesprochen werden, wieviel weniger dann Recht! In einer Entwicklung bleibt ja nichts ohne Folgen, und dieser tägliche Brand des Justizpalastes ...
>
> (Flüstern von Herrn Mühlbauer: 1927, 15. Juli 1927!)
>
> Der tägliche Brand eines so gespenstischen Palastes mit seinen Kolossalstatuen, mit seinen kolossalen Verhandlungen und Verkündigungen, die man Urteile nennt! Dieses tägliche Brennen ...
>
> (Herr Mühlbauer stoppt und fragt, ob er das letzte Stück löschen dürfe, er sagt ‚löschen' und er löscht schon.)[52])

Der Reporter löscht und meint damit auch die unnötig peinliche Erinnerung auslöschen zu können. Dem unreflektierten Bezug des Journalisten zur Zeitgeschichte

50) *Hans Vilmar Geppert:* Der „andere" historische Roman. Theorie und Strukturen einer diskontinuierlichen Gattung. Tübingen 1976.

51) *Dieter Kühn:* Ich Wolkenstein, Frankfurt/M. 1977.

52) *Ingeborg Bachmann:* Werke, 3. Bd., München 1978, S. 90.

steht die erinnernde Kraft der Schriftstellerin gegenüber. Hatte man der österreichischen Literatur die Flucht aus der Geschichte ankreiden wollen und die Suche nach Momenten, in denen Veränderung nicht wahrnehmbar wäre, ja wo es diese überhaupt nicht gäbe, so läßt sich dies auch positiv deuten: als die Präsenz geschichtlicher Zustände in der Gegenwart. Auch wenn die Texte oft die äußeren Bedingungen ihres Entstehens und die Zeitgeschichte zu leugnen scheinen, so sind sie doch von dieser nicht trennbar. Sie im Zusammenhang lesen zu können, dies sollten Historiker und Literaturwissenschafter einander lehren.

Namen- und Ortsregister

Die Hinzufügung des Buchstabens A. zu einer Seitenangabe, z. B. 47A., bedeutet, daß der in das Register aufgenommene Name auf der betreffenden Seite, z. B. 47, **nur im Anmerkungsteil** genannt wird.

Schriften des Institutes für Österreichkunde

erscheinen seit 1976 in Neuer Folge*) beim Österreichischen Bundesverlag, A-1015 Wien, Schwarzenbergstraße 5. Diese Schriftenreihe umfaßt historische und literarische Sammelbände, die aus der Tätigkeit des Institutes für Österreichkunde erwachsen. Folgende Bände sind bisher erschienen:

DIPLOMATIE UND AUSSENPOLITIK ÖSTERREICHS
— 11 Beiträge zu ihrer Geschichte —
1977, 188 Seiten; ISBN 3 215 02357 1 **(Nr. 30)**

ERZÄHLTECHNIKEN IN DER MODERNEN ÖSTERREICHISCHEN LITERATUR
1976, 166 Seiten; ISBN 3 215 2336 9 **(Nr. 31)**

STAAT UND GESELLSCHAFT IN DER MODERNEN ÖSTERREICHISCHEN LITERATUR
1977, 134 Seiten; ISBN 3 215 02358 X **(Nr. 32)**

DAS BABENBERGISCHE ÖSTERREICH (976—1246)
1978, 162 Seiten; ISBN 3 215 02589 2 **(Nr. 33)**

ÖFFENTLICHE MEINUNG IN DER GESCHICHTE ÖSTERREICHS
1979, 136 Seiten; ISBN 3 215 02378 4 **(Nr. 34)**

ÖSTERREICHISCHE LITERATUR SEIT DEN ZWANZIGER JAHREN
— Beiträge zu ihrer historisch-politischen Lokalisierung —
1979, 155 Seiten; ISBN 3 215 04064 6 **(Nr. 35)**

ÖSTERREICHS SOZIALSTRUKTUREN IN HISTORISCHER SICHT
1980, 172 Seiten; ISBN 3 215 04063 8 **(Nr. 36)**

TRADITIONEN IN DER NEUEREN ÖSTERREICHISCHEN LITERATUR
— Zehn Vorträge — 1980, 162 Seiten; ISBN 3 215 02766 6 **(Nr. 37)**

REVOLUTIONÄRE BEWEGUNGEN IN ÖSTERREICH
1981, 175 Seiten; ISBN 3 215 04105 7 **(Nr. 38)**

FORMEN DER LYRIK IN DER ÖSTERREICHISCHEN GEGENWARTSLITERATUR
1981, 143 Seiten; ISBN 3 215 04107 3 **(Nr. 39)**
Wendelin Schmidt-Dengler (Hg.): Vorwort — *Albert Berger:* Moderne Lyrik als Rezeptionsproblem. Theoretische Gesichtspunkte zum Umgang mit modernen Gedichten im Unterricht — *Wendelin Schmidt-Dengler:* Gedicht und Veränderung. Zur österreichischen Lyrik der Zwischenkriegszeit — *Michael Klein:* Bertolt Brecht: „Schlechte Zeit für Lyrik". Überlegungen zur Brauchbarkeit eines gattungspoetischen Terminus — *Johann Holzner:* Gegennachrichten. Zu den Gedichten von Erich Fried (1966—1974) — *Wolfram Mauser:* Ingeborg Bachmann. Flucht-Linien ihrer Lyrik — *Fritz Weilandt:* Das lyrische Werk von Christine Busta — *Viktor Suchy:* Poesie und Poiesis: Dargestellt am Werke Friederike Mayröckers — *Ernst Jandl:* Notizen zur eigenen poetischen Arbeit — *Ulrich Schulz-Buschhaus:* Erfahrung, Erinnerung und Selbstreflexion in literarischer Erziehung

*) Anfragen über die vorangehenden Bände können an den Verlag Ferdinand Hirt, A-1094 Wien, Postfach 39, Widerhofergasse Nr. 8, oder an das Institut für Österreichkunde, A-1010 Wien, Hanuschgasse 3/III, gerichtet werden.

DIE QUELLEN DER GESCHICHTE ÖSTERREICHS
1982, 232 Seiten; ISBN 3 215 04527 3 **(Nr. 40)**
Erich Zöllner (Hg.): Vorwort — *Herwig Friesinger:* Die Quellen der Ur- und Frühgeschichte des österreichischen Raumes — *Hermann Vetters:* Austria Romana — *Siegfried Haider:* Die schriftlichen Quellen zur Geschichte des österreichischen Raumes im frühen und hohen Mittelalter — *Paul Uiblein:* Die Quellen des Spätmittelalters — *Gernot Heiß:* Reformation und Gegenreformation (1519—1618). Probleme und ihre Quellen — *Anna H. Benna:* Aufstieg zur Großmacht. Vom Weißen Berg zur Pragmatischen Sanktion — *Hans Wagner:* Von der Reform zur Restauration. Quellen zur österreichischen Geschichte 1710—1848 — *Helmut Rumpler:* Die franzisko-josephinische Epoche — *Karl Haas:* Quellenkundliche Bemerkungen zur Geschichte der Republik Österreich — Register

GEGENWARTSLITERATUR ALS BILDUNGSWERT
1982, 116 Seiten; ISBN 3 215 04106 6 **(Nr. 41)**
Alois Brandstetter (Hg.): Vorwort — *Norbert Griesmayer:* Lyrik und reflektierende Sprachbetrachtung — *Heinz Hillmann:* Der Bildungswert der Literatur, I. Literaturtheoretische Überlegungen: Literatur als Problemlösungsspiel; II. Überlegungen zu einem Literaturunterricht als Problemlösungsspiel — *Franz Kuna:* Kontextforschung als Methode und Aufgabe der Literaturwissenschaft — *Zdenko Skreb:* Das Rätsel der Wirklichkeit (Werke von Christa Wolf, Thomas Bernhard, Heinrich Böll) — *Wendelin Schmidt-Dengler:* Von der Schwierigkeit, Thomas Bernhard zu lesen. Zu Thomas Bernhards „Gehen" — *Hubert Lengauer:* Zerstörte Hoffnung. Zur Kritik bürgerlicher Bildung im realistischen Gegenwartsroman — *Alois Brandstetter:* Probleme der Textkonstitution in der Kurzprosa — *Meinrad Pichler:* Kinder- und Jugendliteratur: literatursoziologische Anmerkungen

ÖSTERREICH IM ZEITALTER DES AUFGEKLÄRTEN ABSOLUTISMUS
1983, 212 Seiten: ISBN 3 215 05094 3 **(Nr. 42)**
Erich Zöllner (Hg.): Vorwort — *Robert A. Kann:* Die Staatsauffassung des maria-theresianischen Reformabsolutismus — *Hans Wagner:* Die Herrscher und ihre Staatsmänner — *Elisabeth Kovács:* Beziehungen von Staat und Kirche im 18. Jh. — *Gernot Kocher:* Rechtsverständnis und Rechtsreformen im aufgeklärten Absolutismus Österreichs — *Johann Chr. Allmayer-Beck:* Die Armee Maria Theresias und Josephs II. — *Helmuth Feigl:* Landwirtschaft und Grundherrschaft unter dem Einfluß des Physiokratismus — *Gustav Otruba:* Verwaltung, Finanzen, Manufakturen, Gewerbe, Handel und Verkehr, technisch-gewerbliche Bildung und Bevölkerungsentwicklung — *Günther Hamann:* Zur Wissenschaftspflege des aufgeklärten Absolutismus: Naturforschung, Sammlungswesen und Landesaufnahme — *Hubert Lengauer:* Aufklärung und österreichische Literatur. Zur Anwendung historischer Kategorien in der Literaturwissenschaft — *Günther Heinz:* Die bildende Kunst der Epoche Maria Theresias und Josephs II.

VOLK, LAND UND STAAT
— Landesbewußtsein, Staatsidee und nationale Fragen in der Geschichte Österreichs —
1984, 184 Seiten; ISBN 3 215 05450 7 **(Nr. 43)**
Erich Zöllner (Hg.): Vorwort — **I. Von den Anfängen bis ins 19. Jh.** — *Erich Zöllner:* Österreichbegriff und Österreichbewußtsein im Mittelalter — *Reinhard R. Heinisch:* Patriotismus und Nationalismus in den österreichischen Ländern im konfessionellen Zeitalter und im Hochbarock (1521—1713) — *Manfried Rauchensteiner:* Österreichbewußtsein und österreichische Staatsidee im Zeitalter des aufgeklärten Absolutismus und im Vormärz — **II. Das Nationalitätenproblem der späten Habsburgermonarchie: Nationalismus und Patriotismus im Widerstreit (1815—1918)** — *Anna M. Drabek:* Tschechen und Deutsche in den böhmischen Ländern. Vom nationalen Erwachen der Tschechen bis zum Vorabend des Ersten Weltkrieges — *Walter Leitsch:* Polen und Ruthenen in der Habsburgermonarchie — *Adam Wandruszka:* Die Italiener in der Habsburgermonarchie — *Ferdinand Hauptmann:* Die Stellung der Südslawen in der Habsburgermonarchie — *Horst Haselsteiner:* Das Nationalitätenproblem in den Ländern der ungarischen Krone — **III. Probleme der Republik** — *Arnold Suppan:* Die Volksgruppen in Österreich im 20. Jh. — Ihre demographische und gesellschaftliche Entwicklung zwischen nationaler Integration und Assimilation — *Anton Staudinger:* Die nationale Frage im Österreich der Ersten und Zweiten Republik

LITERATUR DER NACHKRIEGSZEIT UND DER FÜNFZIGER JAHRE IN ÖSTERREICH
1984, 384 Seiten; ISBN 3 215 05537 6 (**Nr. 44/45** — Doppelband)

Friedbert Aspetsberger, Norbert Frei, Hubert Lengauer (Hg.): Vorwort — **I. Die kulturpolitische Situation** — Georg Schmid: Die „Falschen" Fuffziger. Kulturpolitische Tendenzen der 50er Jahre — *Heinz Lunzer:* Der literarische Markt 1945 bis 1955 — *Klaus Amann:* Vorgeschichten. Kontinuitäten in der österreichischen Literatur von den 30er zu den 50er Jahren — *Norbert Frei:* Die 50er Jahre im Spiegel von Schriftsteller-Autobiografien — *Norbert Griesmayer:* Die Zeitschrift „Tagebuch". Ergänzende Beobachtungen zur kulturpolitischen Situation in den 50er Jahren — *Klaus Amann:* Wiederaufbau. Der österreichische PEN 1945 bis 1955 — *Kurt Palm:* Brecht und Österreich. Anmerkungen zu einigen Auseinandersetzungen um Brecht in den 50er Jahren — *Johann Strutz:* . . . die Dichter dichten, die Maler malen und die Komponisten komponieren. Über die Kulturpolitik der Steiermark in den 50er Jahren — *Sigurd P. Schleichl:* Die Tiroler Kulturpolitik und die Literatur 1950 bis 1959 — *Elisabeth Wiesmayr:* Das Bild einer „österreichischen Literatur" im Spiegel der (bundesdeutschen) Kritik — **II. Artikulationsformen in der Literatur** — *Albert Berger:* Schwieriges Erwachen. Zur Lyrik der jungen Generation in den ersten Nachkriegsjahren (1945—1948) — *Johann Strutz:* Die Trägheit der Metaphernsprache. Zur traditionalistischen Lyrik der 50er Jahre — *Wolfgang Greisenegger:* Das Theaterleben nach 1945 — *Friedbert Aspetsberger:* Versuchte Korrekturen. Ideologie und Politik im Drama um 1945 — *Karl Müller:* Muß Odysseus wieder reisen? Zur weltanschaulichen Unbehaustheit und Häuslichkeit (Heimatlosigkeit und Heimat) — *Wendelin Schmidt-Dengler:* Im Niemandsland. Zum Roman in Österreich um 1950 — *Konstanze Fliedl, Karl Wagner:* Tote Zeit. Zum Problem der Darstellung von Geschichtserfahrung in den Romanen Erich Frieds und Hans Leberts — *Josef Donnenberg:* Der literarische Herr. Alexander Lernet-Holenia — *Wendelin Schmidt-Dengler:* Die unheiligen Experimente. Anpassung der Konvention an die Moderne? — *Rüdiger Wischenbart:* Zur Auseinandersetzung um die Moderne. Literarischer „Nachholbedarf" — Auflösung der Literatur — Register

ÖSTERREICHS STÄDTE UND MÄRKTE IN IHRER GESCHICHTE
1985, 152 Seiten; ISBN 3 215 05740 9 (**Nr. 46**)

Erich Zöllner (Hg.): Vorwort — *Gerhard Langmann:* Die Städte im römischen Österreich — *Ferdinand Opll:* Stadtgründung und Stadtwerdung. Bemerkungen zu den Anfängen des Städtewesens in Österreich — *Klaus Lohrmann:* Die spätmittelalterlichen Städte Österreichs als konkurrierende Zentralorte — *Herbert Knittler:* Österreichs Städte in der frühen Neuzeit — *Franz Mathis:* Städte und Märkte zur Zeit der Frühindustrialisierung (von Maria Theresia zum Vormärz) — *Ernő Deák:* Die städtische Entwicklung in der franzisko-josephinischen Epoche. Eine quantitative Untersuchung — *Wilhelm Rausch:* Städte Österreichs von der Ersten zur Zweiten Republik — *Harry Kühnel:* Sanierung, Revitalisierung und Denkmalschutz in Österreichs Städten — *Renate Banik-Schweitzer:* Gegenwartsaufgaben der Stadtplanung in Österreich — Ortsregister

ÖSTERREICHS ERSTE UND ZWEITE REPUBLIK
— Kontinuität und Wandel ihrer Strukturen und Probleme —
1985, 200 Seiten; ISBN 3 215 06101 5 (**Nr. 47**)

Erich Zöllner (Hg.): Vorwort — *Erika Weinzierl:* Aufgaben und Methoden der österreichischen Zeitgeschichte — *Stefan Karner:* Grenzziehungsfragen der Republik Österreich nach den beiden Weltkriegen in ihrer ökonomisch-politischen Relevanz — *Karl R. Stadler:* Die österreichische Linke. Vom Austromarxismus zum Austrosozialismus — *Alfred Ableitinger:* Das konservative und christdemokratische Lager. Christlichsoziale und Österreichische Volkspartei — *Viktor Reimann:* Das nationale und liberale Lager in Österreich — *Richard Olechowski:* Schul- und Bildungspolitik während der Ersten und der Zweiten Republik — *Fritz Weber:* Wirtschaft und Wirtschaftspolitik in der Ersten und Zweiten Republik — *Manfried Rauchensteiner:* Die Stellung des Bundesheeres in der Innen- und Außenpolitik der Republik Österreich — *Hans Bisanz:* Tendenzen der bildenden Künste in der Ersten und in der Zweiten Republik — *Wendelin Schmidt-Dengler:* Die Zeitgeschichte im Spiegel der Literatur der Ersten und Zweiten Republik — Register